참여민주주의와 대의민주주의에 대한 도전과 변화

인터넷과 한국의 민주주의

내일을여는지식 정치 11

참여민주주의와 대의민주주의에 대한 도전과 변화

인터넷과 한국의 민주주의

조석장 지음

KSI 한국학술정보(주)

머리말

    저자는 뉴밀레니엄이 열린 지난 2000년 초부터 인터넷이 초래하는 사회변화에 대해 주목해 왔다. 인터넷은 한국에 등장한 이후 사회 전반에 걸쳐 혁명적 변화를 불러일으키면서 정치사회적 쟁점들과 학술적 논점들을 만들어 냈다. 특히 인터넷은 정치 분야에서 괄목한 만한 영향력을 과시하면서 현실정치의 혁명을 초래하고 있다.

    이 책은 부끄럽지만 저자가 지난 10여 년간 인터넷 정치현상을 쭉 관찰해 오면서 나름대로 발품을 많이 판 결실이라 자부한다. 지난 10년간 저자는 이 분야에 대한 신문기사를 스크랩하거나, 연구영역별로 문헌정보를 정리하고 분류하는 등 지속적인 관심을 기울여 왔다. 이런 노력으로 저자는 "한국에서 인터넷 정치참여와 민주주의: 참여민주주의와 대의민주주의를 중심으로"라는 박사학위 논문을 쓸 수 있었다.

    이 책은 저자의 박사학위 논문을 수정·보완해 출판한 것이다. 이 책은 논문에서 다루지 못한 인터넷과 민주주의와 관련된 이론적, 현실적 쟁점과 사례들도 일부 포함시켰다. 저자는 이 책이 지난 10여 년간 진행된 한국 인터넷 정치의 이론과 실제를 일별해 보고자 하는 독자들에게 길라잡이 역할을 할 것이라고 기대하고 있다.

이 책은 저자의 두 번째 인터넷 정치 연구서이다. 저자는 지난 2004년 인터넷 정치 연구개론서 격인『한국의 e-폴리틱스: 인터넷이 정치를 바꾼다』를 펴낸 적이 있다. 이 책은 학술적 체계는 미비했지만 언론인으로서 활동하면서 저자가 지켜봐 왔던 것들을 정리하고, 학술적 자료들을 붙여 출간한 책이다. 이번에 출간하는 이 책은 인터넷 정치현상을 좀 더 천착(穿鑿)해 세상에 내놓는 저자의 두 번째 연구 성과물이다.

이 책의 주요 관심사는 다음과 같이 인터넷이 한국의 민주주의에 어떤 영향을 미쳤는가를 분석하는 데 있다.

첫째, 인터넷은 한국의 민주주의 발전에 기여했는가, 아니면 민주주의 발전에 장애가 되었는가? 특히 참여민주주의와 대의민주주의의 관점에서는 인터넷이 한국정치에 어떤 영향을 미쳤는가?

둘째, 인터넷의 속성과 민주주의와의 관계는 어떻게 설정되어야 하는가?

셋째, 한국에서 인터넷 정치참여는 실제 어떻게 전개됐고, 그 결과 어떤 정치적 변화가 초래되었는가?

넷째, 현실 정치에서 나타나는 인터넷 정치참여의 부작용을 해소할 수 있는 인터넷 정치의 대안은 무엇인가?

다섯째, 인터넷 정치참여가 민주주의 실현에 기여하기 위해서는 어떤 조건들이 충족되어야 하는가?

이 글은 이상의 연구목적을 달성하기 위해 다음과 같은 내용으로 구성됐다.

제1장에서는 문제제기, 연구방법과 범위 등으로 구성돼 있다. 특히 정보사회의 민주주의론에 대한 기존 연구의 비판적 검토를 통해 새로운 민주주의 전략을 제시한다. 아울러 인터넷 정치현상을

잘 설명하기 위한 적합한 의미를 갖도록 민주주의 개념을 재구성함으로써, 이 글의 설명모델을 제시한다. 특히 인터넷 정치참여가 왜 시민의 참여에 중점을 두어야 하고, 민주주의 이념 틀과 연계되어 논의되어야 하는지에 대해 설명했다.

제2장은 이 글의 전개를 위한 이론적 개념과 분석틀을 제시한다. 인터넷 정치커뮤니케이션에서는 정치커뮤니케이션 매체로서의 인터넷의 특성, 인터넷 정치커뮤니케이션의 구조, 인터넷 민주주의의 주요의제 등을 살펴본다. 인터넷과 민주주의라는 새로운 패러다임에 따른 사이버 공론장의 민주적 가능성과 한계를 살펴보고, 대의민주주의 한계 극복 방안으로서 인터넷의 등장과 함께 더욱 논의가 활발해지고 있는 참여민주주의, 전자민주주의, 심의민주주의 개념을 규명한 뒤 이들 이론들의 상호관계를 설정할 것이다. 끝으로 이 글의 연구모델인 분석틀에 대한 개념화 작업에 나선다. 이 글에서는 인터넷 민주주의 연구모델로 동원모델과 강화모델, 매개집단강화모델과 민중주의적 모델, 공급자중심모델과 수요자중심모델, 정보격차수렴모델과 계층화모델, 사회적 자본모델 등 5가지를 소개하고, 인터넷 정치참여가 참여민주주의와 대의민주주의에 미친 영향에 대한 이 글의 분석틀을 제시했다.

제3장에서는 인터넷 정치참여의 특징과 함의에 대한 다양한 이론적 검토를 실시했다. 오프라인 정치참여의 개념과 인터넷 정치참여의 개념, 인터넷 정치참여의 특성에 대해 살펴본 뒤 인터넷 정치참여의 성격과 함의를 알아보기 위해 인터넷 정치참여의 유형과 다양한 특성, 구조, 그 정치·사회적 함의를 살펴볼 것이다. 이를 통해 이 글의 분석틀을 보충 설명할 것이다.

제4장은 이 글의 본론으로 인터넷이 한국정치에 적용됨에 따라

어떤 변화를 초래했는지를 지난 10여 년간의 주요 정치참여 사례를 통해 살펴본다. 특히 이 글에서 사례연구의 대상으로 삼은 6가지 정치참여 사례는 각 시기별로 인터넷 정치참여의 메커니즘이 어떻게 변해 왔는지를 잘 드러내 줄 것으로 믿는다. 이 같은 개별 정치사례들의 분석을 통해 한국 인터넷 정치 현황의 역사적 개관과 종합적인 변화추이를 전반적으로 이해할 수 있도록 하고자 한다. 소결에서는 지난 10여 년간의 인터넷 정치경험에 대한 종합적인 평가와 함께 인터넷 정치 성공요인 등 인터넷 정치의 특징과 함의를 정리해 본다.

제5장에서는 이 글이 상정한 5가지 주요모델을 통해 6가지 사례를 분석할 것이며, 이를 통해 인터넷 정치참여가 참여민주주의와 대의민주주의에 미친 영향을 순차적으로 검토한다. 이 장에서는 이 글에서 채택한 연구방법인 '통합형 분석모델'에 입각해 인터넷 정치참여가 참여민주주의와 대의민주주의에 각각 어떤 영향을 끼쳤는지를 살펴본다.

제6장에서는 인터넷 정치의 한계와 발전방안을 모색해 본다. 특히 인터넷 정치와 민주주의의 현실적 대안모델로서 '시민참여 책임정치 거버넌스(governance)'의 실현 조건과 방안을 제시한다.

제7장은 이 글의 연구결과를 요약하고, 연구에서 나타난 인터넷과 한국의 민주주의에 대한 함의를 강조함으로써 결론을 맺고자 한다.

끝으로 이 책을 출간하기까지 주위사람들에게 많은 도움을 받았다. 이 자리를 빌어 감사의 인사를 전하려 한다.

그동안 언론인으로서 직장생활과 학업을 병행하면서 많은 어려움이 있었다. 이 과정을 묵묵히 지켜봐 준 아내 정해욱, 사랑스런 딸 혜윤, 믿음직한 아들 정민에게 고마움과 미안함을 전한다. 아이들도 성장해서 꼭 출간의 기쁨을 경험해 보았으면 하는 바람도 생긴다. 또 저자의 영원한 정신적 안식처이자 후원자이신 어머니, 아버지께 무한한 감사를 드리며 이 책을 두분께 바친다.

아울러 저의 논문을 지도해 주신 김경민, 김성수, 홍용표, 안동근, 고재남 교수님께 진심으로 감사드린다. 이 분들의 지도가 없었더라면 이 책은 세상에 빛을 보기 어려웠을 것이다. 용기를 주신 교수님들께 감사드린다. 또 이 책의 출간에 선뜻 응해 주신 한국학술정보(주)에 고마움을 전한다.

이 책을 출간하면서 여러 가지 부족하다는 생각을 지울 수 없었다. 그러나 두려워 피하기보다는 감히 독자들의 비판을 달게 받는 길을 택했다. 많은 분들의 비판을 기다린다.

2009년 8월

조 석 장

목 차

표 목차

제 I 장

서 론

문제제기

정보화 시대에는 정보통신기술의 비약적인 발전으로 정보와 지식에 대한 가치가 높아졌고, 이는 정치, 경제, 문화 등의 사회구조 전반에 심대한 영향을 미치고 있다. 디지털 기술은 정보통신혁명의 요체로서 인류의 문명을 '아톰(atoms)'의 시대에서 '비트(bits)'의 시대로 전환[1]시키면서 정보의 생산, 저장, 가공, 소통 등 정보의 처리과정에 있어 혁명적인 변화를 불러일으켰다. 실제 우리는 지난 10여 년간 짧은 기간에 거의 모든 사회의 조직과 제도들이 정보[2]의 소통 및 관리의 새로운 수단들, 즉 인터넷으로 대표되는 정보통신기술을 적극 채택하는 것을 지켜봐 왔다. 일련의 새로운 정보소통체계들은 정치체제에 빠른 속도로 흡수되어 정치체제의 성격 변화를 초래하고 있다.

미래학자 앨빈 토플러(Alvin Toffler)는 정보기술을 이용한 광범위한 대중의 정치참여 문제가 해결되는 21세기에는 소수 엘리트에 의한 정치보다는 일반대중의 정치참여가 광범위하게 확대되는 반직

---

1) Negroponte, Nicholas, *Being Digital*(NY: Alfred A. knopf. 1995), 백욱인 역, 『디지털이다』 (서울: 박영률출판사, 1995) 참조.

2) 정보란 개념은 데이터, 지식 및 커뮤니케이션이라는 인접용어(neighboring terms)들과 비교해 보면 그 의미가 더욱 선명해진다. 데이터(data)는 사건이나 어떤 문제와 관련되는 요약, 전체, 보고서 등 정보를 구성하는 기본소재(raw materials)들로 파악될 수 있다. 정보와 지식은 일반적으로 같은 의미로 사용되는 경우가 많으나 정보는 알려지지 않은 것인 반면에 지식은 사고가 개재되는 보다 체계화된 구성체로 볼 수 있다. 지식은 여러 정보들을 체계적으로 엮은 추리된 본질(inferred essence)이라는 점에서 주로 데이터만으로 구성된 단순한 정보와는 차별화된다. 커뮤니케이션은 정보의 교환이라고 볼 수 있다. 이에 대해서는 오명호, 『현대정치학이론2』(서울: 박영사, 2004) 참조.

접민주주의(semi-direct democracy)의 시대로 접어들 것이라고 전망했다.[3] 즉 산업사회를 지배했던 엘리트중심적 권력구조가 정보사회에서는 시민중심으로 변화될 것이라고 주장했다. 또 토플러는 정보사회에서는 다수결에 기반을 둔 대중민주주의가 아닌 소수세력의 다양성이 존중되는 '모자이크 민주주의(mosaic democracy)'가 등장한다고 주장했다.

이렇듯 정보화 시대의 도래는 현대 민주주의의 성격변화에도 중대한 변화를 초래하고 있다. 정보화 시대 도래에 따른 민주주의의 성격변화는 새로운 공론장(public sphere)으로서의 사이버 공간의 가능성과 함께 직접민주주의의 전망이 대두되었고, 대의제 폐해를 극복하거나 보완해 줄 수 있다는 참여민주주의 및 심의민주주의 대두 등 정치체제 변화 가능성에 관한 수많은 논의를 촉발시켜 왔다.[4] 그러나 그 중에서도 정치학의 주요한 관심은 역시 인터넷의 등장으로 시민사회가 더욱 활성화되어 민주주의가 더욱 확장될 수 있을 것인가의 문제로 귀결될 수 있다.

인터넷을 통한 정치참여가 활성화되면서 전통적으로 정치참여의 채널 역할을 담당해 온 정당과 의회 등 대의민주주의의 여러 기구들은 과거에 경험해 보지 못한 새로운 도전에 직면하게 되었다. 이는 정치과정상에 중요한 역할을 해 오던 기존의 제도적 기구(institutions)에 의존하기보다 인터넷을 통해 정치적 의사표현을 행하는 일이 크게 늘어났기 때문이다.[5]

---

3) Toffler, Alvin, *The Third Wave*, 이규행 감역, 『제3의 물결』(서울: 한국경제신문사, 1997), p.514.

4) Bimber, Bruce, *Information and American Democracy: Technology in the Evolution of Political Power*, 2003. 이원태 옮김, 『미국 민주주의의 역사적 진화 – 인터넷시대의 정치권력의 변동』(서울: 삼인, 2007), p.19.

5) 강원택, "인터넷과 정치참여: 정당정치에 대한 영향을 중심으로", 『정보화 정책연구』

이런 관점에서 이 글은 인터넷이 한국의 민주주의에 어떤 영향을 미쳤는지를 살펴보려 한다. 특히 인터넷 정치참여가 참여민주주의와 대의민주주의에 미친 영향에 대해 연구의 초점을 맞추려 한다.

한국사회에서 인터넷은 지난 10여 년간 세계 어느 나라에서보다 정치, 경제, 사회, 문화적 변화를 혁명적으로 촉진시켰다. 정치, 경제, 사회, 문화 등 한국 사회 전반의 정보가 인터넷을 통해 확산되고 공유되고 있으며, 사회의 주요 이슈는 거의가 인터넷을 통한 사이버 공간에서 논의되면서 인터넷이 여론의 핵심적 방향을 결정하고 있다. 각종 사회적인 현안에 대한 대응도 예전처럼 개별적인 형태로 진행되는 것이 아니라, 사이버 공간에서 광범위한 토론과 논쟁을 거쳐 공동체의 형성과 동조자의 적극적인 결합이 일어나는 등 과거와는 또 다른 형태로 조직화, 체계화되고 있다.

2000년 총선시민연대의 낙천·낙선운동이나 2002년 월드컵 붉은 악마의 집단거리응원, 2004년 노무현 대통령 탄핵국면에서의 탄핵 반대운동과 성공적인 촛불집회, 17대 총선에서의 국회권력 교체, 2008년 광우병 쇠고기 수입반대 촛불집회 등은 인터넷을 통한 시민의 정치참여와 저항운동을 보여 준 대표적인 사례이다. 또 여중생 미군 장갑차 사망 사건 및 SOFA개정 요구, 한미 FTA와 군사작전 통제권 환수, 의약분업, 새만금 간척사업, 안면도 및 부안 핵 폐기장 건설, 행정수도 이전, 이라크 파병, 황우석 교수 복제줄기세포 연구 논란, 광우병 쇠고기 논란과 같은 전국적인 사회·정치적 사안이 등장했을 때 인터넷 공중들은 폭발적으로 늘어나서 여론을 주도했다. 이 같은 사례들은 한국사회에서 여론의 장이 인터넷이라는 새로운 공간으로 이동하고 있음을 분명히 보여 주었다.

제14권 제2호(2007년 여름), p.102.

인터넷과 휴대폰 등을 무기로 한 '참여군중'[6]의 정치참여는 이제 대세가 되었다. 정보통신기술의 발달은 시민들에게 제도화되지 않은 자발성의 영역에서 파생되는 다양한 정치적 담론의 생산과 공유뿐 아니라, 일상생활을 하면서도 온·오프라인의 직접적 집단행동에 참여할 수 있는 자기 표출적 정치참여의 기회를 가져다주었다.

한국사회에서 인터넷은 폭발적인 시민의 정치참여를 가져왔고, 이는 한국사회의 권위구조의 분권화를 초래하는 등 그동안 정치로부터 소외당했던 시민들의 정치권력을 크게 강화하는 데 기여했다. 그러나 시민권력의 강화가 곧바로 정치발전과 민주주의 발전으로 연결되는 것은 아니다. 인터넷을 통해서 기술적으로 정보전달이나 정보습득이 편리해진다고 해도 이것이 반드시 시민들의 높은 관심이나 활발한 정치참여로 직접 이어져 정치발전으로 연결되는 경우도 많지 않다. 즉 인터넷이 정치참여의 빈도와 규모, 통로 등 정치참여의 양질을 변화시키는 데 성공했을지라도, 인터넷이 정치발전에 미친 내용적 평가에 대해서는 다양한 의견이 제시될 수 있다.

인터넷 정치참여의 확대는 민주주의의 이념과 내용을 획기적으로 확장시켰고, 시민의 정치참여의 기회를 확대함으로써 정치과정이나 민주주의 체제의 성격변화에 많은 영향을 미치고 있다.

정보통신기술을 민주주의의 발전과 연계하려는 시도는 인터넷의 등장과 함께 직접민주주의 구현을 제한하는 시공간적 한계들이 극복 가능하다는 것으로 인식되면서 직접민주주의로의 이행에 대한 사회적인 요구가 높아져 있다. 국민주권을 강조하는 민주주의의 본질을 감안할 때 이는 어쩌면 당연한 귀결이다. 그러나 보다 현실

---

6) 라인골드(Howard Rheingold)는 일방적으로 형성된 커뮤니케이션 채널하에서 단순하고 수동적이었던 군중들이 인터넷과 모바일(mobile)로 무장하고 사회 전반의 이슈들에 적극 개입하고 현실을 변화시키는 영리한 군중을 '참여군중(smart mob)'으로 정의했다.

적인 접근을 시도하는 이들은 아직 정보기술의 완성도 부족 및 이를 정치에 적응할 때 파생되는 많은 문제점 등을 고려할 때, 간접민주주의를 완전히 부정하고 직접민주주의로 이동하는 일을 정보기술 도입의 당면 목표로 삼는다는 것은 매우 위험하고 또 비현실적인 발상이라고 주장한다.[7] 다시 말해서 정보기술의 정치도입의 목표가 직접민주주의로 구체화될 때 중요한 국가현안을 국민이 직접 결정해야 한다는 주장이 논리적으로 도출되는데, 이는 정보기술의 이상과는 달리 정치적으로 불안한 결과를 초래할 수도 있다는 것이다.

일반화된 전자 공론장에서 항시적으로 작동되는 국민투표와 국민발의를 통해 중요한 정치적 결정이 내려져야 한다면 대의제가 더 이상 필요치 않게 되며 상설 여론조사 기관만 남게 될 것이며, 그 결과 국정수행과 여론조사가 투명하게 일치된다. 이는 다수의 전제화를 상설화시킬 개연성이 있다.[8]

이 글은 인터넷이 대의민주주의를 대체하는 것이 아니라 인터넷이 다양한 차원에서 현실정치의 한계와 모순을 시정할 여건과 가능성을 지닌 만큼 이를 적극 활용해서 참여민주주의의 질적 제고를 위한 보완적 장치로 활용, 기존의 대의민주체제를 혁신하는 일에 몰두해야 한다는 생각을 그 기본 시각으로 하고 있음을 밝힌다.

직접민주의의와 간접민주주의의 혼합형을 추구하는 참여민주주의(participatory democracy)는 국가와 시민사회, 또는 국정의 대리인

---

7) Clift, Steven, "E – Governance to E – Democracy: Progress in Australia and New Zealand toward Information – Age – Democracy", *A Paper Prepared for the Commonwealth center for Electronic Governance,* http://www.pulics.net. 2002.

8) 피시킨(Fishkin)은 인터넷의 전자공론장의 메시지가 축복과 함께 재앙의 가능성도 열려 있다며 인터넷 정치의 대중독재의 개연성을 경계하면서도 그 열린 가능성을 입체적 공론조사로 구체화시켰다. J. S. Fishkin, *Democracy and Deliberation*(Yale University Press, 1991), 피시킨, 『민주주의와 공론조사』(서울: 이대출판사, 2003) 참조.

과 일반시민 사이의 상호작용을 통해 민주질서의 창출이 가능하다고 보는 관점이다. 다시 말해 인터넷이 정치에 본격 도입되면서 정치적 대리인과 피대리인 사이의 정보유통을 직접화하는 것은 물론, 정치적 대리인에 의해 왜곡되어 온 대의구조를 정상화함으로써 '정치적 의사소통의 위기(crisis of political communication)'를 극복할 수 있다는 것이다.

그러나 박동진은 전자민주주의[9]가 대의제를 대체하기보다는 대의제를 보완하는 차원에서 정착되어야 한다는 주장은 의도적 또는 무의식적으로 현재의 지배적인 질서를 지속적으로 확대 재생산할 수 있는 적합한 정치원리를 발견하고자 하는 것으로 전락할 근본적인 한계를 가지고 있다고 주장했다. 그는 또 전자민주주의는 절차로서의 직접민주주의에 국한되는 것은 결코 아니라고 주장한다. 즉 정보 테크놀로지가 광범위하게 발전하더라도 모든 시민이 공동체의 모든 사항에 대해 투표하고 과반수의 논리에 따라 시민적 사안을 결정한다고 해서 직접민주주의라고 볼 수가 없다고 지적한다.[10]

이 글은 인터넷이 한국정치에 도입된 지 10여 년이 지난 지금, 인터넷 정치참여가 민주주의에 어떤 영향을 미쳤는지를 살펴보는

---

9) 이 연구에서는 그동안 인터넷과 민주주의 연구과정에서 생성된 전자민주주의, 사이버 민주주의, 온라인 민주주의 등 인터넷과 민주주의의 여러 가지 개념이 조금씩 다른 함의를 내포하고 있고, 상호 개념상 혼란을 초래하고 있는 현실을 감안, '인터넷 민주주의'를 가장 포괄적인 상의의 개념으로 상정하고 인터넷과 관련한 제반 민주주의 이론을 인터넷 민주주의라는 개념으로 통일해 사용함을 밝혀 둔다. 다만 인터넷 정치 연구의 초기 작업들에서 일반적으로 사용한 전자민주주의라는 용어를 인터넷 민주주의라는 용어로 바꿀 경우 나타나는 혼란을 고려, 전자민주주의라는 용어를 혼용해 사용하고자 한다. 각종 인터넷 민주주의와 관련된 제반 개념은 제II장에서 자세히 설명하겠다.

10) 박동진은 정보사회가 발전할수록 권력은 더욱 집중화된다면서 직접민주주의로서의 전자민주주의가 지향되어야 한다고 주장했다. 이에 전자민주주의는 대의민주주의와 자유주의적 참여민주주의를 대체할 수 있는 프로젝트를 끊임없이 개발해야 한다고 강조했다. 박동진, 『전자민주주의가 오고 있다』(서울: 책세상, 2003) 참조.

것을 주요 목적으로 한다. 특히 인터넷 정치참여가 과연 참여민주주의를 활성화시켰는가, 참여민주주의를 활성화시켰다면 그것이 대의민주주의에는 어떤 영향을 미쳤는가를 탐구하는 것을 연구의 주요 목적으로 하고 있다. 이를 위해 이 글에서는 인터넷이 한국정치에 도입된 이후 주요 사례를 시기별로 6개를 선정한 뒤, 이의 분석을 통해 인터넷 정치참여가 참여민주주의와 대의민주주의에 어떤 영향을 미쳤는지를 민주주의 이념 틀과 연계시켜 분석해 볼 것이다. 특히 참여민주주의와 대의민주주의의 관련성을 규명한 뒤 인터넷 정치참여가 참여민주주의에 미친 영향을 살펴보고, 이를 다시 대의민주주의와 연계해 분석하는 2단계(two step) 방법론을 채택, 현실정치 차원에서 인터넷 정치참여가 어떤 함의를 가지고 있는지를 심도 깊게 고찰하려 한다.

이 같은 문제의식을 바탕으로 이 글에서는 인터넷 민주주의의 주요 연구모델로 활용되고 있는 동원모델과 강화모델, 매개집단강화모델과 민중주의적 모델, 수요자중심모델과 공급자중심모델, 정보격차수렴모델과 계층화모델, 사회적 자본모델 등을 종합적으로 살펴본 후, 이를 한국의 인터넷 정치참여의 분석틀로 활용, 인터넷이 한국의 참여민주주의와 대의민주주의에 어떤 영향을 미쳤는지를 살펴볼 것이다.[11] 지금까지의 연구들은 이 같은 인터넷 민주주의 연구모델을 개별적 연구차원의 분석틀로만 활용해 왔다. 그러나 이 같은 연구방법은 인터넷이 한국정치에 미친 영향을 고찰하는데 있어 '숲을 보지 못하고 나무만을 보는' 한계를 노정해 왔다.

이에 이 책에서는 각각의 개별 연구모델의 분석과 연구모델들 간의 유기적 통합을 통해 한국에서 인터넷 정치가 갖는 민주주의

---

11) 인터넷 민주주의 연구모델에 대해서는 제Ⅱ장 제2절에서 자세히 살펴볼 것이다.

함의를 총체적으로 파악해 보려 한다. 이 같은 분석방법을 인터넷 민주주의의 '통합형 분석모델'이라고 규정할 수 있겠다. 통합형 분석모델은 기존의 분석방법에 비해 한국의 인터넷 정치를 총체적으로 고찰할 수 있다는 점에서 '나무보다 숲을 보는 데' 유리한 분석모델이라고 생각한다.

아울러 연구에서는 심의민주주의가 참여민주주의를 보완할 수 있는 유효한 시각이 될 수 있다는 점에도 주목해 한국의 인터넷 정치참여를 분석해 보려 한다. 특히 이 글에서는 인터넷이 대의민주주의 극복대안으로 등장, 시민들의 정치참여나 권한을 확대하는 등 일정 정도 참여민주주의의 이상을 실현하는 데 성과를 거두었음에도 불구하고, 이것이 심의의 약화와 직접정치 지향에 따른 정당정치의 약화를 초래하는 등 대의정치의 기제에 불안정을 가져오는 '민주정치의 역설(paradox of democratic politics)' 현상이 발생하고 있다는 측면에 주목할 것이다. 또 사이버 공간의 활성화를 통한 시민권력의 강화와 시민들의 요구(input)를 어떻게 제도화시켜 정치적 안정성과 책임성을 확보하고, 이성적 인터넷 정치참여 모델을 수립할 것인지에 대한 성찰을 통해 민주주의 전략을 제시해 보려 한다.

인터넷과 민주주의에 대한 연구는 이제 단편적인 담론적 연구나, 단순한 현실적 차원의 연구에서 벗어나 정치현실에 입각한 현실적 사례를 심도 깊게 탐구한 뒤, 이를 다시 '민주주의 연구'라는 한 차원 높은 수준으로 끌어올려야 하는 과제를 안고 있다.

이 글은 거시적이고 담론적인 정보사회의 민주주의 연구에서 탈피해 인터넷이 정치에 본격 도입된 지 10여 년이 지난 지금 인터넷이 한국의 현실정치를 구체적으로 어떻게 변화시켰는지에 연구

초점을 맞추고 있으며, 그 결과를 가지고 참여민주주의와 대의민주주의 문제로까지 평가의 수준을 끌어올려 보려고 했다. 이러한 접근법은 현실정치 차원에서 인터넷 정치참여가 민주주의에 어떤 영향을 주는가를 고찰하는 것으로 이론적 수준의 담론적 민주주의 연구 및 개별현안에 치중해 온 사례연구의 약점으로 지적되는 방법론상의 한계를 보완하는 유용한 연구방법으로 평가할 수 있다.

연구방법과 범위

정보화가 민주주의에 끼칠 수 있는 영향에 대한 지금까지의 연구방법은 크게 기술결정론(technology determinism)적 관점과 기술의 사회구성론(technology social constructivism)적 관점으로 대별되어 왔다. 기술결정론적 관점은 다시 낙관론(optimism)과 비관론(pessimism)으로 구분된다. 낙관론은 정보기술의 민주적 가능성(democratic potential)에 초점을 맞춘 시각이며, 비관론은 정보기술의 감시 가능성(surveillance potential)에 초점을 맞춘 시각이다.

그러나 기술결정론과 기술의 사회구성론적 관점 모두 일정한 한계를 드러내고 있다. 이에 이 글에서는 이 두 가지 연구방법의 문제점을 지적한 뒤 제3의 연구방법론이라 할 수 있는 '현실론적 접근법'을 도출해 내고자 한다. 또 이와는 다른 차원에서의 연구방법론으로 그동안 인터넷 정치연구의 중점 연구방법이었던 거시적 접근법과 미시적 접근의 한계를 살펴본 뒤 그 대안으로서 현실론적 접근을 제시하고자 한다.

우선 기술결정론에 대해 살펴보자. 기술결정론은 대체로 3가지 기본가정을 토대로 한다.[12]

첫째, 기술은 사회와의 관계에서 자율성(technological autonomy)을 가진다는 가정이다. 기술은 그 자체의 고유한 공학적 발전논리를 가지며, 인간사회의 변화를 초래하는 독자적인 힘으로 작동한다

---

12) 윤영민, 『기술적 혁신과 사회적 진보: 정보 테크놀로지의 창조적 수용을 위한 서설』 (서울: 경희대 정보사회연구소·삼성경제연구소, 1997) 참조.

는 가정이다.

둘째, 기술이 사회를 특정한 방향으로 발전시킨다는 필연성(technological imperative)의 가정이다. 기술발전이 새로운 시대를 만드는 것은 역사발전의 필연적 과정으로 설명되기 때문에 그것을 거스르는 것은 부정된다.

셋째, 특정한 기술은 보편적으로 동일한 사회유형을 창출한다는 보편주의(universalism)의 가정이다.

기술결정론은 인간의 의지와 노력 또는 사회구조가 기술발전이나 사회변화에 미치는 영향을 부인한다. 즉 기술을 지나치게 신비화하여 대중들을 정치적으로 무력화시키며 동원만 강조할 수 있는 위험성이 있다. 기술결정론의 또 다른 문제는 기술 발전을 수용하는 사회의 특수한 맥락을 고려하지 않는다는 점이다. 그 사회가 어떤 사회였든 새로운 기술을 수용하게 되면 모든 사회가 동일한 형태로 수렴된다는 주장은 기술결정론의 설명력을 근본적으로 약화시키는 요인이다. 더 빠른 속도, 권력, 그리고 효율성을 향한 기술의 진보적 성질은 그 자체만으로는 사회적, 정치적 진보를 위한 신호가 아니라는 것이다. 기존의 것보다 기술적으로 더 나은 기술을 사용하는 사회는 더 좋은 사회일 수도 있지만, 그렇지 않은 사회일 수도 있다.[13]

이와는 반대로 사회구성론은 정보화가 민주주의에 긍정적이든 부정적이든 영향을 미친다면, 그것은 정보화 자체의 속성 때문이 아니라 정보화가 어떤 세력의 이해관계에 의해 어떠한 방식으로 추진되느냐에 따라 결정된다는 것이다. 즉 정보기술이 그 자체가

---

13) 기술결정론의 문제점에 대해서는 권기현·박승관·윤영민 공저, 『정보의 신화, 개혁의 논리』(서울: 나남, 1998) 참조.

가지는 내재적 동인에 의해 미리 결정된 방식으로 자동적으로 사회에 개입하는 것이 아니라, 오히려 정보기술의 창출과 활용의 전 과정이 그것을 둘러싼 사회·정치적 환경과 인간의 주체적 선택의 결과로 결정된다는 입장이다. 사회구성론은 기술을 자체의 내적논리에 의해 주어진 것으로 보는 기술결정론적 가정을 거부하고, 기술을 그 창출과 사용을 둘러싼 조건들에 따라 구성되는 사회적 산물의 하나로 간주한다. 새로운 기술을 창출하고 사용하는 모든 단계에서 다양한 기술적 옵션(option)들이 이용 가능하다고 본다. 이 중 어느 것이 선택되느냐 하는 것은 단순한 기술적 고려사항에 달려 있는 것이 아니라 보다 광범한 사회적, 경제적, 문화적, 정치적 요인들에 의해 좌우된다는 것이다.[14] 바버(Benjamin Barber)가 지적했듯이 "만약 민주주의가 기술로부터 무엇인가를 얻고자 한다면 논의는 기술에서 시작되어야 하는 것이 아니라 정치로부터 시작되어야 한다."는 게 사회구성론의 입장이다.

사회구성론은 기술결정론자들의 오류를 정면으로 비판한다. 선진기술이 인간의 조건에 심대한 영향을 미치기는 하지만 기술에 내재된 속성 때문에 그런 것이 아니라는 것이다. 사회의 기술적 발전이 정치적 결과를 결정하는 것은 아니지만, 그 대신 정치적 매개, 동원 및 정치조직에 수반되는 기회와 비용의 매트릭스(matrix)를 변화시킨다는 사실은 매우 중요하다. 변화된 기회와 비용이 어떻게 작용하느냐 하는 것은 비기술적 요인, 즉 정치참여의 조건, 정치적 매개의 본질적 측면과 형식, 국가제도의 구조 등의 요인들과 상관관계가 있다.

---

14) 김환석, "정보기술과 정보사회를 어떤 관점에서 볼 것인가", 크리스찬 아카데미 시민 사회 정보포럼 편, 『시민이 열어가는 지식정보사회』(서울: 대화출판사, 1999), p.72.

이상에서 살펴본 두 가지 접근법을 고려해 볼 때 인터넷과 정치, 민주주의의 관계를 포괄적이고 균형 잡힌 시각으로 연구하기 위해서는 기술적인 측면만을 강조하는 기술결정론적 시각보다는 기술의 정치사회적 맥락에 주목하는 사회결정론적 시각이 더 적실 (relevant)해 보인다. 인터넷 역시 기본적으로 사회구조적 조건 및 사회세력관계에 조응하여 발전하는 것이고, 그 과정에서 사회구조와 인터넷 기술의 상호작용이 존재하기 때문이다.

그러나 사회구성론에만 매달리는 것도 바람직스럽지는 않다. 기술결정론이 문제가 된다고 해서 이의 대안으로 사회결정론이 모두 정당화되는 것은 아니다. 기술결정론이나 사회구성론 모두 기술이 결정하느냐, 사회가 결정하느냐의 차이만 있을 뿐 결정론의 한 부류이다.

정보기술과 민주주의 문제를 연구하는 데 있어서 특정 국가나 사회의 정치, 문화적인 맥락을 고려하지 않은 채 새로운 정보통신 기술이 민주주의를 가능하게 할 것이라든지, 정보통신 기술이 지닌 정치적 잠재력을 도외시한 채 특정세력의 정치적 고려(political ideas)만이 기술의 성격이나 그 결과를 일방적으로 규정하게 된다는 입장은 모두 구체적인 현실을 설명하는 데 한계를 지니고 있다.[15]

왜냐하면 동일한 정보통신 기술도 특정 사회의 정치적 관념이나 관행, 기술의 제도화 방식 등에 따라 전혀 다른 정치적, 사회적 결과를 초래할 수 있기 때문이다. 이렇게 결정론을 피해 가기 위해서는 기술이 사회를 결정하는 힘이나, 사회가 기술을 형성하거나 구성하는 힘 모두 유동적일 수 있다는 것을 전제로 해야 한다. 따

---

15) 강상현, "사이버스페이스와 정치변동", 『언론사회문화』 제5호(서울: 연세대 언론연구소, 1996), pp.23 - 40.

라서 기술발전의 단계나 사회변화의 과정에 따라 기술과 사회가 미치는 영향력의 정도도 달라질 수 있다는 유연한 관점이 필요하다.16) 이 같은 입장을 현실론적 관점이라 정의할 수 있다.

이 글은 인터넷과 민주주의라는 문제에 초점을 맞추되 정보사회의 지배－피지배 문제와 같은 담론적 민주주의 문제에서 탈피해 현실정치 수준에서 벌어지는 인터넷 정치참여 현상을 분석한 후, 이를 토대로 인터넷이 시민의 정치참여를 중심으로 한 참여민주주의와 정당정치를 중심으로 한 대의민주정치 체제에 어떤 영향을 미쳤는지를 살펴볼 것이다.

그러나 인터넷 기술이 사회에 미치는 영향을 기존의 이론들로 간단하게 재단할 수 있는 문제는 아니다. 대체로 기술이 도입되는 초기단계에는 혼란이 있게 마련이고, 중간단계에 이르러 기술전파가 시작되며, 최종단계에서는 기술의 폭발적인 확산이 이뤄지게 된다.17) 따라서 기술 발전이나 기술 확산이 이루어지는 단계에 따라 기술과 사회의 영향력 관계는 달라질 수 있다. 기술과 정치, 사회의 관계에 대한 예측과 전망의 혼란을 극복하기 위해서는 기술변화 단계를 잘 파악할 뿐만 아니라, 예측하고자 하는 기술이 어떤 국면과 단계에 처해 있는지에 대해서도 객관적인 이해가 필요하다.18) 이에 인터넷 공간에 대한 과학적인 관찰은 인터넷 공간의 특징과 그러한 매체적 특징을 이용한 인간의 상호작용 원리에 대한 탐구를 진행하는 현실론적 접근이 요구된다 하겠다.

이 글에서는 기술결정론이나 사회구성론에 얽매이지 않고 제3의

---

16) 고경민, 『인터넷은 민주주의를 이끄는가』(서울: 삼성경제연구소, 2006), pp.38－51.
17) 인터넷 등 정보기술의 확산에 대해서는 제Ⅱ장에서 설명하겠다.
18) 로저 피들러, 『미디어모포시스』, 이민규 옮김(서울: 커뮤니케이션북스, 1999), p.21.

시각이라 할 수 있는 '현실론적 관점'을 중심으로 연구를 진행할 것이다. 인터넷의 기술은 분명 기존의 어떤 매체보다도 시민의 참여를 증대시키고 시민권력을 강화하는 기술적 특성을 가지고 있으며, 현존하는 매체 중 가장 개방적이고 민주주의를 강화시킬 수 있는 긍정적 매체임에 틀림없다. 그러나 정보통신기술은 그 자체로서 중립적이다. 비록 인터넷의 기술적 특성이 아무리 민주적이라고 할지라도 그것만으로는 모든 시민의 참여를 일관되게 증가시키지도, 또한 감소시키지도 못한다. 결국 민주주의가 제대로 작동하려면 정보나 기술, 매체가 문제가 아니라 정치 그 자체이며, 시민참여의 질과 양의 측면에서 초래되는 역량의 문제라는 점에 주목해야 한다. 인터넷이 민주주의에 기여할 수 있느냐, 현실정치에 영향을 주느냐는 현실의 문제이지, 인터넷 자체의 문제가 아니기 때문이다. 사회와 정치의 본질적인 변화를 막연하게 인터넷에 기대하는 것은 인터넷의 또 다른 정치적 수단화를 방조하는 일이 된다.

기술결정론과 사회구성론과는 또 다른 차원에서 기존에 진행된 인터넷의 정치적 효과에 대한 연구방법론은 대체로 거시적 접근과 미시적 접근으로 나눠 설명할 수 있다.

거시적 접근은 인터넷으로 인한 정치적 효과를 정치체계 전반에 미칠 변화나 패러다임의 변화를 통해 이해하는 입장이다. 거시적인 접근법은 보다 장기적이고 거대한 시대적 흐름 속에서 인터넷이 정치적 환경과 구조에 미치는 영향을 거대담론(macro discourse) 차원에서 파악하려 한다는 점에서 중요한 의미를 갖고 있다. 그러나 이것은 추론이나 직관, 예측의 수준에서 연구가 진행되는 한계가 있다.

이에 반해 미시적 접근법은 소위 행위자 중심의 행태적 분석(behavioral approach)이라고 볼 수 있다. 이는 인터넷을 통한 시민의 정치참여 정도, 활용방식, 개별유권자에 미치는 영향 등을 구체적이고 경험적으로 분석하고 그 효과를 파악하려고 한다. 그러나 이런 접근법은 개별 행위자 수준을 넘는 사회적 흐름 속에서 그 효과와 변화를 살펴보기 어렵다는 점에서 한계가 존재한다.[19]

이에 따라 이 글에서는 이 같은 두 가지 연구방법의 문제점을 인식하고 총론적 연구와 미시적 연구를 적절히 혼용하는 '현실적 수준'의 연구를 통해 인터넷과 민주주의, 정치 연구에 대한 지금까지의 시론적 논의를 한 단계 더 진척시킴과 동시에 구체적으로 인터넷 정치참여의 연구 지평을 더욱 넓혀 보려 한다.

인터넷과 한국의 민주주의 연구라는 이 글의 의미를 더욱 선명하게 하기 위해서는 한국에서 인터넷과 정치발전 또는 민주주의와 관련된 연구들이 그간 어떻게 진행되어 왔는가를 잠시 살펴볼 필요가 있다. 학술적 영역에서 인터넷과 정치에 대한 탐구는 대개 인터넷의 발전단계에 따라 몇 단계로 나눌 수 있다.

첫 번째 시기는 정보화 사회 도래 이후 초래된 사회적, 정치적 변화에 초점을 맞춘 이론적 논의가 이뤄지던 시기로 1990년대 초반부터 인터넷이 도입된 초기인 1990년 말까지의 시기에 나온 논의들로서 정보사회의 새로운 이슈들에 대한 논의가 주를 이루던 때이다. 이 시기에는 정보사회의 새로운 의제들을 중심으로 한 '정보운동의 새로운 이슈들'에 초점을 맞추고 있다.

---

19) 강원택은 인터넷 공간에서 개별적인 행위자에 대한 관심이라는 미시적 접근과 그로 인한 제도적 차원의 효과와 영향, 변화라는 거시적 접근 간의 관계를 동시에 볼 수 있는 연구 방법으로 인터넷 정치를 연구하는 데 유용한 방법을 '중시적 접근법'이라고 주장했다. 특히 그는 중시적 접근법이 인터넷으로 인한 개별 시민의 정치참여 방식의 변화에 직접적 영향을 받으면서도 동시에 정치 제도적 변화를 추적할 수 있는 장점이 있다고 했다. 강원택, 『인터넷과 한국정치: 정당정치에 대한 도전과 변화』(서울: 집문당, 2007), pp.22 – 24.

이 시기 연구의 중점은 사이버 공간의 사회운동을 '네트를 활용하는 운동'과 '네트에서 발생하는 사회문제를 해결하기 위한 운동'으로 구분하면서, 주로 후자가 사이버 운동에서 핵심적인 영역을 차지하는 것으로 보았다.[20] 전자의 경우 사이버 공간은 정치·사회운동의 목표를 달성하는 데 기여하는 강력한 물리적 도구라는 점이 강조되었으며, 후자는 사이버 공간에서의 정보의 소통 및 통제에 대해 시민의 이해를 실현하려는 사이버 운동으로서 표현의 자유, 정보에 대한 접근과 공유, 프라이버시(privacy) 보호 등에 초점이 맞추어져 있다.[21]

이 시기의 연구들은 특히 정보에 대한 소유와 통제를 둘러싼 갈등이 정보사회 갈등의 핵심을 이룬다는 데 연구의 중점이 두어졌는데,[22] 이는 무엇보다도 디지털화된 정보의 속성과 정보소통의 공간이 된 인터넷이 내포하고 있는 여러 가지 측면의 특성들에 기인한 것으로 풀이된다. 아울러 이 시기에는 인터넷과 민주주의의 논의가 현실적 차원에서라기보다는 담론적, 이론적 측면에서 연구가 이루어졌다.[23]

---

20) 백욱인, "네트와 새로운 사회운동", 『동향과 전망』 제40호, 1999.

21) 조동기, "정보화 사회에서의 개인의 정체성과 프라이버시 문제", 『정보통신기술발달과 현대사회』, 한국사회학회추계특별심포지엄. 우지숙, "정보정보사회와 지적재산권", 『시민이 열어가는 지식정보사회』(서울: 대화출판사, 1994). 최성모 편, 『정보사회와 정보화정책』(서울: 나남, 1997). 백욱인, 『디지털이 세상을 바꾼다』(서울: 문학과 지성사, 1997).

22) 장훈, "정보민주주의론", 전석호 외 『정보정책론』(서울: 나남, 1997).

23) 박동진, "정보양식과 공론의 민주주의에 관한 연구: 비판적 정보양식론의 관점을 중심으로", 인하대 박사논문, 2000. 강상현, 『정보통신혁명과 한국사회: 뉴미디어 패러독스』(서울: 한나레, 1996). 권기헌·박승관·윤영민, 『정보의 신화, 개혁의 논리』(서울: 나남출판, 1998). 배동인, 『한국의 국가와 시민사회』(서울: 한울, 1992). 박승관, "한국사회, 커뮤니케이션, 정보테크놀로지", 『국가사회정보화 포럼』(서울: 크리스찬 아카데미, 1997). 윤영민, 『전자정보공간론: 컴퓨터 네트워크의 사회학적 탐색』(서울: 전예원, 1996)

일반적으로 전자민주주의로 통칭되면서 등장한 이 시기 정보사회와 민주주의 연구에서는 그동안 막혀 있던 사회적 대화와 소통을 풀어 주고, 누구든지 시민의식을 발휘해 의견을 표현하며 대화와 토론을 통해 이성적으로 함께 살아가는 문제를 논의하는 공간으로서 인터넷을 이해했다. 이 시기의 연구들은 주로 정보기술의 민주적 가능성(democratic potential)에 보다 초점을 맞춘 기술적 낙관론이 주류를 이루었다. 그러나 이 시기 연구에서 기술적 낙관론은 종종 기술결정론으로 흘렀다.

정보사회와 관련된 민주주의에 대한 이 시기의 논의가 기술결정론적일 수밖에 없었던 것은 인터넷 민주주의의 등장이 정보기술의 발전을 통해 현대정치가 안고 있는 문제를 해결해 줄 수 있다는 기대에서 등장했기 때문이라고 풀이할 수 있다. 민주주의 문제와 관련해서 이 시기 연구들은 인터넷의 등장으로 인한 민주주의의 개념변화와 원격민주주의, 사이버 민주주의, 숙의민주주의 등 개념적 분류에만 초점을 맞추었고, 현실정치 변화에 따른 민주정치의 내면적 문제점에는 관심을 보이지 못했다.[24]

아울러 정보화 추진과정에서 나타날 수 있는 정부의 권위주의적이고 관료적인 접근과 기업의 상업적 전략이 시민권리를 침해할 수 있다는 우려를 바탕으로 정보화가 지니는 감시의 가능성(surveillance potential)에 보다 초점을 맞추는 시각도 있다.[25] 이는 정보혁명으

---

24) 강정인, "정보사회와 원격민주주의", 『계간사상』 통권 26호(서울: 사회과학원, 1995). 강정인, 『세계화, 정보화 그리고 민주주의』(서울: 문학과 지성사, 1998). 박형준, 『정보사회의 문명사적 의미와 국가전략의 방향』(서울: 박영률출판사, 1996). 이유진, "PC통신, 인터넷와 한국의 전자민주주의 가능성에 관한 고찰", 『한국정치학회보』 제13호 1권(서울: 한국정치학회, 1997).

25) 이윤희, "정보사회와 위험사회", 『시민이 열어가는 지식정보사회』(서울: 대화출판사, 1999).

로 시민사회가 권력을 감시할 수 있는 가능성도 높아졌지만 기존 권력이 시민들을 감시하는 능력이 크게 늘어나 조지 오웰(George Orwell)이 예견한 '빅 브라더스(big brothers)'의 등장이나 밴덤 (Jeremy Bentham)이나 푸코(Michel Faucault)가 이야기한 사회통제의 제도적 장치인 '원형감옥(the Panopticon)'[26)의 감시사회가 초래될지 모른다는 우려를 바탕으로 하고 있다.[27)

이 시기에는 또 정보기술과 관련된 민주주의를 기술중심적으로 정의함으로써 인터넷과 관련된 민주주의 내용 역시 '국민투표적 민주주의(plebiscitary democracy)'[28)와 같이 제한되고 제도화된 민주주의 형태로 국한되는 결과를 야기했다.[29) 더욱이 정보를 전달하는 인터넷의 기술적 특성에만 초점을 맞추었을 뿐, 인터넷의 상호작용적 특성에는 별다른 관심을 기울이지 못했다. 아울러 이 시기 연구들은 정보화가 민주주의를 가져올 것인가, 아니면 저해할 것인가라는 정보통신기술의 민주적 가능성에 대한 일반론 수준의 논의 틀에서 벗어나지 못했다. 정보화와 민주주의의 관계를 제대로 설명하기 위해서는 단순한 낙관과 비관의 전망을 내놓은 것에 그치기

---

26) 원형감옥은 감옥, 정신병원, 학교, 공장 등에서 제도적 권력과 통제가 자동적이면서도 중단 없이 계속되는 장치로, 중앙에 설치된 감시탑을 둘러싸고 구성원들이 원형으로 배치되어 중앙으로부터 감시와 통제가 용이한 체제를 말한다. 감시와 통제가 계속되지 않더라도 구성원들은 항시 감시와 통제와 상존하고 있다는 의식을 갖게 됨에 따라 의심하지 않을 공간을 확보할 수 없게 된다.

27) 강상현, 강정인, 윤영민, 이영희 등 진보적 인사 23명은 1999년 2월 '크리스찬 아카데미 시민사회 정보포럼'을 결성해 열린소통사회, 인간중심 생명중심의 정보화, 성찰적 정보화, 참여민주적 정보화, 주체적 정보화 등 5개 실천강령을 제시한 '시민정보화 헌장'을 선포했다.

28) 인터넷과 같은 정보기술을 기반으로 한 매체는 정보전달 속도가 매우 빨라 여론조사나 투표 혹은 국민발안과 같은 즉각적이고 직접적으로 정책결정에 참여할 수 있는 '버튼 누리기식(push-button)' 민주주의가 가능하다는 의미에서 사용되는 용어이다.

29) 박선희, "컴퓨터 매개 정치의 패러독스-전자민주주의와 한국사회 현실에 대한 비판적 검토", 『한국언론학회보』 제44-4호(2000년 가을), pp.61-101.

보다는, 그러한 과정이 어떻게 정착되고 실현되는지를 구체적 수준
에서 파악하는 것이 필요한데 이 부분에 대한 논의를 놓치고 있다.

두 번째 시기는 엘리트주의적 입장에서 정부, 정당, 정치인 등 공
급자 중심의 인터넷 정치 연구가 중심을 이루던 때로 대체로 1990
년대 말부터 2002년 16대 대선 전까지의 시기가 이에 해당된다.

1990대 후반부터 인터넷 정치 연구는 낙관론과 비관론이라는 양
극단의 평가 사이를 뛰어넘어 인터넷을 기반으로 한 사람이나 세
력들의 상호작용의 특수성을 이해해야 한다는 자각을 바탕으로 연
구가 이루어졌다. 특히 이 시기에는 인터넷 민주주의와 관련된 거
대담론 중심 연구에서 벗어나 현실적인 접근법을 취했다는 점에서
의미가 있다.[30] 이 시기 연구들은 대부분 인터넷이 정치적 매개집
단(political intermediatry groups)의 역할을 약화시킬 것인가, 아니면
강화시킬 것인가의 문제를 중심시각으로 연구를 단행했다. 그래서
이들 논의들은 기존의 정부, 정당, 이익집단, 시민운동단체들이 어
떻게 인터넷을 활용하고 있는가라는 문제에 관심을 맞추었다.[31]
아울러 민주주의에 대한 담론적 연구에서도 주로 인터넷이 정치과

---

30) 정보통신정책연구원,『인터넷의 정치·사회적 파급효과 및 대응방안 연구』, 2001. 강
   상현, "전자민주주의와 시민참여: 사이버스페이스의 참여민주적 공간화를 위하여",『시
   민이 열어가는 지식정보사회』(서울: 대화출판사, 1999). 윤영민,『사이버공간의 정치』
   (서울: 한양대출판부, 2000). 백욱인, "인터넷과 전자민주주의 - 네트의 힘", 인티즌/한
   국정당정치연구소 주최, '인터넷과 정치' 세미나 자료집(2000). 박선희, "컴퓨터 매개
   정치의 패러독스 - 전자민주주의와 한국사회 현실에 대한 비판적 검토",『한국언론학
   회보』제44 - 4호(2000년 가을). 임혁백, "정보화 사회와 민주주의: 한국정치의 새로운
   패러다임", 한국정치학회 엮음,『정보사회와 정치』(서울: 도서출판 오름, 2001).

31) 정연정, "선거과정에서 인터넷 활용에 관한 연구". 김형준, "국회의원 연계기능 연구:
   지역구 의원 홈페이지 분석을 중심으로". 윤성이, "인터넷 혁명과 시민운동의 새로운
   전개". 한국정치학회 김영래 엮음,『정보사회와 정치』(서울: 오름, 2001). 백선기,『사
   이버선거와 인터넷』(서울: 커뮤니케이션북스, 2001). 박재창,『한국전자의회론』(서울:
   한울아카데미, 2003). 김용호 "e - 폴리틱스와 민주주의", 국회사이버문화연구회(2002).
   이현우, "인터넷 투표의 기술적·사회적 평가", 국회사이버정보문화연구회, 2001. 김
   용철·윤성이, "인터넷의 정치적 활용과 16대 총선",『한국정치학회보』제34집 3호.

정 변화에 초래한 영향을 중심으로 한 원론적 입장에서 연구가 진행되었다.[32]

　그러나 정치엘리트 주도의 공급모델에 입각한 이들 연구들은 정책이나 공공서비스와 같은 정치적 공공재에 대한 인터넷 이용자들의 수요 측면을 제대로 다루지 못했다. 특히 시민사회의 자발적인 정치참여에 대한 다양한 기제(mechanism)와 정치적 변화를 탐구하는 데 한계를 드러냈다. 인터넷 민주주의가 실행되는 영역을 통치나 제도와 같은 공식적인 정치과정에만 한정 짓고 정보통신기술이 갖는 기술적, 매체적 특성과 그것이 가져올 수 있는 정치적 변화의 가능성 등 도구적 관점(instrumental approach)에만 초점을 맞추었을 뿐, 정치, 경제, 사회, 문화적 변수들이 복합적으로 작용하는 현실적 적용문제에 대한 고려에는 소홀했다. 또 의제설정(agenda-setting) 권한이나 의제 전개과정에서 그 주도권이 정부나 정치 엘리트들에게 주어져 있다는 것을 전제로 하고 있으며, 시민들 간의 수평적 정치커뮤니케이션이라는 차원은 소홀히 다뤄졌다. 즉 이 시기 연구들은 민주주의의 실천적 의미를 담아 내지 못하고 엘리트 중심의 접근 방법에서 벗어나지 못했다. 다시 말해 정보사회의 민주주의 문제는 단순히 기술적인 문제가 아니라 정치문화의 성숙과 시민사회의 재구조화를 포함하는 포괄적인 문제[33]라는 점을 간과

---

32) 임혁백, "정보화 사회의 민주주의: 한국정치의 새로운 패러다임", 한국정치학회 김영래 엮음, 『정보사회와 정치』(서울: 오름, 2001). 윤성이 "전자민주주의 가능성과 한계", 『디지털 혁명과 자본주의의 전망』(서울: 한울, 2000). 한상희, "국가감시, 민주주의, 그리고 헌법", 함께하는 시민행동 엮음, 『인터넷 한국의 10가지 쟁점』(서울: 역사넷, 2002). 유석진, "정보화와 21세기 정치", 『인터넷 한국의 10가지 쟁점』(서울: 역사넷, 2002). 박동진, "인터넷과 참여민주주의", 『인터넷 한국의 10가지 쟁점』(서울: 역사넷, 2002).

33) 김철규, "사이버공간의 사회적 세계와 사화과학의 과제", 『한국사회』 제1집(서울: 한국사회연구소, 1998), p.47.

했던 것이다.

이 시기에는 또 인터넷이 현실공간의 별다른 변화를 가져오지 못한다고 보는 비관론이 연구의 대세를 이루었다.[34] 즉 인터넷 민주주의는 정치적 슬로건에 불과하며, 오히려 전자기술이 기존의 지배력과 지배관계를 강화하고 더욱 공고히 하는 새로운 수단에 불과하다는 입장이다.[35] 인터넷이 정치참여의 새로운 통로를 열어 주지만 정보격차를 확산시키고, 기존에 정치적 관심이 많은 집단에게만 혜택이 돌아간다는 비판론적 입장이 주류를 이루었다. 참여 주체의 문제에 있어서도 시민단체 중심의 시민사회에 국한했으며, 네트워크화된 개인으로서의 시민의 정치참여를 본격적으로 다루지는 못했다.

세 번째 시기는 대략 2002년 이후부터 2005년에 이르는 시기이다. 이 시기에는 2002년 16대 대선, 2004년 대통령 탄핵 반대 촛불시위 및 17대 총선에 이르기까지 폭발적으로 전개되었던 인터넷 정치참여 현상에 대한 높은 관심에 영향을 받아 시민참여의 다양한 역학관계와 동학을 집중적으로 연구했던 시기이다.[36] 이 시기

---

34) 윤성이, "16대 대통령선거와 인터넷의 영향력", 『한국정치학회보』제37집 3호(2003년 겨울). 강원택, "한국의 선거정치: 이념, 지역, 세대와 미디어"(서울, 푸른길, 2003).

35) 강상현, "사이버스페이스와 정치변동", 『언론사회문화』제5호(서울: 연세대학교 언론연구소, 1996). 벤자민 바버도 초기연구에서 정보기술이 정치발전에 긍정적 영향을 미친다는 결론을 냈으나 후기에는 정보기술이 정치적 숙의의 질과 사회통합의 본질을 크게 훼손한다는 입장으로 전환했다. 초기연구 Barber R. Benjamin, *Strong Democracy* (Berkely: University of California Press, 1994). 후기연구는 Barber R. Benjamin, "The new Telecommunications Technology: Endless Frontier or End of Democracy.", in Roger G. Noll and Monroe E. Price, eds., *A Communications Cornucopia*(Washington, D. C. Brookings Institution, 1998), pp.72 – 98.

36) 이원태, "한국의 인터넷 정치참여에 관한 연구: 2004년 한국의 17대 총선을 중심으로", 서강대 박사논문(2004). 민경배, "정보사회에서 온라인 사회운동에 관한 연구: 한국의 사례를 중심으로", 고려대 박사논문(2002). 고동현, "정보사회의 도전과 사회운동의 새로운 전개: 한국 사이버 사회운동의 유형과 동학을 중심으로", 연세대 박사논문(2003). 정동규, "인터넷과 참여민주주의: 한국의 16대 대선을 중심으로", 성균관대 박사논문(2004). 송경재, "한국 사이버 공동체와 정치참여에 관한 연구", 경희대 박사논문(2004).

연구는 그동안 연구의 주된 대상이었던 정부, 정당, 정치인 등 공급자 중심의 엘리트 모델에서 벗어나 시민사회의 자발적인 정치참여와 이에 따른 '시민권력 강화모델'을 연구에 본격 도입하기 시작한 시기이다.

여기서 수용자 또는 시민은 정치엘리트가 제공하는 정치적 공공재에 대한 수동적 소비만을 의미하는 것이 아니라 기존의 정치엘리트들이 스스로 생산하지 못하는 다양한 정치적 의제와 담론을 포함하는 정치적 요구(input)를 생산해 내고, 오히려 수동적 소비가 아니라 생산적 개입을 의미하는 적극적인 의미를 가진 소비자이다. 이런 점에서 이 시기에 인터넷 정치 연구는 프로슈머(prosumer)로서의 특성을 지니는 시민에 집중했다고 할 수 있으며, 이런 점에서 매개집단강화모델이나 동원모델에 대비되는 참여모델 혹은 시민모델을 연구방법론으로 채택했다고 할 수 있다.

이 시기에는 또 인터넷의 역할과 기능에 대해 진보세력과 보수세력 간의 대립적 관점이 분명해지기도 했다. 한국에서는 인터넷 도입 초기부터 사이버 공간에서 활발히 활동을 펼쳤던 진보진영이 인터넷의 긍정적 가치에 주목한 반면, 인터넷 때문에 세상이 바뀌었다고 본 보수진영은 인터넷의 부정적인 기능에 초점을 맞추었다. 보수세력들은 짧은 기간 동안 진보세력이 보여 준 인터넷 정치담론의 장악과 대중동원의 잠재력에 대해 경계심과 두려움 속에서 인터넷 정치현상을 '인터넷 포퓰리즘' 또는 '디지털 포퓰리즘'의 등장이라며 인터넷의 부정적 현상과 규제의 필요성에 연구의 초점을 맞추었다.

네 번째 시기는 2005년 이후부터 최근까지의 연구 동향으로 시민의 정치참여와 관련한 다양한 논의가 이루어지고 있는 때이다.[37)]

이 시기 연구들은 초기 인터넷의 정치적 활용을 통해서 정치인과 정부가 위로부터 시민참여를 동원하는 맥락에서, 또 기술적 효율성을 강조하는 맥락의 연구에서 과감히 벗어나 정보기술을 바탕으로 한 '행동하는 공중', '전자시민'으로서의 네티즌의 집단적 주체와 문화에 대한 이해로 연구의 초점을 변화시켜 왔다. 즉 엘리트 편향적이고 제도 중심적 관점에서 정치체계에 대한 시민들의 투입 측면을 중심으로 인터넷 정치참여의 연구 중심을 전환해 왔다. 특히 제도적 장치의 개선에 초점을 맞추는 전자민주주의 연구에서 인터넷 사회·정치운동이라는 시민의 아래로부터의 자발적 참여로 연구의 중심축을 옮겼다는 점에서 평가할 수 있다.

그러나 이 시기의 연구들도 시민참여의 다양한 기제와 효능감, 정치체제에 미친 영향에 대한 연구에만 집중한 결과, 인터넷이 정치변화에 미친 총론적인 흐름과 평가, 이를 통해 참여민주주의와 대의민주주의에 미친 충격 등 민주주의 문제에로까지 문제의식을 확장시키는 데는 일정한 한계를 지니고 있었다고 할 수 있다.

이상에서 살펴보았듯이 인터넷 정치에 대한 기존연구들은 그 연구방법론에서 진화를 계속해 왔다. 하지만 사이버 공간을 둘러싼 시민사회와 정치사회의 갈등·긴장의 역학관계보다는 단순히 인터넷이라는 매체의 도구적 측면에만 몰입하거나, 제도, 정당, 시민사회 등 연구의 분석단위를 한 측면만으로 한정해 왔다고 할 수 있

---

37) 김용철·윤성이, 『전자민주주의: 새로운 정치패러다임의 모색』(서울: 도서출판 오름, 2005). 이현우, "2030세대의 참여정치 거버넌스", 『21세기 한국 메가트렌드 시리즈2』 (서울: 정보통신정책연구원, 2005). 김종길·김문조, 『디지털 한국사회의 이해』(서울: 집문당, 2006). 강원택, 『인터넷과 한국정치: 정당정치에 대한 도전과 변화』(서울: 집문당, 2007). 김종길, "사이버 행동주의, 새로운 정치권력인가", 『인터넷 권력의 해부』 (서울: 오름, 2008). 김호기, "촛불집회, 거리의 정치, 제도의 정치", 2008년 6월 7일 성공회대학교 민주주의와 사회운동연구소 '촛불집회를 어떻게 볼 것인가' 토론회 발표문. 김종길, 『사이버트렌트 2.0』(서울: 집문당, 2008).

다. 그러나 인터넷 정치연구를 단순히 인터넷과 관련된 주변적 정치현상의 연구에만 그칠 경우 정치현상의 탐구를 통한 민주주의 체제 구축이라는 정치학의 본질적인 쟁점을 보지 못하게 될 위험성이 있다. 이 같은 문제의식에 의하면, 그동안의 인터넷 정치연구는 기존 정치의 '전자적 확장'에만 연구의 시각을 모으고, '민주주의의 강화'라는 현실적 문제와는 친화성을 보여 주지 못한 것으로 판단할 수 있다. 따라서 이제 한국정치의 '독립변수'로 화려한 성공을 거둔 인터넷 정치를 연구함에 있어서도 '어떤 민주주의인가'라는 문제를 본격적으로 제기해야 할 때가 온 것이다.

이에 이 글은 지금까지의 연구경향에 대한 문제점을 극복하는 차원에서 인터넷이 한국정치에 본격 도입된 지 10여 년이 지난 이 시점에서 다시 인터넷이 현실의 민주주의에 미친 영향과 문제점을 진지하게 재검토해 보려 한다.

민주화를 정당체제나 정권교체 등과 같은 제도적인 측면의 개혁뿐 아니라 참여, 국민적 동의, 책임성, 인권, 관용, 다원주의 등과 같은 실질적인 내용으로 정의하게 되면 민주주의 '이행' 다음에 오는 '강화'의 단계에서의 과제는 꾸준하고도 지속적인 개혁이 이루어질 필요가 있다는 점이다. 민주화 이후 한국 민주주의는 상당한 수준의 외형적 발전을 이루었으나 민주주의의 질적 측면에서는 아직 만족스럽지 못한 수준에 머무르고 있다. 형식적 정치민주화의 괄목할 만한 진전에도 불구하고 내용적 민주화는 아직 빈곤하거나 뚜렷한 지체현상을 보이거나, 오히려 후퇴하고 있다는 주장도 제기되고 있다. 이에 인터넷 정치 연구도 결국 인터넷의 정치도입이 민주주의 정착과 발전에 기여했느냐, 하지 못했느냐의 연구로 모아져야 하고, 인터넷 정치의 한계를 극복하기 위해서는 어떤 방안이 필요한지를 모색하는 데 연구의 초점이 모아져야 한다.

인터넷이 민주주의 발전에 기여하는가? 이에 대한 답변은 국가나 체제, 또는 연구자가 민주주의를 어떻게 정의하느냐에 따라 달려 있다고 할 수 있다.[38] 인터넷을 통해 우리가 어떤 민주주의를 지향하느냐 하는 문제와 연결된다는 말이다. 바버(Benjamin Barber)는 모든 것은 우리가 민주주의를 어떻게 이해하느냐에 달려 있다고 주장했다. 인터넷과 민주주의에 대해 그는 여러 가지 형태의 민주주의가 존재하기 때문에 인터넷의 다양한 기술적 특성이 민주주의의 어떤 형태에 기여할 수도 있는 동시에 또 다른 형태를 저해할 수도 있다고 주장했다.[39]

이 글에서는 이 같은 문제의식을 고려, 민주주의 문제를 검토하는 균형 잡힌 시각에 입각해 한국의 인터넷 정치참여 연구를 진행하려한다. 특히 일찍이 PC통신 시절부터 오늘날까지 10여 년에 걸쳐 꾸준히 진행되어 온 국내 인터넷 정치의 역사와 현황을 체계적으로 복원하고, 민주주의라는 화두와 연결해 한국정치의 발전방향을 제시하려 한다는 점에서 또 다른 의미를 부여할 수 있을 것이다.

이 글은 1990년대 이후부터 현재까지 한국의 PC통신망과 인터넷 등 사이버 공간을 매개하거나 또는 활용하여 이루어졌던 인터넷 정치과정을 주요 분석 대상으로 했다. 1990년대 말 이후 주목할 만한 대표적인 인터넷 정치참여 사례들을 고찰하는 것은 이 연구가 의도하는 함의를 더욱 풍부하게 할 것이다. 한국의 인터넷

---

38) 랜디 클루버·잭 리추안 퀴우, "중국, 인터넷 그리고 민주주의", 황용석 옮김, 『아시아의 인터넷, 정치, 커뮤니케이션』(서울: 커뮤니케이션북스, 2005), pp.35－79.

39) Barber, Benjamin, "Which Technology For Which Democracy? Which Democracy For Which Technology?" *International Journal of Communication Jaw and Policy*, No.6(Winter), 2000/2001.

정치의 형성과 발전과정에서 사회적으로 주목할 만한 활동을 전개하였거나 또는 연구의 가치가 있다고 판단되는 주요 인터넷 정치참여의 성공적 사례들에 초점을 맞추어 심층 분석을 실시했다.

지난 10여 년간의 인터넷 정치사례를 분석하는 것은 '나무보다 숲에 초점을 두는 것'처럼 한국의 인터넷 정치의 과거와 현재, 그리고 미래를 일별해 볼 수 있는 중요한 장점을 지닌다. 기존에는 인터넷과 정치의 결합이 느슨했거나, 정치경험이 충분히 축적되지 못해 인터넷이 한국정치에 미친 종합적 영향력과 효과에 대한 측정에는 다소 성급했던 것이 사실이었다. 그러나 이제는 인터넷의 보급이 대중적으로 이루어졌고, 정치적 활용과 정치참여의 사례 등 다양한 정치적 경험이 나름대로 축적되었기 때문에 정치과정에서 인터넷의 효과를 종합적으로 측정하는 작업은 유의미하다 하겠다.

이 연구에서는 ▲ 인터넷 등장기의 사이버 행동주의 ▲ 2000년 16대 총선에서의 총선시민연대 낙천·낙선운동 ▲ 2002년 16대 대선에서의 노사모 활동 ▲ 2004년 대통령 탄핵과 17대 총선 ▲ 2007년 17대 대선에서의 이념적 균형 ▲ 2008년 광우병 쇠고기 수입반대 촛불시위 등 6가지를 대표적 사례로 선정했다. 6가지 사례는 인터넷이 한국정치에 도입된 이래 최근까지 일어난 정치적 환경과 정치참여의 양상을 잘 보여 주고 있어 한국의 인터넷 정치참여 양상을 일괄하는 데 적합할 것이란 측면에서 선정했다.

특히 인터넷 등장기의 사이버 행동주의와 2008년 광우병 쇠고기 수입반대 촛불시위를 제외하고는 선거사례를 분석대상으로 선정했다. 이는 인터넷 정치참여의 다양한 요인이나 제도적 차원의 문제 등을 살펴보는 데 있어 선거를 둘러싼 정치 환경이 인터넷의 효과를 측정하는 데 유효하기 때문이다. 선거를 제외한 일상적인 정치참여의 대부분은 중대 사안이 아닐 경우 시민들의 구체적인 행동을 집단화해 파악하기 어렵다. 선거는 시민의 구체적인 참여행위의 정치적 특성을 잘 파악할 수 있는 제도적 정치이며, 아울러 각 시기별 인터넷 정치참여의 특징과 흐름을 비교분석할 때 선거라는 정치적, 제도적 환경이 사례분석 연구에서 유용할 수 있기 때문이다.

이 밖에 인터넷 등장기의 사이버 행동주의와 2008년 광우병 쇠고기 수입반대 촛불시위의 사례는 선거라는 다른 4개의 사례와는 또 다른 정치참여 양상을 설명할 수 있는 모델로 판단해 이 글의 연구사례로 선정했다. 이 글에서 선정된 사례가 한국의 인터넷 정치참여 양상을 모두 설명할 수 있는 사례가 아닐지라도 인터넷 정치참여의 뚜렷한 흐름을 일괄하는 데는 유용할 것으로 생각한다.

이 글은 또 인터넷 정치참여의 다양한 동학을 살펴본 뒤 이를 현실의 참여민주주의와 대의민주주의라는 의미 틀과 연계해 평가하고, 인터넷 참여정치의 부정적 측면을 극복할 수 있는 대안으로서 '시민참여 책임정치 거버넌스(governance)[40]의 구축'방안을 모색하려 한다.

아울러 이 글은 인터넷이 한국정치에 도입된 이후 나타난 대표적인 정치사례들을 역사적 접근법에 따라 서술함으로써 인터넷 정치의 총체적인 평가와 전망을 시도하려고 한다. 문헌연구와 사례연구를 바탕으로 일차적으로 인터넷 민주주의의 다양한 이론과 인터넷 정치참여에 대한 다양하고 풍부한 이론적 검토를 끝낸 뒤, 주요 인터넷 정치참여의 사례를 분석하고 이를 최종적으로 본 연구의 분석틀에 의거, 참여민주주의와 대의민주주의 틀과 연계해 종합분석하는 복합적인 연구방법을 시도할 것이다.

---

40) 거버넌스의 개념은 제Ⅵ장에서 자세히 설명하겠다.

제 II 장

인터넷 정치커뮤니케이션과 민주주의

정보사회가 가져온 변화의 물결은 정치사회 및 시민사회 영역에도 커다란 변화를 가져오고 있으며 정치과정은 물론 정치체계에도 변화를 불러오고 있다. 인터넷의 확산과 등장은 경제와 개인의 삶의 양식의 변화를 초래했음은 물론 정치커뮤니케이션의 변화를 초래해 새로운 공론장(public sphere)의 가능성과 함께 민주주의 양식에도 상당한 영향을 주고 있다.

이에 이번 장에서는 인터넷의 속성과 정치커뮤니케이션의 구조, 인터넷과 민주주의 연구에 있어 주요 의제인 선택성, 익명성, 속도, 비용, 탈퇴와 발언 등을 민주주의 속성과 연계시켜 살펴보겠다. 이어 사이버 공간의 '새로운 공론장'으로서의 가능성을 살펴본 뒤, 대의민주주의 한계를 보완할 수 있는 새로운 민주주의 이론인 참여민주주의, 전자민주주의, 심의민주주의를 고찰하겠다.

아울러 인터넷 민주주의 연구모델로 주로 사용되고 있는 동원모델과 강화모델, 매개집단강화모델과 민중주의적 모델, 공급자중심모델과 수요자중심모델, 정보격차수렴모델과 계층화모델, 사회적 자본모델의 개념과 특징을 살펴본 뒤 이 글의 구체적인 분석틀을 제시하겠다.

본격적인 연구에 들어가기에 앞서 개념상 혼란을 피하기 위해 이 연구에서 사용되는 각종 민주주의에 대한 정확한 개념을 우선적으로 정리할 필요가 있다. 인터넷과 민주주의와 관련된 연구들을 자세히 들여다보면, 인터넷의 등장과 함께 생겨난 민주주의 개념은 통상적으로 사용되어 온 전자민주주의(electronic democracy)를 포함,

원격민주주의(tele - democracy), 온라인 민주주의(online democracy), 사이버 민주주의(cyber democracy),[41] 전자민주화론(e - Politics) 등 엄밀한 구분 없이 혼재되어 사용되는 양상을 보이고 있으나 학계에서는 이들 용어 가운데 전자적 매체의 속성을 강조하는 뜻에서 '전자민주주의'라는 단어를 보편적으로 사용하고 있다. 특히 원격민주주의, 온라인 정치(online - politics), 전자민주화론(e - politics) 등은 인터넷을 중심으로 전개되는 정치의 기술적인 측면을 강조한다는 측면에서 민주주의 문제를 제기하지는 못하고 있는데 대의민주주의 보완의 차원에서 거론되는 전자민주주의와 심의민주주의, 참여민주주의 등과 함께 사용되고 있어 개념상 혼란을 일으키고 있다.[42]

아울러 심의민주주의를 전자민주주의의 하위범주로 구분하는 경우도 있고, 참여민주주의와 심의민주주의를 혼용해서 사용하는 경우도 있으나 이 연구에서는 개념상의 혼란을 피하기 위해 전자민주주의, 참여민주주의, 심의민주주의를 엄격히 구분해서 사용할 것이다. 이와 함께 이 글에서는 전자민주주의와 유사개념이 갖는 개념상의 혼란을 피하기 위해 인터넷과 관련된 민주주의를 '인터넷 민주주의'라는 보편적 개념으로 정의해 가장 상위개념으로 사용한다. 즉 인터넷 민주주의의 하위범주로 전자민주주의, 참여민주주의, 심의민주주의 개념을 포함시킬 것이며 원격민주주의, 온라인 민주주의, 사이버 민주주의 등을 전자민주주의 하위개념에 포함시킬 것임을 밝혀 둔다.

---

41) 포스터(Mark Poster)는 인터넷에서 탄생하는 새로운 유형의 공동체에 의하여 현재의 정치적 권위가 엄청난 변화를 초래할 것이라며 가상공간의 정치적 관계를 지칭하는 새로운 개념을 사이버 민주주의라고 이름 지었다.

42) 황주성은 원격민주주의는 1970~1980년대 텔레비전, 라디오, 컴퓨터 등 전자기술의 발전과정에서 나타난 용어이고, 전자민주주의나 사이버 민주주의는 1993년 이후 매체 융합으로 나타난 폭발적인 변화 후에 주로 사용된다고 규정했다. 황주성 외, 『인터넷이 정치과정에 미치는 영향과 대응방안 연구』(서울: 정보통신정책연구원, 2001), p.65.

인터넷 정치커뮤니케이션

인터넷이란 전 세계 어디서나, 누구라도 자유롭게 접속하여 사용할 수 있도록 다양한 인터넷용 프로토콜(protocol)[43]을 사용하여 네트워크의 개방성 및 상호 연결성을 보장하고 있는 개방형 네트워크로서 전 세계 네트워크를 연결하는 네트워크 중의 네트워크이다.

인터넷의 목표를 파악하고 그 정의를 내리기 위해서는 먼저 인터넷에 깔려 있는 기본정신을 이해할 필요가 있다.

1. 인터넷의 특징

인터넷의 근간에 내재되어 있는 기본정신은 공유(sharing)이다. 지식과 의견의 자유로운 유통이 이뤄지고, 자유분방한 의사개진과 자기표현, 열린 마음과 정보, 정보 분배를 통한 민주화가 인터넷의 기본정신이다.[44] 인터넷에서는 접속하는 수많은 사람들의 자발적인 참여로 정보가 살아 움직이는데 이는 인터넷이 채용하고 있는 개방구조 때문이다. 인터넷의 이점은 전 세계적인 전달과 값싼 비용, 검열 없는 자기주장, 다른 사용자와의 쌍방향 통신이라는 데 있다.

---

43) 프로토콜(protocol)은 원래 서로 다른 기계나 소프트웨어 간에 의사소통을 할 수 있도록 규정한 규약을 말한다. 인터넷은 서로 다른 환경에 처한 컴퓨터 네트워크를 위한 공통의 규약을 토대로 형성되었다. 그래서 인터넷을 '프로토콜 혁명'이라고 말하기도 한다.

44) 윤준수, "인터넷과 커뮤니케이션 패러다임의 대전환"(서울: 커뮤니케이션북스, 1998), p.52.

인터넷은 냉전시대의 산물이다. 1957년 소련의 인공위성 스푸트니크 발사에 놀란 미 정부는 핵 공격에도 안전한 군사통신망을 필요로 했다.[45] 기존의 전화망은 양 전화기를 연결하는 회로를 파괴하면 통신이 끊기기 때문에 불안정했다. 그래서 미국은 적의 공격으로 인해 어느 한쪽의 통신망이 끊어지더라도 다른 경로를 통해 계속 통신 상태를 유지할 수 있는 안전한 통신망을 필요로 했다. 이것이 알파넷(ARPANet)이라고 하는 인터넷의 전신이다. 그 이전의 통신방식은 서킷교환(circuit switching)으로 어느 한 곳과 다른 한 곳을 '일대 일'로 이어 주는 전용선 방식이었다. 그래서 비상시에 적이 이 라인의 어느 한 부분만 파괴해도 통신부절 사태가 빚어졌다.

반면 인터넷은 패킷교환(packet switching) 방식을 사용한다. 이는 문서나 그림, 음성, 비디오 등을 모두 일정한 크기의 패킷으로 나눠 전달하는 방식이다. 네트워크상에서 가장 편리하게 이용할 수 있는 노선을 따라 가다가 최종 목적지에 도달하면 다시 원래대로 조합하여 완성된 파일의 형태로 메시지를 전달한다. 이렇게 되면 단일한 명령 내지 지휘지점이 적의 공격이나 기능상실에 의해 파괴되어도 전체 통신망의 마비를 가져오는 사태를 피할 수 있다.[46]

인터넷을 PC통신과 비교해 보면 PC통신은 중앙시스템을 관장하는 호스트(host) 컴퓨터가 있고, 이를 관리, 감독하는 대형 통신사의 통제 속에서 운영되고 있었다. 따라서 PC통신에 접속하는 모든 사용자들의 단말기 간의 통신은 중앙 호스트를 통해서만 가능했다. 그러나 인터넷은 컴퓨터 또는 어떤 통신망에 이상이 발생한 경우

---

45) Bonchek. M. S. From Broadcast to Netcast: The Internet and the Flow of Political Information. 원성묵 역, 『브로드캐스트에서 넷캐스트로: 인터넷과 정치정보의 흐름』 (서울: 커뮤니케이션북스, 1997), p.30.

46) 앞의 책, p.31.

통신망 전체에는 영향을 주지 않도록 실제의 관리와 접속은 세계 각지에서 분산적으로 행해지고 있다. 이렇게 개발된 인터넷은 태생적으로 기술적 기본속성이 분권적 가능성을 내포하게 된 것이다.

TCP/IP(Transmission Control Protocol/Internet Protocol)가 인터넷의 국제통일 규격으로 채택된 것도 이렇게 중앙통제 없이 통신에 임하는 컴퓨터와 중계에 임하는 분산된 수많은 네트워크 경로를 통해서 수평적이며 안정적인 통신에 강점이 있었기 때문이다. 이렇게 구축된 인터넷망은 전 세계의 전원이 모두 한꺼번에 꺼지지 않는 한 재난에 의해 정지된 시스템만큼의 부하만 나머지 시스템으로 옮아갈 뿐 모두 다운되지 않는다. 이렇게 인터넷의 속성인 쌍방향성과 분권성은 함께 결합되어 중앙의 통제가 불가능한 태생적 특성을 보여 준다.

인터넷은 국제적으로 단일화된 통신규약(TCP/IP)을 통해 월드와이드웹(www)이라는 html 웹 시스템을 중심으로 국제적으로 통합된 통신망으로 연결되어 있다. 이는 세계 어디서나 인터넷 회선망에 연결되어 있는 모든 사용자들이 단일화되고 공개된 부호체계인 TCP/IP의 부호체계를 사용하기만 한다면 누구나 서로 통신이 가능하게 된다는 것을 의미한다.[47] TCP/IP프로토콜 프로그램을 이용하여 프로그램을 개발하게 된다고 어떤 로열티(loyalty)나 부가세를 내는 게 아니다. TCP/IP의 프로토콜 사양은 개방되어 있다. 이것이 인터넷의 개방적 속성이다.

인터넷은 1969년 미국 국방성에 의해 발명되어 소수의 그룹에 의해 사용되다 1980년 후반에 와서 일반에 모습을 공개했고, 1994년 스위스의 컴퓨터 학자에 의해 발명된 월드와이드웹(www:

---

47) 황의안, 『정치백신 e – 폴리틱스』(서울: 가교출판, 2004), p.28.

World Wide Web)에 의해 획기적으로 확산되어 전 세계로 대중화 되게 된다.[48) 인터넷은 웹의 등장으로 전 세계 컴퓨터 네트워크가 거미줄처럼 연결되어 새로운 정보 커뮤니케이션 매체로 부각됐다. 월드와이드웹이 보급되기 전까지의 인터넷은 그저 통신수단의 하 나로 인식되었다. 월드와이드웹의 시스템이 인터넷 통신 기술과 결 합되면서 비로소 누구나 클릭만으로 접속해서 항해해 다닐 수 있 는 공간이 탄생한 것이다. 이렇게 전 세계의 통신수단으로 부각된 인터넷은 다양한 기능적 특성을 갖추고 있다.

하이퍼텍스트 링크(hypertext Link)는 웹 사용자들로 하여금 다른 사용자의 권고에 따라 웹상의 한 장소에서 다른 장소로 즉각 옮겨 갈 수 있도록 해 준다.

내로캐스팅(narrowcasting)은 어떤 특정한 정보를 수용할 수 있는 집단에게만 그 정보를 제공해 주는 형태의 협송전달 방식이다. 웹 에서는 상호통신으로 인하여 발송인은, 누가 그 웹페이지를 보는지 알 수가 있게 되고, 또한 정보의 자동조작은 발송인으로 하여금 수송인의 구체적인 필요나 관심사에 맞추어 정보를 전달할 수 있 게 한다. 사람들이 정보를 조사 및 분석하는 방법에 있어서 차이 가 있기 때문에, 이러한 고객에 맞추어진 정보의 전달은 정치적 행위를 하는 데 있어 매우 중요하다.

매체의 통합능력(media integration)은 정보의 직접 접근과 함께 언 론기관의 역할을 정보의 문지기에서 정보의 중개인으로 전환시킬 수 있다. 이 같은 특성으로 인터넷상의 행위자는 정보의 잠재적인 공급자이며 소비자이다. 정보의 이전은 상대적으로 지리적이고 시간

---

48) 웹(web)의 등장이 인터넷의 발전에 기여한 것에 대해서는 윤준수, 앞의 책 pp.75 - 106 참조.

적인 제약을 덜 받는다. 특정한 정보를 얻을 수 있고, 지리적인 위치에 상관없이 관심사를 공유한 다른 사용자들을 찾아내고 조직할 수 있다. 컴퓨터 매개 커뮤니케이션(CMC)의 쌍방향적 특성은 이용자 간의 자유로운 토론을 통해 공론장을 형성, 민주적 커뮤니케이션을 가능하게 할 것으로 전망된다. 또 인터넷 기술의 개방성과 분산성은 소수의 집중적인 관리를 어렵게 만들게 해서 태생적으로 권위주의적이라기보다는 자유주의적 내지는 민주적으로 받아들여진다.

이 같은 이점으로 신문이 독자 1,000만 명을 확보하는 데 무려 41년이 걸린 반면, 인터넷은 고작 2년 만에 같은 수의 사용자를 확보했다. 미국 AT&T 부설 연구소의 조사결과에 의하면 시장 진입 후 첫 1,000만 명의 고객을 확보하는 데 소요된 시간은 신문 41년, 전화 38년, 케이블 TV 25년, 팩시밀리 22년으로 집계됐다.[49]

2. 인터넷 정치커뮤니케이션의 구조

인터넷을 통해 새로운 정치시스템을 구축할 수 있다는 기대는 인터넷만의 독특한 속성이 정치적 주체들 사이에 이전에는 없었던 새로운 커뮤니케이션 통로를 창출할 수 있기 때문이다. 인터넷이 매개되어 창출되는 정치커뮤니케이션의 구조적 특성은 인터넷 등장 이전의 정치커뮤니케이션 구조와 비교해 보면 차이점이 확연하다.

박성호는 미디어의 관점에서 인터넷이 권력과 정보의 전달방법을 변화시킴으로써 사회 계층적 구조의 변화가 야기되고 있고, 이의 여파로 사회적 충격이 야기되고 있다고 보았다.[50] 즉 인터넷의

---

49) 권수미, 『디지털 언론, 디지털 포토그래피』(서울: 나남신서, 2000), p.25.

네트워크식 사회계층구조는 나뭇가지 형태의 계층조직과 달리 복잡한 실타래처럼 서로 얽혀 있어 정보나 권력이 정점에서 전달되는 것이 아니라 주위의 가장 가까운 지점에서 전달되고, 또 권력이나 정보의 전달도 매우 다양한 지점에서 다양한 방법으로 전달할 수 있다고 지적했다.

본첵(Bonchek)은 인터넷 이전의 커뮤니케이션 구조를 브로드캐스트(broadcast) 구조, 인터넷 시대의 구조를 넷캐스트(netcast) 구조라고 칭하고 인터넷이 정치정보 흐름에 미칠 수 있는 영향을 다음과 같이 정리했다.[51] 본첵에 의하면 컴퓨터 네트워크는 매스미디어

---

50) 박성호, 『인터넷 미디어의 이해와 활용』(서울: 커뮤니케이션북스, 2002), p.47.

51) Bonchek은 정치적 정보의 흐름에 인터넷이 미치는 효과를 다음과 같이 정리했다. 원성묵 역, 『브로드캐스트에서 넷캐스트로: 인터넷과 정치정보의 흐름』(서울: 커뮤니케이션북스, 1997), pp.73 - 75.

  1. 다통로구조: 인터넷이 쌍방 통행적인 다수 대 다수 커뮤니케이션에 사용될 수 있으며, 네트가 모든 종류의 정치적 행위자들에게 접근 가능하므로, 인터넷은 행동주의적인 시민과 관심 있는 시민, 정치조직, 정부 그리고 언론 간의 다통로적인 정보 흐름의 패턴을 나타낼 것이다.

  2. 직접접근: 네트의 다통로적인 구조 때문에, 그리고 기존의 전통적인 중개자들이 정치적 정보의 편집, 여과, 전달을 통하여 정보의 문지기로서의 역할을 하기 때문에, 정치적 행위자들은 서로 직접 커뮤니케이션하고 정보의 문지기를 간관하기 위해서 인터넷을 사용할 수 있을 것이다.

  3. 가상조직: 인터넷이 공간과 시간을 통한 커뮤니케이션의 거래비용을 감축시키고, 거래비용이 집단적 행위와 집단의 형성에 주요한 장벽으로 작용하기 때문에, 인터넷은 집단들이 지리적 근접성이 아니라 공통관심사를 중심으로 스스로 조직하는 데 사용될 것이다.

  4. 사회적 네트워크와 사안적 네트워크의 통합: 사회적 네트워크와 사안적 네트워크가 전형적으로 분리되어 있기 때문에, 인터넷이 지리적으로 분산되어 있으면서 공통관심사를 중심으로 조직된 집단 내부에서의 상호작용을 가능하게 하기 때문에 네트상에서 사회적 네트워크와 사안적 네트워크가 융합될 것이다.

  5. 확산: 인터넷이 약한 결속관계를 유지하고 정보를 재분배하는 비용을 감축시키기 때문에, 그리고 약한 결속관계가 사회적 네트워크에서 사회적 연계망으로의 정보의 흐름에 핵심적인 역할을 하기 때문에, 인터넷은 사회적 네트워크 간의 정치적 정보의 확산에 효과적인 수단이 될 것이다.

  6. 정보의 양: 인터넷이 정보를 보급하는 비용을 감축시키기 때문에, 자동화가 정보를 검색하는 비용을 감축시키기 때문에, 정치적 행위자들이 전형적으로 커뮤니케이션 비용으로부터 제약을 받기 때문에, 정치적 행위자들은 보다 많은 정보를 보급하고 검색할 것이다.

채널과는 다르게 아주 저렴한 비용으로 시간과 물리적 거리의 제약을 극복하여 정보의 거래비용을 절감시킨다. 기존의 브로드캐스트(broadcast) 구조에서는 정부가 결정된 정책을 매스미디어를 통해 일방적으로 전달하고 정책결정과정에 상대적으로 공중의 참여를 부수적으로 간주해 온 경향이 있다. 이는 공중이 정치과정이나 정책결정과정에서 직접 참여할 수 있는 저렴하고 효율적인 커뮤니케이션 채널이 부재했기 때문이다. 하지만 인터넷 시대의 넷캐스트(netcast) 구조에서 통신과 정보제공 및 획득에 드는 거래비용의 절감은 정치과정에 공중의 참여가 저조한 원인을 더 이상 효율적인 커뮤니케이션 채널의 부재로 돌릴 수 없음을 의미한다.[52]

컴퓨터 네트워크가 저렴한 비용으로 공중 간의 시간적, 공간적 제약을 극복하고 쌍방향 커뮤니케이션을 가능케 함으로써 동일한 사안에 관심을 갖고 있는 분산된 공중을 결합시킴으로써 사회 시스템 내의 허약한 결속을 비약적으로 확대시킬 수 있다는 점에 주목할 필요가 있다. 특정한 사안을 위주로 조직된 네트(net)상의 웹사이트를 통해서 약한 결속관계의 네트워크를 확대함으로써 현실

---

7. 매체의 통합: 디지털 정보는 쉽게 복사되고 여러 매체들 사이에서 전환이 용이하기 때문에, 그리고 사람들이 정보를 받아 보기 위해서 다양한 종류의 매체를 사용하기 때문에 정치적 정보는 사적 매체, 방송매체, 네트워크 매체 간을 넘나들 것이다.
8. 자원에 의한 편향성: 교육과 수입 등의 자원들이 인터넷 사용과 정치적 참여에 있어서 결정적인 요인들로 작용하기 때문에, 풍부한 자원을 지닌 개인과 조직들이 정치적 커뮤니케이션을 위해 인터넷을 사용할 가능성이 높다.
9. 이질성: 인터넷이 다양한 사회적 네트워크에 속하는 사람들과의 익명성이 보장된 커뮤니케이션을 가능하게 하기 때문에, 동일 사회적 네트워크의 구성원들은 전형적으로 정치적 입장을 지니기 때문에, 인터넷은 사람들의 정보의 출처에 있어서 이질성을 증가시킬 것이다.
10. 내로캐스팅: 정보의 보급자들이 인터넷상에서 쉽게 특정한 이익집단을 구분해 내어 대상화시키고, 정보의 재공을 개별화할 수 있기 때문에 네트상에서의 정치적 정보는 대규모 청중들에게 전달되는 소수의 메시지(방송)보다는 다수의 소규모 청중그룹들에게 전달되는 다수의 메시지(내로캐스팅)로 구성될 것이다.

52) Boncheck, 앞의 책.

공간에서는 분산되고 고립화된 공중들이 사이버 공간에서 한데 뭉치어 정보를 공유하고 집단적 행동을 취할 수 있다.

본책에 따르면 인터넷 이전의 커뮤니케이션 구조 아래서는 언론, 정부, 그리고 정치조직이 정치적 사안을 중심으로 조직된 사안적 네트워크(issue network)[53]들 속에서 쌍방향적인 사적 매체를 통해 상호 연결되었다. 언론은 사안적 네트워크의 구성원임과 동시에 일반대중에게 정보전달이란 다리를 놓아 주는 역할을 담당한다. 이러한 커뮤니케이션 구조 아래에서 언론은 대중에게 정보를 제공하는 주된, 그리고 유일한 통로가 된다. 그러나 인터넷 환경 아래에서는 언론, 정부, 정치조직, 일반대중 등 모든 정치적 행위자들이 다통로적 커뮤니케이션 구조를 통해 서로 직접 연결된다. 굳이 언론을 매개하지 않고도 일반대중은 정부나 정치집단으로부터의 정보를 획득할 수 있으며, 정부나 정치집단도 직접 일반대중에게 정보 서비스를 제공할 수 있다.

인터넷의 등장과 대중적 확산에 따라 형성된 새로운 커뮤니케이션 구조 속에서 언론은 더 이상 정보의 출처 및 제공자로서 독점적인 위상을 지니지 않는다. 언론의 개입 없이도 많은 양의 정보들이 인터넷을 통해 일반대중들에게 공유될 수 있기 때문에 언론의 매개자 역할이 급격히 감소하는 '탈매개화(disintermediation)' 현상이 나타난다.[54]

인터넷 커뮤니케이션 구조에서 최근에 나타나고 있는 가장 두드

---

53) Bonchek은 사안적 네트워크를 사회적 네트워크와 대비시키면서 특정한 쟁점영역에 대한 공통된 신념과 전문지식을 매개로 연결된 정부내외의 정치적 활동가의 망이라고 정의했다.

54) 황용석 외, 『인터넷시대의 새로운 정치환경과 언론 – 제16대 총산에서 언론과 정치집단의 인터넷 활용분석』, 한국언론재단, 2000, p.61.

러진 현상은 웹 1.0에서 웹 2.0 중심으로 인터넷 환경이 새롭게 재
편되고 있다는 것이다. 웹 2.0이란 미국의 오라일리(Tim o'Reilly)사
의 부사장인 데일 도허티(Dale Dougherty)가 닷컴 버블 붕괴 이후
살아남아 거대기업이 된 구글, 아마존, 이베이 등과 같은 인터넷
기업들의 성공요인을 총칭하기 위해 고안해 낸 개념이다. 데일 도허
티는 이들 기업의 공통적인 특징이 참여, 개방, 공유, 집단지성
(collective intelligence),[55] 사용자 중심철학 등의 원리에 기반을 둔
비즈니스 모델이라고 정리했다.[56] 따라서 웹 2.0은 인터넷과 관련
된 기술적인 발전이나 향상을 뜻하기보다는 최근 들어 부상한 인
터넷 활용방식의 특성과 변화를 가리킨다.

웹 2.0의 특성은 참여, 공유, 개방으로 요약된다. 과거의 매체가
'대신 전달해 주는' 속성을 지녔다면 웹 2.0은 정보소비자가 정보
생산에 스스로 참여하여 직접 표현하는 특징을 갖는다. 인터넷은
기존 매체가 정해 놓은 시간과 내용에 따라 유권자가 수동적으로
반응하는 양식에서 벗어나 정보의 다운로드(download)와 업로드
(upload)의 주체를 유권자로 옮기는 데 크게 공헌했다.[57] 특히 업로
드가 가능해졌다는 점이 매우 중요한데, 인터넷의 초기단계에서는
전문가나 전문업체가 만들어 놓은 정보나 지식을 다운로드하는 데
집중했다면 웹 2.0시대에는 적극적인 업로드가 더욱 중요해졌다는

---

55) 집단지성에 관해서는 P. Levy, 1994. L'Intelligence Collective를 참조할 것. 번역판, 피
　　에르 레비, 『집단지성: 사이버공간의 인류학을 위하여』(서울: 문학과 지성사, 2002)를
　　참조.
56) 오라일리는 성공한 닷컴 기업들이 '플랫폼으로서의 웹(the web as platform)', 집단지
　　성의 활용(harnessing collective intelligence) 등 몇 가지 핵심특성을 공유한다고 보았
　　고, 이를 웹 2.0이라고 지칭했다.
57) 정연정, "한국 선거환경의 변화와 유권자 투표참여 증대방안: 인터넷을 통한 유권자
　　참여증대를 중심으로", 『17대 총선과 정치개혁』, 한국정치학회 춘계학술회의 논문집
　　(2004), p.169.

점에서 커다란 차이를 찾을 수 있다.[58]

민주주의와 관련하여 추상적인 수준에서 다뤄지는 거대 담론보다는 일상성이 중시된 좀 더 실질적인 민주주의의 새로운 영역이 웹 2.0시대와 함께 개척되고 있다. 웹 2.0시대에는 다수가 참여해서 지식과 정보를 공동 생산하는 것을 중요한 특징으로 한다. 참여자의 자율적인 조직 메커니즘을 통해 수행하려는 시도는 위키피디아(Wikipedia) 백과사전에서 찾아볼 수 있다. 이는 네티즌의 자발적이고 개방적 참여가 보장되는 이른바 오픈소스(open source) 모델을 구축함으로써 일반인의 지혜 또는 중지를 모으는 집단지성의 실험이 벌어지고 있는 것이다.[59] 최근 인터넷 커뮤니티를 들여다보면 지식의 진실 여부를 밝히기 위해 그 지식의 본질적 내용을 따지기보다는 사회의 다수가 그 지식을 진실로 받아들이느냐에 의지하는 경향이 발견된다. 이를 '다수결 지식의 부상' 또는 '지식의 민주화'라고 부른다. 탈집중 네트워크로서의 인터넷의 속성은 불특정다수가 집합적 행동을 조직할 수 있는 기반을 마련했다. 이러한 현상은 누군가가 만들어서 공급하는 웹 1.0시대를 넘어 사용자가 능동적으로 참여해서 만드는 웹 2.0시대의 철학과도 일맥상통한다.

3. 인터넷과 민주주의의 주요 의제

인터넷과 같은 정보통신기술의 발전으로 현대의 대의민주주의가 처해 있는 한계를 극복할 수 있는 대안으로서 참여민주주의와 심

---

58) 강원택, 『한국정치 웹 2.0에 접속하다』(서울: 책세상, 2008), p.49.
59) 김상배, "인터넷 권력을 해부한다", 김상배 엮음, 『인터넷 권력의 해부』(서울: 한울, 2008), p.21.

의민주주의 개념이 더욱 발전하면서 민주주의의 패러다임에도 상당한 변화가 초래되고 있다.

인터넷의 등장은 세계적인 정보의 나눔을 막는 장애물들을 제거함으로써 위계구조와 장벽을 무너뜨렸으며, 이 때문에 정보를 가진 사람과 정보를 원하는 사람 사이의 관계를 평등화하고 있다. 인터넷은 또 기존의 미디어들과는 달리, 기본적으로 글로벌한 성향을 갖고 있어 국가의 경계나 어떤 지형적 한계에도 복속되지 않는다. 이처럼 인터넷은 그 태생 자체부터 민주적인 매체이다. 커뮤니케이션 차원에서 볼 때, 민주주의가 실현되려면 일반적으로 커뮤니케이션 수단에 대한 접근이 가능하고, 그 어떤 제약도 없이 자유롭게 커뮤니케이션 할 수 있는 권리가 보장되어야 한다.

버만(Berman)과 와이츠너(Weitizner)는 인터넷의 민주적 잠재력을 구조적 측면과 접근성의 측면으로 나누어 설명하고 있다.[60]

구조적 측면에서 인터넷은 지속적으로 변화해 온 매체이며, 이러한 변화를 지속적으로 수용하기 위해서라도 인터넷은 개방적 구조, 즉 탈중앙집중적(decentralized) 구조를 갖지 않을 수 없다는 것이다. 이는 텔레비전과 같은 매스미디어가 중앙집중적이고 일방적인 반면, 인터넷은 중앙집중적 통제점이 없는 개방적 구조를 지니고 있어 민주적 잠재력을 지니고 있다는 점이다.

접근성 측면에서 인터넷은 접근비용이 상대적으로 저렴하고, 다양한 기관들에 의해 인터넷 접근 서비스가 제공되고 있다. 기본적인 장비와 최소한의 비용만 있으면 자신의 의견을 아무런 억압이나 제약 없이 자유롭게 표현할 수 있고, 이러한 의견들이 모여 사

---

60) Berman, Jerry & Weitzner, Daniel J., *Technology and Democracy*, Social Research, 64: 3, pp.1313 – 1319, 1997.

회적으로 의견의 다원성과 다양성을 구현하게 된다는 것이다. 버만과 와이츠너는 이와 같은 인터넷의 특성은 시민민주주의 또는 참여민주주의의 기반을 제공해 준다고 주장했다.[61]

그러나 이 같은 전망에도 불구하고 인터넷의 부정적 잠재력에 초점을 맞춘 시각도 많다. 먼저 보편적 접근성의 차원에서 볼 때 긍정론자들과 달리 회의론자들은 인터넷에 대한 접근과 이용이 여전히 계급현상(class phenomenon)에 근거하고 있다고 주장한다. 즉 인터넷 이용이 특정한 계급적, 인종적, 교육적 특성을 지닌 계층에서만 이용되고 있다는 지적이다. 다음으로 자유로운 커뮤니케이션의 차원에서 볼 때 오프라인의 사회경제적 불평등을 규정하는 기존의 위계구조들(hierarchies)이 사이버스페이스에서는 드러나지 않기 때문에 탈위계적인 커뮤니케이션이 가능하다고 보는 긍정론자들과 달리 회의론자들은 사이버스페이스 내부에서도 기존의 위계구조들이 재생산되고 있다고 주장한다.[62]

한편 인터넷 이용이 단순히 비용이라는 경제적 차원의 문제만이 아니라는 주장도 있다. 일정한 교육적 수준에서만 가능한 컴퓨터 운영능력과 영어로 대표되는 인터넷 공용어는 인터넷 접근을 크게 제한하는 요인이 된다. 이러한 점에서 인터넷 이용은 피에르 부르디외(Pierre Bourdieu)의 용어로 표현하자면 경제자본 이외의 문화자본(culture capital)의 문제이기도 한 것이다. 이러한 주장에 따르면 인터넷 민주주의는 범사회적 차원의 민주주의가 아니라 사이버스페이스 내부의 민주주의 또는 기껏 해야 선택된 사람들의 민주주의에 불과할지 모른다는 것이다.[63]

---

61) 이재현, 『인터넷과 사이버사회』(서울: 커뮤니케이션북스, 2000), p.259.
62) 앞의 책, p.261.

이 같은 문제의식을 바탕으로 인터넷의 특성과 관련해서 민주주의와 관련된 여러 가지 쟁점들을 검토해 볼 수도 있다.

인터넷망에 연결해서 원활한 정보교환을 하기 위해서는 개방성, 쌍방향성(interactive) 등 인터넷의 보편적 속성에 호환해야 한다. 인터넷은 기본적으로 개방형인 동시에 컴퓨터를 통한 상호 작용성을 포함한 상태에서 발전해 왔고, 더욱이 인터넷에 접속한 사용자들은 누구나 정보를 검색하고 사용할 수 있을 뿐만 아니라, 정보를 생산해서 제공할 수 있다는 측면에서 정보의 흐름이나 커뮤니케이션 과정은 쌍방향성을 지니고 있다. 인터넷상에서의 커뮤니케이션은 동시적(synchronous)일 수도 있으며, 비동시적(asynchronous)일 수도 있고, 일 대 일(one-to-one), 일 대 다수(one-to-many), 다수 대 다수(many-to-many)일 수도 있다.[64] 기존의 일 대 다수 커뮤니케이션 방식에 있어서는 위로부터 정보가 생산되어 일반대중에게로 전달되는 상의하달(top down)의 형태였던 것과 대조적으로 인터넷이라는 새로운 정보통신 환경의 등장은 밑으로부터 정보가 생산되어 상향으로 전달되고 흐르는 하의상달(bottom up) 방식을 취하게 된다.[65]

그러나 이와는 반대로 인터넷은 근본적으로 인간이라는 요소를 제외하고 모든 것을 비트(bits)로 분해되는 디지털 정보로 처리함으로써 근본적으로 반민주적인 요소를 가지고 있다고 주장하는 학자도 있다.[66]

---

63) 앞의 책, p.261.

64) 동시적인 미디어는 책, 신문, CD 등이며, 비동시적인 미디어는 전화, 라디오, TV생방송 등이 있다. 인터넷은 양자의 특성을 모두 지니고 있다. 인터넷의 기술적 특성에 대해서는 Boncheck, M. S.(1997), 원성묵 옮김, pp.47-71.

65) 윤준수, 『인터넷과 커뮤니케이션 패러다임의 대전환』(서울: 커뮤니케이션북스, 1998), p.129.

공론의 장으로서 인터넷 시민사회에 있어서는 심의, 공공영역, 참여라는 가능성이 구현될 수 있는 반면 자기강화, 사회파편화, 탈퇴(Exit)라는 부정적 결과가 나타날 수도 있다. 또 결사체로서의 인터넷 시민사회도 연계적이고 개방적인 모습을 보일 가능성과 함께 결속적이고 폐쇄적으로 나타날 수도 있다.

정보의 디지털화, 시공의 초월성, 상호 작용성, 익명성 등 인터넷의 특성은 양면성을 지니고 있어서 누가 어떻게 사용하는가, 그리고 어떠한 맥락에서 사용되느냐에 따라서 장점이 부각되기도 하고, 단점이 강하게 표출되기도 한다.[67] 이 같은 점을 고려할 때 인터넷이 대의민주주의의 한계를 극복하고 새로운 민주주의 대안으로 자리 잡으려면 참여민주주의와 심의민주주의의 이상이 상호 보완적으로 결합될 때 가능하다. 즉 인터넷 정치참여가 대의제 민주정치를 보완하고 발전시켜 나가기 위해서는 참여와 숙의의 2가지 요소 사이의 건전한 긴장 및 양자의 조화가 요구된다고 하겠다.

이에 여기서는 인터넷의 특성과 정치참여에서 나타나는 민주주의의 주요 의제를 선택성(filtering), 익명성(anonymity), 속도(speed), 비용(cost), 탈퇴와 발언(exit and voice) 등 다섯 가지로 선정해 참여민주주의와 심의민주주의가 어떠한 개념적 상관성을 갖는지를 검토해 보고자 한다. 특히 이들 개념들은 대의민주주의 한계를 보완해 줄 수 있는 인터넷 민주주의 이론인 참여와 심의라는 측면의 다양성을 살펴볼 수 있는 수단으로 작용하기도 한다.

---

66) Barney, D., *Prometheus Wired: The Hope For Democracy in the Age of Network Technology* (Chicago: University of Chicago Press, 2000), 인드라짓 바네지 편저, 황용석 옮김, 『아시아의 인터넷, 정치, 커뮤니케이션』(서울: 커뮤니케이션북스, 2005), p.43에서 재인용.

67) 황주성 외(2001), p.39.

① 선택성(filtering)의 문제

인터넷상의 활동은 자신이 기존에 지니고 있던 생각과 다른 견해를 수용하기보다는 자신의 생각을 확인해 주고 강화시켜 주는 이념적, 정파적 견해를 수용하는 경향이 강하게 나타난다.[68] 인터넷을 통해 시민들은 자신과 비슷한 생각을 가진 토론의 상대자들을 쉽게 찾을 수 있음으로 인해 다른 생각을 가진 사람들로부터 스스로를 고립시키는 '동조자들의 섬'을 만들게 된다. 이러한 집단들은 사회 공공문제를 논의하는 데 있어서 타협이나 타인의 견해에 대한 존중을 배우지 못한 채 오직 자신들의 굳건한 주장만을 갖게 되기 쉽다.[69]

정보는 유사한 정치적 선호를 지닌 시민들 사이에서 흐르는 경향이 있다. 동종애호라고 알려져 있는 행위양식에 따르면, 사람들은 서로 관심사가 다른 사람들과는 정치를 자주 논의하지 않는다.[70] 가족으로 이루어진 집단이 가장 동종 애호적이며, 친구 및 동료직원들로 이루어진 집단들은 보다 덜 동종 애호적이다.

인터넷상의 토론은 개방적인 토의과정을 통해 상대방을 이해하고 양보와 설득의 과정을 통해 합의에 도달하기보다는 자기가 원하는 정보만을 선택적으로 받아들이고 자신이 갖고 있던 생각을 강화하는 경향이 나타난다. 유사한 생각을 가진 이들(like-minded

---

68) Davis, Richard, "The web of politics: The American Experience", in Gibson and Ward eds. *Reinvigorating Democracy*(2000), pp.189-203.

69) Levine, Peter, "The Internet and Civil Society" *Philosophy and Public Policy*. Vol.20, No.4(2000). 윤성이, "정보사회의 명암과 시민사회의 역할" 한국정치학회/한국사회학회 공동학술회의 발표문(2001), pp.14-15에서 재인용.

70) Beck, Paul Allen, Voters Intermediation Environments in the 1899 Presidential Contest, *Public Opinion* Quarterly 55(1991), pp.371-394.

people) 간의 자기 정체성의 강화라는 현상이 매우 편협하고 배타적인 형태로까지 나아갈 수 있다는 점이다. 네티즌들은 인터넷의 협송전달(narrowcasting) 기술을 비롯한 검색기능, 여과기능, 즐겨찾기 기능을 이용하여 자신들이 원하는 정보를 제공하는 특정 사이트에 곧바로 접속할 수 있는 까닭에 그들의 관심 밖의 사이트를 쉽게 외면할 수 있게 된다. 이러한 선택적 정보제공 기술은 점점 많은 네티즌들이 정치적 이슈를 외면하기 쉬운 환경을 만들고 있으며, 자신들이 속한 집단의 문제나 이익에 대해 고민하기보다는 개인적인 관심사에만 집중하도록 만들고 있다.[71]

경험적 연구들에 따르면 사이버 공간에서 시민들은 정치적 갈등을 회피하기 위해 대체로 유사한 시각과 입장을 가진 사람들과의 정치적 대화를 선호하는 경향이 있다.[72] 이러한 곳에서 표출되는 의견은 다양성은 제한되고 반대의견을 포용하는 자세도 매우 약하다. 상대방의 존재나 속성에 관해 잘 모르는 상태에서 이야기할 때는 좀 더 쉽게 파악되거나 겉으로 드러나는 제한적인 단서를 기반으로 상대방을 파악한다. 이를 '과도귀인(over attribution)'이라고 부르는데 이를 통해 아주 표면적으로 드러난 특성을 중심으로 상대를 파악하게 된다. 예를 들어 어떤 대상을 아군, 적군 식으로 이해하는 식이다.[73] 이러한 과정을 통해서는 개인적 정체성이나 독

---

71) 김용철·윤성이, 『전자민주주의: 새로운 정치 패러다임의 모색』(서울: 오름, 2005), p.311.

72) 인터넷 유즈넷 사용자에 대한 연구에 의하면 정치적 메시지는 다른 사람으로부터 어떤 정치적 쟁점에 관한 정보를 얻으려고 하기보다는 100자 내외의 텍스트로서 자기의 아이디어나 의견을 개진하려는 경향이 두드러진다. 어떤 쟁점과 관련된 우선순위의 결정, 의견차이의 협상, 합의의 도달, 정치적 의제에 미칠 행동방향의 결정 등과 관련되는 의사소통 행위가 아니라 자기만의 입장을 내세우는 자기표현이나 독백이 많다는 것이다.

73) 김은미, "인터넷 정치토론의 질서", 김상배 엮음, 『인터넷 권력의 해부』(서울: 한울, 2008), p.151.

자성이 발현되는 것이 아니라 집단의 정체성이 강화되기 쉽다. 이런 점에서 보면 인터넷을 통한 지속적인 소통은 오히려 기존의 사회적 연대를 강화해 기존의 권력관계를 강화시킬 여지가 있다. 이처럼 인터넷에서는 현실의 권력관계를 초월하는 것이 아니라 오히려 더 강화할 수도 있다는 점에 유의해야 한다.

컴퓨터 매개 커뮤니케이션(CMC)은 일상의 삶 속에서 규정된 다양한 집단 정체성의 영향에서 결코 자유롭지 못하기 때문에 면대면(face－to－face) 커뮤니케이션보다 더 사회적이라고 할 수 있다. 이러한 연장선상 속에서 고정관념의 강화, 내집단 편향성의 증가, 사회적 의견의 집단극화 현상 등이 우려되기도 한다.[74]

바버(Benjamin Barber)는 신기술 자체에 현실세계에 존재하지 않는 새로운 형태의 정치조직이 내재되어 있다고 보는 것은 지나친 기대라고 말한다. 기술은 현재의 사회구조를 그대로 반영하며, 한편으로는 현상을 강화시키는 방향으로 사용될 것이라는 것이다. 비슷한 정치적 입장을 지니고 동일한 후보를 지지하는 네티즌들 사이에 이뤄지는 토론은 사실상 토론이라기보다는 자기강화(self reinforcement)의 성격이 강하다. 인터넷의 토론에서는 서로 의사가 맞는 사람끼리 어울리게 된다는 동질성의 강화, 동성친화적 경향(homephily)이 두드러진다. 인터넷상의 동조행위는 '사이버 발칸화(cyberbalkanization)'라고 불리며, 하버마스의 공공영역(public sphere)과도 거리가 있다.

인터넷 공동체는 자발적인 모임이기 때문에 회원들은 이질적이기보다는 동질적인 성격이 매우 농후해지는데 이러한 집단 동질성(homeogeneity)은 정치적 영역에서 분절화나 양극화의 경향을 더욱 부추긴다는 것이다.[75] 인터넷은 사회적 목적보다는 개인적 목적에 합당

---

74) 위의 글, pp.152－153.

한 도구로 전락될 가능성도 있다. 인터넷의 선택기능(filtering function)이 강화될수록 개인은 결정을 위한 정보획득에 있어 다른 의사를 가진 집단과의 의사교환보다는 자기편향적 정보에만 의존할 가능성이 있다. 결국 인터넷의 선택적 기능은 집단 간의 의사소통을 원활하게 하는 것이 아니라 동류 집단을 강화시키는 역할만을 함으로써 개인적 선호와 공동체적 책임 사이의 긴장을 증진시킬 가능성이 있다.

정치심리학적 연구들은 시민들이 정치적 선택에 대해 믿는 바를 강화하는 정보를 추구하는 경향이 있고, 기존의 신념체계와 충돌하는 정보를 회피하려는 경향이 강하다는 것을 보여 준다. 시민들이 불확실성을 줄이려고 정보를 추구하는 것이 아니라 자신의 기존신념을 보강하려고 행동한다는 것을 말해 준다.[76] 이에 따라 인터넷에서는 결속력 높은 사이버 행동주의(cyber activism) 집단의 형성이 용이하며, 현실공간에서의 지지세와 불일치하는 온라인 과대대표 현상도 표출될 수 있다.[77]

데이비스(Richard Davis)는 사이버 공간이 네티즌들 자신의 관심사에 따라서 분극화되는 양상을 보인다고 지적했다.[78] 이 같은 우려는 네티즌들의 정보이용의 선택성 강화가 다양한 정보접촉 기회를 차단하고 정치커뮤니케이션의 활성화를 저해할 수도 있다는 지적과 맥을 같이하고 있다. 즉 자신의 정치적 관심사나 선호에 관련된 정치정보만을 취사선택함으로써 자신이 속한 집단의 공동체성이 약화되는 결과를 초래해 정치참여의 왜소화를 가져올 수도

---

75) 오명호(2004), p.668.

76) Bruce, Bimber(2003), p.304.

77) 실제 16대 대선 초기 노무현 후보는 이회창 후보에 오랜 기간 동안 지지율에서 열세를 보였지만, 온라인에서는 줄곧 지지율의 우세를 유지했다.

78) Davis, Richard(2000), pp.189－203.

있다는 것이다.[79] 특히 각종 선거에서 나타난 각 후보 진영의 홈페이지에서 보여주듯 인터넷에서 토론은 많은 시민들의 참여를 유도했지만, 같은 생각을 지닌 사람들이 모여 자신들의 주장을 강화는 장으로 활용되었으며, 다른 의견이 표출되고 토론될 수 있는 분위기는 전혀 형성되어 있지 않고 있다. 이러한 토론문화가 각 후보의 선거운동 측면에서 보면 분명 성공적인 역할을 수행한 것으로 평가할 수 있으나 정치발전의 측면에서는 온전히 바람직한 현상으로만 해석하기에는 우려되는 부분이 있다.[80]

컴퓨터 네트워크는 원하는 정보서비스를 골라서 이용할 수 있는 정보이용의 선택성(selective)이 매우 뛰어난 매체이다. 따라서 다른 매체보다는 사적이고 오락적인 이용에 치우친 이용패턴을 보일 수 있으며, 특정 수용자들을 대상으로 한 폐쇄적이고 개인화된 '의사공동체(pseduo – community)'를 쉽게 형성할 수 있다.[81]

② 익명성(anonymity)의 문제

사이버 공간에서 익명성(anonymity)[82]은 논쟁적 문제로 남아 있다. 익명성은 민주적인 토론문화를 지향하는 데 있어 걸림돌 역할

---

79) 박선희, "인터넷 정치뉴스의 이용: 이용패턴과 이용자 특성", 『한국언론학보』 제48권 3호(2004년 6월), pp.436 – 463.

80) 한국의 선거과정에서 나타난 인터넷 정치토론의 양상은 후보자나 정책에 대한 진지한 토론의 장으로서 기능하기보다는 극단적인 자기강화의 예를 보여 주고 있다. 각종 정치인 팬클럽, 정당 사이트, 정치포털 등에 나타난 정치토론의 양상은 자기편의 강화를 통한 동원기제로 활용하는 경향이 매우 높다.

81) 박선희, "컴퓨터 매개 정치의 패러독스 – 전자민주주의와 한국사회 현실에 대한 비판적 검토", 『한국언론학보』 제44 – 4호(2000년 가을), pp.61 – 101.

82) 사이버 공간에 익명성이라고 하면 필명과 유사한 코드, 숫자 혹은 그림으로 표시되는 ID로 표시되는 '의사신원(pseudo identity)'과 단순히 추적이 불가능한 신원을 일컫는다. 또한 의사소통은 가능하지만, 물리적 추적불가능을 의미하는 '의사주소(pseudo address)'를 의미하기도 한다.

이 될 수 있다는 주장과 참여자 간에 의사소통의 활성화를 가져와 숙의를 만들어 낼 수 있는 기회를 더욱 높일 수 있다는 견해들이 대립하고 있다.

익명성은 모든 참여자들에게 평등한 지위를 부여한다. 또한 익명성은 신변의 불이익에 대한 우려 없이 자신들의 생각을 마음껏 주장할 수 있는 표현의 자유를 보장하는 측면도 있다. 인터넷의 익명성은 통제가 소멸되고 중심의 힘이 약화되고 주변이 부상하는 민주적 특성의 핵심이기도 하다.[83] 인터넷에는 탈중심적인 매체로서 전통적인 위계적인 방식으로 전체를 감시하며 인증을 제공해 줄 단일한 통제 중심이 존재하지 않는다. 인터넷에서는 전통적인 중심(core)과 주변(periphery)의 구분이 사라지며 주변이 자유롭게 발언권을 확보할 수 있다. 사이버 공간에서 경계가 끊임없이 변화를 겪는 것도 바로 인터넷의 익명성 때문으로 해석할 수 있다.

그러나 비관론적 입장에서는 익명성이 시민성을 약화시키고 신뢰형성을 방해함으로써 심의민주주의를 저해시킨다고 주장한다. 바버(Barber)도 익명성이 시민성(civility)을 약화시키고 결과적으로 사이버 공간의 심의민주주의를 저해하는 결과를 가져온다고 주장했다. 컴퓨터 매개 정치커뮤니케이션(CMC) 과정에서 유통되는 메시지의 질은 신호 대 잡음(signal to noise ratio)[84]이라는 개념으로 설명될 수 있다. 인터넷 등 컴퓨터 네트워크의 익명성은 욕설과 비방, 음해성 루머와 유언비어, 여론조작에 이르기까

---

83) 이종구·조형제·정준영 외 지음, 『정보사회의 이해』(서울: 미래 M&B, 2005), p.34.

84) 통신에서 신호(S) 대 잡음(N)의 상대적 크기를 재는 것으로 데시벨로 나타낸다. S/N이 크면 클수록 신호를 명확하게 읽을 수 있고, S/N이 0이면 신호와 잡음이 심하게 맞서기 때문에 데이터 전송속도가 저하되며, S/N이 0 이하로 떨어지면 신뢰성 있는 통신이 불가능하다.

지 잡음(noise)을 증가시킨다.[85]

인터넷이 '얇은 대화'를 넘어서 사회적 상호작용을 고양시키는 가치와 규범을 공유하려면 개인들 사이의 친밀성이라는 조건이 만족되어야 한다. 그러나 신뢰, 두터운 공동체의 공유된 규범 등 사회적 자본은 익명성이라는 토양에서는 잘 성장하지 않는다. 웹, 채팅방, 게시판 등에서의 많은 사회적 상호작용은 다른 사람들과의 진지한 친밀성을 보여 주지 못한다. 온라인 게시판을 대상으로 한 연구에 따르면 게시판의 개방성과 참여도는 비교적 높은 편이지만 근거 없는 주장, 반복된 주장, 욕설과 비방, 타협점 없는 의견대립, 집단결속을 강화하기 위한 의견 등이 지배적이었다고 결론짓는다. 특히 상대를 이해하기보다는 자기주장만을 고집하며, 논쟁상대와 평행선을 그으며 의견 차이를 좁히지 못하는 것에 주목한다.[86]

인터넷 커뮤니케이션은 말과 행동의 결과로부터 화자(narrative)를 분리시키는 데 기여한다. 인터넷의 익명성과 개방성을 악용해 상대방을 인신공격하고 욕설하는 플레이밍(flaming)이 대표적이다.

정보제공을 중시하는 미국이나 유럽 국가들과 달리, 한국의 경우 인터넷 게시판을 중심으로 한 토론과 게시판을 중시하기 때문에 문제의 심각성은 더욱 심하다. 게시판이 공공의 문제에 대해 진지하게 토론할 수 있는 공공영역의 기능을 수행하기보다는 불신과 갈등만을 조장하는 측면이 강하다는 점이다. 플레이밍은 인터넷

---

85) 박선희(2000), pp.61 - 101.

86) 극단적 토론양상을 보인 황우석 박사에 관한 인터넷 토론을 분석한 연구에 따르면 온라인 토론장에서도 전혀 올바른 토론이 이뤄지지 않는 것으로 드러났다. 온라인 토론장이 황우석 박사에 대한 일방적인 옹호와 대변만이 존재했을 뿐, 논쟁의 핵심에 대한 심도 깊은 토론보다는 비방과 욕설, 단순한 의견표출만 제시됐다고 분석했다. 이수범·권영수, "온라인 토론장의 여론표출 양상에 관한 연구: 황우석 박사와 MBC PD수첩의 갈등 사례를 중심으로", 『커뮤니케이션학연구』, 15(1)(2007), pp.149 - 152.

이 대면적 접촉에 의해 수반되는 건설적인 금기사항을 커뮤니케이션으로부터 자제시키는 효과를 잘 보여 주고 있다. 즉 인터넷에서는 사회적 작용을 촉진시키는 친밀성, 안정성, 사회적 압력(social press) 등이 자발적으로 나타나기 어렵다.[87] 시민들의 자발적 온라인 토론이 지닌 민주적 잠재성에 관한 논의에서 가장 심각하고 가장 빈번하게 다루어진 문제들 중의 하나는 온라인 토론에서 나타나는 욕설, 인신공격, 비방과 같은 적대감의 표출의 문제이다. 일반적으로 플레이밍은 인터넷의 심의적 가능성을 훼손하는 요인으로 평가받고 있다. 그러나 플레이밍의 위험이 다소 과장되어 있다는 주장도 제기되고 있다.

서문기는 개념규정의 모호성이 사이버 공간에서 플레이밍으로 볼 수 없는 행위까지도 과도하게 플레이밍으로 분류하여 그 현상을 지나치게 과장하는 결과를 초래하기도 한다고 주장했다.[88] 플레이밍으로 간주되는 무례한 표현 혹은 행위는 민주적 가치를 둘러싼 태도나 입장의 차이가 충돌하는 과정에서 쉽사리 동원하는 하나의 행위전략으로 이해할 수 있다. 따라서 플레이밍은 반드시 반민주적인 행위라고 볼 이유도 없고, 이에 주목하여 인터넷 토론의 민주적 함의를 반드시 부정적으로 진단할 필요는 없다.

황상민은 소위 '익명성 가정의 오류'를 반박한다. 사이버 공간에서 욕설, 비방, 폭력이 난무하는 것은 익명성 때문이라는 '익명성의 가정'이 성립하려면 익명성의 조건이 충족되지 않은 현실공간에서 사람들의 욕설, 비방, 폭력이 없어야 하고, 있더라도 사이버 공간과 뚜렷하게 구분될 정도로 낮은 수준의 폭력성이나 반사회적

---

87) Bimber, Bruce(1998), pp.152 – 153.

88) 서문기, "사회적 합의제고를 위한 IT정책", **KDI KISDI** 컨퍼런스 자료집(2007), pp.65 – 66.

행동이 있어야 하나 그렇지 않다는 것이다. 사람들에게 특정행동을 하게 만드는 것은 익명성과 같은 일반적인 조건이라기보다는 그 상황이 어떤 행동을 하게 만들고, 이들 행동이 어떤 과정을 통해 유발되는가의 문제라는 것이다.[89]

사이버 공간에서 익명성은 자신의 실체를 드러내지 않고 사회적 차별이나 정치적 보복에 대한 두려움 등의 요소가 서로 복합적으로 작용해 편견 없이 진실한 목소리를 표현할 수 있는 상태로 사이버 공간에서 운영되고 있다. 컴퓨터를 통한 사람들의 토론은 물리적 세계에서 존재하는 사회적 관계 등에 영향을 받지 않기 때문에 오프라인상의 차별적 정체성의 영향을 덜 받아 개인의 의지를 자유롭게 표현한다는 긍정적인 측면이 있다. 익명성에도 불구하고 토론방에 참여하는 사람들이 특별한 의견의 중재 없이도 토론의 흐름을 주도해 가는 민주적인 모습들도 발견되고 있다는 주장도 있다.

윤영민은 인터넷 토론방에서 이루어지는 토론은 부정적인 한계를 극복하려는 경향이 있다고 지적했다. 참여자들이 토론의 중반에 접어들면서 토론의 맥락을 찾아가려는 의식적인 노력을 보이고 있고, 점차 의견수렴의 가능성이 확대되고 있다는 것이다.[90] 인터넷 커뮤니티에서는 여론의 왜곡이나 편파는 이 과정에서 추천과 반대, 리플로 걸러지면서 여론이 형성되기 때문에 정보의 질에 대한 자율적인 시장경쟁이 작동한다는 주장이다.

한편 사이버 공간의 익명성 자체가 위협받고 있다는 근본적 지적에도 주목해야 한다. 사이버 공간에서의 익명성은 인터넷을 자유

---

89) 황상민, "인간행동의 규칙과 사이버공간의 의미: 윤리문제와 행동통제의 탐색", 함께하는 시민행동 엮음, 『인터넷 한국의 10가지 쟁점』(서울: 역사넷, 2002), pp.61 – 62.
90) 윤영민, 『사이버공간의 정치』(서울: 한양대 출판부, 2000) 참조.

의 기술로 인식하게 하는 데 크게 기여했다. 그러나 익명성의 제거는 인터넷이 감시의 기술로 전락할 수 있는 가능성 또한 짙게 내포하고 있다. 어떤 사이트를 언제 방문하고 어떤 메뉴를 사용하였는지가 전자지문(electronic fingerprint)으로 고스란히 남기 때문이다.[91] 사이버 공간에서의 익명성은 정보에 대한 접근과 표현의 자유를 보장하는 장치였기 때문에 그것을 제한하거나 제거해야 된다는 것은, 곧 사이버 공간이 자유를 상실한 공간이 된다는 것을 의미한다. 그러나 웹 2.0 환경에서는 방문자의 신원을 알 수 있는 트랙백이나 일촌 맺기 등과 같은 기능이 제공되는 블로그와 미니홈피는 홈페이지처럼 익명의 불특정 다수가 올리는 악성 게시물에 시달리지 않아도 된다는 점에서 보다 유용한 의사소통이 가능하게 됐다는 지적도 있다.

③ 속도(speed)의 문제

정보기술이 제공할 수 있는 정보유통과 의사결정의 신속성 (speeding – up)은 오히려 민주주의 발전에 저해가 될 수 있다. 진지하게 생각하고 자기의사를 자유롭게 표현하며 다른 사람의 의견을 경청하는 토론의 과정을 생각하면 정보기술의 민주주의는 오히려 매우 느린 형태의 통치양식이라 할 수 있다.[92]

바버(Barber)는 인터넷 민주주의는 시민들에 의한 심의, 대중토론, 대중참여가 반드시 실현되어야 한다면서 인터넷이 가지는 장점인 속도(speed)가 민주주의 발전에 도움이 되지 않는다고 본다. 바버는

---

91) 고경민, 『인터넷은 민주주의를 이끄는가』(서울: 삼성경제연구소, 2005), p.48.

92) Barber, Benjamin(2000/2001).

민주주의를 논할 때 심의(deliberation), 생각(thinking), 회의(meeting), 대화(talking) 등의 요소를 고려한다면, 민주주의는 속도가 아니라 오히려 매우 느린 형태의 통치양식이라고 주장했다.[93]

미디어를 통한 기호의 범람은 모든 내용을 중립화시키거나 해체해 버림으로써 '의미의 와해(collapse of meaning)'를 가져오고 매체와 현실의 구별을 파괴하는 내파(implosion)의 현상을 가져올 수도 있다. 모든 정보나 의미는 내파의 작용으로 의미 없는 소음, 내용 없는 순수효과가 되어 버린다는 것이다.[94] 미디어의 내파효과는 미디어 속도와도 많은 관련이 있다. 정보의 초고속 유통은 무언가를 신중히 다루어야 할 '협의의 힘(power of deliberation)'을 뺏어 버리고, 진리는 속도로 말미암아 더욱 상대화되고 위기는 전염병처럼 급속히 만연된다. 속도를 중시하는 새로운 정보통신 기술의 등장, 구체적으로 인터넷은 시간을 요하는 협의의 과정, 합의 도출이라는 민주주의의 핵심내용에 부정적 영향을 미칠 수 있다.

브릴리오(P. Virilio)는 인터넷을 비롯한 현대의 뉴미디어는 그 속도가 빨라지면서 축소효과를 나타내는데, 멀고 가까운 곳, 현재와 미래, 실제와 비실제와 관련되는 정신적 혼돈을 가져오게 되고, 역사와 이야기 통신기술의 환각적 유토피아 등이 범벅이 된 혼합 현상이 빚어질 것을 우려했다.[95]

체드윅(Andrew Chadwick)은 인터넷은 개인주의적 매체로 개인적 관심사로의 회귀와 그로 인한 공공영역(public sphere)과 관련된 참여나 관심은 오히려 줄어들고, 관심영역의 과도한 분절화(hyper-

---

93) Barber, Benjamin(1999).

94) 오명호(2004), p.628.

95) 오명호(2004), p.698.

fragmentation)가 생겨날 수 있다고 지적했다.96) 인터넷 정치참여가 속도와 참여의 양적 확대에만 매몰될 경우 무분별한 여론정치의 혼란에 빠질 가능성이 있으며, 심의의 결여로 인한 참여의 질 저하를 초래할 수 있다.

④ 비용(cost)의 문제

인터넷의 독자적인 속성으로 인하여 시민들은 그들의 관심사에 관련된 정보를 발견하고, 공통된 관심사를 지닌 다른 시민들을 찾아내고, 정보를 광범위하고 신속하고 저렴하게 유포하고, 공간과 시간의 제약을 받지 않고 실질적 집단들을 조정할 수 있다. 시민들은 정보 보급 및 검색의 한계비용을 한계수익과 동등한 수준에서 결정하기 때문에 그들의 결정에 관련된 추가적인 정보를 획득하는 것을 합리적인 것으로 만들어 준다. 통신기술이 정보의 흐름과 커뮤니케이션을 확장시킴에 따라 정부는 더 투명해지고, 정부가 투명해질수록 일반대중과 관련해 정보엘리트들이 누리는 이점은 더 적어진다.

정보와 개인적 차원의 참여에 대한 이론적 구상을 구체화하는 가장 고전적인 접근은 정보의 비용(cost)과 다양한 정보원천에서의 변화는 정치참여의 수준에 직접적으로 영향을 미친다는 도구적(instrumental)인 접근방법이다. 정보의 비용이 저렴해지고 개인의 통제범위를 넘어서는 다양한 정보가 제공된다면, 더 많은 시민들이 정치에 관여하게 된다는 것이다. 다운스(Anthony Downs)의 정치적

---

96) Chadwick, Andrew. *Internet Politics: States, Citizen, and New Communication Technology*(Oxford: oxford University Press. 2006), p.39.

합리성(political rationality) 모델이 대표적인 예이다.[97]

다운스의 이론은 정치행위 이론인 동시에 정치정보에 관한 이론이기도 하다. 불확실성이 인간사의 가장 기본적인 추동력이라고 주장한 다운스의 가정을 전제한다면, 불확실성을 줄이려는 정보의 획득과 이용은 모든 인간 활동의 가장 핵심적인 특징이 되기 때문이다.[98]

정보의 비용은 크게 2가지 유형으로 구분되는데 정보의 획득과 관련되는 비용, 정보에 대한 개인의 심리적 평가와 관련되는 비용이다. 정치활동에서 정보의 역할은 '한계수익체감의 법칙'에 의해 지배된다. 이론상으로 정보 추구자는 정보의 한계수익이 한계비용과 똑같아질 때까지 데이터(data)를 획득하는 데 자원을 계속 투자하려고 한다는 것이다. 시민들이 어떤 활동에 필요한 비용을 부담할 수 있는 능력은 그 활동에 대한 그들의 참여에 영향을 미친다. 만약 활동에 필요한 비용이 그것으로부터 비롯되는 이득을 초과한다면, 그 활동에 대한 시민의 참여도는 떨어질 것이다.

인터넷이 정보의 소통, 수집 및 보급 비용을 절감하는 만큼 시민들의 참여도가 증대될 것으로 예측된다. 참여의 비용을 절감시키는 것은 참여에 사용될 수 있는 자원을 증가시키는 것과 동일하다. 정치적 참여는 일종의 상품으로 간주될 수 있는데, 그것의 소비는 다른 모든 상품들과 활동들과의 관계에 의하여 평가된다. 정치참여는 시간, 돈, 주의 집중 등과 같은 자원을 소비함으로써 다른 활동에 필요한 자원은 부족하게 된다.

올슨(Mancur Olson)은 의사전달 비용과 정보비용이 정치적 참여에 있어서 중요한 요소라고 주장한다. 올슨은 집단 구성원의 수가

---

97) Downs, Anthony. *An Economy theory of Democracy*(New York: Haper Collins, 1957).
98) Bruce Bimber(2003), p.294.

많으면 많을수록 조직은 더 많은 비용이 들며, 따라서 공공목적이 성취되기 전에 뛰어넘어야 할 장벽이 높아진다고 주장했다. 즉 거래비용의 절감은 집단행동의 장벽을 낮춰 주고 집단의 형성을 증가시킨다는 것이다.[99] 거래비용은 전자통신의 출현으로 하락하였는데, 이는 현대의 전자통신이 공간과 시간을 뛰어넘어 정보를 전하는 비용을 급격히 저하시켰기 때문이다. 그러나 참여를 가능하게 하는 세상 모든 수단을 가지고 있다 하더라도, 시민이 참여에 대한 흥미를 가지고 있어야 참여가 용이해진다. 경제용어로 말하자면, 시민은 참여에서 어떤 유용성을 끌어내야 하며, 정치과정에 더욱 관계되어 있을수록, 시민의 참여가능성은 더 높아진다.

인터넷에 의해 만들어진 정보의 흐름에서의 변화가 시민의 정치과정 참여에 영향을 준다면, 참여수준 역시 변화할 것이다. 인터넷의 이용에 따른 집단행동 조직화 비용의 감소는 특정한 유형의 집단에 커다란 이익을 가져다 줄 것이다. 정치정보를 얻기 위한 비용이 정치참여에 중요한 요인이라면 인터넷의 보편화는 정보비용을 감소시키고 궁극적으로 정치참여를 높이는 기제가 될 수 있을 것이다.[100]

그러나 인터넷이라는 정보제공 매체가 정보비용 감소와 접근성의 용이성을 높일 수 있다고 해서 정치참여가 확대될 것이라고 단정할 수는 없다. 빔버(Bimber)는 역사적으로 정치정보의 이용증가가 정치참여 증가와 별다른 연관이 없다면서 투표율과 인터넷과의 상관관계가 발견되지 않는다고 했다.[101]

---

99) 정연정, "인터넷과 집단행동의 논리: 올슨의 집단행동 논리를 중심으로", 『한국정치학회보』 제36집 제1호(2002), pp.69 – 86. 맨슈어 올슨 지음, 윤여덕 옮김, 『집단행동의 논리』(서울: 한국학술정보, 2003) 참조.

100) 이현우, "인터넷투표의 기술적 사회적 평가", 국회사이버정보문화연구회, 제36회 수요포럼, 2002년 2월 23일 발표자료.

101) Bimber, Bruce, "Information and Civic Engagement in America: The Search for Political

문제는 인터넷 사용자들이 인터넷을 통해 얼마나 정치정보를 획득하며 또한 획득된 정보로 인하여 정치에 관심을 갖고 참여하는지를 검토해 보아야 한다. 인터넷 사용자들이 정치정보의 매체로서 인터넷을 제대로 활용하지 않거나, 사용한다 해도 현재의 정치참여 이상의 참여를 부추기지 못한다면 인터넷이 정치참여에 미치는 영향은 크지 않다고 할 수 있다.

정보가 많음에도 불구하고 참여 의욕이 높아지지 않는다면 이는 정치체제에 대한 불만의 결과이므로 정치적 소외로 볼 수 있다. 반면에 정치정보의 양도 적고 참여의욕도 적다면 정치적 무관심으로 볼 수 있다. 인터넷과 같은 정보기술의 비용절감에 따른 정치참여의 문제를 분석할 때는 적은 자원을 가진 집단이 실질적인 수준에서 효과적 집단행동에 도달하기 어렵다는 사실도 잘 살펴야 한다. 즉 참여에 일종의 초기장벽(threshold)이 있다는 것이다. 정보기술이 초기장벽을 줄이고 집단행동을 조직하는 데 드는 전반적인 자원도 감소시키는 역할을 한다.[102] 정보가 더 풍부해짐에 따라, 또 커뮤니케이션 비용이 감소함에 따라 제한된 물적 자원을 가진 행위자들도 더 쉽게 집단행동을 조직화할 수 있게 된다. 조직화 수준이 낮거나, 심지어는 조직화가 전혀 안 되어 있는 집단들에게도 집단행동의 가능성이 크게 증가된다는 것을 말한다.

다운스(Downs)는 정보비용이 다소 줄어든다고 해도 합리적 시민들은 정보가 무료가 아닌 이상 정보획득과 관련된 일을 다른 사람

Effects of the Internet", *Political Research* Quarterly 54, no.1(2001), pp.53－67. 한국의 경우 인터넷진흥원의 조사에 따르면 2002년 6월 당시 인터넷 이용자는 전체 인구의 68.2%인 것으로 드러났다. 그러나 2002년 대선 투표율은 70.8%로 투표율이 80.7% 였던 15대 대선에 비해 약 10% 정도 떨어진 수치로 인터넷의 확산과 투표율의 증가는 뚜렷한 연관성을 갖지 못하는 것으로 조사됐다.

102) Bimber, Bruce(2003), 이원태 옮김(2007), p.154.

에게 위임하는 쪽을 택할 것이라고 주장한다. 그는 정치적 활동에 대한 정보비용의 영향을 강조하면서, 투표의 경우에도 정보비용은 사실상 투표가 고비용을 요구할 경우, 고소득 집단에 비해 저소득 집단의 선거권을 빼앗는 방향으로 작용한다고 주장한다. 합리적 유권자들은 불확실성을 줄이기 위해 정보를 필요로 하며 정보비용을 줄이기 위하여 정당의 이념이라는 지표를 사용하며, 정보획득을 위한 비용을 포함한 전체 비용이 투표를 통해 기대되는 효용보다 작을 때만 투표를 한다고 주장했다.[103]

참여비용이 절감되는 것이 참여의 질을 높여 주지 않는다는 점도 고려의 대상이다. 비용절감의 또 다른 한계점은 전달하는 메시지의 가치가 낮아 보이게 하는 칩톡 효과(cheap-talk effects)와 정보와 커뮤니케이션의 전체적 양이 증가함에 따라 정보나 커뮤니케이션의 의미전달 효과도 감소하는 경향을 보이는 것이다.[104] 예를 들어 사람들은 인터넷에서 대규모 데이터베이스(DB)화되고 메일링 리스트(mailing list)를 통해 중앙집권적으로 조직화된 조직에서 보내는 메일에 대해 정보의 질을 과소평가하는 경우가 있다. 이런 효과 때문에 대부분의 조직들은 회원들에게 메시지를 보내는 데 드는 비용의 제약이 거의 없는 상황에서 보내는 전자메일의 수를 스스로 조절하고 있다. 이는 메시지의 '칩톡 효과'를 인지하고 일종의 행동주의의 피로감(activist fatigue)을 회피하고자 스스로 정보의 발신 메시지를 줄이고 있는 것이다. 아울러 정보기술의 발달로 정치참여의 비용이 획기적으로 줄기는 했지만 시민 및 언론인과의 커뮤니케이션 수단으로서 정보기술을 효과적으로 이용하는 데 드

---

103) Downs, Anthony(1957).

104) Bimber, Bruce(2003), 이원태 옮김(2007), p.164.

는 비용은 결코 저렴하지 않다.

한국의 경우에도 인터넷이 정치에 드는 고비용 구조를 일부 개선한 게 사실이지만, 각 정당이나 사회 집단들이 정치에 활용하기 위해 인터넷 등 정보기술에 투자한 비용은 결코 저렴하지 않다. 정보기술이 집단행동을 조직하는 능력을 확대시킨다는 것은 분명하며, 집단행동을 조직하는 능력은 실제로 자원이 증가할수록 가속화되는 것으로 보인다. 그러나 정보기술에 대한 투자비용도 만만치 않음을 간관해서는 안 된다.

⑤ 탈퇴와 발언(exit and voice)의 문제

두터운 공동체(thick community)는 안정적인 상호관계와 다른 사람에 대한 기대감에 의해서 번성한다. 그러나 인터넷은 그와 반대로 이동성이 강하고 유동적인 관계를 촉진한다. 온라인 공동체는 제도화된 이익을 기반으로 한 오프라인적 관계에 비하면 신속하고 빈번한 전환가능성에 좀 더 취약하다.[105] 이런 점에서 인터넷에 관한 또 다른 우려는 허쉬만(Albert O. Hirschman)이 제기한 발언(voice)과 탈퇴(exit) 사이의 갈등에서 찾을 수 있다.[106]

허쉬만은 경제학 이론을 이용하여 정치에 대한 이해를 확장시켰다. 경제행위에 대한 고전적인 개념은 퇴장(exit)에 바탕을 두고 있다. 구매자들은 한 상품의 가격이나 품질을 더 이상 선호하지 않으면 다른 상품을 찾아 떠난다. 그러나 고객 충성도나 생산자 독점이 존재한다면, 소비자는 퇴장보다는 목소리(voice)라고 지칭되는

---

105) Bimber, Bruce(1998), pp.133 - 160.

106) Hirschman, O., Albert, *Exit, Voice, and Loyalty: Responses to Decline in Firms, Organizations, and States*(Cambridge, MA: Harvard University Press, 1970), pp.77 - 78.

의사표현과 설득노력을 통해 제품을 변화시키고자 할 것이다. 허쉬만(Hirschman)은 개인들은 군대나 권위주의 국가와 같은 고도로 강압적인 조직을 제외하고는 자신이 속한 집단에 만족하지 못할 때 대체로 두 가지 전략, 발언과 탈퇴 중 하나를 선택하게 된다고 주장한다. 자신이 속한 집단에 대한 불만을 제기하고 그것을 개선하기보다는 차라리 집단과의 관계를 끊는 편이 쉽다고 생각할 경우 개인들은 탈퇴를 선택한다.

허쉬만은 "목소리와 퇴장 사이의 선택에서 목소리가 종종 밀려나게 되는데, 이는 퇴장보다 꼭 덜 효과적이기 때문이 아니라 효과를 내기 위해서는 자신이 원하는 방향을 향해 영향력과 압력을 행사하는 새로운 길들을 발견해 내는 데 의존해야 하기 때문이다. 지나고 나서 보면 그러한 발견이 쉬워 보일지 모르지만……창의적 해결책은 예측할 수 없는 방식으로 나타난다. 이때 충성도는 퇴장의 비용을 상승시킴으로써 균형을 다시 맞추어 준다. 때문에 사람들은 정상적으로는 회피하였을 만한 행동, 대안적이고 창의성을 요구하는 행동을 취하도록 압력을 받는다."[107]고 말했다.

이처럼 인터넷에서는 '탈퇴'가 '발언'을 압도하는 경향이 강하다. 이는 인터넷상에서 새로운 집단을 만드는 것은 매우 쉬우나, 기존 집단을 지배하고 있는 규범(norms)을 바꾸는 것은 매우 어렵기 때문이다. 사이버 공간에서 나타나는 잦은 탈퇴는 공동체의 파편화 현상을 초래할 것이며 결과적으로 사이버 공동체가 사회적 자본, 사회적 네트워크, 사회적 신뢰, 상호호혜를 창출할 수 있는 가능성을 더욱 줄어들게 만들고 있다.[108] 그러나 사이트의 운영이 자신의

---

107) 앞의 책, p.80.
108) 김용철 · 윤성이(2005), p.226.

방향과는 다르게 나아가다가도 다시 자신의 생각과 같은 방향으로 되돌아올 수 있다는 믿음이 생기면 개인들은 발언을 선택한다. 즉 온라인상에 남아 자신의 의견을 표출하고 사람들이 자신이 의견을 따르도록 노력한다. 인터넷상의 집단형성과 관련, 인터넷은 개인 수준에서는 집단참여의 비용을 낮추고 집단수준에서는 공간적, 시간적, 물리적인 측면에서 조직화의 비용을 낮출 수 있기 때문에 보다 용이하게 집단이 형성될 수 있다.

하지만 참여의 비용이 낮다는 것은 동시에 집단에서 이탈하는 비용 역시 그만큼 낮을 수 있기 때문에 손쉬운 이합집산을 가능케 하는 것이기도 하다. 시민들이 단순히 인터넷을 통해 많은 정치적 정보에 접근한다고 해도 보다 적극적으로 정치에 참여하는 것은 아니다. 시민들이 적극적으로 정치에 참여하는 결집의 효과를 내는 것은 쌍방향적인 의사소통과 숙의가 이뤄지는 인터넷 공간상의 커뮤니티 활동의 공간이라는 것이다.[109]

장우영도 인터넷은 매우 용이한 접근(access) - 참여(participation) - 퇴장(exit)의 경로를 제공한다고 주장한다. 인터넷은 단적으로 물리적 행위에 수반되는 피로감을 경감시킨다. 디지털 노마디즘(digital nomadism)[110]을 고무하는 인터넷인의 특성상 귀속감이나 유대감이 약한 개인이라 하더라도 정체성의 제약 없이 공동체의 경계를 넘나들 수 있는 심리적 편의를 제공해 가입과 탈퇴를 자유롭게 한다.[111]

---

109) 정연정・조성대, "한국 네티즌의 주요 구성과 정치적 특성: 17대 총선을 중심으로", 『국가전략』 제1권 제3호, pp.117 - 146.

110) 특정한 방식이나 삶의 가치관에 얽매이지 않고 끊임없이 새로운 자아를 찾아가는 것을 뜻하는 말로, 살 곳을 찾아 끊임없이 이동하는 유목민(Nomad)에서 나온 말이다. 프랑스의 철학자 질 들뢰즈(Gilles Deleuze)가 1968년 노마드의 세계를 '시각이 돌아다니는 세계'로 묘사하여 철학용어로 쓰이게 되었다.

인터넷에서 가입과 탈퇴 현상을 자유롭게 하는 또 다른 이유는 사이버 공간에는 의견의 진지함이나 질을 가늠하는 정치, 갈등과 대립을 조정할 수 있는 기제나 기구가 제도화되어 있지 못하다는 점이다. 사이버 공간에 내장된 탈집중성과 개방성이라는 특성이 다양한 의견을 취합하고 조정해서 일정한 결론을 도출하도록 하는 조율 메커니즘의 제도화를 어렵게 하며, 누구나 수긍하고 준수하는 의제토론 절차 및 규율(discipline)의 형성을 방해한다는 점도 한계로 지적할 수 있다.[112] 이처럼 자유로운 탈퇴와 가입은 사이버 공간의 안정성을 해칠 수 있고, 인터넷에서 심의적 토론을 어렵게 만드는 요인으로 작용하기도 한다.

이상의 5가지 인터넷의 속성에서 기인한 민주주의 의제검토에서 살펴보았듯이 인터넷이 지닌 속성은 어떻게 작용하느냐에 따라 현실의 민주주의에 미치는 영향도 달라진다. 이상의 5가지 주요 의제 및 쟁점에 대한 검토결과 인터넷의 속성과 민주주의와의 관계는 다음과 같이 정리될 수 있다.

첫째, 선택성(filtering)이 강화될 경우 심의민주주의가 지향하는 숙의의 가능성은 약화될 것이나 정파적 견해를 강화해 참여민주주의가 지향하는 시민참여를 강화하는 기제로 작용할 수 있다.

둘째, 익명성(anonymity)이 긍정적으로 작용할 경우 심의와 참여를 강화할 수 있으나, 부정적인 양상으로 전개될 경우에는 사회적 작용을 촉진시키는 친밀성, 안정성 등을 저해해 참여민주주의나 심의민주주의에 부정적으로 작용할 수 있다.

---

111) 장우영, "인터넷 정치참여 현황 및 활성화 방안 연구", 국회법제사법위원회 정책개발 용역과제(서울: 서강대 산학협력단, 2007), p.5.

112) 김종길·김문조, 『디지털 한국사회의 이해』(서울: 집문당, 2006), p.59.

셋째, 인터넷과 같은 새로운 정보기술의 속도(speed)는 동조자의 규합과 여론의 확산 등 참여민주의적 요소를 강화하는 데 유리하게 작용할 수도 있지만, 시간을 요하는 합의의 도출이나 신중함을 요구하는 정책결정 등 심의민주주의에는 부정적으로 작용한다.

넷째, 비용(cost)의 측면에서 인터넷은 정보의 소통, 수집, 보급 비용을 절감시켜 시민의 참여 가능성을 획기적으로 높인다는 측면에서 참여민주주의에 긍정적 요인으로 작용한다. 그러나 인터넷이 정치정보수집과 정치참여 비용을 획기적으로 줄인다 해도 현재의 정치참여 이상의 참여를 부추기지 못한다면 인터넷이 정치참여에 미치는 영향은 크지 않다고 할 수 있다.

다섯째, 사이버 공간에서의 탈퇴와 가입(exit and voice)의 자유로움은 인터넷 정치참여의 장벽을 해소시켜 주는 장점이 있으나, 이보다는 자유로운 탈퇴와 가입은 사이버 공간의 안정성을 해칠 수 있고, 인터넷에서 숙의적 토론을 어렵게 만드는 요인으로 작용한다. 탈퇴와 가입의 문제가 사이버 공간의 안정성을 해치는 수준까지 계속된다면 공동체의 파편화 현상을 초래할 것이다. 결과적으로 이는 사이버 공동체가 사회적 네트워크, 사회적 신뢰, 상호호혜를 창출할 수 있는 가능성을 더욱 줄어들게 만든다는 점에서 참여민주주의나 심의민주주의에 부정적으로 작용할 수 있다.

<table><tr><td>제 2 절</td><td>인터넷과 민주주의의 새로운 패러다임</td></tr></table>

1. 사이버 공론장의 민주적 가능성과 한계

인터넷과 정치 특히, 민주주의를 분석할 때, 그 이론적 전제는 공공성(publicness)의 창출에 놓여야 한다. 정치는 공공영역이기 때문이다. 이 같은 문제의식에 입각해 공공성의 재창출을 인터넷에서 발견하고자 하는 노력들이 이어지고 있다.

인터넷에서 창출하고자 하는 공공성은 사이버 공론영역이라는 공간에서 발견이 가능하다. 인터넷과 민주주의에 대한 논의는 인터넷과 공공성의 문제를 바라보는 시각에서 출발해야 한다. 인터넷이라는 대화적 상황을 통해 심의의 범위와 방법을 확장할 수 있다. 이런 의미에서 하버마스(Jurgen Habermas)의 공공영역의 개념을 사이버 공간에 적용해 검토해 보는 것은 인터넷과 정치, 민주주의 연구에서 필수적인 개념으로 자리 잡고 있다.

하버마스는 18세기 영국의 팽창하는 자본주의하에서 경제적인 여유를 가지게 된 자본가들이 만들어 낸 교분과 토론의 터로서 극장, 예술 공간, 커피점, 소설과 비평 등으로 이루어지는 학문과 교양의 세계를 상징하는 공간으로 공공영역(public sphere)이 형성되었다고 주장했다.[113] 이 공간에서 이뤄지는 대화는 비판과 논쟁으

---

113) Jurgen Habermas, *The Structural Transformation of the Public Sphere: An Inquiry into a Category of Bourgeios Society*, trs. T. Burger and F. Lawrence(Cambridge: The MIT Press, 1989), 한승완 옮김, 『공론장의 구조변동: 부르조아 사회의 한 범주에 관한 연

로 바뀔 수 있고 공공성이 두드러지며, 공개적인 토론, 비판적인 음미, 상세한 보고, 접근 가능성의 증대, 경제적 이해나 국가의 통제로부터의 자율성 등 민주주의의 창달을 위한 긍정적인 측면이 그 특징을 이룬다.

하버마스에 의하면 공론장은 시민들의 논증과 반박 및 타당성 요구의 제시를 통해 합의를 도출하는 공간, 물리적 실체를 갖는 균등한 주체들의 동질적 공간, 사회적 현안에 대해 숙의할 수 있는 공간, 숙의과정이 자연스러운 것으로 수용되는 공간, 합의와 조화를 지향하는 강요받지 않는 민주적 대화공간의 총합을 말한다.114) 하버마스는 이러한 공공영역이 성립하려면 두 가지 조건이 전제되어야 한다고 했다. 첫째는 공공영역은 주권국가 권위의 계층적 규제장치(hierarchical regulatory appratus)로부터 자유로워야 한다는 것이고, 둘째는 공공영역이 시장의 분권화된 규제 메커니즘으로부터도 자율성을 확보할 수 있어야 한다는 것이다.115) 즉 하버마스는 정부의 규제와 시장의 유혹으로부터 자유로울 때 공공영역은 대화와 상호이해를 지향하는 공적 의사소통구조로 바뀔 수 있으며, 사람들은 공동선을 달성할 수 있다고 주장했다. 그는 이러한 공공영역이 의회의 활발한 토의와 결부되어 정치적 여론과 의사결정으로 이어지게 되면, 협의적(deliberative) 민주주의 길이 열릴 수 있다고 했다.

그러나 공공영역은 자본주의의 확산과 팽창으로 더 이상 그 기능을 할 수 없게 되었다. 자본주의 확대로 사유재산과 공공영역의 상호

구』(서울: 나남, 2001) 참조. 하버마스는 17 - 18세기 유럽사회로까지 거슬러 올라가는 민주적 공론장 형성 및 발전과정을 추적하는 한편, 20세기에 이르러 그것이 쇠퇴하는 과정을 비판이론의 시각에서 역동적으로 그려 냈다.

114) 김종길·김문조, 『디지털 한국사회의 이해』(서울: 집문당, 2006), p.34.

115) 오명호(2004), p.605.

침투현상이 진행되었으며 홍보와 로비(lobby)의 확산으로 공공영역이 자본가의 이해추구의 장으로 변모해 가며, 대중매체는 독점자본주의의 이해를 대변하며 정보의 제공자에서 여론의 형성자로 변형되었다.

이와 같이 공공영역은 자본주의 확대로 위장된 이해의 홍보공간으로 변질되었으며, 자본가들의 전시를 위한 행사로 전락되는 형태로 재봉건화(refeudalization)되는 현상을 초래하게 되었다. 결론적으로 하버마스는 자본과 권력에 의해 식민화된 생활세계에 의사소통적 합리성을 확산시켜 체계와 생활세계의 균형을 이룩해야 한다는 구상을 가지고 있었으며, 이는 공론장의 활성화를 통해 가능하다고 보았다.[116) 공공영역은 국가와 시민사회를 매개하는 공론이 형성되는 사회적 공간이다. 이 공간은 민주적이고 비판적인 여론정치의 기능을 수행함으로써, 국가권력을 견제·감시하고 시민사회의 관심과 이익을 정치사회에 중재하는 역할을 담당한다.

그러나 과대한 국가권력의 영향력에 따른 상대적인 위축과 함께 시민사회 기반의 취약성, 특히 담론의 정치를 생산하고 주도하는 언론의 보수적 성격으로 인해서 다양한 정치적 의사표현과 여론형성의 통로로서 기능하는 데 제한적으로 작용하고 있다.[117)

그럼 쌍방향성, 개방성, 집단지성을 특징으로 하는 인터넷의 등장으로 인한 사이버 공간(cyber space)이 정치적 공론장의 역할을 담당할 수 있을까? 인터넷의 등장은 하버마스의 공론장을 대신할 새로운 가능성을 열어 주고 있다는 것으로 평가받고 있다.

사이버 공간이 새로운 공론장으로서 역할을 할 수 있는가의 문

---

116) 김현희·윤영민, "정보사회의 정치양식: 대화민주주의 가능성", 『한국사회과학』 제 21권 제2·3호(서울: 서울대 사회과학연구원, 1999) 참조.
117) 고동현, "정보사회의 도전과 사회운동의 새로운 전개", 연세대 박사논문(2003), pp.67 − 69.

제를 검토하기 위해서는 먼저 사이버 공간에 대한 사회·정치적 의미를 제대로 파악할 필요가 있다. 사이버 공간은 사회의 소외집단이나 정치적 약자들에게 그들의 이해를 대변할 수 있는 출구를 제공해 준다.[118] 기존의 매스미디어는 지배집단이나 엘리트 계층에게만 접근을 허용하는 경향이 강했으므로 피지배집단이나 주변계층을 소외시키는 측면을 허용하는 면이 없지 않았다.

그러나 인터넷의 사이버 공간은 모든 계층의 이용자들에게 열려져 있는 개방적 매체이므로, 매스미디어가 접근하기 어려웠던 주변적 사회계층에 의한 참여가 더욱 활발하다. 사이버 공간상의 논의 자체가 논의로 끝나는 것이 아니라, 논의해결을 위한 참여의 성격을 띠거나 사이버 공간상의 운동성이 오프라인에서의 정치·사회운동과 결부될 때 그 민주적 가능성이 더욱 발휘된다. 이것이 대항 공론장(counter public sphere), 또는 대안적 공론장(alternative public sphere)의 개념이다. 사이버 공간상의 이슈들은 정치·사회운동으로 발전될 때, 비로소 합리적 공론화, 주체형성, 활동의 지속성, 사회적 연대 등을 확보함으로써 민주적 가능성이 활짝 열릴 수 있다.[119] 현실공간에서의 정치투쟁에서 대항세력은 지배세력에 비해 불리한 조건을 감수한다. 투쟁에 필요한 자원동원 능력 면에서 대항세력이 지배세력에 비해 열세에 놓였으며 대부분의 경우 정부 또한 지배세력의 편을 들어주기 때문이다.

그러나 사이버 공간에서는 자원동원 능력의 격차가 정치활동에 그다지 커다란 영향을 주지 않기 때문에 활동비용의 감소로 대항

---

118) 윤영철, "사이버스페이스와 정치변동", 『언론사회 문화』 제5호(1996), pp.29－30.

119) Negt, O. & A. Kluge, 1993, *Public Sphere and Experience: Toward an Analysis of the Bourgeois and Proletarian Public Sphere*, University of Minnesota Press. 고동현, 앞의 글 pp.79－82에서 재인용.

세력이 효과적으로 정치투쟁에 임할 수 있다는 특징을 보인다. 지배권력에 저항하는 운동단체들이나 진보적인 통신이용자들은 전자게시판에서 의견 선도자의 역할을 한다. 따라서 공공 전자게시판에서는 정부와 지배세력, 언론을 비판하는 글이 자주 실리는 편이며 따라서 전자게시판의 여론은 지배적 담론에 도전적이고 저항하는 경향이 있다.[120] 이렇게 인터넷의 확산은 기성권력의 강화보다는 새로운 세력의 부상과 친화성을 갖는다. 실제로 인터넷이 창출하는 탈집중화(deconcentration)된 환경에서 적응력을 갖추고 정보와 지식이라는 새로운 목표를 추구하는 이들은 네트워크 형태의 행위자들이다.

인터넷은 정보에 대한 종전의 인식 자체를 바꿔 놓는 계기를 마련했다. 기본적으로 정치사회의 실천형태가 국민투표, 국민발안, 지역공동체로의 권한 위임 등의 차원으로 다변화, 실질화되면서 대의민주주의하에서 무기력하게만 여겨졌던 개별시민들이 사이버 공론장의 직접적 참여자가 되어 자유롭게 정보를 주고받으며 의제를 설정하고 적극적 정치주체로 자신을 재정립할 수 있다는 것이다.[121] 정보가 일정한 정보의지를 가진 중앙기관이나 소수의 엘리트에 의해 획일적으로 설정된 목적 – 수단의 도구적 합리성에 의하여 창조되거나 획득되고 그들의 의지에 의하여 통제되는 상황으로부터 개인적 이용자들이 자신의 의지에 따라 자기 나름의 정보를 창조, 관리하는 한편, 다른 사람의 정보에 접근하여 그것을 다시 자신의 것으로 재창조하는 분산구조가 형성되기 시작했다.

이런 점에서 사이버 공간은 권력으로부터의 해방에 대한 파토스

---

120) 윤영철, "뉴미디어 정치학과 민주적 참여: 가상공간에서 대항적 공론권 창조", 한국방송학회 주최(1995, 8월 14 – 18일), '정보하부구조와 공공이익' 국제심포지엄 발표 논문.

121) Barber, Benjamin, "Three Scenarios for the Future of Technology and Strong Democracy", *Political Science Quarterly*, 113(1999), pp.573 – 581. 참조.

(pathos), 국가-정부와 국민이 직접 연결되는 민중주의적 정치과
정, 강화된 매개체를 통한 분산된 중앙(decentralized center)의 형성
등의 3가지 정치적 의미를 담고 있다고 할 수 있다.[122] 또 인터넷
은 자체의 특성상 분산과 분권화를 가져오게 한다. 이는 사회운영
방식을 위계적인 것에서 쌍방향적 의사소통으로, 통제에서 분산으
로, 중앙집권에서 네트워크로 바뀌게 해 권력이 과거와 같은 수직
적 통제력을 장악할 수 없게 만든다.

아울러 사이버 공간에서는 전통적 의미의 정치가 불가능하다는 점
도 주목할 대상이다. 전통적인 의미에서의 정치는 국경, 지역 등 경계
를 전제로 이루어졌으나 사이버 공간에서는 시간적·공간적으로 모든
종류의 경계가 사라지고 정보나 지식의 독점이 불가능하기 때문에 위
계적 권위가 제약된다. '중심과 경계의 소멸'을 특징으로 하는 사이버
공간의 영토성 문제는 규제 논쟁의 핵심기저를 이루기도 한다.[123]

사이버 공간은 이처럼 시민참여의 구조와 민주주의의 의미를 긍
정적으로 바꾸어 놓고 있다. 이는 시민들의 재정치화를 통해 지배
이데올로기에 대항하는 비판담론을 형성하고, 시민연대를 통해 시
민사회 내부를 민주적으로 재조직하며 나아가 민주적으로 재조직
된 시민사회로부터 국가와 자본의 체제에 도전하는 형태로 활용될
수 있다. 이렇게 인터넷은 사회적 측면에서 시공간의 경계를 없애
권위주의적 사회 혹은 조직의 약화를 초래[124]하며 시민사회의 성

---

122) 한상희, "국가감시, 민주주의, 그리고 헌법", 『인터넷 한국의 10가지 쟁점』(서울: 역
    사넷, 2002), pp.106-107.

123) Dan Thu Nguyen & John Alexander, "The Comming of Cyberspacetime and the End
    of the Polity", in Rob Shields(ed.), *Cultures of Internet: Virtual Spaces, Real Histories,
    Living Bodies*(Sage Publication, 1996), pp.99-124. 장우형, 『인터넷규제와 거버넌스의
    정치』(서울: 한국학술정보, 2005), p.35에서 재인용.

124) 백욱인, 『디지털이 세상을 바꾼다』(서울: 문학과 지성사, 1998), p.101.

장을 가져온다. 특히 인터넷의 속성인 분권성은 개인의 독점적 우위를 보장해 주지 않는다. 개인의 독점적 지위를 인정치 않는다는 것은 기득권의 벽을 낮추는 것이며, 이것이 곧 민주주의와 개혁의 방향성을 강화하는 기제가 된다.

정치권력의 핵심은 정보의 게이트키핑(gate-keeping)인데, 사람들은 사이버 공간을 통하여 게이트키퍼(gatekeeper)를 우회하여 정보를 얻게 된다. 사이버 공간에서 시작된 경계의 붕괴는 현실사회에서도 나타나게 되고 권력의 중심은 존재할 수 없다는 것이다.[125] 그렇다고 사이버 공간은 하버마스가 제시하는 공론장의 개념을 완전히 충족시킬 수는 없다.[126] 사이버 공간을 하버마스의 공론장 개념처럼 객관적이고, 이성적이며, 동질적이고, 합의지향적인 공론장으로 보기는 어렵다. 오히려 사이버 공간은 파편화되고 다원적이며 다양한 사회집단들이 논의하고 투쟁하고 경쟁하고 타협하는 각축장으로 기능할 수 있다.[127]

사이버 공간은 기술 자체의 내재적 본질을 내포한 사회적 구조의 단순한 반영물이 아니라, 오히려 다양한 세력과 힘들의 다툼 속에서 치열한 변화의 과정을 겪고 있는 현재적 공간이라고 할 수 있다. 다시 말해 한편으로는 권력과 자본이 인터넷에서 자신의 장악력을 강화하기 위해 발 빠르게 움직이고 있는가 하면, 다른 한편으로는 사회변화를 위한 다양한 세력들이 존재하고 있다. 사이버 공간은 이

---

125) 윤영민(2000), p.284.

126) 백선기는 한국의 경우 전자공론장이 현실공간의 목소리를 수동적으로 재생산하거나 급속한 파편화의 길로 접어들고 있다며 전자공론장을 현실공간의 대체공간으로 삼기에는 시기상조라는 입장을 밝힌 바 있다. 백선기, 『정치담론과 인터넷』(서울: 커뮤니케이션북스, 2003), p.319.

127) 윤영철, "대안적 매체로서의 PC통신: 한총련에 관한 토론실 분석을 중심으로", 『한국언론학보』(1998년 가을호), pp.190-191.

사회적 재편과정을 어떠한 방향으로 이끌어 갈 것인가를 둘러싸고, 새로운 가치와 규범, 정당성을 확보하기 위해 사회세력들 간에 헤게모니(hegemony) 투쟁이 벌어지는 경합장[128]이라고 할 수 있다.

현실과 사이버 공간의 상호작용은 한편으로 현실공간의 지배력이 사이버 공간을 식민화하려는 경향으로 나타나며, 다른 한편으로는 현실공간의 집합적 관계현상이 인터넷이라는 도구를 바탕으로 사이버 공간에서 거대한 변화의 담론을 형성하는 경향으로 나타난다.[129] 전자는 부정적 결과로 현실공간의 소수의 억압적 권력을 강화시켜 주는 힘으로 전락할 것이며, 후자는 긍정적 결과로 다시 사이버 공간의 변화가 현실공간의 사회정치적 관계를 변화시키는 추동력으로 작용할 것이다.

정보기술의 발전에 따른 정치과정의 변화에서 정치사회와 시민사회의 입장은 차이를 보인다. 정치사회는 사이버 공간을 대의민주주의 한계를 극복할 수 있는 또는 보완할 수 있는 참여민주주의의 진작으로서, 정당정치의 홍보와 동원의 수단으로서, 정치세력화를 확대시킬 수 있는 영역으로 간주한다.

반면 시민사회는 사이버 공간을 국가와 정치사회로부터 자율성과 독립성을 고수할 수 있는 직접민주주의의 수단으로, 시민사회운동의 자원동원 측면에서 접근하고 있다.[130] 정치경제학적 시각에서 사이버 공간은 여전히 자본과 국가권력에 의한 공간으로 파악된다.

---

128) 김성수는 온라인 공론장으로 인터넷을 활용할 때 정치참여가 어떠한 영향을 미치는지를 정치사회와 시민사회의 주요 행위자인 정당과 시민사회 운동 간의 헤게모니 쟁탈전이란 관점에서 이론적 분석을 단행했다. 김성수, "정당과 시민사회운동의 헤게모니 경쟁에 대한 분석"(2008), forthcomming.

129) 박동진, "인터넷과 참여민주주의", 『인터넷 한국의 10가지 쟁점』, 함께하는 시민행동 편(서울: 역사넷, 2000), p.184.

130) 김성수(2008).

따라서 불평등한 사회구조가 바뀌지 않는다면 새로운 기술의 적용은 오히려 기존 권력의 강화에 기여하게 될 것이라고 주장한다. 즉 어떠한 정보를 어떠한 형태로 생산·유통시킬 것인가를 결정할 수 있는 권한과 권력을 가지고 있는 행위주체는 여전히 기존의 정치구조와 권력에 의해 결정된다는 것이다.[131]

이 같은 인식을 종합해 볼 때 사이버 공론장은 차이들이 인정되고 활성화되는 새로운 공론장이라고 개념화할 수 있다. 이는 다양한 이해관계를 가진 집단 계층들의 정체성이나 담론을 바탕으로 한 투쟁과 저항을 인정하고 있다는 점에서 하버마스의 공론장과는 차이를 보인다.[132] 하버마스의 공론장은 동질화와 보편적 합의를 특징으로 한다. 그렇다고 사이버 공간이 하버마스의 공론장 개념을 수용할 수 없다고는 말할 수 없다. 하버마스가 규정한 공론장으로서는 아니지만 다른 방식으로 공론장의 요건을 충족시킬 가능성을 내포하고 있다.

참여민주주의가 제대로 이루어지지 않고 있는 오늘날의 계층사회에서는 하나의 포괄적인 공론장보다는 논쟁거리를 제공할 수 있는 '다수의 경쟁적인 공론장'들의 존재가 참여민주주의의 이상을 더 많이 반영할 수 있다는 것이다. 즉 사이버 공간은 무수히 많은 공론장을 창출하며, 이는 곧 개인들이 사회적 공론과정으로부터 배제당하는 것을 방지할 수 있기 때문에 민주주의 발달에 도움이 된다는 것이다. 이를 '복수적 공론장(multiple public sphere)'으로 개념화할 수 있다.[133] 사이버 공간이 구성하는 공론장의 영역은 합의

---

131) Keohane, Robert and Nye, Jr, Joseph, "Power and Interdependence In the Information Age", Foreign Affairs, 77.5(September/October, 1998), p.81.

132) 정미정, "한국 정치 사이버공간의 구성과 공론장으로서 가능성", 서울대 석사논문(2001), pp.10 - 11.

133) Calhoun, C. 1995. *Critical Social Theory*. Blackwell. 김종길·김문조(2006), p.45에서 재인용.

된 의견이 존재하기보다는 오히려 분절적인 의견과 다양하고 이질적인 공간으로 구성되어 있는 것이 대부분이다. 따라서 진지한 토론과 공론을 이끌어 내기 위해서는 사회운동을 중심으로 공공문제에 관한 의제를 설정하고 여러 가지 해결방안들과 관련된 진지한 토론을 전개하고, 이를 바탕으로 집단적 행동으로 발전시키는 것이 필요하다.

2. 대의민주주의 한계와 참여·전자·심의민주주의의 대두

직접민주주의는 국민이 국가의 주인이라는 인민주권론의 민주주의 이념을 구현하는 최상의 제도이다. 그러나 직접민주주의는 기본적으로 소규모의 동질적인 시민들로 구성된 공동체에서만 가능하지, 방대한 영토와 엄청난 인구를 가진 현대국가에서는 가능하지 않다. 이런 이유로 오늘날 대부분의 민주주의 국가에서는 대의 민주주의라는 통치방식을 채택하고 있다.

대의민주주의는 국민주권의 실천원리로서 국민대표의 원리와 의회의 의사결정 원리로서의 공개토론의 원칙, 다수결의 원칙을 기본으로 하고 있다.[134] 이는 과거 전제군주정의 억압에 대한 국민적 저항과 시민권의 획득으로 인한 민주적 사회질서의 발달을 의미하며, 통치권이 군주로부터 의회로 넘어옴에 따라 각각의 정치세력들이 의회권력을 잡기 위해 정당을 형성하기 시작했다.

정치과정에서 정당의 본격적인 등장과 함께 대의민주주의의 기본원리에도 많은 변화가 일게 되었다. 즉 정당이 대의민주주의에 따르는 공인된 정치제도로서 발전하게 되었으나 유권자의 명령적 위임에

---

134) 박상철, 『정치법학의 임무』(서울: 도서출판 지정, 1992), p.132.

구속되지 않는 의원의 독립적인 지위는 소속정당의 명령에 복종하는 형태를 띠게 되었다. 대의민주주의가 정당의 출현에 발판을 마련해 주었다면 정당은 도리어 대의민주주의를 배제하는 경향을 띠었다.

또 세계화 현상도 대의민주주의의 위기를 초래했다.[135] 세계화는 무엇보다 국민국가(nation state)의 범위를 벗어난 다차원적인 통치형태의 등장을 의미하고, 이는 대의민주주의의 정통성인 의회나 정당과 같은 제도적 장치가 무력화된다는 것을 의미한다. 즉 대의민주주의의 특성이 무엇보다 대표성(representation)과 책임성(accountability)에 의존하고 있다고 볼 때, 세계화는 시민들의 참여를 배제하거나 혹은 제한된 참여에 의한 정책결정을 하게 하는 것을 의미하여, 선거를 통한 대표의 처벌과 보상이라는 대표성의 의미를 퇴색시키고 있는 것이다.

이 같은 현상은 대의민주주의가 갖는 여러 가지 장점에도 불구하고, 시민의 진정한 대표자를 선출하기 어렵다는 '대표의 실패'와 시민의 역할이 대표의 선출에 한정되는 데서 오는 시민의 정치적 소외와 다수결의 원리를 통한 의사결정이 반드시 옳은 결정인가에 대한 공동선의 문제점들이 제기되었다.[136]

현대 대의민주주의 국가에서 공통적으로 나타나는 것은 참여의 위기와 대표성의 위기이다. 민주주의의 핵심이 토론과 참여라고 할 때 오늘날 대의민주주의는 토론과 참여의 과정이 결여되어 시민적 공론을 형성하기 어려운 체제라는 비판을 받고 있다. 대의민주주의 한계를 정리해 보면 다음과 같다.[137]

---

135) 김영태는 비록 세계화 시대에 대의민주주의가 위협을 받는다 할지라도 대의민주주의는 여전히 민주주의 근간으로 작동할 것이라는 점을 강조하고 있다. 김영태, "세계화 시대의 정당의 역할과 한국 정당정치의 과제", 『의정연구』 제7권 제2호, pp.47 – 48.

136) 이한구, "디지털시대의 다양한 민주주의와 그 정당성", 철학연구회 편, 『디지털 시대의 민주주의와 포퓰리즘』(서울: 철학과 현실사, 2004), p.18.

137) 박주원, "현대 민주주의 이론의 이론적 동향과 정치적 지형", 『정치지평』(서울: 푸른

첫째, 대의민주주의에서는 정치인들이 공익보다는 소수의 지배계층의 이익극대화에 앞장을 서게 됨으로써 정치엘리트와 시민 사이에 괴리와 불신이 가득하게 된다. 둘째, 대의민주주의에서 시민들은 선거라는 허울뿐인 정치적 쇼에 참가하는 투표기제로 전락하게 되어 시민의 진정한 정치참여를 보장하지 못하고 있으며, 정치생활의 주인이 되지 못하고 탈정치화(depoliticalization)되어 구경꾼으로 전락한다. 셋째, 대의민주주의에서는 국가의 기능도 지나치게 비대하여 국가가 국민을 위해 봉사하기보다는 일부 기득권층의 이익을 대변하는 '정치의 사사화(privatization)'가 폐해로 등장한다.[138]

이러한 한계가 보완되지 않는 한 대의제는 국민들의 이익실현에 실질적으로 기여할 수 없었다. 보완의 방향은 간접 민주주의적 방식하에서 대표자들의 대표기능을 통제하고 강화하든지, 아니면 직접 민주주의적 방식을 도입하는 것이 되어야 했다. 그러나 직접민주주의는 현실적 어려움에 인해 논의의 활성화를 이루지 못한 채 곧 사려졌고, 간접민주주의 방식인 대의민주주의를 보완하는 차원에서 새로운 민주주의 이념들이 등장하기 시작했다. 이처럼 정보통신기술의 발전으로 대의민주주의의 한계는 보완될 수 있다는 새로운 민주주의 패러다임이 등장하게 되었다.

대의민주주의 문제점을 해결하기 위해 시민들이 정치에 참여해 주권자 위치를 유지하면서 대표들을 감시하고자 하는 민주주의의 새로운 패러다임이 요청되었는데, 그것이 크게 참여민주주의, 전자민주주의, 심의민주주의이다.[139]

숲, 1999) 참조.

138) 김현희·윤영민, "정보사회의 정치양식: 대화민주주의 가능성", 『한국사회과학』 제21권 제2·3호(서울: 서울대학교 사회과학연구원, 1999), p.89.

139) 일부 학자들은 심의민주주의가 인터넷 등 전자적인 정보기술을 이용한 참여와 심의

여기서는 이 3가지 개념의 민주주의의 차이점을 살펴보고, 이것을 통해 한국의 인터넷 정치참여를 평가할 수 있는 연구모델과 상관성을 살펴볼 것이다.

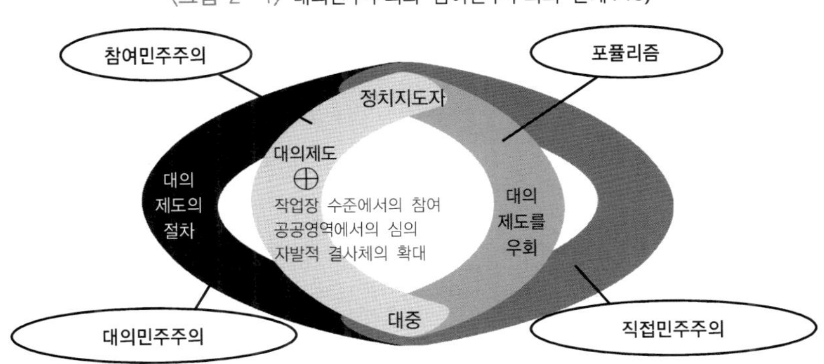

〈그림 2-1〉 대의민주주의와 참여민주주의의 관계140)

시민의 정치참여와 민주주의와의 관계는 통상적으로 정치의 주요한 결정과정에서 대표자의 비중이 높은지, 개별시민의 참여비중이 높은지에 따라 대의민주주의, 직접민주주의, 심의(숙의)민주주의, 비민주적 체제로 구분된다.

대의민주주의는 대표의 비중이 높게 나타나는 반면 직접민주주의는 시민의 비중이 높게 나타난다. 심의민주주의는 대표와 시민의 역할이 모두 중요하게 강조된다.141) 비민주적 체제는 시민과 대표

를 강조한다는 점에서 심의민주주의를 하부계열로 포함시키고, 또 참여민주주의를 심의적 개념까지 포함한 광의적 개념으로 확장하는 경우도 있으나, 이 연구에서는 3가지 개념의 명확한 차이점을 나타내기 위해 각각 독립된 개념으로 활용하고자 한다. 아울러 원격민주주의, 사이버 민주주의 등 관련 민주주의 개념들은 전자민주주의에 포함시켰다.

140) 김일영(2004), "민주화, 신자유주의적 포퓰리즘, 그리고 한국: 김대중 정권과 노무현 정권을 중심으로", 철학연구회 편, 『디지털시대의 민주주의와 포퓰리즘』(서울: 철학과 현실사, 2004), p.199.

141) Shane, P. M., "The Electronic Federalist: The Internet and the Electronic Institutionalization

자의 비중이 모두 낮은 체제를 말한다.

이를 인터넷과 민주주의에 관한 논의로 전환해 보면, '대의민주주의 보완론', '대의민주주의 대체론' 및 '심의민주주의 매개론', '포퓰리즘 강화론'이라는 흐름으로 정리될 수 있다.[142]

대의민주주의 대안론은 인터넷이 대의민주주의 한계를 상당히 보완해 줌으로써 그 이상을 풍부하게 한다는 주장이며, 대의민주주의 대체론은 인터넷을 통해 직접민주주의 시대를 열 수 있다는 입장이다. 심의민주주의 매개론은 인터넷이 개방성, 쌍방향성, 분권성을 중심으로 숙의된 토론으로 참여민주주의를 확대한다는 전망이며, 포퓰리즘 강화론은 인터넷이 사이버 공간의 분절화(fragmentation) 및 과다민주주의(hyper democracy) 부작용을 초래, 민주주의를 저해한다는 입장이다.[143]

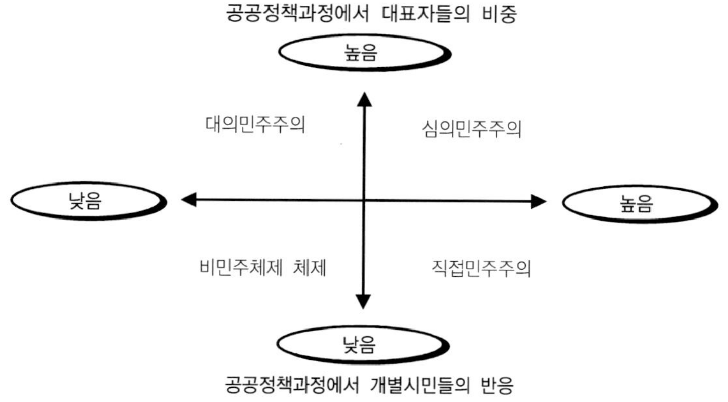

〈그림 2-2〉 대의민주주의와 심의민주주의의 관계[143]

of Democratic Legitimacy", Shane, P. M.(ed), *Democracy Online*(Routledge, 2004). 김종길, 『사이버트렌트 2.0』(서울: 집문당, 2008), pp.164-165에서 재인용.

142) 이에 대해서는 박재창, 『정보사회와 정치과정』(서울: 비봉, 1993), Benjamin R. Barber. *Strong Democracy*(Berkely, CA: University of California Press, 1984)를 참조.

143) 김종길(2008), p.165.

① 참여민주주의

오늘날 대의민주주의(representative democracy)는 앞에서 살펴보았듯이 정당성(legitimacy)과 효율성(efficiency) 모두에 있어서 한계에 도달했다고 볼 수 있다. 이러한 문제점을 해결하기 위해 직접민주주의의 요소를 도입할 필요가 있다. 하지만 이미 거대하고 복잡해진 현대사회에서 고대 아테네와 같은 직접민주주의(direct democracy)를 다시 반복하는 것은 불가능하다.

그러므로 좀 더 현실적인 해결책은 대의민주주의의 보완적인 성격을 가지면서 또한 그것을 완전히 대체하는 것이 아니라 보완해 주는 성격을 지닌 참여민주주의(participatory democracy)를 수립하는 것이다.

여기서 참여의 핵심은 참여를 통해 자신의 의견과 이해관계를 표출하고 또 그것을 관철시키는 데 있는 것이 아니라, 하버마스가 지적하는 바와 같이 그 과정 속에서 공동의 합의를 이끌어 내도록 심의하는 데 있다.[144] 참여의 결과 시민들은 정치과정을 통제할 수 있게 되고, 정치과정에의 참여를 통해 정치에 무관심한 근대적 개인을 진정한 시민으로 전환시키는 교육적 효과를 가지며, 또한 이러한 과정을 거쳐 결정된 정책을 정당한 것으로 받아들임으로써 정책 집행력을 높이게 된다.

1960년대 후반 신좌파 운동의 모토로서 제창된 참여민주주의는 생활정치에 대한 욕구가 증대함에 따라 관심의 대상이 되었다. 현대 사회에서 투표, 이익집단의 활동과 같은 전통적인 방식보다는

---

144) 이동수, "디지털시대 토의민주주의", 『디지털시대의 민주주의와 포퓰리즘』(서울: 철학과 현실사, 2004), p.73.

여론에 직접 호소하거나 대의기구에 강렬한 의지를 전달하기 위해 직접 행동에 나서는 경우가 많아지고 있다.[145]

정동규는 오늘날에는 참여민주주의가 특정 정치적 조류의 노선이라기보다는 좌·우파를 막론하고 대의민주주의 한계를 보완하기 위한 다양한 제도적, 정책적 시도로 받아들이고 있다고 주장했다.[146] 헬드(Held)도 참여민주주의가 독창적인 민주주의 모델이라기보다는 기존 민주주의 이론의 영향력하에서 도출된 이론적 변형이라고 지적하고 있다.[147]

바버(Barber)는 시민들 간의 수평적 의사소통 관계와 시민들에 대한 교육, 그리고 민주주의를 형성하는 데 있어 중요한 심성인 공동성을 함양하는 것을 커다란 목표로 하고 있다. 그는 이러한 기획을 통해서 시민들이 능동적으로 정치에 참여하고 사회의 가치와 방향을 결정하는 데 실제적 힘을 발휘하는 참된 자치정부(self-government)를 모색하며, 이때 강한 민주주의가 실현될 수 있을 것이라고 보았다.[148]

참여의 목적은 의사결정과정의 결과에 영향을 미치는 것이며, 위로부터의 정치적 목적을 위한 동원(mobilization)은 그 외형과는 달리 참여로 간주하지 않는다. 바버는 위로부터의 동원을 '의제참여(pesudo-participation)'로 규정했다.[149]

---

145) 오현철, "시민참여 유형의 변화와 의미", 『시민사회와 NGO』(서울: 한양대, 2003), p.59.

146) 정동규(2004), p.48.

147) Held, David, *Models of Democracy*(Stanford University Press, 1987), 이정식 역, 『민주주의의 모델』(서울: 인간사랑, 1988), p.7.

148) 정동규(2004), p.65.

149) Verba, Sidney, *Small Groups and Political Behavior: A Study of Leadership*(Princeton University Press, 1961), 김대환, "참여의 철학과 참여민주주의", 참여사회연구회(편) 『참여민주주의와 한국사회』(서울: 창작과 비평사, 1997), p.17에서 재인용.

페이트먼(Pateman)은 참여에 대한 교육적 기능의 강화와 산업민주주의(industrial democracy)의 중요성을 역설한 뒤, 참여민주주의가 성립하기 위해서는 산업부문에서의 참여의 사회화과정을 통해 고전 민주주의 이론에서 주장하듯 시민의 완전한 참여에 의해 민주주의가 이뤄질 수 있다고 주장했다.[150]

맥퍼슨(Macpherson)은 참여의 증대만으로 사회의 불평등 구조를 해결할 수 있는 것은 아니지만, 낮은 참여와 사회적 불평등은 밀접하게 연관되어 있기 때문에 보다 공평하고 인간적인 사회를 위해서는 보다 참여적인 정치체제(participatory political system)가 필요하다고 주장했다. 맥퍼슨은 컴퓨터 기술과 텔레커뮤니케이션(telecommunications)의 진보가 직접민주주의를 가능하게 할 것 같아 보이지만, 정책결정과정에서 누군가가 문제를 정식화해야 한다는 불가피한 조건, 시민들의 답변이 정부의 정책에 반영되는가의 문제, 시민들에게 반응을 기대할 수 있는가의 문제, 상호 양립하기 어려운 요구의 조정을 위한 조직의 필요성 등이 있으므로 시민이 발의하는 것으로 모든 문제를 해소한다는 것은 불가능하다고 주장했다.[151]

헬드(Held)는 페이트먼(Pateman), 맥퍼슨(Macpherson) 등의 신좌파 이론가들이 주장하는 참여민주주의의 요건에 대해 다음과 같이 3가지로 정리했다.[152] 첫째, 물질적 자원의 재분배를 통해 많은 사회집단의 빈약한 자원의 토대를 직접 개선한다. 둘째, 공적 및 사적 생활에서 관료의 권력을 극소화한다. 셋째, 정보에 입각한 결정

---

150) Pateman, Carol, *Participation and Democratic Democracy Theory*(New York: Cambridge University, 1980). 권오진 · 김민석 역, 『참여와 민주주의』(서울: 서당, 1986).

151) Macpherson, C. B., *The Life and Times of Liberal Democratic Participation*(New York: Praeger, 1977), pp.95 - 98.

152) Held(1988), p.293.

이 보장되도록 공개적 정보체계를 유지한다.

바버(Barber)는 자유민주주의 혹은 대의 민주주의를 약한 민주주의(thin democracy)로, 참여민주주의를 강한 민주주의(strong democracy)로 규정하면서 강한 민주주의를 위한 시민정신, 특히 정치적 담화(political talk)의 문제를 강조하고 정보기술의 활용을 중시했다.[153) 강한 민주주의는 모든 사람들이 최소한의 일부 시간에, 최소한의 일부 공적인 문제들에서 스스로를 통치하는 정부형태로 민주주의를 정의했다.

바버는 정치공동체 창출을 통해 갈등이 해소되는 참여적 양식의 정치를 강한 민주주의로 규정하고, 공동체는 참여를 통해 발전되고 동시에 참여를 가능하게 한다고 주장했다. 그는 또 강한 민주주의는 동질적 이해보다 시민교육에 의해 통일된 시민, 그리고 시민적 제도와 참여적 제도 덕택에 공통의 목표와 상호 행동을 할 수 있게 만들어진 시민의 자치 공동체의 이념에 기반 한다고 말했다.[154)

결사체들의 자치에 기초한 결사체 민주주의(associative democracy)도 참여민주주의의 한 형태로 분류된다. 결사체란 국가와 시장 사이에 존재하는 시민사회의 여러 중간조직으로서 자발적이고 자치적인 시민단체들이라 할 수 있다. 결사체 민주주의는 1980년대 중반 전통적인 길드 사회주의(Guild Socialism)와 1920년대 정치적 다원주의(pluralism)를 확장시킨 것으로 국가가 감당하기 힘들지만 시장에만 맡길 수 없는 문제를 이들 결사체들이 나서 해결할 수 있다고 보고 이들에게 최대한 자치권을 보장하는 것을 말한다.[155)

---

153) Barber, Benjamin(1984), p.152.

154) 앞의 책, p.117.

155) 결사체민주주의에 관해서는 Hirst, Paul and Bader, *Viet, Associative Democracy: The Real Third Way*(London: Frank Cass, 2001)을 참고할 것.

허스터(Paul Hirst)는 국가는 결사체에 대해 최대한의 자율성을 보장해 주어야 하며, 결사체들은 통치에서 실질적인 권한을 맡아야 하며 국가에 회원들의 이익을 대변해야 한다고 주장했다.

아울러 참여민주주의와 포퓰리즘과의 차이점을 인식하는 것도 참여민주주의 이해의 필수요소이다.

현대 민주주의는 간접민주주의로 사람들은 직접민주주의의 이상을 동경하게 되는데 이 과정에서 참여민주주의와 포퓰리즘이라는 두 가지 변형체(variants)가 등장한다. 양자는 모두 대의제 민주주의가 보여 주는 절차적 참여의 의례성 내지 공허함 및 그것이 지닌 엘리트적 속성에 불만을 지닌다. 참여민주주의는 이 문제점을 확대하거나 자발적 결사체와 매개집단을 더욱 많이 개발하고 공공영역에서 교화된 시민들 간의 토론과 심의를 통해 결론을 도출하는 방향으로 해결하려고 했다.[156]

반면 포퓰리즘은 민주주의 지도자와 대중 사이의 무매개적이고 직접적인 관계를 맺음으로써 이 문제를 풀려고 했다. 이 경우 지도자는 개인의 퍼스낼리티(personality)에 크게 의존하면서 가부장적 성격을 띠며, 대중은 원자화된 모습을 보여 주고 지도자는 기존 사회질서나 대의민주주의가 지닌 엘리트적 및 과점적 속성을 공격하면서 대의제도를 우회하거나 자신의 밑에 종속시킨 상태에서 대중과 직접적이고 무매개적인 관계를 맺으려 한다.[157]

---

156) Carole Pareman, *Participation and Democratic Theory*(Cambridge: Cambridge University Press, 1970).

157) 김일영(2004), p.198.

② 전자민주주의

　정보화 혁명으로 일반시민들도 디지털화된 통신매체를 이용하여 직접 공공정책 결정에 참여하고 정부와 정치인들과 직접 대화하며, 전자매체가 제공하는 토론장을 통해서 공적토론에 참여할 수 있게 되었다. 전자매체와 전자공간이 마련되면서 기존의 대의제 민주주의가 안고 있는 문제점을 개선하고 보완할 수 있는 수단으로 전자민주주의(electronic democracy)가 등장했다.

　그러나 전자민주주의라는 개념을 정보화와 민주주의의 관계에 대한 일반적이고 원론적인 의미로 사용할 때, 그것은 자칫 전자적으로 매개되는 모든 민주주의 형태를 지칭함으로써 매우 다양한 민주주의의 의미를 뭉뚱그려 포괄하는 명목론적 개념으로 전락할 수 있다. 지금까지 전자민주주의라고 통칭되어 왔던 정보사회의 민주주의 논의에는 다양한 관점들과 상이한 실천들이 무차별적으로 포함되어 있음에도 그 내부에 포함된 민주주의의 주체, 민주주의 형태, 민주주의의 실현영역, 정치참여 유형 등의 차이점들을 묵과해 왔다고 할 수 있다.

　똑같이 전자민주주의라고 내세우고 있지만 그에 대한 그동안의 여러 주장과 실천들은 그것이 기대고 있는 매체나, 그것을 선도해 나가는 주체, 그리고 그것이 상대적으로 선호하는 민주주의 형태나 민주주의적 전제, 실질적인 정치참여 형태 등에서는 적지 않는 차이점이 존재한다. 민주주의 정당성에 대한 인식, 선호하는 정치형태와 이념적 지향, 민주주의의 중심 주체로서 개인이나 공동체 가치에 부여하는 상대적 비중, 시민들의 정치참여 방식이나 정치커뮤니케이션의 형태, 그리고 주로 의존하고 활용하는 매체 등에서 관

점에 따른 공통점과 차이점이 존재하고 있다.[158]

그러나 한때 전자민주주의란 용어가 e-politics이라는 개념으로 대체되면서 '민주주의' 가치는 거세된 채 단지 온라인상에서 전자적으로 구현되는 정치과정으로 그 의미가 축소된 경우도 많았다. 인터넷 민주주의는 기술적인 문제라기보다는 시민사회의 재구조화와 정치문화의 성숙을 포함하는 포괄적인 문제로 이해하는 것이 바람직하다.

이에 학자들은 인터넷 민주주의와 관련된 기존 논의의 이론적 지형을 원격민주주의, 사이버 민주주의, 전자민주화론 등으로 대별하여 일반적으로 전자민주주의로 통칭되는 일반적 논의의 내부에 존재하는 제 관점 간의 차이를 보다 분명하게 드러냄으로써 전자민주주의 레토릭(rhetoric)에 대한 보다 엄밀한 분별을 기대하고 있다.[159]

아터튼(Christoper Arerton)은 전자민주주의는 대의제민주주의를 대체하는 정치를 의미하는 게 아니라, 시민과 정치 지도자들 간의 정치적 정보와 의견 전달을 돕는 커뮤니케이션 기술의 운용을 의미한다고 주장했다.[160] 아터튼은 전자민주주의의 성패는 사용된 기술이 아니라, 사회적 선택에 의해 좌우되며, 핵심은 결정의 신속함

---

158) 고동현(2003), p.17.

159) 강상현은 핵심주체, 주요매체, 커뮤니케이션 양식, 정치참여 형태, 선호정치 형태, 민주주의의 정당성 인식 등을 기준으로 인터넷 민주주의의 유형을 전자민주화론, 원격민주주의, 사이버 민주주의, 숙의민주주의로 분류했다. 강상현, "전자민주주의에 관한 이론적 논의의 지형", 『한국언론학보』 제4603호(2002년 여름), pp.45-79. 박선희는 커뮤니케이션 방식과 관련, 국민투표적 민주주의, 공동체민주주의, 숙의민주주의, 다원민주주의 등으로 전자민주주의 유형을 분류하기도 했다. 박선희, "컴퓨터 매개 정치패러독스: 전자민주주의와 한국사회 현실에 대한 비판적 검토", 『한국언론학보』, 44(4), 한국언론학회(2000). 런던(Scott London)은 전자민주주의를 국민투표적 민주주의와 숙의민주주의로 분류했다. Scott London, "Teledemocracy vs Deliberative Democracy: A Comparative Look at Two Models of Public Talk", *Journal of Interpersonal Computing and Technology*, Vol.2, No.2(April 1995).

160) Arterton, Christoper(1994), p.23.

이 아니라 결정에 있어 많은 심의를 할 수 있는 토론기회와 정보
제공에 있다고 보았다. 아터튼은 인터넷 민주주의가 성공하기 위해
서는 참여자들의 지도력, 자신감, 대화와 토론 능력, 정치제도에
대한 기본지식 등으로 구성되는 정치적 역량(political competence)
이 강화되어야 하고, 시민의 정치적 역량이 강화되기 위해서는 시
민참여를 위한 제도적 측면들이 보장되어야 한다고 주장했다. 포스
터(Poster)는 면대면(face - to - face) 커뮤니케이션이 주를 이루던 공
론권의 시대는 막을 내리고, 인터넷을 통한 새로운 형태의 전자매
개 토론의 필요성을 주장했다.[161]

전자민주주의의 하부계열로는 원격민주주의, 사이버 민주주의,
가속화된 다원주의 등이 포함될 수 있다.

원격민주주의는 전자공회(electronic town - hall meeting) 모델에
서 이념적 구상이 출발했다.[162] 전자공회 모델은 케이블 TV와 전
화망을 연결하여 방송된 공공이슈에 대한 즉각적인 투표보다는 과
학적으로 무작위 추출된 모집단 표본을 대상으로 관련 토픽(topic)
에 대한 추가정보를 제공한 후에 이들을 대상으로 한 원격투표(tele
- vote)를 실시하는 것이다.[163] 바로 이 모델을 통해 인터넷 민주
주의의 초기 개념인 '원격민주주의(tele - democracy)' 모델이 발전
하게 되었다. 원격민주주의자들은 그것이 TV이든 전화이든 아니면
컴퓨터 네트워크이든, 다양한 매체를 통해 시민들의 판단에 필요한
충분한 정보를 제공하게 된다면, 그러한 정보에 근거한 개개인의

---

161) Poster, Mark, "Cyberdemocracy: Internet and Public Sphere", David Porter(ed.), *Internet Culture*(London: Routlede, 1997).

162) 강상현, "전자민주주의에 관한 이론적 논의의 지형", 『한국언론학보』 제4603호(2002년 여름), pp.45 - 79.

163) Becker, Ted(1981), "Teledemocracy: Bringing Power back to the People", *The Futurist*, December. pp.6 - 9.

다양한 의견들이 정치과정에 피드백(feedback)되고 다수의 시민들이 보다 직접적으로 의사결정 과정에 참여할 수 있게 된다고 보았다.

그러나 케이블 TV와 쌍방향적인 전화망을 연결한 초기 원격민주주의 실험들은 대부분 매우 제한된 지역의 한정된 사람들을 대상으로 한 것이었기 때문에 전국적인 규모의 대규모 사람들을 대상으로 현실화하기에는 한계가 있었다. 비록 원격민주주의 모델이 미디어의 쌍방향성과 주민들의 직접적인 참여를 강조하고는 있지만 특정 이슈와 관련된 정보전달을 통해 개개인들이 결정한 단순한 의사를 취합(aggregate)하는 것만으로 민의가 충분히 반영될 수 있는 것인가에 대한 의문과 비판이 제기되었다.

이 같은 원격민주주의 모델의 한계를 비판하며 대안적 모델로 등장한 것이 사이버 민주주의(cyber democracy) 모델이다. 사이버 민주주의는 사이버 자유주의(cyber liberalism)와 사이버 공동체주의(cyber communitarianism)로 분류할 수 있다. 양자는 모두 중앙집권적인 기존의 정치관행에 대한 '대안기지'로서의 사이버 공간을 상정하고 있다는 점에서 공통적이다. 다만 사이버 자유주의가 사이버 공간을 어떤 외적 억압과 제한 및 구속력이 없는 개인의 자유로운 삶의 대안적 공간으로 간주하는 데 비해, 사이버 공동체주의는 공통된 삶의 조건과 목표 혹은 이해관심을 갖는 사람들의 공동공간으로 간주한다는 점에서 차이를 갖는다.

사이버 자유주의는 현대적인 정보통신 기술 발전의 핵심기지라 할 수 있는 미국 서부의 캘리포니아 지역에서 인터넷 기술의 초기 개발자이면서 동시에 수혜자로 성장한 가상계급(virtual class)[164] 속

---

164) 가상계급(virtual class)이라고도 불리는 디지털엘리트는 현대의 범자본주의를 움직이면서 가상화를 촉진하고 강화하는 데 있어서 물질적, 이데올로기적 이해를 가지고 있는 계층이기도 하다. 즉 사이버 공간에서 제공되는 새로운 시장을 이용하고자 하

에서 탄생했다. 사이버 자유주의적 입장은 미국의 EEF(Electronic Frontier Foundation)[165]와 PEF(The Progress & Freedom Foundation) 등에 의해 실천적으로 주도되었으며, EEF의 공동설립자 중의 한 사람인 존 페리 발로우(Barlow)의 '사이버스페이스 독립선언문'에 의해 그 정신이 극적으로 천명되었다.

발로우는 미국 독립선언문을 본떠 "산업세계의 정권들이여, 살덩이와 쇳덩이를 뒤집어쓰고 있는 지친 거인들이여……나는 인간 정신의 새로운 터전인 사이버 공간에서 왔노라. 과거의 유물인 당신들에게 미래의 대표로서 요구하노니 우리를 건드리지 마라. 당신들은 우리에게 환영받지 못한다. 당신들은 우리들 세계에서는 통치권이 없다."고 선언했다.[166]

사이버 자유주의 입장에서는 정부의 간섭과 법적 제약으로부터 완전히 자유로운 가상 주체에 의한 새로운 문명을 건설하는 것을 이상으로 삼고 있다. 사이버 자유주의는 중앙집권화된 기존의 관료주의에 반대하며, 지식과 정보에 대한 독점과 지적특혜에 대해서도 반대하는 입장을 취한다. 사이버 공간의 무한한 지적자원에 대한 자유로운 접근을 통한 개개인의 권능화(empowerment)를 강조한다.[167] 이들은 정보고속도로와 사이버 공간을 분리, 정보고속도로

는 자본가들과 기술적인 진보에 대하여 맹목적인 숭배를 하는 기술자 집단으로 이뤄지고 있다. 가상계급은 사이버 공간의 파워엘리트라 할 수 있다.

165) 전자프런티어재단(EEF)은 정치참여, 소송, 교육, 세미나 등 다양한 캠페인 등을 통해 독립된 공간으로서 사이버 공간에 대한 법적 개념을 정립하고 정부의 간섭으로부터 사이버 공간을 보호한다는 취지로 설립됐다.

166) Jack Goldsmith, Tim Wu, *Who controls the Internet?: Illusion of a Borderless world*(New York: Oxford University Press, 2006). 송연석 옮김, 『사이버세계를 조정하는 인터넷 권력 전쟁』(서울: 뉴런, 2006), pp.37-47.

167) 강상현, "전자민주주의에 관한 이론적 논의의 지형", 『한국언론학보』 제4603호(2002년 여름), pp.45-79.

는 정부에 의해 소유되고 관료들에 의해 운영되며 제한된 접근권을 가지는 경향이 있고, 사이버 공간은 그 소유권이 광범위하게 분점되어 있어 '권능화된 개인들'에 의해 운용되고 실제 무제한적인 접근권을 가지고 있다고 주장한다. 사이버 자유주의는 적어도 사이버 공간에서는 개인의 표현의 자유와 기업 활동을 제한하는 어떠한 시도도 인정할 수 없다는 자유주의 시장원리를 강조한다.

이와는 달리 사이버 공동체주의는 사이버 자유주의와 마찬가지로 기존의 중앙집권적인 정치형태와 거대 미디어의 집중화된 영향력에 대해서는 반대하지만, 개개인의 자유와 권리보다는 공동체와의 관계 속에서 형성된 자아와 공유된 가치 및 사회적 역할 등을 강조한다는 점에서 사이버 자유주의와 차이가 있다.

라인골드(Howard Reingold)는 컴퓨터 네트워크를 통해 형성된 가상공동체는 일반시민들로 하여금 비교적 적은 비용으로 엄청난 지적, 사회적, 경제적, 정치적 힘을 가져다줄 수 있는 잠재력을 지니고 있음을 강조했다.[168] 라인골드에 의하면 사람들이 지속적인 관계를 발전시키는 인터넷에서 충분히 오랫동안 서로 상호 작용할 때 공동체는 창조될 수 있고, 인터넷은 물리적 접근성의 한계로부터 공동체 형성과정을 자유롭게 만든다.

사이버 공동체주의와 포퓰리즘(populism)의 미묘한 차이점을 구분하는 것도 중요하다. 공동체주의 이론이 시민과 시민 사이의 개선된 의사소통에 의존하는 반면, 포퓰리즘은 시민과 정부 사이의 의사소통 방식의 변화에 의존한다. 그러나 공동체주의에 대한 비판도 많다. 인터넷과 같은 새로운 커뮤니케이션 기술이 지리와 정치적 경계를 잇는 상호의존성을 형성하지만, 그렇다고 해서 그러한

---

168) Reingold, Howard, *The Virtual Community*(New York: Harper Collins, 1993).

상호의존성이 공동체의 본질을 이루지는 않는다는 점에서 그렇다.

가상공동체에서는 익명성으로 인해 사회적 지위, 인종, 성의 차이가 희미해지고 공통의 관심사를 갖고 있는 개인들의 결합으로 평등한 커뮤니케이션 관계가 형성되는데 빔버(Brucer Bimber)는 이러한 입장을 공동체주의로 분류하고 있다.

공동체주의(Communitarianism)는 공중의 정치참여 형태를 공중 개인과 정부 간의 직접적인 커뮤니케이션에 중점을 두는 민중주의와는 달리 가상공동체의 공론장 재창출을 통한 공중과 공중 간의 커뮤니케이션 구조변화에 주목하고 있다.[169] 공중들이 비용이 저렴한 컴퓨터 네트워크를 활용하여 공공문제들에 관한 의제를 설정하고 여러 가지 해결방안에 대한 진지하고 이성적인 토론을 통해 합의에 도달하고 공동의 이익 실현을 위해 정치에 참여하는 형태로 정치구조가 변한다는 것이다. 공동체주의에서는 공공문제에 관한 숙의과정을 거치면서 자신의 견해를 정립해 가는 수용자들이야말로 진정한 의미에서 식견을 확고하게 갖춘 시민(well-informed citizen)이 된다.

빔버는 공동체주의 모델에 더 가깝게 순응하는 개인들의 결사체를 '두터운(thick) 공동체'로, 그렇지 않은 공동체를 '얇은(thin) 공동체'로 분류했다.[170] 두터운 공동체는 개인들의 사적 이익과 가치를 집합적 선과 결부시켜서 정의하려는 집단이다. 그와 반대로 얇은 공동체는 사적 이익, 가치, 관습 등이 토론, 시위, 시장거래, 투표 등에서 공통적이거나 상호 보완적인 역할을 하는 개인들의 집단이다.

---

169) 김관규, "전자민주주의와 17대 총선", 『단국대 사회과학논집』 제11호 1권(서울: 단국대 출판부, 2004), pp.5-23.

170) Bimber, Brucer(2003).

아울러 빔버(Bruce Bimber)는 인터넷이 정부와 정치에 대한 개인적 차원의 영향력을 부활시킨다는 포퓰리즘(populism)의 입장과 인터넷이 시민의 공적인 삶을 뒷받침하는 공동체 및 사회적 관계들의 재정립을 촉진할 것이라고 보는 공동체주의 입장 모두를 비판하면서, 인터넷이 현안집단 형성 및 행위의 과정을 가속화시키면서 정치적 권력구조를 변화시킨다고 주장했다. 빔버는 이를 '가속화된 다원주의(accelerated pluralism)'라고 규정했다.[171]

가속화된 다원주의에 따르면 정보화에 따른 정치적 동원방식의 변화가 합리적인 숙의를 필요로 하는 중·장기적인 정치 의제(agenda)를 제기하기보다는 정치과정 바깥에서 이뤄지는 로비, 여론, 현안 및 사건 위주로 지나치게 편중된 관심에 의해 정치 유동성을 급격하게 증가시킬 수 있다. 분명한 것은 인터넷이 사인화(privatization)되고 편협한 이익의 정치를 강화하는 경향이 있다는 점에 주목한다는 것이다.

이와 함께 빔버는 제도적 안정성을 결여하고 빠른 속도로 변화하는 현안집단(issue group)과 이슈공중(issue public)의 출현에도 주목한다. 제도적 연계의 이점을 갖지 않는 새로운 집단의 동원과 조직화가 더욱 용이해진다는 것이다. 풍부한 정보환경에서 정치적 반응과 동원의 속도가 빨라지고 이슈의 형성과 전환도 더욱 가속화되며 정부도 새로운 집단의 요구에 신속하게 반응함에 따라 정치체제의 조직적 성격도 변화한다는 것이다.

마지막으로 전자민주주의 하부계열로 분류될 수 있는 개념은 전자민주화(e-politics)이다. 이는 이념으로서의 인터넷 민주주의라기

---

171) Bimber, Bruce, "The Internet and Political transformation: Populism, Community, and accelerated Pluralism", *Polity* Vol.31(Fall, 1998), pp.133 - 160.

보다는 인터넷의 도구적 활용에 따른 현실정치의 변화라고 할 수 있다. 이런 점에서 인터넷을 이용한 정치를 압축적으로 표현한 개념으로 정보사회 도입 이래 초기 연구에서 주로 많이 논의된 개념이다.[172]

전자민주화 모델은 일반적으로 정보 제공형, 대화형, 여론 수렴형, 투표형으로 나눈다.[173] 또 커뮤니케이션 방식에 따른 유형(정보 제공형, 투표형, 대화형), 기능별 유형(재택투표, 전자주민회의, 토론을 통한 전자여론 수렴, 전자의정보고서), 정치과정별 유형(전자정부, 전자의회, 전자압력단체, 전자시민운동, 여론조사 활동) 등으로 구분하는 경향도 있다.[174] 인터넷상에서 정치정보가 유권자들에게 어떻게 전달되는지에 따라 공론 창출형, 정보 제공형, 정치 동원형 모델로 분류할 수 있다.[175]

③ 심의민주주의(deliberative democracy)

심의민주주의(deliberative democracy)는 참여에 따른 이성적인 대화와 토론의 과정을 중시한다. 심의민주주의는 이점에서 참여민주주의 및 전자민주주의와 구별된다. 심의민주주의는 인터넷이 개방성, 쌍방

---

172) 전자민주주의(electronic democracy)와 전자민주화론(e - politics)은 구분될 필요가 있다. 전자민주주의가 민주주의를 중심을 정치참여의 확대를 통한 정치발전을 추구한다면, 전자민주화론은 민주주의의 문제라기보다는 정치 그 자체의 과정을 인터넷에 옮겨놓음으로써 정치변화를 추구하고 정치의 효율화 등을 추구하는 일련의 행위들을 개념화한 것이다. 즉 전자민주화론은 직접민주주의나 참여민주주의 등 민주주의 이념보다 정치나 정치과정 그 자체에 보다 강조점을 두는 개념이라 할 수 있다. 이는 가능한 한 많은 개인들에게 공적인 의사결정에 직접 참여할 기회를 제공하는 민주주의를 말한다.

173) 박동진(2000), pp.40 - 68.

174) 유광수 외, 『정보화시대의 민주주의』(서울: 나노미디어, 2000), pp.131 - 138.

175) 조석장, 2004, pp.57 - 58.

향성, 분권성을 중심으로 숙의된 토론으로 참여를 확대한다는 차원에서 참여민주주의와는 다른 의미의 민주주의로 분류할 수 있다.

심의민주주의는 참여민주주의의 발전된 형태로 볼 수 있으며, 참여에 있어서도 양적인 참여의 문제가 아니라 질적인 참여를 내포하고 있다.[176] 심의민주주의는 새로운 정보통신 기술에 의한 쌍방향성과 정보제공에 의한 직접적인 의사결정만으로는 불충분하다는 점에서 원격민주주의에 대해 비판적이다.[177] 공론장(public sphere)논의를 기반으로 하는 심의민주주의 입장은 비판에 열려 있는 합리적인 공적 심의, 즉 이성적인 대화와 토론의 과정, 그리고 그러한 과정을 통해 개개인에 닫혀 있는 자기완결적인 판단이나 사적 이익을 넘어 합리적으로 숙고되고 조정됨으로써 상호이해에 도달한 공적시민들의 합의가 진정한 여론이라는 입장을 갖는다.[178]

피시킨(James Fishkin)은 민주주의에 있어서 가장 중요한 것은 토론을 위한 심의과정이라고 주장했고[179] 바커(Ernest Barker)는 민주주의를 공통의 문제에 대해 모든 사람들이 참여하여 토론하는 정치적 결정의 방법, 즉 토론에 의한 통치(government by discussion)라

---

176) 권영설, "대의민주주의와 직접민주주의: 그 긴장과 조화의 과제", '의회민주주의의 위기와 직접민주주의의 전', 한국공법학회 제118회 학술발표회 자료집(2004), p.32.

177) 전자민주주의와 심의민주주의의 비교연구는 Scott London, "Teledemocracy vs Deliberative Democracy: A Comparative Look at Two Models of Public Talk", *Journal of Interpersonal Computing and Technology*, Vol.2, No.2(April 1995).

178) 오프라인과 온라인을 통해 사안에 대한 심의 후 투표를 하는 방식으로 실험을 진행한 스탠포드 대학의 피시킨과 러스킨 등의 심의 여론조사(Deliberative Polling)연구, 펜실베이니아 대학의 카펠라와 프라이스의 전자대화 프로젝트(the electronic dialogue project), 콜람과 괴츠의 시민연결망의 훼손 극복을 위한 연구가 심의민주주의를 현실화할 수 있는가에 대한 연구이다. 이 연구들은 인터넷 커뮤니케이션이 정치커뮤니케이션에 긍정적인 효과를 유발한다는 점을 경험적으로 확인하고자 한 연구들로, 인터넷 토론이 심의민주주의 이상을 실현할 수 있는 유용한 도구가 될 수 있다는 가능성을 제시하고 있다.

179) Fishkin, James S., *Democracy and Deliberation: New Directions for Democratic Reform*(New Haven: Yale University Press, 1991)

고 정의했다.[180] 국민들의 정치참여가 단순히 공공문제에 대한 의사표현이나 여론형성에 그치지 않고 정책결정의 범위까지로 확대되게 된다.

홀트(Holt), 리스(Rees) 등은 심의는 개인적 의견(individual opinion)에서 집단적 선택(group choices)으로, 그리고 행동(action)으로 나아가는 과정을 의미한다는 점에서 심의과정을 <토론 참가자들이 안건에 대해 이해하는 단계>, <토론 참가자들이 안건에 대한 자신의 견해를 밝히는 단계>, <토론 참가자들이 찬반의견을 비교하면서 대안을 분석하는 단계>, <토론 참가자들이 사적 이익을 넘어서 자신들의 선택이 공공선에 미칠 영향을 분석하는 단계>, <토론 참가자들이 공공선에 근거하여 집단적 선택을 하는 단계>, <토론 참가자들이 자신들의 선택을 실천하는 방안을 토의하는 단계> 등 여섯 단계로 구분했다.[181]

이러한 심의민주주의는 아렌트(Hanna Arendt)와 하버마스(Habermas) 등으로 이어지는 공론권 및 의사소통적 권력 또는 합리성 논의에 크게 의존하고 있다. 심의민주주의는 이성적 민주주의(reasonable democracy), 담화적 민주주의(discursive democracy), 절차적 민주주의(procedural democracy) 등의 특성을 갖는 것으로 지칭되기도 한다.[182] 심의민주주의는 민주주의의 기본원리로서 공화민주주의(republican democracy) 및 그 구체적 실천원리로서 참여민주주의(participatory democracy)와 직접적으로 대비되는 이념은 아니다.

심의는 논변이 이성적인 것이어야 한다는 조건 외에는 아무런

---

180) 이극찬, 『정치학』(서울: 법문사, 1999), p.503.

181) 김용철·윤성이(2005), pp.291－292.

182) 강상현, "전자민주주의에 관한 이론적 논의의 지형", 『한국언론학보』 제4603호(2002년 여름), pp.45－79.

제약도 존재하지 않는 이상적 상황하에서 모든 사람들이 자유롭게 토론에 참여하여 더 나은 대안을 모색하는 그런 과정이다. 이러한 과정 자체가 합리적 입법과 참여의 정치학, 그리고 시민적 자기통치의 민주주의적 이상을 이룩한다고 볼 수 있다.[183]

그러나 심의민주주의에서 가정하는 '이성적 논변'에 대해서는 그 의미를 검토해 볼 필요가 있다. 우선 이성적 논변이 필요하다는 주장은 현실에서의 토의과정에 나타나는 발언자의 제한, 힘에 의한 위협, 또는 대중매체에 대한 조작, 금전에 의한 매수 등의 왜곡요소를 제거하고자 하는 의도를 지니고 있음을 부정할 수 없다.

논변능력이 떨어지는 사람들을 자연스럽게 심의과정에서 배제하고 현실적인 힘을 갖추지 못한 사람들의 주장을 무시한 후에 이루어지는 심의는 소수 엘리트들의 숙의일 수밖에 없다. 물론 이는 시민적 자기통치의 민주주의적 이상에 반하는 것이다. 심의민주주의 하에서 시민은 실제적으로 참여하고 의견을 제시할 수 있지만 결정할 수는 없다. 심의의 효력은 무엇보다도 참여 주체들의 자발적인 복종을 이끌어 낼 수 있다는 점에 있으며, 심의과정에 참여하는 것 자체가 참여자들에게 지대한 교육적 효과를 낼 수 있다는 점이다.

그러나 심의민주주의 체제하에서는 예상과 달리 공동선의 이상을 달성하기 어렵게 된다는 지적도 있다. 심의를 통해 공동선을 추출할 수 있으려면 합의는 아니더라도 동의가 있어야 가능한데, 현대사회의 다원주의적 상황을 고려할 때, 합의 가능한 공동선을 추출하기가 매우 어렵게 된다.[184] 또 심의민주주의는 토론과정을

---

183) 정원규, "민주주의의 두얼굴: 참여민주주의와 숙의민주주의", 『사회와 철학』 제10호 (서울: 사회와 철학연구회, 2005), pp.281 – 329.

184) 그러나 일부 학자들은 이 같은 논점에 대해 전통적 참여민주주의자들이 공리주의에 지나치게 경도됨으로써 참여 그 자체보다는 참여의 결과에 지나치게 주목한 결과라

거치지 않은 개인차원의 선호나 느낌을 집계한 수치를 여론으로 파악하는 시장민주주의(market democracy)와는 뚜렷한 구별이 있어야 한다. 이는 사이버 공간이 다양한 집단의 의견을 배제하고, 서로 비슷한 동질 그룹의 의견만을 지향하는 형태로 전환되어서는 안 된다는 것을 의미한다.[185] 만약 개개인의 성향이 같은 동질그룹들 간에 의사소통만 원활하면, 개개인의 기호적 만족도는 올라갈 수 있지만, 그것이 사이버 공간에서 다양한 참여자의 분절화(fragmentation)를 가져와 토론의 심의적 기능을 축소시킨다.

하버마스의 공공영역 논의는 심의민주주의의 관점과 매우 유사한 점이 있지만, 심의민주주의 모델이 참여민주주의를 강조하는 공공영역의 잠재력을 부정하는 측면이 더 크다는 점에서 급진적이다.[186]

하버마스의 공공영역이 지향하는 것은 참여자의 원활한 의사소통 기능이지, 심의민주주의와 같이 토론결과에 반드시 합의를 도출해 내는 것을 지향하지는 않는다는 점이다.

민주주의의 기본원리는 국민에 의한 지배(rule by the people), 즉 시민이 스스로를 통치하는 자율성이다. 커뮤니케이션 관점에서 민주주의는 말할 자유, 정치대화에 참여할 자유, 공공이슈에 대해 토론할 자유, 공공선에 대해 숙고할 자유 등을 의미한다는 점에서 심의민주주의 잠재력이 숨어 있다.[187]

고 비판하고 있다. 이들은 민주주의, 특히 절차로서의 민주주의의 핵심요소로서 참여가 긍정되어야 한다면 그것은 무엇보다도 그 자체가 정당한 절차적 요소이기 때문에 그래야 하는 것이지, 그 결과 때문이어서는 안 된다는 입장이다.

185) 윤영철, "온라인 게시판과 숙의민주주의－총선연대 게시판 분석", 『한국방송학보』 제14－2호(2000), p.114.

186) 홍송구, "인터넷과 정치적 공론영역의 복원－숙의민주주의를 중심으로", 고려대 박사논문(2001), p.127.

187) London, Scott(1995), pp.33－35.

인터넷의 도입과 더불어 시민의 참여 및 표현 욕구가 많아지면
서 정치·사회적 갈등은 전혀 새로운 국면으로 접어들고 있다. 수
많은 사회적 갈등이 오프라인에서 정치 사회적 합의가 잘 이루어지
지 않는 상태에서 온라인을 통해 여과 없이 갈등이 표출되고 있다.

오프라인의 사회적 갈등이 정화되지 못하고, 인터넷의 익명성,
선택성 등에 따른 분절화 등으로 온라인을 거치면서 더욱 갈등의
골이 깊어 가고, 이에 인터넷은 현실공간의 전자적 싸움터로 변질
되기도 한다.

인터넷은 정치·사회적 갈등의 표출 사이에서 시민들에게 이러
한 갈등 현안들에 활발하고도 적극적으로 개입할 수 있도록 해 주
었지만, 때로는 집단 간 갈등을 증폭시키거나 새로운 사회적 긴장
을 낳기도 하고 있다. 이로 인해 사회갈등이 이해 당사자뿐 아니
라 사회적 관심사가 되어 결과적으로 관전자가 많아지는 결과를
낳았지만 이 과정에서 갈등이 해소되지 못한 채 갈등의 확산 및
재생산을 유발하는 역기능이 발생하기도 한다.[188]

인터넷을 통해 국민들의 직접 정치참여를 계속 확대해 나가야
한다는 입장과 참여의 양적 확대보다는 쌍방향 토론과 심의의 활
성화가 중요하다는 시각이 잘 조화돼야 한다. 다시 말해 사회적
합의 수준을 높이기 위해서는 심의민주주의 모델을 정책결정 과정
에 적극적으로 수용할 필요가 있다.

임혁백은 심의민주주의모델을 통해 합의된 결정이 권위를 갖기 위
해서는 다음과 같이 몇 가지 조건이 충족되어야 한다고 주장했다.[189]

---

188) 서문기, "사회적 합의수준 제고를 위한 IT정책", 『사회적 자본: 정부의 역할과 IT』,
　　　KDI, KISDI 컨퍼런스(2007년 9월 자료집), pp.58－73.

189) 임혁백, "민주주의와 권위구조: 탈권위주의에서 민주적 권위의 구축으로", "정치사회
　　　와 권위구조의 변화", 『한국사회 어디로 가나: 권위주의 이후의 권위구조, 그 대안의

첫째, 평등의 조건이 충족되어야 한다. 심의능력이 있는 모든 사람들이 심의과정에서 동등한 지위를 가져야 한다. 둘째, 자유의 조건이 충족되어야 한다. 심의 참가자는 제도와 프로그램을 옹호하거나 비판할 때 동료 시민이 받아들일 수 있는 이유를 제시해야 한다. 셋째, 심의민주주의의 목표는 갈등하는 이익 간의 타협이 아니라 합리적인 합의다. 넷째, 시민들이 대화가 싸움이나 강압적 강제보다 더 나은 대안이라는 데 대한 믿음이 있어야 하고, 대화에 의지하지 않고 싸움에 의해 문제를 해결하는 것을 어렵게 하는 제도를 디자인해야 한다. 다섯째, 대화가 권위적이 되기 위해서는 각 개인의 목소리에 권위를 실어 주어야 한다.

모색』(서울: 굿인포메이션, 2005), pp.120 - 122.

인터넷 민주주의의 연구모델

인터넷의 정치적 효과를 이해하는 방식은 크게 5가지의 연구모델이 주로 사용되고 있다.

첫째로는 인터넷 등 정보기술이 정치적 평등과 민주적 이상을 실현해 줄 것이라고 전망하는 동원모델(mobilization model), 정보격차수렴모델(digital divide convergence model) 등의 긍정적 관점과 인터넷 등 정보기술이 기존 정치의 변화를 초래하기보다는 오히려 사회적 불평등 구조를 심화시킨다는 강화모델(reinforcement model), 계층화모델(stratification model) 등의 비판적 관점으로 나눌 수 있다.

둘째로는 인터넷의 등장이 정치적 주체들 중 어떤 세력을 강화시키느냐 하는 문제와 관련된 시각으로 매개집단강화모델(intermediary groups reinforcement model)과 민중주의적 모델(populist model)로 나눌 수 있다. 매개집단강화모델은 인터넷이 정당, 의회, 기존언론, 이익집단 등의 국가와 시민을 연결하는 매개집단들의 영향력을 강화시킬 것이란 주장이며, 전통적 매개집단강화모델과 시민단체강화모델로 분리하기도 한다. 민중주의적 모델은 인터넷이 시민들의 직접 동원과 참여를 활성화시켜 이들 매개집단들을 따돌리고 국가와 직접적인 정치를 추구한다는 주장이다.

셋째는 수요자중심모델(demander oriented model)과 공급자중심모델(supplier oriented model)이다. 이는 정치적 의제설정의 주체가 누구냐의 문제이며, 동시에 정치과정에 직간접적인 영향을 미칠 수 있는 다양한 형태의 정치적 담론을 누가 생산, 공급하고 그것을 누가 소비, 유통시키느냐는 문제를 함축하는 것이다.[190] 수요자중심모델은 네티즌들이 중심이 되어 그들이 필요로 하는 정치적 담론을 생산해 내고 토론해 가면서 정치에 주도적으로 참여하는 모델이고, 공급자중심모델은 정치인, 정부, 정당 등 정치엘리트들이 유권자들을 설득하거나 동원하기 위해서 인터넷 정치참여를 주도하는 모델이다. 이는 적극적 시민모델과 소극적 소비자모델로 구분하기도 한다.

넷째는 정보격차수렴모델(digital divide convergence model)과 계층화모델(stratification model)이다. 이는 시민적 관여(civic involvement)를 토대로 인터넷 정치참여에 따른 대표성의 문제와 정보격차의 수준을 검토할 수 있는 이론적 모델이 될 수 있다. 인터넷이 기존에 정치적으로 관여된 사람들만의 참여를 더욱 증진시키는지, 아니면 기존에 소외되어 있던 사람들의 참여를 촉진시키는지의 여부를 나타내는 '대표성의 문제'는 노리스(Pippa Norris)의 민주적 격차(democratic divide) 개념으로도 설명할 수 있다. 이 모델은 또 인터넷의 이용 측면에서 정보격차(digital divide) 문제를 논의하는 정보격차수렴모델과 계층화모델로도 설명이 가능하다.

다섯째는 사회적 자본(social capital)모델이다. 사회적 자본모델은 인터넷 정치참여가 사회적 신뢰와 규범, 네트워크와 자기효능감 등을 형성하는 데 기여했는지 여부에 따라 인터넷 정치의 심의구조와 참여구조를 파악하는 데 유용하게 사용될 수 있다. 즉 시민의 인터넷 정치참여의 질적 수준과 특성을 평가하기 위해 사용되는 모델이라 규정할 수 있다.

사회적 자본모델은 인터넷이 신뢰, 규범, 네트워크, 효능감 등을

---

190) 이원태(2004), p.36.

주어 시민이 공동체에 적극 참여해 민주주의 발전에 기여할 수 있는지에 주목한다. 인터넷 정치참여가 신뢰와 규범을 촉진시켰다면 심의적 형태가 강화된 것이며, 네트워크와 효능감을 높였다면 참여적 형태가 강화되었다고 구분할 수 있다.

1. 동원모델과 강화모델

노리스(Pippa Norris)는 동원모델과 강화모델로 나누어 인터넷의 정치적 효과에 대해 설명했다.[191]

동원모델(mobilization model)은 인터넷이 정치참여를 증대시켜 기존의 정치구조를 변화시킨다는 점에서 변화가설(change hypothesis)과 일맥상통한다. 동원모델은 사회운동의 필요조건이라 할 수 있는 사회적 불만이나 변동을 지향하는 신념을 가진 사람들은 어느 사회에서나 항상 존재하며, 따라서 사회운동의 발생과 전개과정은 축적된 사회적 불만의 양보다는 자원동원의 가능성 여부와 그 정도에 결정된다는 가설을 전제로 하고 있다.[192] 이를 인터넷과 연결시켜 볼 때, 동원모델은 인터넷 네트워크의 사용이 정치적 행동을 용이하게 만들고 고취시킬 것으로 보는 관점이다. 다시 말해 인터넷이 시민들의 정치참여를 확대시켜 민주주의 발전에 기여할 것이라는 낙관적인 관점이다.[193]

---

191) Norris, Pippa & Jones, Pippa, *Virtual Democracy*. Harvard International Journal of Press/Politics, 3(2)(1998).

192) 자원동원이론에 관해서는 임희섭, 『집합행동과 사회운동의 이론』(서울: 고려대 출판부, 1999) 참조.

193) 오명호, 앞의 책, p.683.

동원모델은 인터넷이 시민적 참여의 장애물을 줄이고 재정상 어려움도 덜어 주며, 정치적 토론과 정보의 확산, 집단의 상호작용 등의 이해를 넓혀 줌으로써 보다 많은 사람들을 공공생활에 적극 참여토록 할 수 있다는 입장이다.[194] 또 인터넷의 쌍방향성 등은 정보제공과 습득, 대중동원 능력 등을 활성화시켜 선거 등에서 기존 정치주체 간의 경쟁을 평등화시키는 효과를 내재하고 있다는 것이다.[195]

이런 점에서 동원모델은 변화가설과도 상통한다. 변화가설은 정보통신 기술의 발달이 정치커뮤니케이션 양상을 민주적인 방향으로 변화시킬 것이며, 이것이 정치과정에 새로운 변화를 가져올 것이라는 주장에 근거하고 있다. 컴퓨터 매개 커뮤니케이션(CMC)의 발달로 그동안 국가가 독점해 온 정보 가운데 많은 부분이 국민들에게 공개될 것이며 그 결과 국가의 정보독점권이 상당부분 약화될 것으로 기대한다.[196]

아울러 동원모델을 인터넷을 통한 정보사회의 민주주의와 관련시켜 볼 때는 초기 전자민주주의(electronic democracy) 이론과 맥락을 같이하고 있다고 할 수 있다. 동원모델은 인터넷이 가지는 기술적, 매체적 특성으로 인해 시민적 정치참여의 장애였던 참여비용 문제가 해결되고 정보의 확산이 활발히 이루어짐에 따라 보다 많은 대중들이 공적인 삶(public life)에 참여하게 된다고 설명한다.[197]

강화모델(reinforcement model)은 인터넷이 기존의 정치참여 형태

---

194) Morris, Dick, *Vote.com*(Los Angeles: Renaissance Books), Chapter 4.

195) Carrado, Anthony, "Elections in Cyberspace: Prospects and Problems", in Carrado, Anthony and Fierstone, Charles, eds., *Elections in Cyberspace: Toward a New in American Politics*(New Hampshire, NW: The Aspen Institute, 1996) pp.10 - 12.

196) 윤영민(2000), pp.33 - 34.

197) 이원태(2004), p.31.

를 급진적으로 변화시키기보다는 오히려 사회적 불평등을 더욱 확대시킬 것이라고 주장하는 회의론에 해당한다. 강화모델은 기존 정치질서의 구조를 더욱 강화시킨다는 점에서 정상화 가설(normalization hypothesis)과 일맥상통한다.[198] 이 입장은 인터넷이 가진 자(the haves)와 못 가진 자(the have-nots)의 정치적 참여의 격차를 지속시키거나 강화시키는 작용을 한다는 것이다. 정치적 참여에 영향을 미쳐 온 사회경제적 편파성은 좀처럼 사라지지 않고 인터넷과 같은 새로운 매체가 오히려 계층 간의 격차를 재생산하거나 악화시킬 수 있다고 주장한다.[199]

강화모델은 인터넷이 정치참여를 고취시킨다는 생각 자체를 부정한다. 강화모델은 사람들이 현실세계에서 평등하지 못하기 때문에 사이버 세계에서도 불평등한 것이라고 보고 있다.

댄지거(James Danziger)는 정보기술에 대한 엘리트 집단의 시각을 장기간 조사한 결과 전자자동화기술은 정치적 민주주의보다는 그들의 세력이 약화되지 않도록 전략화시키는 강화정치(reinforcement politics)의 수단이라고 결론 내리고 있다. 도이치(Karl Deutsch)는 정보 및 통신채널의 통제가 군대나 경찰과 같은 전통적인 힘을 대신하여 권력의 새로운 수단으로 대두될 것임을 예견하였다. 풀(I. Pool)은 전자미디어에 의존한 정치적 의견의 수렴은 오히려 정책결정과정을 복잡하게 만들며, 과다한 시간과 경비의 소요만큼 정책추진에 실질적인 도움을 주지 못할 것으로 예측했다.[200]

제도적 측면에서 볼 때 마골리스(Michaeal Margolis)와 레스닉

---

198) 위의 글, p.32.

199) Pippa, Norris(2001) 참조.

200) 김성수(2008) 참조.

(David Resnick)은 미국에서 인터넷이 민주주의를 부활시킬 것이라는 초기의 희망이 실현되지 못했다고 지적한다.[201] 즉 주요 정당, 전통적 이익집단, 거대 미디어 기업 등 기존의 이해세력들이 '일상의 정치(political as usual)' 세계에서도 자신의 지배력을 여전히 재확인하면서 정치적 영향력을 유지하고 있다는 것이다. 이들에 따르면 인터넷 정치라는 것은 대체로 정당이나, 정치인, 이익집단이나 뉴스매체 등 기존의 익숙한 집단에 의해 수행되는 일상의 정치와 다름이 없다고 주장하고 있다. 사람들이 오프라인에서 실제 세계의 이해관계와 선호를 온라인에 투영할 것이기 때문에 인터넷의 사용이 사람들을 변화시키지 못할 것이라는 점이다.

정보사회의 대두와 함께 정보에 대한 균등한 접근기회가 일단 보장된다고 해도, 현재의 사회경제적 불평등이 지속되는 한 사회경제적으로 유리한 위치에 있는 집단이나 개인이 경제적 부와 정치권력을 활용해 보다 비싸고 성능이 좋은 정보통신 장비를 이용하거나 자신의 조직을 동원하여 보다 많은 정보를 수집, 활용함으로써 정보의 빈익빈 부익부 현상이 일어나고, 이에 따라 기존의 사회적, 경제적, 정치적 불평등이 심화될 수 있는 가능성이 상존하고 있다고 지적한다.[202]

이러한 입장은 노리스(Norris)의 '정상화 가설(normalization hypothesis)'과 연결된다. 노리스는 기왕에 정치에 관심이 있고 참여의 자세가 갖추어진 네티즌들만이 사이버 공간을 이용하여 더 많은 정치적 정보를 찾게 될 것이며, 결국 인터넷은 기존 정치참여자들의 참여

---

201) Michaeal Margolis and David Resnick(2000). *Politics as Usual: The Cyberspace Revolution.* Thousand Oaks, CA: sage.

202) 강정인, 『세계화, 정보화, 그리고 민주주의』(서울: 문학과 지성사, 1999), p.176.

의 질을 더 높이는 참여의 선순환 역할만 할 수 있을 것이라고 주
장한다.203) 현실공간의 정치적 자원의 차이가 인터넷 공간에서도
그대로 반영된다는 점을 강조한다. 선거에서는 부유한 정당과 후보
가 온라인상에서도 보다 나은 웹 사이트, 보다 역량 있는 참모, 보
다 효과적인 인터넷 기술을 활용하기 때문에 여전히 유리한 입장
에 놓이게 된다는 지적이다. 즉 정당에서도 다수당이 현실공간을
지배하여 왔듯이 사이버 공간 역시 다수당이 지배하게 될 것이라
는 정상화가설과 일맥상통한다.204)

아울러 인터넷 정치참여가 일어나도 기존의 정치구도에 별다른
변화를 가져오지 못할 것이라는 주장도 강화이론으로 설명할 수
있다. 참여의 비용이 줄어들기 때문에 시민들의 정치참여 자체는
늘어날 수 있지만 사람들은 자신의 취향에 맞는 정보에만 접근하
기 때문에 인터넷의 등장이 정치적 태도나 관점의 변화를 이끌기
보다는 기존의 입장을 강화하는 형태로 나아가게 된다는 것이다.
인터넷이 정치참여의 수단으로 활용되더라도 소극적인 참여를 적
극적인 것으로 변화시키거나 혹은 정치적 지지의 대상을 변화시키
게 될 가능성이 그리 크지 않다는 것이다. 이를 정보화의 진전에 따
라 정당, 이익집단, 언론 등 매개집단 들이 인터넷을 적극적으로 활
용, 그들의 위상을 효과적으로 관리하고 유지해 나갈 수 있음을 강
조한다는 의미에서 '제도적 적응모델(institutional adaptation model)'
이라고도 한다.

그러나 강화모델의 경제결정론적 한계는 공식적 정치과정에 적

---

203) Norris, Pippa(2001), p.314.

204) Resnick, David, "Politics on the Internet: The Normalization of Cyberspace", in Chris
Toulouse and Timothy W. Luke, eds., *The Politics of Cyberspace: A New Political Science
Reader*(New York, NY: Routlrdge, 1998).

극적으로 관여하는 '강한 공중(strong public)'을 정치참여의 주체로 견인해 내지 못한다는 문제점을 안고 있다고 할 수 있다. 동원모델은 인터넷이 젊은 세대, 비주류, 전통적인 정치체계에 불만을 품고 있는 비주류의 정치적 소수세력 등 기존의 정치체계에서 주변화된 사람들에게 정보를 제공하고, 그들을 조직하며, 정치과정에 관여하도록 하는 데 이바지함으로써 결과적으로 이런 집단이 점차적으로 공공부문과 시민영역으로 편입될 것이라고 주장한다.[205]

그러나 동원모델과 강화모델 두 가지 관점 모두 인터넷 정치현상을 연구하는 데는 한계점을 드러내고 있다는 비판도 있다. 두 모델 모두 인터넷의 기술적인 특성과 인터넷 이용자들이 인터넷을 정치적으로 이용하는 방식과 패턴에 대해서는 전혀 고려하지 않고 있다는 문제점을 안고 있다는 것이다.

다시 말해 동원모델이 인터넷의 기술적 특성 중 효율성에만 초점을 맞추어 시민의 정치참여가 자동적으로 이루어질 것이라고 보는 기술결정론적 시각을 반영하는 것이지만, 정작 유권자와 시민들의 차원에서 인터넷을 정치적으로 이용하는 행태와 유형에 대해서는 거의 무관심한 반면, 강화모델은 인터넷 이용자들의 사회경제적인 변수에만 초점을 맞추는 사회결정론적 시각을 반영함으로써 개인의 사회 경제적 속성을 뛰어넘어서 온라인상에서 다양하고 적극적으로 전개되는 네티즌들의 역동적인 정치참여의 양상을 과소평가하고 있다는 것이다.[206]

---

205) Davis, Richard and Owen, Diana. *New Media and American Politics*(New York: Oxford University Press, 1998), p.185.

206) 이원태(2004), p.33.

2. 매개집단강화모델과 민중주의적 모델

인터넷과 정치발전 연구에서 매개집단강화모델(intermediary groups reinforcement model)과 민중주의적 모델(populist model) 간에는 항상 열렬한 논쟁이 전개되어 왔다. 이 양자 간의 논쟁의 핵심 축은 기존의 언론, 정당, 사회단체들이 시민들을 매개하는 매개자로서의 역할을 함에 있어 인터넷을 더욱더 적극적으로 이용하여 자신들의 역할을 더욱더 공고화하고 강화시켜 나갈 수 있느냐, 아니면 정치적인 매개집단 없이도 시민들이 인터넷을 통해 개별 정치적 행위를 할 수 있는 조건을 마련할 수 있는가이다.[207]

매개집단강화모델의 입장을 취하고 있는 학자들로서는 리차드 데이비스(Richard Davis), 마크 본첵(Mark Boncheck), 하워드 라인골드(Howard Rheingold)를 들 수 있다. 매개집단강화모델은 인터넷의 등장으로 기존의 전통적인 매개집단들의 역할이 확대되고, 이를 통한 압력행사, 여론형성자로서의 역할을 더욱더 강화시킨다는 이론이다. 곧 기존 정당, 이익집단, 시민단체, 언론 등의 역할을 더욱 강화할 것이라는 주장이다. 이들은 인터넷이 기존의 사회, 이익집단의 역할과 활동의 효과성을 증대시키는 데 긍정적인 영향을 미친다고 주장하고 있다.

데이비스(Richard Davis)는 전통적 이익집단들은 인터넷 시대의 도래와 함께 자신들의 활동무대를 사이버 공간으로까지 확산하고 시대의 변화에 적극적으로 대처하면서 여전히 지배적 행위자로서 활동하고 있다고 주장했다.[208] 즉 인터넷이 등장하면서 기존의 정

---

207) 황용석, "제16대 총선에서 언론과 정치집단의 인터넷 활용분석", 『인터넷 시대의 새로운 정치환경과 언론』(서울: 한국언론재단, 2001), p.116.

치적 매개집단의 역할이 축소되기보다는 오히려 인터넷을 더욱더 활발하게 이용함으로써 자신들의 영향력을 확대하고 있다는 것이다. 이런 주장은 사이버 공간에 자본과 국가의 논리가 점차 확산되면서 상업화와 제도적 규범 및 규제가 자리 잡혀 가는 '정상화(normalization)'된 공간으로 변모하리라는 전망에 기반 해 있다.[209]

사이버 공간이 요구하는 있는 정교화되고 체계화된 정보관리 및 조직관리 능력은 기술전문가 및 정치적 전문가와 엘리트 집단의 권한을 강화시키는 것으로 작동하며, 나아가 비용을 감당할 자원능력이 풍부하고 체계적 조직형태를 갖춘 기존 대규모 정치조직들에게 유리하게 작동할 것이라는 주장이다.

이 견해는 민중주의자들의 주장과 달리 인터넷의 등장이 정치나 사회단체와 같은 정치적 매개집단(intermediary groups)을 발달하게 함을 뜻한다.[210] 커뮤니케이션 능력의 증대가 유권자의 정치적 교양수준이나 정치 및 공동체에 대한 참여 동기를 바꾸지는 못할 것이라는 점이 강조되기도 한다. 사회적 구조의 수준에서도 오랫동안 공적현안이나 쟁점을 구조화시켜 왔던 풍부한 사회적 관계망은 인터넷에 의해 소멸되거나 약화되지 않을 것이란 전망이다.

정당강화론은 인터넷을 통해 제기되고, 또 많은 지지를 받는 이슈들을 기존 정당이 흡수하거나 수용하면서 인터넷상의 새로운 정치 결사체의 출현이 기존 정당체계에 실질적인 위협이 될 것으로

---

208) Davis, Richard, *The Web of Politics: The Internet's Impact on American Political System* (Oxford: Oxford University Press, 1999)

209) Resnick., David. "Politics on the Internet: The Normalization of Cyberspace." *In The Politics of Cyberspace*. eds. Chris Toulouse and Timothy W. Luke(New York: Routledge. 1998).

210) 윤영민은 사이버 공간의 혜택을 보는 집단은 적은 예산으로 넓은 지역의 시민들을 대상으로 활동해야 하는 조직이나 단체들이라며 시민, 사회단체들이 사이버 공간의 최대 수혜자가 될 가능성이 높다고 주장했다. 윤영민(2000), p.48.

보이지는 않는다는 입장이다. 즉 인터넷은 정당이나 정치인의 입장
에서 새롭게 등장한 강력한 정치홍보의 도구로서 기능을 긍정적으
로 활용할 수 있게 되었다는 설명이다. 즉 정치인이나 정당의 입
장에서도 인터넷은 언론, 이익집단 등의 중간 매개집단을 생략하고
직접 유권자들과 접촉할 기회를 제공하고 있으므로 의정활동과 선
거활동에 싼 비용을 들이고 활용할 수 있는 강력한 수단을 얻게
되었다는 것이다.

아울러 정당은 정당정치에 대한 관심을 높이고, 유권자들에게
정당에 참여할 기회를 확대하고 있는 등 직접민주주의적 요소를
강화할 기회를 가져다주기도 했다.

인터넷을 통한 정치 환경의 변화를 정당, 시민, 이익집단, 선거후
보자들의 활동과 결부시켜 논의해 보면 다음과 같다. 정당의 경우
자신들의 기본적인 목적인 선거경쟁에서 승리하기 위한 제반 활동
들에 유용한 도구로서 활용할 가능성이 높다. 즉 유권자들에게 인
터넷을 이용해 정당의 정책적 입장을 전달하고 선전하며, 이를 기
반으로 하여 정당지지도를 확보하려 한다. 이러한 지지도를 확보한
이후에 정당은 이들을 동원하고 조직화하여 다음 선거에까지 자신
들에 대한 충성도를 확보해 나가려 한다. 목적을 달성하기 위해 정
당은 정보전달 기능과 선전기능을 강화시켜야 함은 물론 유권자와
의 상호작용을 확대한다. 또 의사교환을 일상화하여 여론을 접촉하
고, 집적된 여론을 자신의 정치적 무기로서 이용할 수 있다.[211]

김성수는 인터넷의 등장은 정치사회가 자신들을 지탱해 주는 정
당화의 지지기반을 확보하게 해 준다고 주장했다. 즉 본래부터 탄
탄한 조직을 가지고 있던 정치사회는 여기에 소수의 지적 엘리트를

---

211) 황용석(2001), p.117.

활용한 정당화의 논리(logic of legitimacy)와 이를 통해 획득한 다수의 대중적 네티즌이라는 정당화의 기반(constituency of legitimacy)을 추가적으로 확보하게 됨으로써, 궁극적으로는 종합적인 정당화의 구조(comprehensive structure of legitimacy)를 갖추게 된다는 것이다. 특히 사이버 공간에서 인터넷을 통해 확보한 대중적 네티즌들의 지지는 여러 가지 매개체들을 통해 현실 세계에서의 지지로 전환될 수도 있다. 이는 다시 말해 사이버 공간에서 시작된 정치사회의 헤게모니 장악시도가 보다 직접적인 형태로 현실공간으로까지 확장될 수 있음을 의미하는 것이다.[212]

정당정치가 제도화되어 있고 안정적인 영국의 경우에는 기존 정당이 인터넷 공간에서도 우위를 유지하고 있다. 이처럼 정당이 제도화된 곳에서 인터넷의 출현은 기존에 오프라인을 장악한 기존 정당을 유리한 입장에 놓이게 한다.[213] 정당강화론의 밑바탕에는 새로운 정보통신 기술의 정치적 활용은 직접 민주주의의 실현보다는 대의민주주의를 제도적으로 보완하고 질적으로 향상시키는 방향으로 작동할 것이란 가설이 깔려 있다.

이런 점에서 정당의 역할은 여전히 중요한데, 정당들은 인터넷을 이용하여 시민들을 공적 토론과정에 적극적으로 이끌어 냄으로써 대의민주주의가 직면하고 있는 시민사회와 정치사회의 괴리를 극복하는 중요한 역할을 수행할 것으로 본다.[214]

디플라와 톱스(Depla & tops)에 의하면 정당이 갖는 정치적 성격

---

212) 김성수(2008).

213) Davis, Richard(2000), p.193.

214) 최장집은 정당은 다른 무엇보다도 대중동원의 기제이며, 대의제 민주주의를 실현하는 선거경쟁의 중심제도라며 정당의 중요성을 강조한다. 그는 민주화 이후 한국정치의 가장 큰 특징 가운데 하나는 정치와 정당을 부정적으로 바라보는 인식이 커졌다는 것이라고 지적했다. 최장집(2007) 참조.

은 정치체계의 성격이 매우 중요하다. 정당이 전통적으로 느슨한 형태를 보이며 정치과정을 철저하게 지배하지 못하는 경우, 정당은 서서히 전문선거조직으로 대체되기 쉽고, 정당이 정치체계에 뿌리 내리고 있는 나라의 경우 정보통신기술의 활용으로 인해 사회 내의 정당의 위상은 더욱 강화된다.[215]

그러나 윤영민은 미국과 달리 한국의 경우에는 이익집단정치가 그다지 발달하지 못했기 때문에 이익단체들의 영향력이 더 약화될 것으로는 보이지 않으나, 그동안 주요한 매개집단 역할을 해 왔던 정당과 대중매체의 역할을 약화시킬 것이라고 했다.[216]

이와는 달리 민중주의적 모델(populist model)은 그로스만(Lawrence Grossman), 브루스 빔버(Bruce Bimber) 등의 이론으로 대표된다. 이는 인터넷을 통해서 정부와 직접 의사소통을 할 수 있는 시민들의 역량이 증가하면 할수록 그들은 더욱 더 정치에 관심을 갖게 되고, 정치에 많이 참여하게 되며 일반시민들과 정부 사이를 매개해 왔던 정당, 사회단체, 언론 등과 같은 매개집단의 역할이 무의미하게 된다는 주장이다. 커뮤니케이션 능력을 증대시킴으로써 인터넷은 정치에 대한 시민의 영향력을 증대시키고 오늘날의 정치커뮤니케이션을 지배하는 전통적인 정치매개의 영향력을 크게 감소시킬 것이다. 정부와 직접적으로 커뮤니케이션 할 수 있는 시민들의 능력이 증대할수록 시민들은 정치에 더 많이 관심을 가질 것이고, 시민들이 정치에 더 많이 관여할수록 개인으로서 시민들의 직접적인 영향력은 좀 더 증대할 것이라는 주장이다. 정보기술은 한편으로는 지배체제의 통제력을 강화하지만 다른 한편으로는 체제에 대해 저

---

215) 김용철·윤성이(2005), p.133.
216) 윤영민(2001), p.48.

항할 수 있는 민중들의 능력도 높여 주기 때문에 민중적 저항은 대체로 성공한다는 해석도 있다.[217]

민중주의적 모델에 따르면, 사이버 공간은 정부나 동료 시민들에게 자기주장을 직접 제시할 수 있는 기회를 가져다줌으로써 일반 시민들을 정치적으로 각성시키고 참여하게 만든다. 시민과 정부 사이의 관계가 사이버 공간에 의해 매개됨에 따라 시민들은 대표자를 뽑을 때나 겨우 행사해 오던 권리를 이제 일상적으로 행사할 수 있게 된다. 민중주의자들은 이러한 변화의 결과로 그동안 일반 시민들과 정부 사이를 매개해 왔던 국회의원, 정당, 이익단체, 시민단체, 노동조합, 주류언론 등이 더 이상 필요 없다고 주장한다.

특히 정당정치의 경우 인터넷이라는 강력한 매체의 출현으로 인해 과거보다 전통적인 대중정당 구조로부터의 변화뿐 아니라 더욱 더 큰 변화 가능성에 직면해 있다. 정당이 정치과정에서 전통적으로 수행해 온 이익집단이나 이익표출 등 국가와 시민사회를 연결하는 채널로서의 역할에 대한 거센 도전에 직면하게 되었다는 것이다. 인터넷은 개별시민이 정치적 사안에 대한 정보획득과 의견의 표시, 정치참여 등을 매우 용이하게 함으로써 정당이라는 기존의 제도화된 채널을 우회하거나 혹은 배제하고 직접적으로 정책결정자들과 연결될 수 있도록 하기 때문이다.

민중주의자들은 인터넷의 등장이 정당정치에 미칠 수 있는 또 다른 위협으로 정당정치의 제도화 수준이 낮은 곳에서 정당체계의 유동성을 더욱 높일 수 있다는 점을 지적하고 있다. 인터넷은 새로운 정당의 출현이나 소수 정당의 도전을 용이하게 하고 있다. 이처럼 신생 정당이나 소규모 정당에 대한 접근성이 높아졌으며,

---

217) 앞의 책, p.38.

과거와 비교할 때 정당경쟁에서 그만큼 신생정당에 대한 정치적인 진입장벽이 낮아진 셈이다. 인터넷이 포퓰리즘의 방향으로 정치권력을 재구조화 할 것이라고 믿는 사람들도 민중주의적 입장을 대변하고 있다.

빔버(Bimber)도 정부와 직접 의사소통할 수 있는 시민들의 역량이 증가할수록 그들은 정치에 더욱 많이 참여하게 되며, 정치에 많이 참여할수록 개인으로서 시민의 직접적 영향력은 커지게 된다고 평가했다. 그의 주장에 따르면 인터넷을 통해서 정부와 직접 의사소통을 할 수 있는 시민들의 역량이 증가하면 할수록 그들은 더욱더 정치에 관심을 갖게 되고, 정치에 많이 참여하게 되며 일반 시민들과 정부 사이를 매개해 왔던 정당, 사회단체, 언론 등과 같은 매개집단들의 역할을 무의미하게 한다.[218]

그로스만(Grossman)은 정치적 매개집단이야말로 사이버 공간의 큰 피해자들(big losers)이라고 지적했다.[219] 그는 오늘날 공적 영향력이 재구조화되고 재생되는 과정에서 가장 큰 피해자는 정부와 시민 간의 주요한 매개수단으로서 역할을 해 왔던 전통적인 제도들, 즉 정부, 노동조합, 시민단체, 주류언론의 논설위원과 기자들이라고 했다. 라인골드(Rheingold)도 인터넷을 '위대한 평등자(great equalizer)'라고 부르면서 인터넷이 시민과 권력 엘리트 간의 세력 균형을 좀 더 평등하게 만들 수 있다고 했다.[220]

민중주의적 관점에서 볼 때 인터넷은 자원에 대한 시민의 접근

---

218) Bimber, Bruce, "Toward an Empirical Map of Political Participation on the Internet" paper presented on the Annual Meeting of the American Political Science Associations (Boston, 1998).

219) Grossman, Lawrence K. *The Electronic Republic: Reshaping Democracy in the Information Age*(New York: Viking, 1995).

220) Rheingold, Howard, *The Great Equalizwr, Whole Earth review*(Summer, 1991), p.6.

을 증대시키면서 커뮤니케이션과 정보에 대한 접근 방식을 탈중심화시킬 것이다.[221] 스나이더(James Snider)는 시민들이 정부결정에 앞서서 정보를 체계적으로 받아들이지 않더라도 인터넷이 더 많은 정보를 잠재적으로 이용할 수 있게 만듦으로써 정부에 대한 시민의 통제를 향상시킬 것이라고 했다. 만약 정보 환경의 변화로 후보자, 정치 활동가, 미디어 등이 정부 관료들의 행위에 대한 공적 관심을 더 쉽게 가져올 수 있게 만든다면, 정치정보에 상대적으로 무관심한 시민들일지라도 좀 더 강력해질 수 있다는 것이다.[222]

그러나 민중주의적 시각에 반대하는 사람들은 사이버 공간이 시민들의 정보해석 능력을 향상시켜 줄지 의심스럽다는 입장을 강조하고 있다. 과연 일반시민들이 엄청나게 쏟아져 나오는 공공정보들을 누군가의 도움 없이 효과적으로 해석하고 판단할 수 있을지, 또 설령 사이버 공간이 시민들의 소통역량을 향상시킨다고 해도 그것으로 말미암아 시민들의 정치참여가 증가할 것인가는 다른 차원의 문제라는 것이다.

시민단체강화론과 민중주의적 시각을 구별하는 '제3의 시각'도 있다. 윤영민은 민중주의적 해석을 따르지 않으면서도 사이버 공간이 시민권력의 강화에 기여할 것이라는 주장이 충분히 가능하다고 보았다. 그는 인터넷의 발달로 모든 정치적 매개집단이 약화되리라는 민중주의자들의 예상과는 달리 시민단체의 힘은 더욱 커질 것이라며, 시민권력에 관한 민중주의적 시각을 비판하고 시민단체 중심의 매개집단강화론을 대안으로 제시했다.[223] 시민권력의 관점에

---

221) Bimber, Bruce(2003), 이원태 옮김, p.212.

222) 앞의 책, p.378.

223) 윤영민(2000), p.51.

서 더욱 중요한 것은 정치단체나 활동적인 시민들이 일반시민들을 효과적으로 조직하고 동원할 수 있게 되었다는 점이다. 그에 의하면 인터넷의 혜택을 상대적으로 많이 보는 집단은 적은 예산으로 넓은 지역의 시민들을 대상으로 활동해야 하는 시민운동단체들이다.

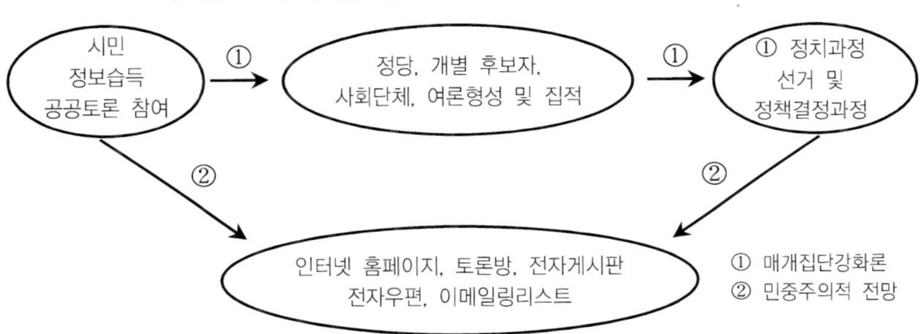

〈그림 2-3〉 매개집단강화모델과 민중주의적 모델의 관계[224]

3. 공급자중심모델과 수요자중심모델

인터넷 정치참여의 연구를 정치적 의제설정의 주체가 누구인가라는 측면에서 파악하고자 하는 모델로서는 공급자중심모델(supplier oriented model)과 수요자중심모델(demander oriented model)이 있다.[225] 즉 정치적 의제설정의 주체가 누구냐의 문제이며, 동시에 정치과정에 직간접적인 영향을 미칠 수 있는 다양한 형태의 정치적 담론을 누가 생산·공급하고, 그것을 누가 소비 유통시키느냐는 문제를 함축하느냐 하는 것이다.[226]

---

224) 황용석 외(2000), p.116.

225) 수요자중심모델과 공급자중심모델로 인터넷 정치참여를 연구한 사례로는 윤영철 2000, 윤영민 2000, 김윤환 2003, 이원태 2004, 정동규 2003 등을 들 수 있다.

이원태에 따르면 공급자중심모델에 의한 정치참여는 정부, 정당 및 정치엘리트들이 주도하는 정치참여로서, 이들이 자신의 정책을 홍보하고 설득하거나 유권자들의 지지를 동원하기 위해서 시민과 유권자를 정치과정에 참여시키는 것을 핵심내용으로 한다. 이에 반해 수요자중심모델은 시민 또는 유권자로서의 네티즌들이 단순한 소비자의 수준을 넘어서 정치적 담론의 생산과정까지 적극적으로 참여하는 프로슈머(prosummer)로서의 위상을 갖게 된다는 점을 함축한다.

수요자중심모델과 공급자중심모델은 소비자모델(comsumer model)과 시민모델(civic model), 또는 엘리트(elite model)모델과 시민모델(civic model)로도 구분할 수 있다. 소비자모델이 인터넷을 통한 정치적 콘텐츠의 공급주체를 주로 정부, 정당, 정치인, 대중매체, 기업에만 한정하고 있는 데 반해, 시민모델은 시민을 정치정보의 소비자로 만드는 것이 아니라 정치적 정보의 창조자 또는 생산자로서 상호 교류하는 수평적 참여구조를 전제한다.[227]

수요자중심모델은 인터넷이 특별한 소수의 정치엘리트에 의해 이루어졌던 협소한 정치의 개념에서 벗어나서 광범위한 공론의 장이 구성되는 것을 가능케 하는 과정에 초점을 맞춘다. 이는 단순히 시민과 유권자들이 인터넷의 정치적 이용을 통해서 투표에 많이 참가하고 덜 참여하느냐의 문제가 아니라 인터넷을 이용하여 새로운 공동체를 이루고 이를 바탕으로 기존의 정치적 지향을 서서히 변화시켜 나가는 능동적인 과정을 포함하는 문제로 보아야 하는 것이다.[228]

---

226) 이원태(2004), p.36.
227) 은혜정, 『전자민주주의 시대의 인터넷 활용』(서울: 한국방송진흥원, 2002), p.48.

수요자중심모델은 정치적 약자(political minorities)였던 시민들이 인터넷이 갖는 사회적 동원의 무한한 저력에 눈을 뜨게 되면서 시민적 참여의 봇물이 터지게 되는 측면에 관심을 기울인다. 즉 시민들이 스스로 정치적 주체로 나서 인터넷을 통해 공동체의 현안이나 선거의 주요 쟁점을 파악할 수 있는 능력을 갖게 되며 정책적 문제를 둘러싼 폭넓은 토론, 조직, 연합전선의 구축 등의 다양한 시민권력 형성방안을 습득해 가는 측면에서 인터넷의 중요성을 일깨우고 있다.[229]

이현우는 일단 만들어 놓기만 하면 유권자들이 쉽게 이용할 것이라는 식의 공급자 중심의 푸시 – 드리븐(push – driven)모델은 결국 정치적 재화의 질과 내용에 대한 유권자의 기대를 충족시키지 못하고 시민과 네티즌들의 외면을 전제로 한 모델이라고 규정했다.[230] 다시 말해 공급자중심모델은 기존의 정치적 공급자들, 즉 정부, 정당, 정치인 및 언론 등이 유권자 시민의 이익표출 기능을 제대로 수행하지 못하고 특수한 시민집단의 이익만을 반영하는 모델이다. 이에 반해 수요자중심모델은 아래로부터의 자발적 네티즌들의 정치적 요구를 반영하는 풀 – 드리븐(pull – driven)참여 모델로 설명될 수 있다.

공급자중심모델과 수요자중심모델은 본첵(Mark Seth Bonchek)의 사안적 네트워크(issue network)와 사회적 네트워크(social network)라는 개념을 통해서도 설명이 가능하다.

본첵은 인터넷이 매개되어 창출되는 정치커뮤니케이션의 구조적

---

228) 이원태(2004), p.44.

229) 오명호(2004), pp.670 – 671.

230) 이현우, "2030세대의 참여정치 거버넌스", 『21세기 한국 메가트렌드 시리즈2』(서울: 정보통신정책연구원, 2005), pp.103 – 109.

특성은 인터넷 등장 이전의 정치커뮤니케이션 구조와 비교해 보면
차이점이 확연하다면서 인터넷 이전의 커뮤니케이션 구조를 브로
드캐스트(broadcast) 구조, 컴퓨터의 등장으로 컴퓨터 네트워크만으
로 커뮤니케이션을 하는 구조를 네트워크(network) 구조, 브로드캐
스트 구조와 네트워크 구조의 융합으로 이루어지는 인터넷 시대의
구조를 넷캐스트(netcast) 구조라고 칭하고 인터넷이 정치정보 흐름
에 미칠 수 있는 영향을 다음과 같이 정리했다.[231]

본첵에 따르면 인터넷 이전의 커뮤니케이션 구조 아래서는 언론,
정부, 그리고 정치조직이 정치적 사안을 중심으로 조직된 사안적
네트워크들 속에서 쌍방향적인 사적 매체를 통해 상호 연결되었다.
그는 사안적 네트워크를 특정한 쟁점영역에 대한 공통된 신념과
전문지식을 매개로 연결된 정부내외의 정치적 활동가의 망으로, 사
회적 네트워크를 사안적 네트워크 속에서 소외된 시민들 간의 커
뮤니케이션 통로로 각각 설정했다.

사안적 네트워크에서 언론은 일반대중에게 정보전달이란 다리를
놓아 주는 주된, 그리고 유일한 통로가 된다. 그러나 인터넷 환경
아래에서는 언론, 정부, 정치조직, 일반대중 등 모든 정치적 행위
자들이 다통로적 커뮤니케이션 구조를 통해 서로 직접 연결된다.
굳이 언론을 매개하지 않고도 일반대중은 정부나 정치집단으로부
터의 정보를 획득할 수 있으며, 정부나 정치집단도 직접 일반대중
에게 정보 서비스를 제공할 수 있다.

아울러 본첵은 인터넷이 지리적으로 분산되어 있으면서 공통관
심사를 중심으로 조직된 집단 내부에서의 상호작용을 가능하게 하
기 때문에 네트(net)상에서 사회적 네트워크와 사안적 네트워크가

---

231) Bonchek, 원성묵 역, 앞의 책, pp.73 - 75.

융합될 것이라고 주장했다. 또 인터넷이 약한 결속관계를 유지하고 정보를 재분배하는 비용을 감축시키기 때문에, 그리고 약한 결속관계가 사회적 네트워크에서 사회적 연계망으로의 정보의 흐름에 핵심적인 역할을 하기 때문에, 인터넷은 사회적 네트워크 간의 정치적 정보의 확산에 효과적인 수단이 될 것이라고 강조했다.[232]

이상과 같이 본책의 개념적 구조상에서 사회적 네트워크가 시민들 간의 직접적 커뮤니케이션을 중심으로 정치적 정보의 흐름을 중시한다는 점에서 본질적으로 수요자중심모델과도 일맥상통한다고 해석할 수 있다. 이에 반해 사안적 네트워크는 정부, 언론, 정치조직 등 전통적인 정치주체들의 중요성을 인정한다는 점에서 공급자중심모델로 구분할 수 있다.

4. 정보격차수렴모델과 계층화모델

정보격차수렴모델(digital divide convergence model)과 계층화모델(stratification model)은 시민적 관여(civil involvement)를 통해 인터넷의 계층적 특성을 분석하는 데 유효한 모델로 사용되고 있다. 즉 이들 모델을 통해 어떠한 사람들이 보다 적극적으로 인터넷에 참여하고 있으며, 그렇지 못한 계층과 구별해 볼 때 서로의 이해와 역할이 어떻게 달라지는가를 검토해 볼 수 있다.

노리스(Pippa Norris)는 시민관여모델을 새로운 정보기술을 도입하게 만드는 개인적 수준의 자원과 동기를 결합시키면서 각 사회의 정치적 행동주의의 기회구조를 제공하는 가상 정치체계로 개념

---

232) 앞의 책, pp.37 - 79.

화했다. 이는 인터넷을 정치적 기회구조로 개념화해 인터넷을 매개로 얻을 수 있는 정치적 자원을 누가 소유하느냐의 문제인 동시에 인터넷을 통한 시민관여에 누가 더 적극적이냐에 따라 정치적 영향력도 달라질 수 있다는 것을 뜻하게 된다.

그럼 어떻게 시민관여와 인터넷 정치참여 간의 관계를 설정할 것인가? 이 같은 문제는 다음의 3가지 방법으로 설명할 수 있다.[233]

첫 번째는 선별효과이다. 선별효과는 전통적인 시민관여가 인터넷 기반의 시민관여로 전환된다고 가정할 때, 정치에 이미 적극적인 관심을 지니고 적극적으로 참여하고 있는 사람들이 자신의 정보통로와 네트워크를 유지하기 위해 인터넷의 뉴스 정보와 공공현안을 더 많이 이용하게 된다는 것이다. 인터넷의 정치적 행동은 수많은 오락적 여가 이용에 비하면 덜 대중적이지만, 적극적인 인터넷 이용자들이 정치에 좀 더 관여하는 경향이 있기 때문에 인터넷 이용이 많은 소수집단에게는 유리하게 작용할 수도 있다는 것을 함축한다. 정보화의 진전이 오히려 정치관여 또는 정치참여에 대한 집단 사이의 간극을 더욱 벌리는 현실을 냉정하게 평가한 것이다. 선별효과란 미디어 효과의 하나로 개인은 미디어 메시지에 선택적으로 노출되고, 그것을 선택적으로 인지하며, 선택적으로 기억한다는 것을 말한다. 예컨대 특정 후보를 싫어하는 사람은 그 후보의 메시지에 노출될 것을 꺼려할 뿐만 아니라, 부정적으로 인지하고, 부정적인 면만을 기억하는 경향이 있다.

두 번째는 매체효과이다. 이의 전제조건은 인과관계의 방향이 인터넷 이용에서 시민행동으로 작용하는 경우이다. 예를 들어 인터넷에 접속한 사람들이 우연히 공공사안으로 참여를 유도하는 토론

---

233) Norris, Pippa(2001), 이원태 옮김, pp.312 - 313.

방이나 어떤 쟁점에 대한 운동 같은 것을 접하게 되는 경우이다. 이 관점은 인터넷이 사회적으로 소외된 사람들이나, 정당과 지역단체 등 조직으로는 참여할 것 같지 않은 정치적 소수집단 등을 관여시킬 수 있다는 점을 제시한다.

세 번째는 선순환 이론이다. 일종의 강화모델과 같은 설명이다. 디지털 정치에서도 서로를 강화하는 상호작용의 과정이 일어난다는 것이다. 많은 동기를 가진 사람들이 인터넷에서 정치뉴스를 읽고 정당 홈페이지를 살펴보거나 온라인에서 공동체 활동을 하는 것과 같은 정치적 기회를 많이 이용한다는 것이다. 정치와 관련된 정보를 더 많이 얻을수록, 각종 네트워크에 더 많이 이해할수록, 민주주의 과정에 참여하게 되는 비용이 줄어들수록 시민관여를 강화한다. 만약 인터넷이 전통적인 언론매체와 비슷한 효과를 낳는다고 가정할 경우, 선순환 이론은 정치에 가장 적극적으로 관여하는 사람들이 반복적으로 인터넷을 이용함으로써 자신들의 시민적 행동주의를 더욱 강화할 것으로 예측한다.

노리스(Pippa Norris)는 인터넷상에서 참여에 적극적인 시민이 증가한다 해도 그것은 기존에 정치적 참여 등 정치적 관여가 활발한 사람들의 입장만을 강화시킨다며 소위 '민주적 격차(democracy divide)'를 주장했다.[234] 노리스는 정보격차(digital divide)의 문제를 낙후된 국가와 발전된 국가 간의 세계적 불평등(global divide), 빈곤층과 변두리 농촌지역, 구세대, 여성, 소수인정, 저학력 계층 등 사회적 약자가 인터넷 접근권리에서 배타되고 있는 사회적 불평등(social divide), 그리고 민주적 불평등(democracy divide)의 3가지로 구분해 설명했다. 그는 인터넷은 정보 커뮤니케이션 자원을 재구성하고 인

---

234) 앞의 책, pp.296 – 315.

터넷에서 활동하는 정치가들의 역량을 강화할 수 있는 '위대한 평등자(greater leveler)' 역할을 할 수도 있지만 오히려 불평등을 심화시킬 수도 있다고 주장했다.

노리스(Norris)는 정치적으로 관여가 적은 사람들의 특징을 다음과 같이 지적한다.[235] 첫째, 정치적 관여가 적은 집단은 인터넷에서 정치관련 정보를 가장 적게 검색한다. 둘째, 그들은 관심 자체가 없기 때문에 인터넷 검색 중에 우연히 어떤 정치적 사안을 마주치더라도 별반 관심을 보이지 않을 것이다. 셋째, 그들은 정치관련 웹 사이트를 검색하더라도 거기서 제공하는 정보를 별로 신뢰하지 않을 것이다. 결국 이 같은 이유로 인터넷은 일반대중을 동원하는 것이 아니라, 활동에 적극적인 사람들과 무관심한 사람들 사이의 지식격차(knowledge gap)[236]를 더욱 벌리는 역할을 할 수도 있다. 이러한 경향은 전통매체에서도 존재하지만 인터넷에는 무엇을 어떻게 이용할지를 스스로 선택(filtering)하는 특성이 있어 이를 더욱 악화시킬 수 있다. 인터넷의 정치적 행동은 수많은 오락적 여가 이용에 비하면 덜 대중적이지만, 적극적인 인터넷 이용자들이 정치에 좀 더 관여하는 경향이 있기 때문에 인터넷 이용이 많은 소수집단에게는 더욱 유리하게 작용할 수도 있다.

이처럼 인터넷은 개인적 수준에서 정치참여 및 비참여 패턴을 강화한다. 대체로 많은 연구들은 기존 미디어에 가장 적극적인 관

---

235) 앞의 책, p.314.

236) 지식격차 가설은 사회체계 내에서 매스미디어의 확산과 정보유통량이 증가될 때 사회경제적으로 높은 계층이 낮은 계층보다 정보매체의 이용과 정보의 획득이 더 많이 이루어지는데, 그 결과 계층 간의 지식격차가 나타나며, 이러한 격차는 감소하기보다는 증가하는 경향이 있다는 것이다. 이를 신약성서 마태복음의 문구를 인용, 마태이 효과(Matthew effect)라고 부르기도 한다. 오관석, 『정보사회와 미디어정치』(서울: 인간사랑, 2007), p.46.

심을 보인 사람들이 뉴미디어에도 가장 적극적인 관심을 보이고, 이전에 민주적 참여에 적극적이었던 사람들이 새로이 등장하는 미디어와 새로운 조직구조에도 역시 적극적으로 참여한다는 연구결과를 내놓고 있다.[237]

정치적 담론과 이행에 있어 인터넷이 대중들로 하여금 더 많은 정치정보를 소비하게 하고 참여를 촉진하게끔 하려면 개인 사용자들이 메시지를 주고받는 적극적인 참여자가 되어야 한다. 인터넷의 진정한 정치적 영향력은 상당 부분 사용자들의 동기와 의지에 달려 있다.

인터넷 이용자들의 이용패턴을 보아도 이 같은 사실을 알 수 있다. 인터넷 토론장에서 대부분의 사람들은 자신의 의견을 직접 제시하지 않고 다른 사람의 게시물을 읽어 보기만 하는 소위 잠행자(lurker)[238]들이고, 적극적으로 토론에 참여하는 사람들은 극소수에 머물고 있다. 이와 같은 시민적 관여의 차이는 정보불평등에서 기인한다.

사이버 공간에의 참여행태를 사회계층 면에서 검토해 볼 수 있다. 우선 정보통신 기술에 대한 접근 정도를 핵심적 사용자(core user), 주변적 사용자(peripheral users), 배제적 사용자(excluded users)로 구분할 수 있다. 핵심적 사용자는 정보통신 기술에 대한 충분한 지식을 바탕으로 정보습득과 커뮤니케이션, 재화 생산을 지속적으로 수행할 수 있는 집단이다. 주변적 사용자는 정보통신기술을 일시적으로 제한적으로 사용할 수 있는 집단이다. 배제적 사용자는 정보

---

237) Lippmann, Walter, *Public Opnion*, 김규환 옮김, 『여론』(서울: 현대사상사, 1987) 참조.
238) 인터넷 대화에 참여하지 않고 단지 정보를 받아 보는 소극적 행위를 하는 사람들을 럭커(lucker)라고 한다.

통신기술을 사용하지 못하는 집단이다.

어리지(A. Aurigi)와 그래험(S. Graham)은 사이버 공간의 참여계층을 디지털 엘리트, 디지털 구매자, 디지털 하층계급 등 3가지로 분류했다. 디지털 엘리트(digital elite)는 다국적 서비스 종사자로서 디지털 경제에서 지배적인 지위를 차지할 수 있는 기능과 지식을 가진 자, 디지털 구매자(digital shoppers)는 덜 부유하고 기동력도 떨어지는 층으로서 디지털 경제와 관계는 단순한 원거리소비에 국한되는 자, 디지털 하층계급(digital underclass)은 고용 면에서 혜택을 받지 못하고 사이버문화에 참여할 금융자원을 갖지 못한 자로 규정했다.[239] 가상계급(virtual class)이라고도 불리는 디지털엘리트는 현대의 범자본주의를 움직이면서 가상화를 촉진하고 강화하는 데 있어서 물질적, 이데올로기적 이해를 가지고 있는 사이버 공간의 파워엘리트이다.

캐슬(M. Castells)은 인터넷 문화를 만들어 가는 적극적인 참여자들을 테크노 엘리트(techo－elites), 해커(hackers), 가상공동체주의자(virtual communitarians), 기업가(entrepreneurs)의 4개 층으로 나누고 있다.[240] 테크노 엘리트란 학계와 과학 분야 출신들도 과학기술의 발전이야말로 인류의 진보를 위한 가장 중요한 요소라는 믿음을 갖고 있다. 해커는 온라인상에서 그들 나름의 창조적인 프로그래밍의 연구프로젝트를 중심으로 상호 협력하는 일단의 컴퓨터 프로그래머들이다.[241]

노이만(Russell Neuman)은 그의 연구[242]에서 대중은 3가지 집단

---

239) 오명호(2004), pp.648－649.

240) 앞의 책, p.650.

241) 인터넷의 운영을 교란하거나 정치적인 사보타지 등을 일삼는 사람들을 크래커(cracker)라고 부른다.

으로 계층화되어 있다고 주장했다. 최하층의 무관심하며 '비정치적인 집단'은 인구의 20%를 차지하며, 이들은 정치적 사건에 대해 경청하지 않으며 어떤 쟁점에 대해서도 동원될 가능성이 적다. 중간층의 관심이 있는 '대중집단'은 75%를 차지하며, 이들은 정치적 과정에 대해 약한 관심을 갖고 경청하는데 몇몇 동료 시민들이 선동하면 관심이 고조될 수 있다. 최상층의 '참여적인 집단'인 시민들은 정치적 쟁점에 대하여 활동적이며 관심이 있고, 비범하게 높은 수준의 정치적 참여도를 나타낸다. 노이만은 시민들의 정치적 관심과 지식이 매우 낮은 수준임을 지적하면서, 민주주의 이론들이 제시하는 식견 있는(well-informed) 시민에 대한 기대와 체계적인 조사를 통해 드러난 실상 사이의 격차(gap)를 대중정치의 역설(paradox of mass politics)[243]이라고 표현하고 있다.

정보불평등은 정보사회에서 다른 불평등 요소와 연계되어 상호작용하면서 전체 불평등을 악화시키는 사회적 요인으로도 인식된다. 정보불평등이 정보사회에서 여러 분야의 사회적 격차를 유발하는 주요 원인으로 작용하는 동시에 여타의 사회적 격차로부터 또 다시 정보불평등을 야기하는 '제2의 정보격차'로 확대되는 결과를 나타내면서 여타의 사회격차와 순환적 인과관계(cycling causation)를 구성한다. 정보불평등이 단순히 각 개인이나 집단의 미디어 선택문제가 아니라 그것들이 사회적 연관성을 가지는 것이며, 더 나아가 이를 통해 각 개인이나 집단의 여러 가지 사회적 조건들이 서로 연관되어 있다는 사실을 잘 보여 준다. 이런 점에서 정보화

---

242) Neuman, W. Russell, Marion R. Just, and Ann N. Crigler, *Common Knowledge: News and the Construction of Political Meaning*(Chicago: University of Chicago Press, 1992).

243) Neuman, W. Russell., *The paradox of mass politics*(Cambridge, MA: Harvard University Press, 1986).

또는 인터넷의 확산이라는 것은 재귀적(recursive)이며, 상호의존적
(interdependent)이라고 할 수 있다.[244]

정보불평등에 따른 대표성(representation)의 문제도 이론적 검토
가 필요하다. 이는 인터넷 민주주의를 통해 다기 다양한 계급·계
층적 이해를 어떻게 엄정하게 반영할 것인가의 문제이다. 다수결은
51%의 의사가 전체의 의사로 전환되는 제도지만 실제로 현실정치
의 낮은 참여율과 의제의 다양성을 고려하면 훨씬 적은 비율의 의
사표시만으로도 전체의 다양한 정치적 요구가 정치영역에 반영될
수밖에 없다. 이를 위해서는 소수집단의 의견이 투입될 수 있는
통로가 확보되어야 한다.[245]

인터넷이 정치비용을 줄여 국민의 참여기회를 늘려 주지만 과연
어떤 계층의 정치참여를 증가시킬 것인가 하는 문제에 대해서도
검토해 볼 필요가 있다는 것이다. 다시 말해서 비록 인터넷 등 정
보기술의 등장으로 국민 전체의 정치참여율이 상승한다 해도 만일
그동안 상대적으로 과대 대표되어 온 사회 경제적으로 상위계층의
정치참여가 하위계층에 비하여 비대칭적으로 상승한다면 하위계층
의 과소대표 현상은 더욱 심화될 것이고 사회통합을 기대하기 힘
들게 된다.[246]

인터넷을 정치에 본격 도입하기 위해서는 단순한 정치참여의 증
가가 아닌 특정계층의 과대대표나 과소대표 현상이 극복되는 참여
의 증가가 중요하다는 사실이다. 그러므로 대표성의 증진이 진정으
로 의미하는 것은 단순히 많은 유권자들의 참여뿐만 아니라, 그동

---

244) 서이종, "정보격차와 정보불평등", 『정보통신연구진흥』 제3권 제1호(2001), p.20.
245) 황종성, 『전자민주주의의 이상과 전자정부의 발전방향』(서울: 한국전산원, 1996), p.2.
246) 조석장(2004), pp.297 - 299.

안 참여가 위축되었거나 제한되었던 집단의 적극적 참여로 동일한 대표성(equal representation)이 확보돼야 한다는 점이다.247)

이론적으로만 본다면 모든 집단이 고르게 참여를 한다면 참여율이 낮다는 그 자체는 심각한 문제가 아닐 수도 있다. 그러나 투표 등 정치참여가 낮을 것을 우려하는 시각에는 사회적 약자의 참여가 매우 위축되어서는 안 된다는 점이 내포되어 있다. 따라서 인터넷을 활용한 정치참여가 증가한다면 어떤 계층의 참여가 확대되는가를 세심하게 살펴보는 것이 필요하다. 만일 이미 과다 대표되고 있는 집단의 참여를 집중적으로 증가시킨다면 대표성의 의미에서 볼 때 오히려 바람직하지 않을 수도 있기 때문이다.

인터넷의 확산과 관련해서도 시민적 관여를 측정해 볼 수 있는데, 이는 정보격차수렴모델과 계층화모델로 구분할 수 있다.

신기술이 새로 창출된 후 어떻게 확산될까 하는 연구는 공통적으로 S자형(시그모이드) 유형을 따르고 있다고 설명된다. 즉 새로운 옥수수 종자변형 기법, 산업기계, 또는 새로운 의료기술 등 수많은 신기술은 대체로 초기에는 수용률이 낮다가, 급격히 증가해 포화점에 도달한 다음 수요가 완전해진다는 S자형을 따른다는 것인데, 인터넷도 이 같은 모델을 따를 것이란 전망이 일반적이다.248)

정보격차수렴모델은 최소한 부유한 탈산업사회에서는 라디오와 텔레비전 시청자층이 확대된 것처럼 결과적으로 인터넷 이용자는 시간이 지남에 따라 점차 사회계층 전반적으로 확대된다는 입장이다. 동원모델, 변화가설과 맥을 같이하는 긍정론이다. 이 모델은

---

247) 이현우, "인터넷투표의 기술적 사회적 평가", 국회사이버정보문화연구회, 제36회 수요포럼 자료집, 2002년 2월 23일.

248) Rogers, Evert, *Diffusion of Innovations*(New York: Free Press, 1995).

새로운 기술이 개발, 보급되는 초기단계에서는 초기 투자비용으로 인해 소비자들이 고가의 비용으로 신기술을 구입해야 하기 때문에 소수의 집단만이 신기술의 혜택을 받을 수밖에 없지만, 성숙단계에 이르면 신기술에 대한 비용하락으로 기술 확산이 급속하게 이뤄지고 결국에는 거의 모든 계층이 신기술을 이용할 수 있게 된다는 주장이다.

인터넷도 다른 어느 매체보다 빠르게 확산되고 있어 조만간 누구나 이용하는 보편적 매체가 될 것이라는 입장이다. 즉 최소한 부유한 탈산업사회에서는 라디오와 텔레비전 시청자층이 확대된 것처럼 결과적으로 인터넷 이용자는 시간이 지남에 따라 점차 사회계층 전반으로 확대될 것이다.[249] 이 이론은 선진 사회에서 하드웨어, 소프트웨어, 서비스 비용의 하락, 전송용량과 속도의 향상 및 가정오락 기능의 발전으로 인터넷 이용이 활성화된 결과, 장차 인터넷 이용자수가 전체 인구의 90~95%에 육박할 정도로 TV만큼이나 대중화될 수 있음을 시사하고 있다.[250] 즉 컴퓨터 가격이 떨어지고, 인터넷 접속기술이 단순화되며, 오디오와 비디오 기능을 통해 대중오락과 저렴한 가격의 커뮤니케이션 수단을 제공하게 되면서, 인터넷 기술이 사회 전반에 속속 스며들어 포화상태에 이를 것이라는 주장이다. 이 이론의 요지는 인터넷 수요가 포화상태에 이르렀을 때 가격은 새로운 고객을 끌어들이기 위해 더 떨어지며, 그에 따라 수요에 뒤처져 있던 소외층이 새로운 이용자로 편입되면서 선행수요자들을 따라잡게 되고, 그 결과 디지털 기술에 대한

---

249) Resnick, David, "The Normalization of Cyberspace" *In The Politics of Cyberspace*. eds. Chris Toulouse and Timothy W. Luke(New York: Routledge, 1999).

250) Norris, Pippa(2001), 이원태 옮김(2007), p.108.

접근은 전 사회적으로 일반화한다는 것이다. 정상화 가설은 신기술이 수용되는 초기에는 사회적 불평등이 악화되겠지만 종국에는 이런 일시적인 차이가 좁혀질 것이라고 설명한다.[251]

이에 반해 계층화모델은 새로운 기술 혁신의 조기수용자(early adopter)는 사회경제적 지위가 좀 더 우월한 집단에서 형성된다는 입장이다. 즉 기존에 새로운 기술 확산을 수용하기 좋은 여건을 갖춘 사회적인 기득권층이 신기술의 혜택을 받는다는 입장이다. 이 모델은 강화모델과 같은 비관론의 입장이다. 또 이 모델은 사회경제적 발전이 큰 국가, 사회, 개인일수록, 또 전화, TV 등 기존의 기술 인프라가 발달된 나라나 개인에게서 인터넷 기술과 커뮤니케이션 발달이 쉬울 것이라는 정상화 가설과도 맥을 같이한다.

<그림 2-4> 기술확산의 정상화모델과 계층화모델[252]

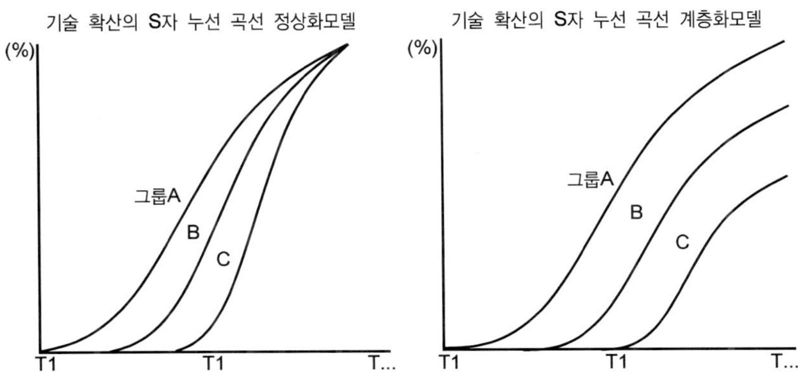

---

251) 앞의 책, p.54.

252) Norris, Pippa, *"Digital Divide: Civic Engagement, Information Poverty, and the Internet Worldwide"*(New York: Cambridge University Press, 2001), 이원태 옮김, 『디지털 시대의 민주주의』(서울: 도서출판 후마니타스, 2007), p.55.

그러나 커뮤니케이션의 성장은 서로 유사한 경로를 따른다는 게 일반적인 시각이다. 라디오와 TV는 서로 10% 차이로 교차 성장하면서 20년도 채 안 되어서 인구의 약 90%가 이용하는 수준에 도달했다. 이는 표준적인 대중 확산 모델을 잘 보여 주고 있다. 이에 반해 신문은 처음 반세기 동안 급격히 성장했지만 20세기 초 절정에 도달했다가 그 후 급격히 하락했다.[253]

인터넷의 확산은 처음 몇 년간 매우 느린 속도로 출발하다가 그 다음에는 지극히 빠른 속도로 팽창하고, 나중에는 이론적인 개념인 이른바 '비동시적 포화상태(asymptotic saturation)'로 끝나는 표준적인 확산모델에 적합하다고 할 수 있다.

노리스(Norris)는 인터넷 확산이 기존의 수많은 기술 확산 과정에서 나타난 전통적인 경로를 따르게 된다면, 성공적인 국가적 개입이 없을 경우 인터넷이 연결된 컴퓨터의 조기도입은 S자형 확산곡선의 초기 및 중간단계에서는 기존의 사회적 정보 불평등 구조를 더욱 악화시킬 것이라고 예상했다.[254]

정보격차수렴모델과 계층화모델은 결국 정보격차의 문제로 귀결된다. 정보격차의 양상은 각국마다 조금씩 다르지만 대체로 유사한 특징을 보이고 있다. 노리스(Norris)는 정보격차의 일반적 양상을 6가지로 설명하고 있다.[255]

첫째, 학력과 소득이 높은 사람이 인터넷에 더 많이 접속하는가 하면, 연령이 높거나 여성, 주부들은 인터넷에 덜 접속한다.

둘째, 소득, 민족, 주부 등의 변수는 어떠한 영향력도 갖지 않고,

---

253) Bruce, Bimber(2003), 이원태 옮김, pp.307 - 308.
254) Norris, Pippa(2001), 이원태 옮김, p.110.
255) 앞의 책, pp.105 - 138.

연령변수는 가장 뚜렷한 효과를 나타낸다.

셋째, 인터넷 이용도 측면에 있어서 가장 빠른 성장률을 보이는 것은 인터넷의 일상적 이용인 반면, 가장 느린 성장률을 보이고 있는 것은 인터넷의 정치적 이용에 관한 범주들이다. 일반적으로 미디어에서의 빈익빈 부익부, 즉 미디어를 많이 이용하는 사람 (media - rich)일수록 더 많은 정보를 갖는다.

넷째, 인터넷에서는 특히 학력변수가 유의미하다. 학력이 높을수록 정치정보를 얻으려고 인터넷을 더 많이 이용한다. 연령변수는 반대방향으로 영향을 미친다. 젊은 사람일수록 나이 많은 시민들보다 인터넷으로 정치정보를 더 많이 획득하는 경향이 있다.

다섯째, 성별변수로는 여성들이 정치정보를 얻으려고 전통적인 미디어를 이용하며, 남성들에 비해 덜 인터넷을 이용하는 것으로 나타났다.

여섯째, 정치정보를 얻으려고 인터넷을 이용하는 사람들은 다른 미디어에서 보고 읽은 것을 잘 믿지 않는 경향이 있으며, 이들은 주로 정치에도 관심이 많은 고학력의 젊은 전통적인 미디어 이용자들이다. 이 같은 정보격차를 해소하기 위해서는 인터넷 정보에 접근과 활용능력이 중요하다.[256]

---

256) 카빈(Carvin)은 디지털 매체를 중심으로 리터러시의 종류를 다음과 같이 분류한다. 읽고 쓸 수 있는 능력으로서 기초적 리터러시(basic literacy), 기초적 리터러시의 일상적 사용을 뜻하는 기능적 리터러시(functional literacy), 직업 환경에 부합하는 직업 능력을 뜻하는 직업적 리터러시(occupational literacy), 정보통신기술의 도구활용 능력을 뜻하는 기술적 리터러시(technological literacy), 정보의 질적인 면에 대한 판별능력을 뜻하는 정보 리터러시(information literacy), 새로운 도구를 배우고 과거의 학습을 새로운 상황에 적용할 수 있는 능력을 뜻하는 적응 리터러시(adaptive literacy)로 분류했다. 이 중 기술적 리터러시와 정보 리터러시를 인터넷 정보에 대한 접근과 활용능력의 핵심으로 상정했다. 한국정보보호센터, 『지역차, 세대차 등 갈등이론 측면의 정보화 역기능 및 예측분석』(2000), pp.137 - 139.

5. 사회적 자본모델

인터넷 정치참여를 연구하는 데 있어서 오프라인 정치참여와의 연관성 및 차별성을 이해하기 위해서는 사회적 자본(social capital)의 개념을 살펴볼 필요가 있다. 특히 인터넷의 등장으로 각종 사회적인 사안에 대한 대응이 개별 시민차원에서 진행되는 것이 아니라, 사이버 공동체의 형성과 동조자의 적극적인 결합으로 과거와는 달리 조직화, 체계화되고 있기 때문이다.[257]

사회적 자본이 민주주의에 기여하기 위해서는 개인차원에서는 상호관계, 신뢰관계가 중요하며, 특정의 공동체 차원에서는 다양한 결사체 활동 및 네트워크가 중요하며, 사회 전체 차원에서는 사회적 규범과 민주적 의사결정, 정부와 시민사회와 시장의 균형이 중요하다.[258] 이런 차원에서 사회적 자본은 공동체 활동에의 적극적 참여를 통해 민주주의 발전에 기여할 수 있다. 즉 사회적 자본은 포괄적인 네트워크와 실천에 내재해 있기 때문에 참여를 위한 자원이다.

사회자본론에 입각한 인터넷 정치참여 연구는 사이버 공동체를 중심으로 이루어져 왔다. 사이버 공동체의 기본가정은 사이버 공동체를 통한 네티즌들의 관여가 사회자본을 증가시키고 이것이 현실의 정치참여에 긍정적인 영향을 미친다는 것이다.[259] 사이버 공동

---

257) 송경재(2004), p.3.

258) 서중해, "사회적 자본과 정부의 역할", "사회신뢰의 수준 및 추이에 관한 실증분석", KDI KISDI 컨퍼런스, '사회적 자본과 정부의 역할과 IT' 세미나 자료집, 2007년 9월 5일, p.33.

259) Putman, R. Bowling Alone(New York: Simon & Schuster, 2000). 오철호, "정보통신 기술, 사회자본 그리고 전자민주주의: 하나의 설계", 한국행정학회 2001년도 하계학술대회 논문. 서진완·박희봉, "인터넷 활용과 사회자본: 사이버공동체의 사회자본

체가 사회적 관여(social involvement)를 통해 시민적 공공성을 형성함으로써 전자적 사회자본(e-capital)의 증가와 더불어 오프라인상의 정치참여를 증진시킨다는 주장이다. 또 장기적으로 사회적 자본이 축적되면 민주주의 이행과 공고화, 경제발전에 영향을 주는 등 사회 전체적인 발전에 기여하는 것이라고 할 수 있다.[260] 사이버 공동체를 통해 단련된 세대의 등장은 사회적 자본의 축적과 광범위한 참여세대의 형성이란 측면에서 긍정적인 영향을 미친다. 즉 공동체의 자발적 참여와 협력이야말로 개인 간의 호혜성이 증대되고, 신뢰와 규범이 풍부해지고 시민참여의 수평적 네트워크를 만들어 발전된 시민사회로의 이행을 촉진한다.

사이버 공동체를 단순히 집단적 컴퓨터 매개 커뮤니케이션(CMC)의 한 수단으로 여기는 관점에서 벗어나 현실세계와 상호작용을 통해 형성된 사회적 관계라는 입장을 밝힌 학자는 라인골드(Howard Rheingold)이다. 라인골드는 "사이버 공동체들은 네트(net)로부터 출현한 사회적 집단들이며, 많은 수의 사람들이 사이버 공간에서 충분한 인간적 감정을 지니고, 인간적 관계망을 만들기 위해 장기간 그들의 관심사에 대한 공공토론을 수행한다."고 주장했다.[261]

사이버 공동체 내부 역동성이 강하다는 것은 내적으로 사회적 자본이 형성되고 있음을 의미한다. 오프라인 공동체와 마찬가지로 사이버 공동체에서의 사회적 자본 형성은 정치참여를 위한 토대가 되고 있다.[262]

형성가능성을 중심으로", 『한국정책학회보』 제12권 1호, 한국정책학회. 송경재, "한국 사이버공동체와 정치참여에 관한 연구", 경희대 박사논문(2004). 최항섭, "정보사회에서의 신뢰와 사회적 자본", KDI, KISDI 컨퍼런스 발표자료, 2007년 9월.

260) 송경재, "한국의 사이버 공동체와 정치참여에 관한 연구", 경희대 박사논문(2004), p.25.

261) Rheingold, Howard(1993).

첫째, 사이버 공동체가 발전할수록 온라인과 오프라인의 상호 작용성(interactive)이 강하다는 것이다. 특히 사이버 공동체의 오프라인 활동은 신뢰나 규범형성, 네트워크 구축 등에 있어 공동체의 내적 역동성을 배가시켜 준다는 점에서 큰 의미를 지닌다. 둘째, 사이버 공동체 내부의 역동성이 강하다는 것은 내적으로 사회적 자본이 형성될 조건이 충족되고 있음을 의미한다. 신뢰와 규범, 네트워크 등 사회적 자본이 확산되고 내부적으로 강하게 형성되는 사이버 공동체일수록 오프라인 공동체와 마찬가지로 정치참여와는 정비례적인 관계가 있음을 확인할 수 있다. 셋째, 여러 가지 제약요인과 부정적인 현상에도 불구하고 큰 틀에서 사이버 공동체는 내부적으로 역동적으로 단련되고 있으며, 민주주의의 발전적인 흐름을 견지하고 있다. 현재의 사이버 공동체는 낮은 수준의 참여적 경향을 보이고 있지만 지역별 상황에 맞거나 잘 조직화된 제도가 형성되어 있다면, 보다 광범위하게 정치참여에 나설 가능성도 커진다.[263]

퍼트남(Robert Putman)은 사회적 자본은 호혜성에 바탕을 둔 신뢰, 규범, 네트워크로 구성된 협력적 행위를 촉진시켜 사회적 효율성을 향상시킬 수 있는 조직의 속성을 총칭하는 것으로 정의했다.[264]

'네트워크'는 사이버 공동체 구성원들 간의 상호작용 그 자체로 사회관계구조를 파악할 수 있는 지표로 사회자본의 중요한 구성요

---

262) 사이버 공동체에 대한 연구는 P. Levy, 조동기 역, 『사이버문화』(서울: 문예출판사, 2000). Mark Smith 외 편, 조동기 역, 『사이버공간과 공동체』(서울: 나남, 2001). 홍성태, 『사이버사회의 문화와 정치』(서울: 문화과학사, 2000) 참조.

263) 송경재, "한국 사이버공동체와 정치참여에 관한 연구", 경희대 박사논문(2004), p.4.

264) 퍼트남은 사회자본을 신뢰, 규범, 네트워크의 3가지 요소로 규정했지만, 차후에 사회자본을 연구하는 학자들은 호혜성, 연대, 효능감 등을 추가해 연구 범위를 확장하는 경향을 보이고 있다. 그러나 이 글에서는 사회적 신뢰가 집단차원의 신뢰라면 자기효능성(self-efficacy)은 개인차원의 신뢰라는 점에서 자기효능성의 개념을 사회적 자본 개념으로 포함시켜 인터넷 정치참여 현상을 분석할 것이다.

소이다. 네트워크는 사이버 공동체 구성원들 간의 상호작용 그 자체로 사람들, 대상, 사건 등으로 규정되는 노드(node)의 집합체라고 규정할 수 있다.[265] 온라인 네트워크와 오프라인 네트워크는 구분되는데 오프라인 네트워크가 면대면 접촉을 위주로 한다면 온라인 네트워크는 사회적 네트워크(social network)와 사안적 네트워크(issue network)를 포괄하는 광범위한 확산이 가능한 네트워크이다.

퍼트남은 수직적이고 기둥 같은(maypole – like) 네트워크보다는 시민적 참여의 수평적이고 거미줄 같은(web – like) 네트워크가 사회의 보다 넓은 범위를 포괄할 가능성이 높으며 공동체수준에서 협력의 기초가 된다고 말했다.[266]

'규범(norms)'은 보상을 기대하지 않고 서로 나누거나 교환하는 포괄적 호혜성을 기반으로 이루어진 개인 간의 행동양식을 뜻한다. 퍼트남은 규범 중 가장 중요한 요소를 포괄적 호혜성의 규범이라며 중요시했다. 일반적으로 규범이란 인간이 사회생활을 하는 데 있어, 구속되고 준거하도록 강요되는 일종한 행동양식이다.[267] 인터넷상에서 일반적인 규범은 보통 네티즌(netizen) 또는 네트워크(network)와 에티켓(etiquette)의 조합어인 네티켓(netiquette)으로 불린다.[268] 규범은 인터넷 정치참여를 통해 의사결정의 민주성, 사이버 공동체 내의 평등성, 책임성, 사회적 통합 등을 강화한다. 이에 반해 무규범성은 정치에서 통치의 규범이나 규율이 붕괴되었거나 법질서가 무시되는 것을 말한다.

---

265) 송경재, 위의 글, p.60.

266) Putnam, Robert, *Bowling Alone*(New York: Simon & Schuster, 2000), pp.290 – 291.

267) 서진완·박희봉, "인터넷 활용과 사회자본: 사이버공동체의 사회자본 형성 가능성을 중심으로", 『한국정책학회』 제12권 1호(서울: 한국정책학회, 2001), p.12.

268) 송경재(2004), p.60.

　'신뢰(trust)'는 사회성원들이 공동체 혹은 조직에서 공동의 목적을 달성하기 위해 '함께 일할 수 있는 능력'을 의미하는 사회적 자본의 핵심적 구성요소이다. 퍼트남은 개인 간의 정과 신뢰의 관계가 사회 전체에 퍼지게 되면 될수록, 그 사회는 근대화된 시민사회, 민주화된 시민사회로 발전해 나갈 것이며, 사회적 자본도 증가되어 더 행복한 사회가 될 것이라고 보았다.[269] 신뢰는 공동체 내에서 사회적 자본을 형성시켜 공동체 성원 간의 믿음과 정직으로 내부의 연대감과 신용도를 확장시킨다. 신뢰를 측정할 수 있는 지표는 안정적인 커뮤니케이션, 회원과의 지속적 교류, 만족감 등이다. 신뢰는 특수화된 신뢰(particularized trust)와 사회적 신뢰(social trust)로 구분할 수 있는데, 특수화된 신뢰는 잘 알고 지내는 동료, 이웃, 친구들 사이에서의 신뢰를 말하며, 사회적 신뢰는 잘 모르는 타인에 대한 신뢰를 지칭한다.[270] 인터넷상에서의 신뢰는 사회적 신뢰를 말한다. 인터넷을 통한 정보공개, 인터넷을 통해 국민의견 수렴 및 반영이 신뢰회복에 도움이 된다.

　이에 반해 사회적 신뢰와 구분되는 개인 자신에 대한 신뢰인 '자기 효능성(self-efficacy)'은 시민들의 정치적 활동이나 개입 정도를 설명하는 주요변인으로서, 일반적으로 정치과정에 영향을 미치거나 또는 미칠 수 있다는 느낌을 말한다. 즉 어떤 목적을 달성하는 데 필요한 행동을 성공적으로 수행할 수 있다는 신념의 정도를 말한다.[271] 자기 효능성은 자신에 대한 평가인 데 반해 사회적

---

269) 최항섭, "정보사회의 신뢰와 사회적 자본", 대한상공회의소 주최 2007년 사회적 자본 특별 심포지엄 자료집, 2007년 9월 5일.

270) 김태종, "사회신뢰의 수준 및 추이에 관한 실증분석", KDI KISDI 컨퍼런스, '사회적 자본과 정부의 역할과 IT' 세미나, 2007년 9월 5일.

271) 박선희(1998), p.30.

신뢰는 타인에 대한 평가이기 때문에 이들을 결합해서 설명하면 정치참여를 보다 풍부하게 설명할 수 있다.[272]

퍼트남(Robert Putman)은 "신뢰와 같은 일반적인 형태의 사회자본은 도덕적 자원으로 사용함에 따라 줄어드는 게 아니라 늘어나는 자원이며 사용하지 않게 되면 고갈되는 자원이다. 두 사람이 서로에 대해 신뢰를 표시하면 할수록 상호확신이 더욱 증대된다. 사회적 규범과 네트워크와 같은 다른 형태의 사회자본은 사용하면 증가하고 사용하지 않으면 감소한다. 이런 이유에서 사회자본의 창출과 파손이 선순환과 악순환에 의해 영향을 받게 되리라는 기대를 갖는다. 신뢰, 규범, 네트워크 등 사회자본의 공통된 특징은 다른 전통적인 자본이 사적재화의 성격을 갖는 것과는 달리 공공재화라는 성격을 갖는다는 사실"이라고 주장했다.[273]

그럼 인터넷 정치참여와 사회적 자본과의 관계는 어떻게 설정될 수 있을까? 오프라인 네트워크가 면대면 접촉을 바탕으로 한 인간관계인 반면에 온라인에서의 네트워크 형성은 기존 오프라인 네트워크의 연장선상에 있거나 공통의 이해와 관심을 바탕으로 형성된 네트워크이다.

정치참여 문제를 연구한 대부분의 학자들은 '약한 유대(week ties)'의 커뮤니티는 면대면 접촉의 결여와 이에 따른 사회자본의 취약성으로 인해 인터넷 정치참여와는 무관할 것이라고 주장하고 있다.[274] 더구나 인터넷을 매개로 한 온라인 커뮤니티(online community)라면

---

272) 그러나 이원태는 사회적 자본이 인터넷 정치참여를 설명하는 데는 제한적인 반면, 정치효능감은 인터넷 정치참여를 상당히 유의미하게 설명한다는 입장을 피력했다. 이원태(2004), p.105.

273) Putman, Robert D. *Making Democracy Work*(Princeton University Press, 1994), p.123.

274) 퍼트남도 직접적인 면대면 접촉이 신뢰와 규범, 수평적 네트워크 형성에 더욱 유리할 것으로 전망했다. Putman, 앞의 책 참조.

더더욱 정치참여에는 커다란 영향을 미치지 못할 것이라고 본다. 인터넷 기술의 진전에 따라 '강한 유대(strong ties)'의 공동체보다는 개인주의화된 네트워크에 기반한 '약한 유대'의 공동체가 더 많아질 것이라고 지적하면서 시민적 관여와 정치참여의 쇠퇴를 우려하기도 한다. 또 약한 유대의 커뮤니티에서는 정치토론이 진행되더라도 온갖 비속어, 은어, 욕설, 내용 없는 담론 등이 개입될 수 있기 때문에 인터넷 정치참여의 수준이 상당히 약할 것이라고 지적한다. 특히 인터넷은 오프라인과 비교할 때 자신의 정치적인 경향성과 당파성을 더 구체적으로, 감정적으로 드러낸다는 특징을 가지고 있기 때문에 이 같은 우려가 점증하고 있다.

데이비스(Richard Davis)는 사이버 공간이 네티즌들의 관심사에 따라서 분극화되는 양상을 보인다며 실제 사이버 공간상에서 적극적인 시민집단이 형성된다고 해도 실제 이것이 정치참여와는 아무런 관련이 없다고 지적했다.[275] 이 같은 우려는 인터넷 정보이용의 선택성(filtering) 강화가 다양한 정보접촉 기회를 차단하고 정치커뮤니케이션의 활성화를 저해할 수도 있다는 지적과 맥을 같이하고 있다. 자신의 정치적 관심사나 선호에 관련된 정치정보만을 취사선택함으로써 자신이 속한 집단의 공동체성이 약화되는 결과를 초래해 정치참여의 왜소화를 가져올 수도 있다는 것이다.[276]

그러나 최근의 연구자들은 온라인 공간에서는 오히려 혈연, 지연, 종교 등으로 연결된 '강한 유대'의 공동체는 사회자본 형성에는 긍정적이나 인터넷 정치참여에는 별로 영향을 못 미치고, 오히

---

275) Davis, Richard(1999).

276) 박선희, "인터넷 정치뉴스의 이용: 이용패턴과 이용자 특성", 『한국언론학보』 제48권 3호(서울: 한국언론학회, 2004), pp.436 – 463.

려 친목, 사교, 오락, 취미와 같은 '약한 유대'로 연결된 공동체는 사회자본을 형성하기는 어렵지만 인터넷 정치참여를 촉진하는 데는 더 긍정적이라는 연구결과를 내놓고 있다.[277] 가까운 친구나 이웃들과의 친목을 제고하기 위한 사적인 교류에 목표를 두고 있는 '강한 유대'의 사이버 공동체는 정치적, 공적 현안에 대해서는 거의 적극적으로 관심을 드러내지 못해 사이버 행동주의와 같은 정치참여는 기대하기 어렵다는 것이다. 그러나 취미, 정보 등 허약한 유대관계에 기반 하고 있는 사이버 공동체라 할지라도 온라인 커뮤니티를 통한 공동체적 관여뿐만 아니라 사안별 이슈에 따른 정치적 관심도 상당한 수준에서 드러내고 있음을 밝히고 있다.

또 사회자본 개념이 정치참여적 잠재력을 충분히 포함하지 못한다는 문제의식에서 사회자본을 정치화함으로써 온라인상의 공적, 정치적 행위를 보다 적극적으로 설명하기 위해서는 정치자본(political capital)이라는 개념으로 보완되어야 한다는 주장도 제기되고 있다.[278] 정치자본 개념의 필요성은 인터넷을 통해 정치참여의 증진과 민주적 거버넌스(governance)의 구축을 위해서는 단순히 시민들의 양적 참여 증대를 통한 사회자본의 증가만이 아니라 그들의 질적 참여 준거로서의 정치자본의 축적과 강화 역시 매우 중요하다는 것을 말해 준다. 사이버 시민성 혹은 디지털 시민성(digital citizenship) 모델은 사이버 공간을 통해서 공동체 구성원들이 정치적 정보의 습득과 활용, 일상적 정치토론 과정을 통해서 공통의 문제의식과 의미를 공유하고 함께 해결책을 마련해 나가는 참여

---

277) 송경재(2004), 이원태(2004) 참조.

278) 이원태는 사회적 자본이 인터넷에서 개인적 차원의 정치참여보다는 집단차원의 정치참여에 더 높은 설명력을 제공한다고 주장한다. 이원태(2004), p.101.

거버넌스의 의미를 함축한다. 즉 사이버 시민성으로서의 정치자본
은 곧 사이버 공동체의 구성원들이 정치적 주체로서 갖추어야 할
시민적 자질과 능력을 의미한다. 따라서 정치자본은 사이버 공간
속의 사적개인이 시민으로서의 정체성을 획득하기 위한 최소한의
전제조건을 의미한다.[279]

279) 이현우, "2030세대의 참여정치 거버넌스", 『21세기 한국 메가트렌드 시리즈2』(서울:
　　정보통신정책연구원, 2005), p.113.

분석틀

앞에서의 논의를 바탕으로 한국의 인터넷 정치참여가 참여민주주의와 대의민주주의에 미친 영향을 분석하기 위해서는 다음과 같은 몇 가지 분석틀을 제시할 수 있다. 본 연구는 앞에서 살펴본 주요 연구모델의 분석결과와 이들을 연계한 '통합적 분석틀'로 인터넷 정치참여에 관한 이론적 지형과 특성을 파악하려고 한다.

첫째, 동원모델과 강화모델은 인터넷 정치참여의 긍정론과 부정론을 대표하는 이분법적 논의로 규정할 수 있다. 즉 한국정치에서 인터넷은 시민들의 정치참여를 촉진시켜 기존 정치구도를 변화시켰는가, 아니면 기존 정치구도를 강화시켰는가라는 이 연구의 첫 번째 질문을 이끌어 낼 수 있다. 동원모델이 작동했다면 정치변화를 촉진시켰다고 규정할 수 있으며, 강화모델이 작동했다면 인터넷이 정치적 변화를 초래하지 못하고 기존 질서를 강화한 것으로 평가할 수 있다.

둘째, 매개집단강화모델과 민중주의적 모델은 인터넷 정치참여의 증대로 정치주체 중 어떤 세력이 그의 입지를 강화했는지를 살펴보는 데 유효한 이론적 모델이다. 특히 매개집단강화모델 중 제3의 시각이라 할 수 있는 '시민단체강화모델'을 또 다른 개념 틀로 설정해 한국정치에서 인터넷은 정당, 의회, 언론 등 전통적인 매개집단의 권력을 강화했는가, 잘 정보화된(well-informed) 시민단체의 권력을 강화했는가, 아니면 개별시민의 대중운동적 권력을 강화시켰는가 하는 질문을 이끌어 낼 수 있다.

셋째, 수요자중심모델과 공급자 중심의 논의에서는 한국의 인터넷 정치가 시민들의 참여를 통해 의제설정권력에 변화를 초래했는지, 아니면 엘리트의 의제설정권력을 강화했는지를 살펴볼 수 있다. 특히 이는 인터넷 정치참여 양상 중 정부, 정당, 정치인 등의 공급자 사이트가 정치참여를 주도했는지, 아니면 시민들의 자발적 필요에 의해 형성된 다양한 수요자 사이트가 주도했는지의 문제를 제기할 수 있다.

넷째, 정보격차수렴모델과 계층화모델의 경우 '시민적 관여' 측면에서 노리스(Norris)의 민주적 격차(democratic divide) 개념의 논의를 이끌어 낼 수 있다. 이 같은 개념을 원용해서 한국정치에서 인터넷은 시민적 관여의 측면에서 참여격차를 확대시켰나, 아니면 약화시켰는가 하는 질문을 부각시킬 수 있다. 아울러 정보격차수렴모델과 계층화모델의 논의를 원용해 인터넷 이용도 측면에서 한국정치에서 인터넷은 정보격차(social digital divide)를 감소시켰나, 아니면 더욱 확산시켰는가 하는 질문을 이끌어 낼 수 있다.

다섯째, 사회적 자본모델을 통해서는 인터넷 정치참여가 정치적 신뢰, 규범, 네트워크, 정치적 효능감 등 사회적 자본의 측면을 강화시켰는지, 아니면 약화시켰는지, 또 이것이 한국에서 참여민주주의와 대의민주주의에 어떤 영향을 미쳤는지 각각 개별적 수준에서 파악해 볼 수 있다. 이는 인터넷 정치참여의 양적인 확대뿐 아니라 질적 수준을 점검해 볼 수 있는 좋은 모델이 된다.

첫 번째부터 세 번째까지의 연구모델은 인터넷 정치참여의 큰 흐름이 어느 쪽이 주도권을 잡느냐는 차원에서의 연구모델이라고 한다면, 네 번째와 다섯 번째 모델은 시민참여의 양적 질적 수준

등을 측정할 수 있는 지표로 활용될 수 있는 모델이다. 시민참여와 관련해 제기되는 쟁점은 시민권과 시민적 관여, 사회자본 등 공공지수(public index)의 감소를 우려하는 입장과 시민권의 의미변화와 새로운 유형의 시민참여를 강조하는 입장으로 나눌 수 있기 때문이다.

이 글은 지난 10여 년 간의 주요 정치참여 사례 분석을 통해 이 같은 질문에 답할 것이다. 즉 이 글의 주요한 관심은 이 같은 5가지 질문을 통해 인터넷 정치참여가 한국 민주주의에 어떤 영향을 미쳤는가를 살펴보는 데 있다.

이를 위해 이 글에서는 2단계(two step)의 단계적 접근법을 취할 것이다. 우선 인터넷이 참여민주주의를 활성화시켰는가를 검토한 뒤, 이를 다시 대의민주주의 차원에서 분석해 인터넷 정치참여가 대의민주주의에 어떤 영향을 미쳤는지를 살펴보려 한다. 2단계 접근법은 인터넷 정치참여가 참여민주주의와 대의민주주의 각각의 차원에서 어떤 특징과 문제점을 지니고 있는지를 명확히 할 수 있는데다 참여민주주의와 대의민주주의 차원에서의 상호관계를 더욱 분명히 할 수 있는 방법론이라 여겨진다.

이에 이 글에서는 앞에서 살펴본 연구모델과의 상관관계를 유형화해 이를 인터넷 정치참여와 민주주의를 분석하는 도구로 사용할 것이다.

참여민주주의는 대의민주주의의 완전한 대체보다는 보완적인 성격을 가지고 있으나 개념적 차이가 분명한 만큼 투 트랙(two track)의 접근을 통해 민주주의와 관련된 정치참여를 비교 검토해 보는 것이 한국의 인터넷 정치참여의 현실을 보다 분명하게 고찰해 줄 수 있는 방법론이 될 수 있다. 참여민주주의와 대의민주주의, 그리고 연구모델과의 상관관계를 살펴보면 다음과 같다.

첫째, 동원모델과 강화모델의 경우 인터넷이 시민의 정치참여를 활성화시켜 정책결정과정에 참여하고, 정부나 정치권의 활동을 감시하고 견제할 수 있다는 점에서 동원모델이 참여민주주의에 긍정적으로 작용할 수 있다.

〈표 2-1〉 참여민주주의와 연구모델 간의 상관관계

모델	참여민주주의에 긍정적	참여민주주의에 부정적
동원모델/강화모델	동원모델	강화모델
수요자모델/공급자모델	수요자모델	공급자모델
정보격차수렴모델/계층화모델	정보격차수렴모델	계층화모델
사회적 자본모델	사회적 자본의 증가	사회적 자본의 감소

〈표 2-2〉 대의민주주의와 연구모델 간의 상관관계

모델	대의민주주의에 긍정적	대의민주주의에 부정적
전통적 매개집단 강화모델/시민단체강화모델/민중주의적 모델	전통적 매개집단 강화모델/시민단체강화모델	민중주의적 모델
정보격차수렴모델/계층화모델	정보격차수렴모델	계층화모델
사회적 자본모델	사회적 자본 증가	사회적 자본 감소

그러나 대의민주주의와 상관성 측면에서 시민참여의 강화는 인터넷이 대의제의 단점인 시민의 참여를 강화시켜 준다는 차원에서 대의민주주주의 긍정적 요소로 분류했으나, 시민 개인의 대중주의적 운동의 강화는 포퓰리즘을 양산할 수 있다는 점에서 대의민주주의에 부정적인 요소로 분류했다.

둘째, 매개집단강화모델과 민중주의적 모델의 경우 인터넷이 대의민주주의의 핵심기제인 정당, 의회, 언론, 이익집단, 시민사회 단체 등 매개집단을 강화할 경우 대의민주주의에 긍정적 요소로 규정했다. 그러나 인터넷이 정치적 매개집단을 경우하지 않고 국가를 직접 상대하는 민중주의적 모델은 대의민주주의에 부정적인 요소로 설정할 수 있겠다.

셋째, 수요자중심모델과 공급자중심모델의 경우 수요자중심모델이 시민의 참여를 강화해 대의민주주의 단점을 보완한다는 점에서 참여민주주의와 대의민주주의에 긍정적 요소로 분류했다.

넷째, 사회적 자본의 측면에서 사회자본의 증가가 공동체의 연대성과 참여를 통해 참여민주주의와 대의민주주의에 기여하기 때문에 긍정적 요소로, 사회자본의 감소를 부정적 요소를 분류했다. 특히 사회적 자본중 사회적 규범과 신뢰는 인터넷 정치에 있어 심의적 요소를 강화시키는 것으로, 네트워크와 효능감은 참여적 요소를 강화시키는 것으로 전제할 수 있다.

다섯째, 정보격차수렴모델과 계층화모델의 경우 '시민적 관여'를 잣대로 시민적 관여의 감소를 참여민주주의와 대의민주주의에 긍정적 요인으로, 시민적 관여의 증가를 부정적 요인으로 꼽았다. 특히 정치참여 측면에서 주도권의 격차를 뜻하는 '참여격차(democratic divide)'와 인터넷 이용과 접근도의 측면에서의 격차를 뜻하는 '사회적 정보격차(social divide)'의 감소를 의미하는 정보격차수렴모델을 참여민주주의와 대의민주주의에 긍정적 요인으로, 정보격차의 증가를 뜻하는 계층화모델을 참여민주주의와 대의민주주의에 부정적인 요소로 설정할 수 있겠다.

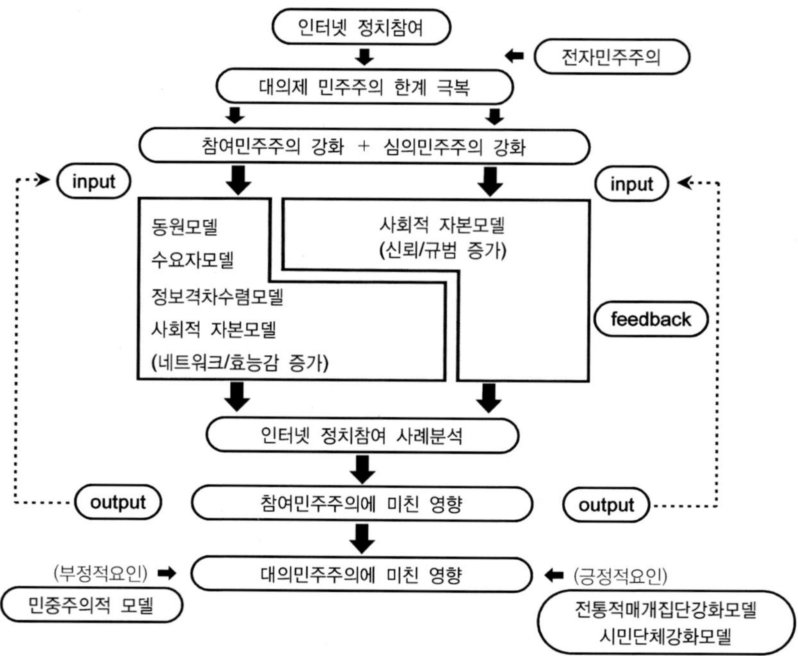

이 연구는 이 같은 이론적 분석틀을 바탕으로 인터넷이 한국 민주주의에 미친 영향을 참여민주주의와 대의민주주의 2단계로 분류해 분석하고, 인터넷 정치참여의 대안으로서 시민참여책임정치 거버넌스 모색방안을 제시하는 것을 목적으로 한다.

제 Ⅲ 장

인터넷과 정치참여

제1절　인터넷 정치참여의 개념과 의미

　자발적인 참여에 의한 공동체 형성은 파편화되고 원자화된 개인들이 정치, 사회적 무관심과 무임승차(free – riding)의 문제를 극복하고 협력과 참여를 통해 시민사회의 성숙과 풀뿌리 민주주의를 가능하게 한다.

　시민사회이론에 따르면 참여가 정치적으로 중요한 의미를 갖는 이유는 민주주의의 대표성을 확립하는 데 중요한 의미를 갖는 것 이외에도 참여를 통해서 시민들 간의 상호교류가 생기고 타인과의 관계 속에서 공동체의 목적을 이룰 수 있기 때문이다. 이처럼 정치참여는 정부, 정책, 법안 등에 영향을 미치는 것을 직·간접적인 목적으로 하는 사적 시민들의 활동을 의미한다.[280] 좀 더 구체적으로 표현하면 정치참여는 개인들이 시민으로서 혹은 국민으로서 정치적 이슈에 주목하고 관심을 갖는 인지적인(cognitive) 차원에서부터 집회나 선거유세에 참가하거나 투표하는 행위, 더 나아가 각종 정치적 봉사활동에 참가하는 행동적인 차원까지를 모두 포함한다.

　정치참여의 개념이 다차원적이기 때문에 정치적 관여(political involvement), 정치적 개입(political engagement), 정치적 활동(political activity) 등과 혼재되어 있어 어느 하나의 차원으로만 정의하는 것이 쉽지 않다.

　정치적 관여는 사회구성원이 자신이 속한 정치공동체와 관계를

---

280) Verba & Nie, N. *Participation in American*(New York: Harper & Row, 1972).

맺고 있는 정도를 일컫는 것으로 시민적 관여(civil involvement)의 정치적 차원을 의미한다. 정치적 관여의 정도는 정치에 대한 관심이 높고, 정치에 적극적으로 참여하며, 정부에 영향력을 행사할 수 있는 능력이 있다고 인지할수록 높다고 할 수 있다.[281]

버바(Verba), 스톨즈만(Schlozman), 브래디(Brady)는 정치적 관여와 관련한 정치참여의 4가지 구성요소를 정치적 관심, 정치적 효능감, 정치적 정보, 당파심으로 규정했다.[282] <정치적 정보>는 정치과정에 대한 개인의 이해와 지식의 복잡화를 측정한다. 더 많은 정보를 가진 시민은 정치에 대해 더 많이 알고 더 많이 참여하며, 참여의 가능성도 높아진다. <정치적 관심>은 시민이 정치활동에 참여하고자 하는 욕구를 측정한다. 이 욕구는 시민의 의무, 물질적 이익에 대한 기대, 또는 감정적 보상에서 유래한다. <정치적 효능감>은 인터넷 이용자들이 정치과정에 영향을 미칠 수 있다는 자심감과 기대로 정의될 수 있다. 시민이 자기가 정치과정에 얼마나 많은 영향을 준다고 믿고 있는가에 대한 주관적 측정이다. 그러나 정치효능감은 오프라인 정치참여뿐 아니라 인터넷 정치참여를 설명하는 데도 중요한 변수로 작용하고 있다. 정치적 효능성이 높은 사람은 정치에 영향을 미칠 수 있다고 자신하며, 정치지식 수준이 높고(well informed) 스스로 정치에 적극적이라고 느끼게 된다.[283]

<당파심>은 시민이 정치정당과 자신을 동일시하는 강도이다.

---

281) Almond, G. A., & Verba, S., *The civic culture: Political attitude and democracy in five nations*(NJ: Princeton University Press, 1963).

282) Bonchek(1997), 원성묵 역, p.239.

283) 최근의 연구들은 인터넷 정치참여를 설명하는 데 오프라인 정치참여를 설명하는 중요한 변수들 중의 하나인 정치효능감이 사이버 공동체를 통한 정치참여를 상당히 유의미하게 설명하고 있다고 평가했다. 이원태, "사이버 공동체와 인터넷 정치참여". 윤재관, "인터넷 정치참여의 활성화 조건에 관한 연구: 노사모 사례를 중심으로", 한국외대 석사논문.

당파심은 여러 가지 이유로 참여와 관련이 있다. 동일시하는 정치적 사건을 따라가며, 태도와 신념을 발달시킬 이유를 시민에게 제공한다. 당파심은 또한 정치적 영역을 조직하고, 의견을 공식화하고 논쟁을 전개하는 일관된 방법을 제시한다.

페리(Geraint parry), 모이저(George Moyser), 데이(Neil Day)는 정치참여 모델을 4가지로 제시했다.[284]

첫째, 도구적 참여(Instrumental Participation)이다. 비용과 정치정보의 접근의 용이성 여부가 사람들의 정치참여를 결정짓는다고 본다. 정보비용이 낮을수록, 참여를 통해 얻을 수 있는 이익이 클수록, 참여의 비율은 높아진다.

둘째, 공동체적 참여(Communitarian Participation)이다. 공동체에 대한 관심이 참여를 이끈다고 본다. 공동체적 일체감이 더 작고 촘촘하게 밀집된 사회에서 참여가 크게 발생한다. 그런데 근대사회가 되면서 낮은 수준의 참여가 발생하는 이유는 사회가 지나치게 중앙집권화되어 시민으로부터 멀리 떨어져 있기 때문이다.

셋째, 교육적 참여(educative experience)이다. 교육적 경험이 잘 축적된 사람은 한 국가 내 시민으로서의 책임감과 권한을 발전시켜 정책결정과정에 참여하게 되는 것이다.

넷째, 표현적 참여(expressive participation)이다. 사람들은 자신들의 감정과 정치적 태도를 남들에게 보이기 위해 참여한다.

정치참여를 이상과 같이 정의할 때 인터넷 정치참여는 어떻게 정의할 수 있을까?

김종길은 인터넷 시민참여를 광의의 개념으로 총선시민연대 활동과 같은 <정치참여>, 붉은악마 등장과 확산과정에서 나타난

---

284) 이미란, "인터넷과 정치참여", 한양대 석사논문(2006), p.76.

<여가참여>, 촛불시위를 통해 가시화된 <사회참여> 등을 포괄
하는 것으로 설명했고, 협의의 개념으로 <온라인 정보제공>,
<온라인 협의>, <온라인 정책결정 참여>를 통해 인터넷을 매개
로 정책의 입안, 결정, 집행, 평가의 순환 과정 전체에 시민들이
참여하는 것으로 정의했다.[285)]

박선희는 컴퓨터 매개 정치참여를 설명하면서 <정치활동감시>,
<정치의사 전달>, <정치토론>, <집단 활동> 등 4가지 유형으
로 정치참여를 분류했다.[286)] 그는 인터넷 정치참여를 컴퓨터 매개
정치참여(computer - mediated political participation)로 규정하면서,
이는 현실세계에서의 정치참여와 매우 유사한 측면을 지니지만 직
접적인 행동보다는 정부, 정당, 정치인을 상대로 할 뿐만 아니라
시민들 간의 수평적인 정치적 의사소통까지도 포함한다는 점에서
현실의 정치참여보다 포괄적인 개념이라고 주장했다.

강상현은 사이버 공간에서 시민의 정치참여 행위 유형을 <개인
정보습득>, <개인 의견형성>, <집단 토론 및 여론형성>, <집
단적 정치행동>의 단계적 과정을 거친다고 했다.[287)]

이원태는 인터넷 정치참여를 크게 <정치관련 정보의 습득과 이
용>, <정치적 의견형성 및 표출>, <정치적 대화와 토론>, <정
치적 집단행동>의 4가지 차원으로 나누었다.[288)]

<정치관련 정보의 이용과 습득>의 경우 정치적 사건 및 공적

---

285) 김종길(2008), p.172.

286) 박선희(2000), p.15.

287) 강상현, "전자민주주의와 시민참여: 사이버스페이스의 참여민주적 공간화를 위하여",
크리스찬 아카데미 편, 『시민이 열어가는 지식정보사회』(서울: 대화출판사, 1999).

288) 이원태, "인터넷 정치참여 연구: 2004년 한국의 제17대 총선을 중심으로", 서강대
박사논문(2004), p.23 - 25.

이슈에 대한 이해를 돕거나 정부, 정당, 정치인 활동 관련 정보 및 공약 등을 알리기 위해 인터넷을 이용하는 것을 말한다. 이러한 정치정보의 습득 및 이용을 정치참여로 포함시킬 수 있는가에 대해서는 인터넷은 다른 매체와는 달리 접속과 검색이라는 능동적인 과정을 수반한다는 점에서 정치참여 행위로 간주할 수 있다. 인터넷 정치참여는 정치적 관심에서 비롯되는 모든 인터넷 활동으로 간주할 수 있다.[289]

<정치적 의견형성과 표출>은 시민이 정부나 정당 혹은 정치인에게 정치적 견해를 표명하거나 사회, 정치적 이슈에 대해서 다른 인터넷 이용자들과 의미를 공유하고 설득하기 위해서 인터넷을 이용, 자신의 정치적 의견을 개진하는 것을 말한다. 예를 들어 자유게시판 등에서 정치인이나 네티즌의 글에 대해 자신의 정치적 견해를 표명하는 댓글이나 리플을 다는 행위와 같은 정치적 행위이다.[290]

<정치적 대화와 토론>은 정치적 의사표현의 한 형태로서 한 명 이상의 개인이 일정 시간에 걸쳐 작성한 일련의 메시지를 컴퓨터 네트워크를 통해 동시에 또는 편리한 시간에 게시하고 이용할 수 있는 메커니즘을 말한다. 누군가가 글을 게시하면 다른 사람들이 그 글을 읽은 후 지지하거나 반대하는 메시지를 게시하는 상호 과정을 거치며, 이를 통해 토론 참여자들은 다양한 정치정보를 수집·유포하고 토론 이슈를 제기하게 되며, 다양한 시각과 이슈를 만들어 내고 공론화한다.

<온라인상의 집단행동>은 새로운 사회·정치적 문제를 해결하

---

289) 장우영, "인터넷 정치참여와 시민 임파워먼트", 『시민사회와 NGO』 제1권 제2호(서울: 한양대 제3섹터연구소, 2003), pp.41 – 66.

290) 인터넷상의 의견개진 및 의견형성 기능은 인터넷과 사이버 공간을 공론장(public sphere)으로 분석한 기존의 국내연구 대부분이 강조한 것이기도 하다.

기 위하여 새로운 집단을 만들어 기존 집단과 제휴해 상호교류와 협력을 도모하고, 더 나아가 공무원과 접촉하거나 공공문제에 관심이 있는 특정 사이트의 능동적인 회원이 되어 직접 정치에 참여하는 집단행동의 일환이라 할 수 있다.[291]

황주성은 인터넷 정치과정은 정보유통의 경로에 따라 <정치이슈의 모색단계>, <정치이슈의 이해단계>, <정치이슈에 대한 의견수렴 및 토론단계>, <정치이슈에 대한 의사결정단계>, <정치이슈에 대한 정책집행단계>로 구분할 수 있다고 분석했다.[292]

<정치이슈의 모색단계>는 정보통신기반을 활용, 정치과정 중에 중요하게 논의될 정치이슈, 선거이슈, 정책이슈 등을 제안하는 단계이다. 시민운동이 활발한 선진국의 경우 민간차원에서 정보통신기반을 활용하여 공동체의 관심사를 논의하는 활동이 활발히 전개되고 있으며, 이를 정치참여의 출발점으로 삼고 있다.

<정치이슈의 이해단계>는 정보통신기술을 활용하여 쟁점이 된 정책이슈에 대한 시민의 이해를 증진시킴으로써 정치참여를 유도하는 단계이다. 인터넷 등을 통해 정책당국 및 정치주체들이 보유하고 있는 정보들을 적극적으로 공개하고, 전자적 의견수렴절차를 통해 이에 대한 이해를 넓힘으로써, 그러한 문제들을 정치과정을 통해 합리적이며 효율적으로, 또한 투명한 방법으로 해결해 나가게 된다.

<정치이슈에 대한 의견수렴 및 토론단계>는 정보통신기반을 활용하여 쟁점이 된 정책이슈에 대한 여론을 형성하고 해결하기 위한 정책대안들을 결집해 나가는 단계이다. 이 단계에서는 모든 국민들이 정보의 생산자이며 소비자로서 정치과정에 자유롭고 평등하

---

291) 이순영, "인터넷이 정치참여에 미치는 영향", 전남대 박사논문(2002) 참조.
292) 황주성 외(2001), pp.42 - 44.

게 참여하는 가운데 정보기술을 활용하여 정치주체 간 의사소통 및 정보교환이 능동적으로 이루어지게 된다. 정치이슈에 대한 토론에서는 의견의 일치나 합의 산출을 통해서뿐만 아니라 의견의 차이나 혼란의 경험을 통해서도 정치적 해방감 또는 정치적 효능감을 느끼게 해 준다. 따라서 인터넷상의 정치적 대화와 토론에서는 합리적인 의견일치나 보편적인 합의만을 지향하는 것이 아니라 사적이고 감정적인 의사소통도 상대방에 대한 개방성과 능동적 신호를 자극하는 요소가 된다는 점에서 정치의 영역으로 포함시켜야 한다.

<정치이슈에 대한 의사결정단계>는 정보통신기반을 활용하여 쟁점이 된 정책이슈들에 대한 정책대안을 결정하거나, 이를 실천할 정책집행자를 결정하는 단계이다.

선거나 투표 등의 방법으로 정치주체들이 정보통신 기반을 이용, 정책결정에 적극적으로 참여함으로써 기존의 간접민주주의 체제가 안고 있던 정책결정 과정의 투명성 확보와 일반시민의 정치참여 문제를 해결해 나가는 단계이다.

<정치이슈에 대한 정책집행단계>는 정치이슈에 대한 이해, 의견과 수렴, 의사결정 단계를 거쳐 정책이 집행되는 단계로 시민의 참여로 생긴 요구(input)가 제도화되는 단계다. 이 단계에서도 여론 수렴 등을 통해 국민이 원하는 방향으로 보다 효율성 있게 사업을 추진하기 위해 정보통신기술이 이용된다.

구본권은 인터넷 정치참여를 '인터넷 담론의 현실개입 메커니즘'이라고 주장한 뒤 <사안의 발생 인지>, <인터넷 게시판에 고발성 기사 게시>, <온라인 참여확산: 퍼 나르기, 서명운동, 댓글>, <인터넷 언론 기사화>, <당사자의 무시, 기성미디어 외면>, <참여의 확산과 심화: 전문지식 보강, 대안제시>, <오프라인 참

여, 시위>, <기성미디어 보도>, <사안의 해결 및 대안 수용>의
단계를 거치는 것으로 정의했다.[293]

황의완은 인터넷 커뮤니티들의 인터넷 정치참여 과정을 5가지로
과정으로 분류하며 인터넷에서는 다수의 주체 중에서 먼저 새로운
제안자가 탄생하고, 그 제안자를 중심으로 참여가 이루어지면서 제안
자는 주도자로 변한다고 주장했다. 이때 주도자는 참여자의 동의하에
서만 유의미하며, 동의가 소멸하면 주도자는 급속히 사라진다.[294]

그가 분류한 사이버 커뮤니티의 첫 단계는 <사회적 동기가 내
부의 구심점으로 바뀌는 단계>이다. 이는 사회적 동기부여에서 출
발한다. 이때는 규정, 책임, 권리 따위는 큰 의미가 없다. 규정과
책임, 권리보다는 커뮤니티 탄생의 동기에 해당하는 강력한 주제나
이슈만 부각되어 있는 단계다. 이때 사이버 커뮤니티에 있어서 인
터넷 환경은 모임 구성원을 담아내는 그릇에 해당한다. 따라서 적
절한 시점에 적절한 환경을 갖춘 인터넷 공간이 구성되지 않으면
커뮤니티는 발전해 갈 수 없다.

두 번째 단계는 <온·오프 연계와 익명성의 저하가 일어나는
단계>이다. 즉 대표성을 만들어 가는 과정에서 익명성 저하가 동
반된다. 모임 결성 후 모임의 적극적 활동가들은 면대면의 만남을
시도하고, 이 과정을 통해 모임 전체의 익명성은 낮아지기 시작하
는 것이다. 온·오프 연계가 시작된 커뮤니티는 오프라인 모임 참
석자 위주의 새로운 결속과정이 시작된다.

세 번째 단계는 <구심점의 강화와 커뮤니티 분화가 일어나는

---

293) 구본권, "인터넷 담론의 현실 메커니즘", 디지털과 한국사회의 새로운 지평(2005),
　　　디지털2 컨퍼런스 자료집.
294) 황의완, 『정치백신 e – 폴리틱스』(서울: 가교출판, 2004), pp.105 – 107.

단계>이다. 사이버 모임이 온·오프 연계형으로 발전하면서 높은 강도의 구심점 강화의 과정을 밟게 된다. 이러한 구심점 강화의 과정에는 분화의 과정이 동반된다.

네 번째 단계는 <'중독과 울타리' 현상이 커뮤니티 내부에 자리 잡는 단계>이다. 즉 모임의 구심점을 중심으로 커뮤니티가 강화되기 시작하면 그 구성원들은 서서히 중독성을 보이기 시작한다. 이러한 중독성은 인터넷의 가장 큰 특징이자 유지·발전되는 모든 커뮤니티의 공통적인 경험이다.

다섯 번째 단계는 <'2:8의 법칙'이 적용되는 단계>이다. 어떤 모임에서나 20%의 주도집단이 80%의 나머지 구성원을 리드한다. 그러나 중독의 단계를 넘어서면서 모임 자체의 규모는 성장해 가는데, 주도 집단의 비율은 점차 낮아진다.

민경배는 인터넷 여론형성이라는 점에 초점을 두고 인터넷 정치참여의 개념을 단계별로 정리했다.

첫 번째 단계는 <공론화 과정>이다. 모든 참여의 첫출발은 항상 공론화 과정으로부터 시작된다. 공론화과정에는 의제설정과정과 의제에 대한 토론단계로 구분할 수 있다. 온라인을 통해 의제가 설정되는 방식은 크게 상향식, 하향식 방법 등 2가지 유형이 있다. 하향식 방법은 사회운동 단체가 주요 의제를 설정하고 이를 온라인을 통해 대중들에게 전파시키거나 언론 등을 통해 널리 알려진 의제에 대하여 네티즌들이 반응을 보이고 그들 사이에 자발적인 소통이 이루어지면서 자연스럽게 의제로 채택되는 방식이다. 상향식 방법은 널리 알려지지 않은 현안이나 새롭게 발굴된 현안이 네티즌들에 의해 채택되어 공론화되는 방식이다. 상향식 의제설정 방식은 중요한 의미를 갖는다.[295]

두 번째 단계는 <의제에 대한 토론>이다. 온라인 토론은 전자 게시판, 채팅방, 이메일 등을 통해 이루어지며, 메신저 등이 이용 되기도 한다. 전자게시판을 통한 온라인 토론이 전자게시판 안에서 진행되지만, 때로는 운동의 대상이 되는 집단의 사이트에 개설된 게시판을 점거한 상태에서도 진행되기도 한다.

세 번째 단계는 <연대화 과정>이다. 사이버 공간에서는 분산되 어 있는 이질적인 개인이나 집단들을 공통의 현안을 중심으로 모 이게 해 준다. 인터넷을 통한 자유로운 쌍방향 소통이 지속적으로 이루어지는 과정에서 참여자들 사이에는 고유한 집합적 정체성이 형성되며, 이는 곧 온라인을 통한 연대로 이어진다. 여기에는 연합 체를 결성하는 '결사체적 연대'와 웹 사이트를 통해 연대감을 표현 하는 '링크(link)적 연대'로 나누어 볼 수 있다. 결사체적 연대는 특 정 사안이 발생했을 때 개별 사회운동 단체들이 모여서 연합조직 을 결성하는 방식이다. 링크적 연대는 뜻을 같이하는 사이버 공동 체가 허브(hub)사이트 등을 통해 인터넷상에서 모여 참여의 전략과 방식 등을 논의하고, 운동의 방향을 정하는 일을 말한다.

네 번째 단계는 <동원화 과정>이다. 온라인 동원과 오프라인 동원으로 구분할 수 있다. 온라인 동원은 온라인 행동의 일정과 세부 실행계획, 행동지침 등이 해당 운동단체의 웹 사이트에 공개 적으로 게시된다. 웹 사이트가 일종의 대자보와 같은 역할을 하는 셈이다. 참여자의 거의 대다수가 사전에 조직화되지 않은 사람들임 을 감안한다면 온라인 행동으로의 동원은 분명 저비용, 고효율적인 참여방법이다. 참여자들의 참여비용은 거의 제로(0)에 가깝다. 오프

---

295) 민경배, "정보사회에서의 온라인 사회운동연구: 한국의 사례를 중심으로", 고려대 박
　　사논문(2002), pp.177 - 189.

라인 동원은 사이버 공간을 통해 오프라인 집회나 시위에의 참여를 홍보하거나, 특정기업 제품에 대한 불매운동을 촉구하거나, 투표 참여 및 공명선거 감시활동 등을 독려하는 행위를 말한다. 이처럼 인터넷 정치참여는 시민들이 정치적 이슈에 주목하는 인지적 차원에서부터 온라인 서명과 시위, 오프라인 집회참가, 투표, 그리고 정치적 자원봉사, 시위참가, 행동적인 차원까지를 포함하는 매우 포괄적인 개념이다.

인터넷 정치참여는 인터넷 매개 정치참여(internet−mediated political participation), 인터넷 기반 정치참여(internet−based political participation)를 포괄하는 개념으로 정의할 수 있다.

이원태는 촛불시위와 같은 오프라인상의 직접행동에 대해서는 기존의 정치참여 개념으로는 설명할 수가 없기 때문에 온라인과 오프라인의 정치참여의 혼용화(hybridization) 현상이 크게 증가된 오늘날 인터넷 정치참여를 '인터넷을 활용한 정치참여'와 '인터넷상의 정치참여'로 구분해야 할 필요가 있다고 주장했다.296)

'인터넷을 활용한 정치참여'는 오프라인 중심의 기존 정치집단이 인터넷을 도구로서 활용, 자신들의 정치적 이념과 정책을 공급 전파시키고 대중들을 폭넓게 동원하고 조직해 내며 정치적 영향력을 확대해 나가는 것을 의미한다. '인터넷상의 정치참여'는 인터넷상에서 발생하는 이슈나 네티즌들의 정치적 요구를 중심으로 전개되는 정치참여로서, 개별 시민들이 인터넷상에서 제기되는 정치·사회적 이슈를 중심으로 결집하고 연대하면서 정치적 요구를 자발적으로 표출하는 정치참여 형태를 말한다.297)

---

296) 이원태(2004), p.27.

297) 정연정은 인터넷 정치참여가 네트상의 사회운동이라는 새로운 운동양식의 출현과

이런 점에서 레스닉(Resnick)의 분류가 주목된다. 레스닉은 인터넷 정치를 '네트 내의 정치(politics within the net or intra-net politics)', '네트를 활용한 정치(politics use of the net)', '네트에 영향을 주는 정치(politics which impact the net)' 등 3가지 형태로 구분했다.[298]

기존의 정치학 연구에서는 정치참여를 투표, 선거와 같이 오프라인상의 합법적이고 정규적 형태의 제도화된 전통적인 참여형태로 규정하기 때문에 새로운 형태의 온라인 정치참여는 정치참여로 구분되기 어려운 측면이 있었다.[299] 특히 인터넷 정치참여를 이해할 경우 인터넷 매개 정치참여(internet mediated political participation) 혹은 온라인 정치참여는 기본적으로 관습적 정치참여이지만 투표행위와 선거유세 행위 등 직접적으로 선거와 관련된 활동이 아니라는 의미에서 비선거적 정치참여라고 할 수 있다. 인터넷 정치참여를 비선거적 정치참여로 보는 이유는 선거관련 행위의 중요성을 간과하는 것이 아니라 개인의 최종적인 정치참여의 결과가 투표행위로 제대로 이뤄지기 위해서는 사회구성원들의 정치적인 관심과 지속적이고 활발한 비선거활동이 있어야 한다는 생각에서이다.[300]

박종민은 현실의 정치참여에 대해 관습적(conventional)인 정치참여와 비관습적(unconventional) 정치참여로 나누고 관습적 정치참여는 합법적이고 정당하다고 인정되는 참여형태만을 연구대상으로 하고

함께 온라인 서명, 배너달기 등을 이용한 시민 불복종 운동과 온라인 시위, 사이트 파업 등의 새로운 정치참여 방법들을 채택하는 흐름에 주목해야 한다고 주장했다. 정연정, "인터넷과 시민운동", 『인터넷시대, 미디어와 시민사회』, 언론개혁시민연대 토론회 자료집(2001).

298) Resnick, D., "The Normalization of Cyberspace", in C. Toulouse and T. Luke(eds.), *The Politics of cyberspace*(London, 1999), pp.48-68.

299) 이원태(2004), p.24.

300) 강내원, "인터넷과 대중매체 이용이 참여에 미치는 영향에 관한 연구: 세대 집단간 비교", 『한국언론학보』 제48권 3호(2006년 6월), pp.116-143.

정치적 항의, 시위나 집회 등은 비관습적 참여로 분류했다.[301] 또 최근 정치참여 방식이 인터넷 등 IT의 적극적 활용을 통해 급격하게 전환되고 있는 것도 이 같은 해석에 설명력을 더해 주고 있다.

전통적인 이익집단과 정당 중심의 정치참여에서 소위 신사회운동과 초국적 권익주장 네트워크(global advocacy network) 기반의 정치참여로 전환되면서 직접적 행동전략, 인터넷을 통한 의사소통, 느슨한 연대, 정체성의 정치(identity politics) 등을 매개로 한 새로운 형태의 정치참여가 출현하고 있다.[302] 촛불시위와 같은 정치참여 사례와 같이 사이버 행동주의(cyber activism)를 기반으로 한 정치참여 양상을 온라인과 오프라인을 기계적으로 이원화하기 어렵게 만든다. 즉 인터넷의 정치적 이용 증대로 인해 현실정치가 오프라인에서 점차 온라인으로 옮아가는 과정에서 오프라인 정치참여와 온라인 정치참여의 확연한 구분은 점차 의미가 없어지고 있다.

인터넷으로 무장한 네티즌들은 선거참여 등과 같은 전통적인 공간에서는 낮은 정치참여 수준을 보여 주는 측면이 있지만, 보이콧, 시위, 사이버 행동주의(cyber activism) 등과 같이 덜 제도화되고 보다 자발적인 형태의 정치참여에서는 매우 적극적이라는 사실을 보여 주었다.[303] 이제 투표율, 노조 가입률, 정당 가입률 등 전통적인 정치참여 측정지표로는 이 같은 새로운 경향의 정치참여를 제대로 포착하기 어렵게 됐다. 따라서 정당 등 전통적인 정치참여의

---

301) 박종민, "한국에서의 비선거적 정치참여", 『한국정치학회보』 제28권 1호(2000), p.165.

302) Norris, Pippa, "Young People and Political Activism: From the Politics of Loyalties to the Politics of Choice?"(2002). "Report for the Council of Europe Symposium: Young People and Democratic Institutions; from Disillusionment to Participation"(Strassburg, 27 - 28th November 2003). 이현우, "2030세대의 참여정치 거버넌스", 『21세기 한국 메가트렌드 시리즈2』(서울: 정보통신정책연구원, 2005), p.17에서 재인용.

303) 위의 글, p.17.

감소는 정치 그 자체에 대한 반대라기보다는 정당에 대한 불만과 그러한 불만의 표출로서의 인터넷 등 정보통신기술의 발전에 힘입은 새로운 정치참여 영역의 출현을 의미한다고 볼 수 있다. 이는 젊은 세대가 자신의 의견과 공적관여를 서로 연결하는 대안적 방법을 찾아냈다는 의미를 함축한다.

〈그림 3-1〉 Norris의 정치적 행동의 발전유형[304]

		정치행동의 주요항목	
		시민지향적 정치행동 예) 투표, 정당활동 및 선거운동	명분지향적 정치행동 예) 소비자 정치, 시위와 청원
Agencies	전통적 기반 예) 교회, 노조, 정당	구세대	
	새로운 사회운동 및 권익옹호 네트워크 예) 환경단체, 인권단체 등		젊은 세대

　젊은 세대의 정치적 관여에 영향을 미치면서 등장하고 있는 새로운 유형의 정치참여 양식으로 이른바 '라이프스타일 정치(life-style politics)', '정치적 소비주의(political consumerism)' 등이 전통적인 정치참여 양식을 대체하고 있다. 이는 정치참여 또는 시민적 관여가 쇠퇴, 약화되는 것이 아니라 새로운 방식과 패턴으로 변형되고 있다는 것을 말해 준다.[305] 노리스(Norris)는 정치적 행동주의에 있어서 세대이동(generational shift)에 주목하고 전통적인 형태의 정치참여에서 새로운 형태의 정치참여, 특히 인터넷을 매개로 한 온라인 정치참여로의 전환이 두드러지고 있음을 지적했다. 이 같은

---

304) 위의 글, p.51에서 재인용.

305) 위의 글, p.18.

정치참여 패턴 변화에 대해 노리스는 '충성의 정치(politics of loyalty)'
에서 '선택의 정치(politics of choice)'로의 전환을 반영하는 것이라
고 언급하기도 하였다.306)

이에 따라 정치참여의 개념을 투표 등과 같은 공식적인 정치참
여 방식에만 한정시키지 않고 보다 새롭고 다양한 형태의 정치참
여를 포괄하는 방향으로 확장시키지 않으면 안 된다. 정치참여를
투표 이상의 일상적인 시민행동으로까지 확장시켜서 파악할 필요
가 있다.

고동현은 오프라인적인 정치참여와 온라인적인 정치참여를 다음
과 같이 구분했다.307) 첫째, 참여주체의 구성원리에 있어 오프라인
적 정치참여는 공식적, 위계적 조직 중심의 운동이라면 온라인 정
치참여는 풀뿌리형 네트워크 중심의 참여로 구분된다. 둘째, 참여
과정에서의 행위양식은 현실의 정치참여가 물리적 행위 중심의 행
위라면 인터넷 정치참여는 초기 인터넷상에 담론행위 중심의 운동
에서 시작, 온·오프라인 융합의 행위 중심의 운동으로 진화하고
있다. 셋째, 오프라인적 참여조직이 수직형·푸시(push)형 조직이라
면 온라인적인 참여조직은 수평적·풀(pull)형 운동이라 할 수 있
다. 현실에서의 정치참여는 참여의 이념은 하향식으로 전파됨과 동
시에 대중의 참여를 요구하는 푸시형으로 이뤄진다. 하지만 네트워
크를 중심으로 진행되는 온라인적 참여에서는 전혀 다른 양상이
나타난다. 찾아가는 운동이 아니라 참여자들의 운동이 진행되는 웹
사이트로 찾아오는 풀(pull) 방식이다.

---

306) Norris, Pippa(2002) 참조.
307) 고동현(2004), 고동현의 온라인·오프라인 사회운동 개념을 원용해 적용한 개념임.

인터넷 이용의 증대에 따라 정치참여의 양상이 이익집단과 정당 중심의 전통적인 정치참여에서 변화하고 있다. 과거의 정치활동은 정당이나 정치인 또는 각종 정치단체가 주최한 회합 및 대중집회에 참석하거나, 정당이나 시민단체 등에 회원으로 가입하거나, 선거일에 투표소에 투표하거나, 시위에 참여하거나, 청원서 등에 서명하거나, 혹은 토론회에서 자신의 의사를 피력하거나 하는 일을 통해서 이루어졌다. 즉 과거의 정치활동은 개인의 일상생활과는 의식적으로 구분되는 별개의 활동이었다. 따라서 정치에 참여한다는 것은 본인이 그 사실을 분명히 인지하고 있고, 또 물질적으로든 심리적으로든 활동비용에 대한 부담도 감수하겠다는 의지를 수반하는 일이었다.

그러나 인터넷에서 접한 정치관련 정보에 대해 자신의 의견을 적고 흥미롭게 여겨지는 내용을 퍼다 옮기며, 비슷한 생각을 가진 이들끼리 온라인 공간에서 모임을 결성하는 행위가 무척 자연스러워진 일이다.

인터넷 시대에는 또 신사회운동, 초국적 네트워크(global advocacy network)의 등장에 따라 직접적 행동전략, 인터넷을 통한 의사소통, 느슨한 연대, 수평적 조직, 비공식적 소속감(informal mode of belonging), 정체성의 정치(identity politics) 등의 특성이 선보이고 있다. 다시 말해 정치참여 행동의 발전유형이 기존의 교회, 노조, 정당 등의 전통적 자발결사체들의 정치참여 행동 유형인 투표, 정당 활동, 선거운동에서 환경단체, 인권단체 등 새로운 사회운동 및 권익옹호 네트워크의 소비자 정치, 시위와 청원 등 명분 지향적 정치행동으로 변화하고 있다. 이는 정치참여 또는 시민적 관여가 쇠퇴·약화되는 것이 아니라 새로운 방식과 패턴으로 변형·재구성되고 있다는 것을 말해 준다.[308]

과거에는 연고, 정당 및 결사체 등의 폐쇄적, 위계적 멤버십 중심의 집단화된 정치참여가 지배적이었으나 점차 유동적이고 임의적인 가상조직이 정치참여를 주도하고 있는 것이다. 다원적이고 분산적인 네트워크에 기반 한 자율적 개인들이나 권능화(empowerment)된 네티즌 등 유동적이고 임의적인 가상조직들이 주도하는 정치참여가 점차 부각되고 있다. 네티즌과 가상조직들은 고도의 연결성과 분산화를 특징으로 하는 인터넷 정치참여를 통해 중요한 정치·사회적 의제선정 및 정책결정과정에서 강력한 영향을 미치는데, 이는 정부, 정당 및 정치인들이 적극적으로 반응하도록 압력을 행사했고 실제로 정치질서의 변화를 가져오기도 했다.

인터넷의 무수하게 다양한 커뮤니티들에 기반을 두고 새로운 활동 방식과 문화적 경험을 표출하고 있는 독특한 네티즌들의 참여방식은 인터넷 정치참여를 이해하는 데 필수적인 요소가 되어 가고 있다.

1. 정치 프로슈머(prosumer)로서 개인의 정치참여

인터넷 환경은 개인의 의미와 역할을 변화시켰다. 대중매체를 통해 얻게 되는 정보를 단순히 수용하는 개인에서 자신의 관심에

---

308) 김종길(2008), pp.163 – 164.

따라 정보와 사람을 네트워킹 할 수 있는 개인으로 변화되었다. 인터넷 환경은 개인을 정치의 생산소비자(prosumer)[309]로서 다시 태어나게 했다. 정치의 소비자로서 유권자만을 의미하던 개인이 정보기술 환경에서 똑똑한 정치적 생산자로 탈바꿈하고 있는 것이다.

인터넷은 정치와 접목 이후, 참여의 폭발적 증대로 정치담론의 중심적 주체와 소통권력을 정부, 정치인 등 정치엘리트에서 시민으로 이동시켰다. 이는 기존의 중앙집권적인 매스미디어의 통제와 지배를 해체하고, 국가만이 보유할 수 있었던 정보통제 능력을 개인에게로 이동시킨 결과이다.

샤피로(Andrew Shapiro)는 테크놀로지를 통한 개인의 권력화는 피할 수 없는 현상이라며 이를 '통제혁명(control revolution)'이라고 지칭했다.[310] 그는 넷(net)의 여러 특성들로 인해 정보와 경험, 자원을 통제하는 거대한 변화가 일어나고 있으며 그 통제의 주체는 엔드유저(end user)가 되어 가고 있다고 했다. 사이버 공간과 같은 비대면적 공간에서 개인은 여러 수단을 통해 정체성이나 위계의 제약을 받지 않는 평등한 권력자로 다시 태어나고 있다. 인터넷이 확산되고 있는 지금 각각의 개인은 국가적인 차원이 아닌 세계적인 차원에서, 근대적인 법률이나 규범체계가 아닌 스스로의 자율과 욕망, 규범체계에서 스스로를 표현하는 시스템으로 전환하고 있는 것이다.[311]

사이버 공간은 네트워크를 통해 정치적 집단의 구성을 전통적으로 제한해 왔던 안정된 제도적 경계로부터 벗어나 정치적 조직화

---

309) 프로슈머(prosumer)의 개념은 앨빈 토플러가 최초로 사용한 개념으로 기업의 생산과정에 적극적인 기호를 반영하는 적극적 소비자와 소비자 자신이 직접 부품을 모아 생산하는 전문적 소비자로 구분될 수 있다. 최항섭, "인터넷 시대의 새로운 경제권력, 프로슈머", 김상배 엮음, 『인터넷 권력의 해부』(서울: 한울, 2008), p.218.

310) Shapiro, Andrew, *The Control Revolution*(NY: A Century Foundation Books, 1999).

311) 성동규·라도삼, 『인터넷과 커뮤니케이션』(서울: 한울아카데미, 2000), p.32.

를 자유롭게 할 수 있는 기회가 열려 있다. 따라서 기존 정치제도
의 틀 내에 있는 사회경제적 경계를 가로지르는 새로운 이슈와 집단
의 형성을 활성화함으로써 새로운 조직화와 직접 참여방식이 대거
등장하게 되는 것이다.[312] 네그로폰테(Nicholas Negroponte)가 '디지
털 개인(digital individual)' 또는 '진정한 개인화(true personalization)'
가 실현되고 있다[313]고 주장한 것은 이러한 가상공간 권력의 미시
적 기초로서 개인의 중요성을 지적한 것이다.

이제 정치적 개인은 정치정보의 제공자와 이용자 간의 '정치정
보의 생산과 소비'라는 측면에서 바라보는 정치 엘리트적 관점이
아니라 정치정보의 교환과 소통이라는 시민적 정치커뮤니케이션
관점에서 조망되어야 한다. 인터넷과 정치의 중심적 요소는 정치적
의사결정의 결과나 효과가 아니라 의사결정이 이루어지는 상호작
용 과정이라고 할 수 있기 때문이다.

정보기술의 발달과 이용의 보편화에 따른 사회네트워크의 변화
는 연고형 폐쇄적 집단구성원(group – based)을 네트워크화된 개인
들(networked individuals)로 바뀌게 한다. 인터넷의 등장으로 가족,
학교, 직장뿐만 아니라 동호회, 결사체 등 시간, 장소에 구애받지
않고 온 – 오프라인상의 사회·문화, 정치적 관계망에 복잡하게 얽
혀 있는 '네트워크화된 개인들'에 의해 복합적, 중층적으로 구성된
다. 산업화 시대의 집단(group) 중심에서 탈산업화시대의 유목형
정치참여로의 변화가 일어난다. 이 과정에서 정치참여 주체로서 시
민의 존재양식이 변화된다.[314] 정치참여가 특정집단이 아닌 선거

---

312) 고동현, "정보사회의 도전과 사회운동의 새로운 전개: 한국 사이버 사회운동의 유형
　　과 동학을 중심으로", 연세대 박사논문(2003), p.163.

313) Negroponte, Nicholas(1995), p.164.

314) 강원택·이원태 "인터넷과 정치참여: 한국의 경험", 대한상의 토론회(2005), 디지털2

등 공식적이고 제도화된 채널에 의해서만 이루어지는 것이 아니라 복잡하게 얽혀 있는 네트워크화된 개인들의 일상적 행위를 통해서 나타난다. 이는 정치참여의 다층화, 복잡화에 따른 정치참여의 일상화 및 사회관계망의 정치화를 초래한다.

특히 젊은 네티즌들은 텍스트 기반의 정보제공 및 숙의적 공론 참여 방식에서 벗어나 점차적으로 오디오, 플래시, 동영상, 멀티미디어 등 IT기반의 정보공유 및 문화적, 감성적 관여방식이 보다 일상화되는 방향으로 전개되고 있다.[315] 즉 연고와 관심공유에 기반을 둔 온라인 커뮤니티의 활성화, 블로그 인터페이스에 기반을 둔 사회적 네트워크의 비약적 발전, 합성 패러디 등 디지털 기술의 범용화에 따른 다양한 정치 콘텐츠 및 정치담론의 생산과 공유 등 독특한 정치참여 방식을 양산해 내고 있다. 아울러 휴대폰 문자 메시지나 모바일 블로그, 메신저와 같은 채팅, 개인화된 미디어로서의 블로그형 홈페이지, 디지털화된 사진과 이미지를 새로운 정치콘텐츠로 만들게 해 주는 디지털 카메라와 캠코더, 정보공유 네트워크로서의 P2P 등과 같은 개인화된 커뮤니케이션 수단을 활용한 정치참여와, 웹진 인터넷 신문, 인터넷 방송 등과 같은 인터넷 매체, 다양한 유형의 온라인 동호회 게시판 토론을 통한 집단화된 정치참여가 서로 분리되기보다는 상호 밀접하게 연관되면서 온라인 정치참여를 확산키고 있다.[316]

과거와 같이 정치적 공급자의 위계적 가치배분에 의해 일방적으로 형성되는 전통적 정치영역과는 달리 인터넷이란 개방적이고 쌍

컨퍼런스, '디지털과 한국사회의 새로운 기회', p.18.

315) 이현우(2005), p.11.

316) 위의 글, p.56.

방향적인 공간이 제공하는 새로운 참여문화의 활성화를 통해서 보다 개방적이고 민주화된 정치적 참여 시스템을 구축해 나가고 있다. 인터넷 등 정보통신 기술의 활용은 정당참여와 같은 집단적 형태의 정치행위를 상당한 정도로 이메일을 통한 정치인과의 직접적 접촉이나 온라인 서명운동과 같이 개인화된 정치참여로 전화시키고 있다.

그러나 여기서 개인화된 정치참여란 사이버 공간상의 파편적이고 고립적인 개인들의 개별화된 정치참여를 의미하는 것이 아니라 다양한 사회적 네트워크에 얽혀서 자신만의 개인적인 공동체를 갖는다는 것을 의미한다. 아울러 개인화된 의사소통 수단에 의한 정치참여가 증가한다고 해서 게시판 인터페이스 및 홈페이지 기반의 집단화된 정치참여가 개인화된 정치참여로 대체되는 것은 아니다. 오히려 개인화된 정치참여와 집단화된 정치참여 패턴의 융합현상(convergence)이 나타난다.

새로운 병참술을 방불케 하는 최근의 시위문화도 IT에 기반을 둔 유목형 정치참여와 연계해 설명이 가능하다. 뉴욕타임스(NYT)는 디지털 수단이 단순 시위대의 동원에만 이용되는 것이 아니라 시위대의 조직력과 집회, 속도의 규모, 시위전략의 유연성과 영향력 측면에서 과거 시위와는 비교가 안 될 정도로 효율적이라며, 그 같은 비결이 인터넷과 휴대전화 문자 메시지 등 새로운 정보통신 수단에 기인한 것이라고 분석했다.[317] 우선 시위에 참가하는 사람들의 출신성분이 바뀌고 있다는 것이다. 지금까지 시위는 중앙지도부로 대표되는 계급조직(hierarchies)이 주도해 왔다.

그러나 인터넷 시대에는 특정한 주모자도 중앙 집행부도 없는

---

317) 뉴욕타임스(NYT), 2003년 2월 23일.

새로운 형태의 시위문화가 퍼져 나가고 있다. 자유의지를 가진 각 개인이 네트워크를 통해 자연적으로 집결, 무정형의 '이질적 결합조직'을 형성하고 있다는 것이다. 시위는 네트워크를 통해 지역화할 수 있을 뿐 아니라 시위정보가 전달되기 어려운 산간벽지의 개인과 단체들까지도 끌어들일 수 있다. 시위대의 의사소통체계도 변화고 있다. 과거의 계급조직은 상의하달(top－down)식 의사소통 체계인 데 반해 인터넷 시대의 '이질적 결합조직'은 유사한 생각을 지닌 사람들끼리 쌍방향으로 자유로운 토론을 통해 여론을 형성하고 자발적 시위에 나서고 있는 것이다.

인터넷 시대의 군중은 늘 다른 사람들과 끊임없이 접촉하고 대화한다. 인터넷과 휴대전화 등 '신유목'의 기기만 가지면 시간이나 장소는 항상 가변적이다.[318) 연대의식과 유동성, 이것이 인터넷－모바일 군중의 특징이자 무한한 잠재력이다.

인터넷 성숙기로 불릴 수 있는 2002년 이후에는 초고속 인터넷, 휴대폰, 메신저가 결합하고 다양한 IT기술이 융합되면서 인터넷의 활용 폭과 수준 및 효과가 극대화되는 양상을 보이고 있다. 웹과 휴대폰의 소통성을 획기적으로 높여 양자 간의 질적인 통합을 강화함으로써 즉발적인 시민참여를 위한 기술적 기반이 더욱 확충되고 있는 것이다. 붉은악마나 촛불시위 등에서 가시화되었듯이, 정치참여나 시민운동에 재미의 요소가 가미될 경우 젊은 네티즌들은 언제든지 오프라인 현장으로 달려갈 태세가 되어 있는 듯하다.

---

318) 이와 관련해 독일의 미래학자 군둘라 엥리슈는 '잡 노마드(job nomad)'라는 개념을 들어 한 사람이 다양한 직업을 전전하는 양상을 짚어 냈다. '잡 노마드'란 유목민을 뜻하는 라틴어 '노마드'와 디지털이 결합된 것이다. 그는 이들을 휴대폰, 노트북, PDA 등 첨단디지털장비로 무장한 채 자유롭게 떠도는 21세기형 유목인으로 표현하고 있다.

2. 약한 연대의 정치참여

인터넷에서는 누구든지 참여의 방향이나 구체적인 전략을 제시할 수 있고, 이것이 다른 참여자들의 공감과 설득력을 확보하면 그러한 방식으로 참여가 흘러가는 비정형적 모습을 보여 준다. 즉 온라인 활동은 소수의 운영진에 의해 이루어지는 것이 아니라, 다수 네티즌의 적극적인 행위에 기반을 두고 있는 것이다.

다수 개인의 자발성에 의존하는 활동은 시민들의 이익을 대변하는 대의적 조직에 의해 집합적으로 형성되는 것이 아니라, 개별적 개인을 단위로 활동이 이루어진다. 즉 뚜렷한 운동의 이념, 혹은 운동노선이나 운영지침에 따라 일사분란하게 움직이는 집단이 아니라, 개인의 자발적 참여 의지에 따라 유연하게 조직되는 형태인 것이다. 즉 강한 집합적 정체성에 의해서가 아니라, 느슨하고 '약한 유대관계(week ties)'를 갖는 행위에 기반 한다.

네티즌들의 인터넷을 이용한 조직화 및 활동방식도 매우 빠르게 변화하고 있다. 시민운동단체나 사이버 운동조직이 주도하고 네티즌이 동참하는 형태에서 네티즌이 선도, 주도하고 기존 시민운동단체나 조직이 추후 이에 동참하거나 아예 인터넷 카페를 중심으로 한 네티즌들의 자발적인 동원에 의존하는 방식으로 변화하고 있다. 네티즌들이 특정 운동조직이나 결사체를 결성하지 않고도 즉발적이고 순간적으로 저항을 실행하는가 하면 인터넷 카페나 이슈 중심의 정치참여도 활발하게 일어난다. 전반적으로 사이버 공간에서의 연대는 '강한 연대'라기보다 '약한 연대'의 성격을 띨 수밖에 없다.

그러나 개인주의화된 네트워크에 기반 한 약한 연대의 커뮤니티와 인터넷을 통한 정치참여가 면대면(face-to-face) 접촉의 결여와 사회자본의 감소로 공적관여와 정치참여의 쇠퇴현상을 초래할 것이란 지적도 있다.

최근 들어 인터넷을 기반으로 한 정치참여는 기존 사회운동단체나 시민단체 주도의 운동양태를 벗어나고 있으며, 개별현안에 따라 즉시적으로 반응하거나 주류문화에서 소외되었던 주변집단이 인터넷을 통해 자신의 목소리를 내고 관심을 공유하고 타인과 교감을 나누며 연대감을 형성해 가는 형태로 분화되는 경향이 농후하다.[319] 인터넷 세대의 새로운 감수성에 기반 한 참여방식들이 대중들의 관심과 참여를 이끌어 내고 있다.

사이버 공간은 자유로운 표현이 가능하고 다양하고 새로운 문화가 창출되는 곳이다. 10－20대가 주축을 이루는 네티즌들은 기존의 권위와 경직성을 거부한다. 이들은 자유분방하고 새로운 변화에 민감하며, 또는 기존 질서에 대한 문화적 저항의 기질을 가지고 있다.

친숙한 로고의 조롱이나 패러디 전략, 명확하면서도 참신한 은유의 활용, 기존의 경직된 문화코드에 대한 유쾌한 도발 등 네티즌들의 여론에 반향을 불러일으킬 수 있는 정서적, 상징적 운동들이 인터넷 곳곳에서 등장하고 있다.[320] 이처럼 인터넷 정치참여에 채택되는 네티즌들의 '상징'은 지금껏 당연시되거나 감추어졌던 기존 체계의 작동 방식에 대한 저항의 의미로서 사용되고 있다.[321]

---

319) 김종길(2008), p.204.

320) 고동현(2003), p.229.

321) 2008년 광우병 쇠고기 수입반대 촛불시위에서 나타난 유모차 부대의 시위, 축제분위기의 시위현장, 경찰버스에 주차위반 딱지 부착, 예비군복 차림의 질서유지대의 등장 등이 그 사례이다.

3. 개인주도형 대중운동 방식의 정치참여

인터넷에서는 현실사회에서 보기 힘들었던 개인적 차원의 정치사회적 참여의 가능성을 보여 주고 있다. 사이버 공간에서는 단체의 조직적인 접근 없이도 한 개인이 공공문제의 해결에 있어 단체나 조직에 못지않게 영향력을 행사할 수 있다. 곧 개인이 감당할 수 있는 적은 비용과 노력만으로 정치사회적 참여에 가담할 수 있다. 이러한 개인운동 방식의 등장은 단순히 많은 물질적 자원을 투입한다고 해도 사이버 공간에서 성공할 수 없다는 것을 극명하게 보여 주는 예이다.

기존 시민단체들이 주로 명망가와 전문가 등의 주도로 '위로부터의 조직형성'의 방식을 꾀했다면, 이는 평범한 시민들 및 네티즌들의 자발적 참여로 이루어진다는 점에서 '아래로부터의 조직형성' 방식을 취한다고 볼 수 있다. 또 특정한 사회적 이슈에 반응하여 시민들이 의미를 형성하며 그것에 공감을 일으켜 참여하고 결집한다는 점에서 사후적이며, 조직형태가 고정되지 않고 끊임없이 변하며 재구성된다는 점에서 잠정적 조직이라고 말할 수 있다. 아울러 의사결정 체계가 수평적이고 분권화되어 있으며, 고정된 위치와 지위에 따른 정해진 절차에 의해서가 아니라, 사안에 따라 참여하는 구성원들에 의해 결정된다는 점에서 매우 유동적이다.

따라서 구성원 누구라도 리더가 될 수 있고 다수의 리더가 나올 수도 있다. 또 리더는 고정적이지 않고 상황과 문제에 따라 참여의지와 능력을 갖춘 이가 리더로 부상한다.[322] 이들 네티즌들은 체계적인 조직형태를 취하기보다는 네티즌들 간에 느슨하게 연결된

---

322) 고동현(2003), p.184.

비공식조직으로 형성되어 있음을 알 수 있다. 그것은 정교한 내부
체계를 갖지 않는 일종의 동호회 형태를 취하기도 하며, 심지어는
개인이 사회운동을 수행하는 주체가 되기도 한다. 개인 운동방식의
등장은 시민사회가 시민운동 단체뿐만 아니라 일반 시민들의 자발
적인 조직과 참여에 의해 형성된다는 것을 의미한다. 이 같은 영
향으로 최근 들어 인터넷 정치참여 방식이 개별현안에 따라 즉시
적으로 반응하는 형태, 일시적이고 유동적인 형태, 주류문화에서
소외됐던 주변집단들이 인터넷을 통해 자신의 목소리를 내고 관심
을 공유하는 다른 개인들과 교감을 나누며 연대감을 형성해 가는
형태로 분화되어 가고 있다.[323]

개인의 의제설정이나 쟁점 제기 등이 참여적 방식으로 이루어지
기도 한다. 인터넷상에서는 어떤 고정된 인물이 의제설정을 독점하
는 것이 아니라, 시기와 상황에 따라 달라지기도 하고, 명망가는
아니더라도 논객으로 발전하기도 한다. 그러나 이들은 항상 고정된
것이 아니라 유동적이다. 어느 시점에서 몇몇이 주도적으로 토론하
다가 시간이 지나면서, 다른 사람들이 토론을 거쳐 논객으로 등장
한다. 이는 참여자들이 정해진 위치가 따로 없는 자발적 모임이기
때문이다.

인터넷상에서는 여론집중화 현상도 생겨난다. 하루에도 수백 개
의 글이 올라오는 게시판에서 자주 이용하는 네티즌들은 그 수많
은 글들 중에 자기 나름대로 읽을 만한 글을 가려 읽는 안목을 갖
게 된다. 자연스럽게 몇 개의 게시판 글만을 집중 공략하게 된다.
이는 '아이디의 그룹화' 혹은 '논객에 의한 패밀리화' 현상을 가져

---

323) 황주성 외, 『IT의 사회문화적 영향연구: 21세기 한국 메가트렌드 시리즈』(서울: 정보
　　통신정책연구원, 2004), p.136.

오게 되는데, 특정 게시판에 내가 쓴 글과 내 글을 읽어 주는 사람들이 집중되면서 몇 사람의 글이 그 게시판을 잠식해 들어갈 수 있다. 이것은 소수 아이디의 게시판 독점 현상으로 발전해 다른 이용자의 참여를 막아 버릴 위험도 존재한다.[324]

네티즌들은 저마다 다른 방향으로 날아가다 어느 순간 한 방향으로 몰리는 반딧불이의 운동처럼, 잠복해 있다 특정한 현안이 발생하면 이메일이나 휴대전화, 동영상 카메라 등 모바일을 이용해 한꺼번에 의견을 수렴한 후 발 빠르게 행동할 것으로 예상된다. 촛불집회와 같이 현안이 발생하면 인터넷으로 사회적 공론장이 옮겨지고, 여기서 오프라인 참여의 단초가 제공된다.

4. 놀이와 감성적 방식의 정치참여

지금까지 인터넷상의 정치참여는 주로 게시판을 중심으로 한 정치적 대화와 토론이 주류를 이루었다.

그러나 이 같은 게시판 중심의 정치적 토론이 최근에 와서는 이른바 블로그 인터페이스의 기술적 도입에 힘입어 다양한 방식의 정치적 리플 혹은 댓글에 의해 보다 상호 작용적인 패턴으로 변모하고 있을 뿐만 아니라 디지털 사진, 동영상, 패러디, 플래시 애니메이션, 인터넷 어록 등 네티즌들에 의해 자발적으로 직접 생산되고 유통되는 다양한 형태의 정치적 콘텐츠를 통해 점차적으로 멀티미디어에 기반 한 감성적 방식의 정치참여가 중요해지고 있다.[325] 특히 정치 패러디물은 온라인 커뮤니티에서 유행하는 리플

---

324) 고동현(2003), p.188.

놀이와 마찬가지로 인터넷상의 자발적이고 자율적인 놀이문화 혹은 즐거움을 향한 욕망에서 비롯된 놀이로서의 문화적 표현양식으로 파악되기도 한다. 자기절제와 이성적, 합리적 판단이 요구되는 심의적 정치참여에서 자기표출 현상이 뚜렷해지면서 감성적 표현의 자유로움이 강조되는 표출적 정치참여가 중요해지고 있다.

〈그림 3-2〉 광우병 쇠고기 수입반대 인터넷 패러디

---

325) 이현우(2005), p.66.

이처럼 감성적 표현의 표출적 정치는 감정적 동일성의 확보를 통해 군중행동과 같은 일시적이고 집단적인 흥분의 '집합적 전염'의 속성을 지니고 있다. 확신에 찬 언어, 체계적 설명보다는 선험적으로 주어진 결론의 강요, 감성적 분노의 자극 등 인터넷 소통에서 나타나는 선동적 특징은 집합적 흥분을 조직하는 중요한 수단으로 기능하기도 한다.

놀이와 재미는 전통적인 정치참여의 동인과는 구분되는 새로운 동인이라는 점에서 계급이나 지역, 이념, 종교, 언어 등 집단적 정체성에 기반을 둔 조직과 참여를 통한 정치적 동원을 어렵게 만들고 있다. 그러나 자기 표출적 정치참여는 감성적 이슈에 대한 높은 관심과 심의의 부족이라는 문제점도 나타나고 있다.

리플, 댓글 중심의 자기 표출적 글쓰기, 패러디 사진, 플래시 애니메이션, 동영상 등 네티즌이 직접 생산한 이미지 콘텐츠 중심의 정보공유, 정치패러디, 미니 홈피를 통한 이미지 중심의 노출경쟁 등이 등장하고 있다. 즐거움 또는 희열, 정서적 흥겨움, 놀이의 대상으로 여기는 쾌락적, 축제적 정치참여를 특징으로 한다. 이는 탈정치화된 정치참여 또는 문화적 정치참여의 특징으로 불린다. 이는 새로운 형태의 인터넷 정치참여인 플래시 몹(flash mob)과 정치 패러디, 번개모임,326) 해학과 풍자, 대중의 지혜 등이다. 이들의 공통분모는 잘 발달된 인터넷 인프라와 그 바탕 위에 일탈, 가벼움, 대안모색, 집단화가 작동되고 있고, 그 주도세력은 젊은 N세대가 있다.

한국의 N세대는 기존의 사회구성과 사회질서에 대한 거부감을 표출하고 있다. 이들은 그동안 한국사회를 지배한 전통적 가족 가

---

326) 인터넷 즉석모임을 뜻하는 말로 한국에서도 지난 2003년 실제 일부 국회의원들이 인터넷상에서 네티즌들에게 '번개모임'을 제안해 오프라인에서 시국 대토론회를 개최, 새로운 정치문화로 등장했다.

치관과 성 역할, 언론과 정치영역을 포함한 기존의 권력 생산구조 등 기성의 영역에 대한 강한 거부감을 보이고 있다.[327]

플래시 몹은 메신저, 휴대폰 등과 같이 개인화된 커뮤니케이션 수단을 통해서 온라인과 오프라인을 연결하는 새로운 정치참여 수단으로 '인터넷 군중'의 행동양식으로 이해할 수 있다. 플래시 몹은 갑자기 사용자가 증가하는 현상을 뜻하는 플래시 크라우드(flash crowd)와 의견이 일치하는 대중을 뜻하는 스마트 몹(smart mob)이 하나로 붙은 합성어로 인터넷 군중들의 신종 집단행위를 가리킨다. 예컨대 뜻을 같이하는 대중들이 갑자기 한 덩어리가 된다는 것인데, 얼굴도 모르는 불특정 다수의 대중이 인터넷과 이메일을 통해 시간과 장소를 정해 미리 약속한 행동을 하고 감쪽같이 사라지는 것을 뜻한다. 인터넷상에서 어떤 목적으로 집단행동을 하려는 사람들이 인터넷 등으로 행사정보를 얻고 와서 현장에서 지시를 받는다. 2003년 6월 뉴욕에서 시작됐다는 플래시 몹은 순식간에 이탈리아의 로마, 프랑스의 파리, 오스트리아의 빈 등 유럽도시는 물론 호주, 브라질, 우크라이나 등 세계전역을 휩쓸고 있다.[328]

플래시 몹은 하워드 라인골드가 말한 '스마트 몹'의 변종으로 볼 수 있다. 처음에는 정치적 목적 없이 재미를 위한 놀이였지만, 2004년 17대 총선을 즈음하여 보다 정치적인 목적이 강한 플래시 몹이 등장하기 시작했다. 정치적 플래시 몹은 개인화된 소통수단을 매개로 자신의 의사를 적극적으로 표출하면서도 다른 사람들과 공유하는 명분이나 공감대를 가지고 참여하는, 예컨대 탄핵과 같은

---

327) 박길성, "N세대의 문화와 세대경험", 임희섭 외, 『한국의 문화변동과 가치관』(서울: 나남출판, 2002), p.38.

328) 문화일보, 2003년 9월 27일.

커다란 정치적 소재와 관련하여 네티즌들의 공유욕구가 정치영역에까지 확산되고 있는 것으로 볼 수 있다.[329]

플래시 몹은 정치적 성격을 띠기도 하지만 기본적으로 네티즌들 간의 문화 내지 놀이라는 성격을 강하게 내포하고 있다. 특히 2002년 대통령 선거결과에도 직·간접적으로 영향을 미쳤다고 평가받는 대규모 촛불집회는 재야단체나 시민운동단체, 정당과 같은 외부전문 조직의 관여 없이 인터넷을 통해 의견을 개진하고 의사소통하며 여론을 형성한, 자발적인 참여와 상호협력으로 만들어진 결과이다. 이는 거대한 '번개'와 자발적인 플래시 몹으로도 해석이 가능하다.[330] 다수의 주체들이 주도자와 참여자들의 조화 속에서 매우 빠르게 역할을 바꾸며 이슈를 통해 모이고 해산하는 사이클을 반복한다.

어떤 제안이 더 많은 참여자를 모으는가 하는 것이 관건이다. 이때 거론되는 참여자는 동원된 군중으로서의 몹이 아니라, 스스로 선택한 정보와 주체적 판단과 선택에 의한 '스마트 몹'으로서의 의미를 지닌다.

지난 2002년 한국에선 플래시 몹의 연장선에서 살펴봄직한 두 건의 사회적 사건이 있었다. 월드컵 붉은악마의 거리응원과 효순·미선 양 미군 장갑차 희생추모 촛불시위가 그것이다. 물론 이 두 사건은 모두 누군가의 기획보다는 자연발생적 성향이 더 강하다는 측면에서 플래시 몹과 다르긴 하지만, 그 기저에 깔려 있는 동질성이 분명히 존재한다. 즉 사이버 광장에서 서로의 존재를 느끼며 현실과정에서 서로를 확인하고자 하는 과정이라는 점에서 동일하다. 이는 하나의 플래시 몹이 단발성에서 그치지 않고 온·오

---

329) 이현우, 앞의 글, p.65.

330) 강원택, 『한국정치 웹 2.0에 접속하다』(서울: 책세상, 2008), p.48.

프가 연계되어 상호 상승작용을 일으키며 초대형 플래시 몹으로 확대된 것으로 분석해 볼 수 있다.[331]

참여정부 출범 직후에 있은 화물연대의 파업도 이런 방식과 유사하게 진행된 적이 있다. 인터넷 등으로 행사정보를 얻고 와서 현장에서 지시 문자를 받는 것이다. 휴대전화 음량을 키우고 지시받는 시간을 알람으로 설정한다. 그리고 알람이 울리면 지시한 대로 집단행동을 벌이는 것이다.

플래시 몹은 그 동기와 목적성이 일종의 예술행위와 흡사하다. 집단적 행위예술이라기보다는 아직까지 젊은 세대의 경쾌한 놀이 성격이 짙어 정치적 참여행위로 발전하기에는 아직 한계가 있다.

5. 온라인과 오프라인 참여의 유기적 결합

인터넷의 등장과 확산으로 개별 사회운동 간 또는 온·오프라인 운동 간 경계가 허물어지고 있다는 점도 주목할 필요가 있다.

오프라인 기반의 정치조직들이 유권자의 정치동원을 위해 온라인화 또는 디지털화되는 차원을 넘어 점차 온라인에서 자발적으로 형성되는 다양한 형태의 온라인 정치조직, 정치커뮤니티를 중심으로 한 네티즌들의 정치참여가 활성화되고 있다. 특히 오프라인에서도 온라인상에서와 동일한 정치참여 형태가 나타난다. 여론형성과 의제설정, 집단형성, 이익표출, 동원 및 집단행동, 선거운동, 투표 등 다양한 방법이 동원되고 있다. 참여의 비용이 거의 들지 않고 시간적, 공간적 제약에서 자유롭다는 점에서 매우 효과적인 참여가

---

331) 황의완(2004), p.50.

가능하다. 온라인상의 참여만으로 사회적 문제를 다 해결하기는 어렵다. 따라서 오프라인 시민운동 단체들과도 긴밀한 관계와 연대를 형성해야 하고, 이를 현실정치에 투영하는 노력도 나타난다. 이를 온라인과 오프라인의 수렴(convergency)현상이라고도 말한다.

사이버 공간은 자유로운 링크체계(link system)의 형성을 통해 온라인상의 정치참여와 오프라인의 정치참여의 결합을 용이하게 할 수 있는 계기를 마련해 주고 있다. 인터넷은 사회적 네트워크(social network)와 사안적 네트워크(issue network)가 통합될 수 있는 계기를 마련함으로써 새로운 구성원과 새로운 경험이 네트워크에 부여되는 것을 통해 대중적 동원을 활성화할 수 있는 기회를 제공하고 있는 것이다.332) 이처럼 정치사회적 맥락을 강조하면서 온라인 정치참여와 오프라인 정치참여를 복합적으로 이해하는 관점은 사이버 공간에서의 공론화와 정치참여가 현실공간에서의 정치참여와도 상호 작용함으로써 정보화 사회에서의 참여민주주의에 대한 발전적 전망을 모색할 수 있게 만든다.

한국의 경우 2004년 대통령 탄핵정국 및 17대 총선과정에서도 커다란 영향을 미쳤던 촛불시위와 같은 오프라인 정치참여 사례도 사실상 온라인 정치참여와 오프라인 정치참여의 구별을 모호하게 만드는 것이라 할 수 있다. 촛불시위는 형태상 오프라인 정치참여의 일환이었지만 사이버 행동주의(cyber activism)의 맥락에서 이해할 수 있다. 즉 최근의 촛불시위가 <온라인에서의 제안>, <온라인상의 여론확산>, <온라인 집단행동: 배너달기, 인터넷 서명운동>, <온라인에서 오프라인으로 확산>, <온라인상에서 재결집> 등의 형태로 온라인에서 출발, 확산, 재확산되는 과정의 하나로 출현했기 때

---

332) Bonchek(1997), 원성묵 역, p.77.

문에 온라인 정치참여의 하나의 과정으로 포함시킬 수도 있다.[333]

이 같은 온-오프라인 정치참여의 혼용화(hybridization) 양상은 정치의 사이버화 혹은 인터넷의 정치적 이용 증대로 인해 현실정치가 오프라인에서 점차 온라인으로 옮아가는 과정에서 오프라인 정치참여와 온라인 정치참여의 구분이 점차 모호해지고 있다는 것을 말해 준다.

그러나 네티즌들의 정치참여를 보다 성숙하고 발전되게 하기 위해서는 온라인 정치참여와 오프라인 정치참여가 서로 긴밀하게 융합되는 참여구조를 형성하는 것이 중요하다. 젊은 네티즌들이 참여하는 시민적 공간의 형성은 온라인과 오프라인의 강력한 연결고리를 창출하며, 인터넷 정치참여의 효능감을 극대화하는 데 매우 중요한 기제가 되고 있다.

6. 분산과 연대의 참여 네트워크

최근의 정치참여는 인터넷 등 정보기술을 기반으로 참여 현안이 발생했을 경우, 각종 단체들이 모여서 연합조직을 형성하는 방식이 동원되고 있다. 이것을 분산과 연대의 네트워크 참여라고 할 수 있다.

인터넷 네트워크를 통해 과거처럼 단순히 협의적 성격에서 벗어나 유기적인 연대가 맺어지면서 수십 개의 조직체들이 마치 하나의 조직처럼 움직이는 것이 가능해졌던 것이다. 이 네트워크에는 큰 규모의 시민사회 단체들뿐 아니라, 작은 네티즌 집단들도 수평

---

333) 강원택·이원태, "인터넷과 정치참여: 한국의 경험", 대한상의 토론회(2005), 디지털 2 컨퍼런스, '디지털과 한국사회의 새로운 기회', p.6

적인 참여를 통해 다양하고 광범위한 연대를 구축한다는 점이다.

과거 시민운동조직 간의 연대를 이끌어 내는 연합조직이 환경, 인권, 평화 등 각 분야별로 그룹을 지어 이루어졌다면 인터넷에서는 각 분야가 지향하는 목적이나 이념의 차이에 상관없이 인터넷 네트워크라는 운동자원의 공유를 목적으로 하는 포괄적인 연합조직이 형성되고 있다.[334] 인터넷 네트워크를 통해 이른바 분산과 연대의 과정이 동시에 이루어지고 있는 것이다.

분산과 연대의 네트워크 참여방식은 '각자의 방식대로', 또 '따로 같이하는' 운동 방식을 채택함으로써, 참여의 폭을 확대하는 동시에 자발적 참여자들이 운동에 보다 깊이 개입할 수 있는 동기를 부여해 준다.[335] 인터넷 공간에서 참여조직이란 다양한 행위자들을 통합하는 대표체의 기능을 수행하기보다는 다양한 주체들이 접속하고 네트워크를 통해 퍼져 나가는 일종의 서버 역할을 한다고 말할 수 있다. 이 조직은 끊임없이 구성되고 재구성된다. 이들은 분화와 분산을 두려워하지 않는다.

인터넷 정치참여에서 나타나는 연대는 네티즌 간의 연대와 네트워크적 연대로 나눌 수 있다.

네티즌 간의 연대는 특정사안을 중심으로 모인 개인들이 자발적인 결사체를 만들어서 운동을 전개하는 형태이다. 시민사회운동 단체와 네티즌 간의 연대는 특정 현안을 중심으로 네티즌들의 움직임이 벌어졌을 때 시민사회운동 단체가 결합해서 운동을 지원해 주는 경우이다. 네트워크적 연대란 특정한 결사체를 구성하거나 운동을 이끌어 가는 거점 사이트 안에서 함께 활동하는 것이 아니라,

---

334) 김용철·윤성이(2005), p.208.
335) 고동현(2003), p.219.

외곽에서 웹 사이트를 통해 운동 주체들의 활동에 지지와 연대감을 표현하는 것을 말한다. 즉 '행동의 연대'라기보다는 '의미의 연대'라고 할 수 있다.336)

연대방식으로는 인터넷의 하이퍼텍스트링크 기능을 통해 독자적인 웹 사이트 간에 연결을 확보하는 방식도 활용되고 있다. 한국의 경우 허브(hub) 사이트는 진보단체의 진보네트워크나 보수사이트의 허브(hub) '자유넷' 등이 대표적이다.

한국의 경우 인터넷의 '링크' 시스템은 특정인이나 후보자의 공식 웹 사이트는 같은 정당의 후보나 같은 정치적 성향을 지닌 단체의 사이트들과만 '링크'하는 방식을 취하고 있다.

그러나 미국의 경우 2000년 대통령선거 예비선거에서 존 매케인의 웹 사이트는 지지자들뿐만 아니라 경쟁후보의 지지자들까지 사이트를 방문하도록 유도할 수 있도록 '내비게이션 옵션(navigation option)'을 이용했다.337)

내비게이션 옵션 방식은 정치적 입장을 같이하는 같은 정당의 후보자들과만 링크하는 기존의 소극적 방식을 탈피해, 공격적으로 자신으로 홈페이지를 방문한 이용자들이 경쟁후보의 사이트를 방문하고 두 후보의 입장을 비교해 살펴볼 수 있도록 하여 비교우위를 확보할 수 있도록 한 것이다.

이는 선거에 유리한 후보자가 상대후보와의 비교우위를 더욱 확실히 하기 위해서도 사용되지만 선거에 불리한 후보자가 상대방 후보 사이트에 선거 쟁점에 대한 공식 문제제기를 통해 선거 국면을 역전시키려는 시도로도 활용될 수 있다는 데 주목해야 한다.

---

336) 민경배(2002), pp.184 − 185.

337) 백선기, 『사이버선거와 인터넷』(서울, 커뮤니케이션북스, 2001), pp.133 − 134.

　　이 밖에도 웹 서버들은 네티즌들을 후보자의 사이트로 끌어들이기 위한 '하이퍼텍스트링크'의 방법으로 '메타 태그(Met Tag)'를 이용하는 방법을 사용하기도 한다.[338] 이 방법은 인터넷 이용자들이 다른 경쟁후보의 이름을 검색엔진에서 검색할 경우 후보자 자신의 홈페이지도 함께 뜰 수 있도록 코드화하여 다른 경쟁후보의 홈페이지를 방문하고자 하는 이용자들까지 자체 사이트를 방문하도록 유도할 수 있는 방식이다.

---

338) 조석장, 『한국의 e-폴리틱스: 인터넷이 정치를 바꾼다』(서울: 향연, 2004), p.77.

제 **IV** 장

인터넷 정치참여: 한국에서의 정치경험

한 국에 인터넷이 처음 출현한 것은 1982년이었으며, 이후 대
중들에게 보편적으로 사용되기 시작한 것은 1997년 정도
부터였다. 1990년대 이후 인터넷의 기술기반이 구축되면서 인터넷
사용자가 증가하고 인터넷 커뮤니티가 팽창하게 된 사회적 배경은
민주화의 진전과 글로벌화로 설명되어야 한다.

1987년 6월 항쟁과 1992년 김영삼의 문민정부 출범, 1997년 김
대중의 수평적 정권교체로 이어진 민주화과정은 정치적 개방과 더
불어 시민사회의 다양한 욕구가 분출되는 계기를 마련했다. 이에
따른 시민사회의 활성화는 다양한 면에서 개인주의(individualism)의
성장과 그에 상응하는 새로운 제도적 영역의 창출로 이어졌다.

민주화는 또 국제적 개방화와 경제사회적 글로벌화를 촉진하게
했다. 이처럼 1990년대 들어와 시민사회를 활성화시키고, 개방화와
글로벌화를 추진시킨 원동력은 개인정보통신 매체의 발달을 들 수
있다. 1990년대에는 우편과 전화 등 근대적인 수단이 급속하게 쇠
락하고, 이동전화와 인터넷 등 훨씬 유연한 정보통신매체가 발전했
다. 이러한 의미에서 개인정보통신매체의 발달은 폐쇄적이고 자족
적인 개인주의라기보다는 '훨씬 더 열려 있는' 또는 '네트워크화
된' 개인주의(networked individualism)를 강화하는 독특한 성격을
지닌다 할 것이다. 인터넷은 이 같은 개인화된 네트워크 속성과
연결되면서 한국사회의 주요한 정치커뮤니케이션 수단으로 자리
잡게 되었다.

이 같은 배경에서 탄생한 인터넷은 2000년 들어 시민사회의 주
요한 정치참여나 사회운동을 활성화시키는 기제가 되기 시작해 한
국정치를 바꾸어 놓고 있다. 한국의 시민사회는 2000년대의 주요
선거들 및 정치적 이벤트 속에서 온·오프라인 정치참여의 융합과
다양한 사이버 행동주의(cyber-activism)라는 새로운 양식의 참여
와 동원의 성공을 경험했다. 이러한 성공은 민주화와 정보화라는
새로운 정치적 기회구조(structure of political opportunities)의 맥락
에서 일구어졌다. 인터넷을 효과적으로 이용하는 시민사회의 전략
은 정치동원의 조직과 구성, 목표와 효과 등 거대한 변화의 물결
을 일으키고 있다.

이 글에서는 2000년 이후 한국에서 일어난 주요한 인터넷 정치
참여 사례 6가지를 선정해 각각의 정치참여 과정에서 어떤 특징과
차이점이 있는지를 비교 검토해 볼 것이다.

인터넷 등장기의 사이버 행동주의

한국에 인터넷이 처음 출현한 것은 서울대학교와 한국산업경제기술원(KIET) 간에 SDN(System Development Network)을 통해 처음으로 네트워크가 가동되기 시작한 1982년이었다.[339] 그러나 사이버 공간의 맹아가 싹트기 시작한 것은 국제적인 인터넷망과 연결되기 4-5년 전부터 개인들 사이에서 사용되기 시작한 PC통신 시기이며, 국내에서 온라인 네트워크를 일반대중들이 이용하기 시작한 것은 1986년 9월부터 데이콤이 PC통신망을 통해 아시안 게임을 위한 시범 서비스를 제공한 때부터이다.[340] 당시 인터넷이 대륙 간의 물리적 한계를 극복하지 못하고 있던 상황에서 통신사를 중심으로 한 PC통신의 발달은 국제적으로 공통된 상황이었다. 이 때부터 개인들이 컴퓨터 정보통신을 이용해 정보를 검색하고, 채팅 문화가 형성되는 등 사이버 문화가 확산되어 갔다.[341]

이 시기의 인터넷 정치참여 연구는 사회운동적 측면과 정치적인 측면을 구분해 설명할 필요가 있다.

---

339) 윤준수, 『인터넷과 커뮤니케이션 패러다임의 대전환』(서울: 커뮤니케이션북스, 1998), p.63.

340) 황의완(2004), pp.27 - 29.

341) 앞의 책, p.31.

1. 사회운동 측면에서 인터넷 활용

1994년 무렵부터 온라인 공간에서 사회운동 방향을 놓고 논쟁을 전개하게 됐다. 이른바 '통신을 통한 운동'이냐 '통신을 위한 운동'이냐의 논쟁이 그것이다. 한국에서 인터넷 발전양상은 선진국들에서 나타났던 인터넷의 진화과정과는 완전히 다른 경로를 밟아 나갔다. 선진국들의 경우 인터넷의 보급은 유즈넷(usenet)과 뉴스그룹(news group)을 중심으로 사회적 현안에 대한 네티즌들의 지속적인 의사소통이 이뤄지면서 시작되었다. 이들 커뮤니케이션 집단들은 다시 사이버 공간의 공동체를 형성하고 고유한 문화를 만들어 나갔으며, 이를 기반으로 독창적인 콘텐츠(contents)가 이뤄지고 상업화의 길로 들어서는 발전경로를 밟아 나갔던 것이다.[342]

그러나 한국의 인터넷은 IMF외환위기를 타개할 탈출구로 인터넷 벤처산업이 채택되면서 시작한 정보화의 붐 속에서 꽃피었다. 한국의 사이버 공동체들은 사이버 시민사회의 기반 위에서 시장이 형성된 것이 아니라 역으로 인터넷의 상업화가 광범위하게 이루어지는 과정에서, 각종 상업사이트들의 정보 서비스 차원으로 온라인 동호회 등이 생겨나면서 형성되어 갔다. 그 결과 사이버 시민사회의 근간이라 할 수 있는 가상 공동체들이 시민 공동체적 성격보다는 상업공동체, 서비스 공동체적인 성격을 강하게 드러내게 되었다.[343] 이 같은 문제의식을 바탕으로 초기 인터넷과 관련된 시민사

---

342) 민경배, "사이버현상과 새로운 문화형성의 과제", 『인터넷 한국의 10가지 쟁점』, 함께하는 시민행동 엮음(서울: 역사넷, 2002), p.38.

343) 백욱인은 네트워크의 일상화가 앞선 선진국의 경우 초기에 전자시민이 형성되고 이후에 네트 사용자가 광범위하게 만들어지면서 네티즌의 분화가 이루어지는 경로를 밟았다면, 한국의 경우에는 초기 전자시민의 형성단계가 매우 취약한 상태에서 네트 사용자가 곧바로 분화의 과정을 겪어 네트 문화 형성이 매우 취약했다고 분석했다.

회운동에서는 '통신을 통한 운동'이냐 '통신을 위한 운동'이냐는 논쟁을 불러일으켰다. PC통신을 현실 사회운동의 수단으로 활용할 것인가 아니면 정보의 민주화에 주력할 것인가 하는 논쟁은 이후 온라인 사회운동의 분화에 첫 시발점이기도 했다.[344]

이 시기 인터넷상에서 새롭게 등장한 참여의 양식은 '사이버 행동주의(cyber activism)'이다.[345] 사이버 행동주의는 사이버 공간에 흩어져 있는 네티즌들이 현안집단(issue group)으로 결집하여 저항을 표출하는 운동방식으로 사이버 공간을 경유하는 제반 유형의 정치참여와 사회운동들을 포괄한다. 일종의 '전자적 시민 불복종(electronic civil disobedience)' 방식이다. 이는 온라인 연좌시위, 게시판 글 올리기, 홈페이지 로고나 특정문구를 달고 의견 결집하기, 온라인 서명운동 등을 전개하는 '민초 행동주의' 등이 포함될 수 있다.[346] 인권침해와 사회적으로 지목받는 특정인물이나 기업, 기관, 정부의 웹 사이트를 해킹하는 것으로 시민불복종 운동을 디지털 차원으로 옮긴 것이라고 할 수 있다. 온라인 시위와 온라인 서명운동 등이 대표적이다.[347]

김종길은 한국에서 사이버 행동주의가 출현하게 된 배경을 크게 거시 사회변동 요인, 사회운동 내부요인, 기술발전요인, 집단동학

---

344) 민경배, "정보사회에서의 온라인 사회운동 연구: 한국의 사례를 중심으로", 고려대 박사논문(2002), p.104.

345) 사이버 행동주의에 대해서는 McCaughey, M., and Michael D. Ayers(eds), *Cyberactivism: Online Activism in Theory and Practice*(New York & London: Roultledge, 2003) 참조.

346) 김용호, "e-폴리틱스와 민주주의", 국회사이버문화연구회, 2002년 1월 30일 수요포럼 발표문.

347) 온라인 시위의 예는 2002년 11월 23-24일 이틀간 의정부 여중생을 숨지게 한 주한미군의 운전병과 관제병에 대해 무죄평결이 내려지자, 이에 분노한 네티즌들이 주한미군 인터넷 홈페이지를 공격해 서버를 마비시킨 일이 대표적이다. 네티즌들은 미국 백악관에도 항의메일을 보냈고 SOFA(주한미군주둔군지위협정) 개정과 형사재판권 이양을 요구하는 온라인 서명운동도 전개했으며, 온라인 '추모공간'도 만들어 무죄평결에 항의하기도 했다. 또 이 시기에 등장한 추모를 의미하는 ▶◀표시가 활용된 항의표시도 사이버 행동주의의 대표적인 사례이다.

의 측면 등으로 나누어 다음과 같이 설명하고 있다.[348]

첫째, 1980 - 1990년대의 민주화시기를 거치면서 한국 사회에도 노동운동뿐만 아니라 농민운동, 교사운동, 빈민운동 등 다양한 사회운동이 출현했으며, 시민사회의 다양한 영역에서 갖가지 이슈를 내건 각양각색의 부분 운동이 발화됐다. 둘째, 1990년대 들어 한국사회는 오랜 권위주의 정권의 통치가 마감되고 서구에서 새로운 사회운동의 조류가 유입되어 경실련, 환경운동연합, 참여연대 등 사회운동 단체가 잇달아 결성되었다. 이들은 1990년대를 거치면서 시민참여의 조직화, 정부에 대한 각종 정책건의, 정부활동의 감시 및 통제 등을 통해 한국사회의 중요한 여론주도 세력이자 비판 세력으로 부상하기에 이르렀다. 셋째, 인터넷 등 커뮤니케이션 기술의 확산에 따라 시민의 참여 기회가 증대되었다. 넷째, 한국사회에서도 더 이상 '공중', '시민', '민중'이라는 집단적 메타포(metaphor)로 묶일 수 있는 계급, 성, 지역, 민족 등의 기존범주를 뛰어넘는 새로운 유형의 집단이 출현했다.

아울러 이 시기에는 특히 오프라인 운동조직의 온라인 진출이 눈에 띄게 증가했다. PC통신 공간은 기존 오프라인을 기반으로 활동해 오던 각 사회운동 단체들에게는 새롭게 열린 공간이었다. 특히 문민정부 초기 시민운동이 정권의 파트너로 인정받고 여론 주도세력으로 성장하면서 통신공간은 이들에게 주요한 활동무대로 떠오르게 되었다.[349] 이 시기 PC통신 여론을 주도하고 온라인 토론을 활성화한 집단은 진보성향의 시민사회 운동단체들의 동호회였다. 이들이 하이텔, 천리안, 나우누리 등 상업통신망을 이용하면서부터 사

---

348) 김종길, "사이버 행동주의, 새로운 정치권력인가", 『인터넷 권력의 해부』(서울: 도서출판 한울, 2008), pp.191 - 193.

349) 앞의 글, p.108.

이버 공간의 정치 사회적 가능에 대한 인식이 싹트기 시작했다.

특정한 사안에 대해서는 동호회 회원을 중심으로 집중적인 여론 개입이나 '말머리 달기' 운동을 벌였고, 중요한 행사가 있을 때는 동호회 속보란을 통해 현장중계를 하기도 했다. 1993년-1994년 사이에는 그동안 독자적으로 활동하던 사회운동 동호회들이 함께 모여 통신탄압저지 대책회의인 '민주통신을 위한 PC통신단체협의회'를 결성하기도 했다.[350] 아울러 상당수의 사회운동 단체들이나 노동조합 등이 상용 PC통신망에 정보제공자(IP) 자격으로 자신들의 방을 개설하거나 혹은 CUG(폐쇄 이용자 그룹)을 개설, 온라인 공간으로 진출했다. 전대협, 전교조 등 진보단체들과 경실련, 환경운동연합, YMCA 등 시민단체들이 차례로 PC통신 공간에 자리 잡았다.[351] 이외에도 '21세기 프런티어', '사이버파티' 등 시민운동권이나 정치권 인사들을 중심으로 온라인을 통한 새로운 조직이 구성되기도 한다. 이는 사회적 실천이 통신 공간 내로 유입되어 들어온 예라고 할 수 있다.

국내 사회운동의 컴퓨터 통신망 이용 현황을 조사한 결과에 따르면, 인터넷 환경이 점차 정착되기 시작했던 1998년 3월까지도 총 137개 사회단체 중 PC통신 포럼 개설은 91개 단체, 인터넷 홈페이지 개설은 61개 단체로 PC통신망을 이용하는 경우가 상대적으로 많았다.[352] 그런데 PC통신망은 하이퍼텍스트(hypertext) 기능이 없기 때문에 상대적으로 고립적이고 폐쇄적인 운영구조를 갖고

---

350) 김종길, "인터넷 시민운동의 특성과 전망", 『IT의 사회문화적 영향연구: 21세기 한국 메가트렌드 시리즈』(서울: 정보통신정책연구원, 2004), p.56.

351) 한국의 사이버 공간은 PC통신 시절부터 진보진영이 지배해 왔다. 이 과정을 거쳐 2005년 보수-진보이념의 정상화 기간을 맞게 된다. 보수진영이 힘을 키워 균형을 이루게 된 것이다.

352) 윤영민, 『전자적 시민사회의 형성: 정보운동을 중심으로 본 전망』, 한국언론학회 편 (서울: 세계사, 1998), p.111.

있었다. 이러한 통신망 구조는 사회운동의 광범위한 연대를 형성하는 데 난관으로 작용하였다. 이러한 제약 때문에 1990년대 후반기에 이르러 국내 통신환경이 인터넷을 중심으로 급격하게 재편되면서 온라인 사회운동의 활동무대 역시 인터넷으로 대거 이동한다.

온라인 사회운동의 활동무대가 PC통신인가 인터넷인가 하는 것은 중요한 차이점을 낳는다. PC통신은 중앙 집중적 구조를 갖는 반면, 인터넷은 분산적 구조를 가지고 있다. 이러한 차이는 결국 이들이 각각 창출하는 사이버 공간의 사회적 성격 및 행동방식의 차이로 귀결된다. 인터넷의 분산적 구조, 하이퍼텍스트 링크의 기능이 PC통신과 비교할 수 없을 정도로 개인과 개인, 개인과 집단, 시민운동과 시민운동 간 연대의 형성과 동원화를 용이하게 해 주었기 때문이다.[353]

인터넷 등장기에 나타난 또 하나의 중요한 특징은 전문적인 사회운동 단체들과는 별도로 네티즌 개개인의 관심사나 이해관계를 중심으로 미시적이고 일상적인 영역에서 자발적인 사회운동 차원에서 벌어진 안티(anti)운동이다. 안티운동 역시 인터넷의 사이버 공간을 통해서 이뤄진 새로운 사회운동이라는 점에서 사이버 행동주의 일환으로 해석이 가능하다.

안티운동은 2001년과 2002에 전성기를 맞는다. 초창기인 2001년에는 주로 상대적인 약자나 피해자가 인물, 상품, 종교, 기업, 단체, 국가 등을 상대로 자신의 주장을 관철하거나 피해를 보상받기 위한 '자구형' 안티사이트가 성행했으며, 안티 담론이 확산된 2002년에는 특정 대상의 모순을 바로잡고 이를 전향적으로 발전시키려는 사회운동 차원의 안티사이트가 생겨났다.[354] 그러나 2003년 이

---

353) 김종길(2004), p.59.
354) 안티사이트의 성격과 종류에 대해서는 김종길 · 김문조(2006) 참조.

후에는 안티운동은 소강상태를 보이고 있다.[355]

안티운동은 단순한 싫음의 표현에서 여러 가지 다양한 사회문제에 대한 비판과 기존의 사회질서와 권위에 대한 도전까지 다양한 목적을 가지고, 다양한 방식으로 새로운 저항문화를 형성하면서 사회에 큰 반향을 일으켰다.[356] 안티운동은 누구나 손쉽게 자신의 의사를 대중에게 전파할 수 있는 사이버 공간의 네트워크적 성격을 활용, 현실세계에서 거대자본과 권력 앞에서 무기력할 수밖에 없는 개개인의 효과적인 저항수단을 제공해 주었다.[357]

한국의 안티사이트는 초기에는 비교적 특정한 사이트를 반대하고 비판하기 위한 성격을 지니지만 2000년에 들어서서 보다 목적이 장기적이고 거시적인 사회운동을 표방하면서 공론장의 역할을 수행하기도 한다. 사회운동으로서 안티사이트는 노동운동과 같은 산업사회의 사회운동이 아니라 근대산업사회의 분화와 더불어 다양하게 제기되고 있는 여성운동, 환경운동, 평화운동, 인권운동 등과 같은 신사회운동의 성격을 띤다.[358]

신사회운동은 단일하고 지배적이고 집중적인 사회운동이 아니라 다양한 사회집단이 다차원적인 이슈에 따라 결집되는 사회운동이며 시민운동이다. 안티운동은 산업사회 이후 파괴된 인간성을 회복하고자 제기된 대안문화(alternative culture)운동의 연장선으로 보다 직접적으로 특정한 사회현상의 문제해결 및 대책을 지향하는 운동

---

355) 김종길(2004), p.199.

356) 우리나라의 주요 검색 엔진에서 안티사이트를 검색한 결과 2003년 8월 당시 야후에 172개, 네이버에 103개, 엠파스에 152개의 안티사이트가 등록되어 있었다. 안티사이트를 가장 많이 모아 둔 '안티21세기'에는 총 407개의 사이트가 연동되어 있었다.

357) 양소연, "사이버스페이스의 저항문화", 고려대 석사논문(2001), p.56.

358) 서이종, 『인터넷 커뮤니티와 한국사회』(서울: 한울아카데미, 2002), pp.78－80.

이라고 할 수 있다. 안티사이트는 단순한 불만표출에서 더 나아가 소비자 권리 찾기 등 소비자 주권운동으로 발전되기도 한다.[359]

2. 정치적 측면에서의 인터넷 활용

정치적인 측면에서 인터넷 활용이 처음 시도된 것은 1992년 대통령 선거 당시 민주자유당(민자당)이 PC통신상에서 운영한 '민자당 포럼'이었다.[360] 또 민중당에서는 천리안에 '진보광장'이라는 CUG를 만들어 조직관리 및 선거준비에 활용하기도 했다.

선거운동에서 사이버 공간을 이용한 것은 1995년 지방선거에서 PC통신을 활용한 것이 효시이다. PC통신을 이용한 후보자 정보서비스가 제공됐고 PC통신 게시판을 이용한 선거운동이 등장했다. 특히 1995년 강경식 의원이 주도한 국가경영전략연구의원모임[361]의 프로젝트로 최초의 사이버정당(e-party) 연구가 진행됐었다.

1996년 15대 총선에서도 역시 PC통신을 이용한 후보자 정보서비스가 제공됐고, PC통신 게시판을 이용한 선거운동이 계속됐다. 인터넷이 최초로 선거운동에 도입된 것은 1997년 15대 대통령선거와 1998년의 지방선거라고 할 수 있다. 제15대 대통령 선거에서는 인터넷이 본격적으로 활용됨으로써 인터넷을 통한 대선후보 정책 대결이 치열하게 전개되었다. 언론사, 방송사, 시민단체, 후보자들

---

359) 민경배는 국내의 안티운동을 특정정치인이나 연예인을 대상으로 한 개인형 안티, 특정 상품이나 기업을 대상으로 한 개혁형 안티, 특정 사회문화적 현안을 대상으로 한 이슈형 안티 등으로 분류했다. 민경배(2002) 참조.

360) 인터넷의 현실정치에 도입된 사례에 대해서는 조석장(2004), pp.114-116.

361) 국가경영전략연구의원모임은 후에 국회전자민주주의 연구회로 발전하게 된다.

은 각종 정치정보를 제공하는 인터넷 홈페이지를 개설했다.[362] 그
러나 1997년의 대통령 선거에서는 여전히 PC통신이 대종을 이루
었고, 1998년의 지방선거 역시 많은 후보 사이트들이 인터넷상에
등장했지만 큰 효과를 거두지는 못했다.

PC통신에서 인터넷으로 개인통신매체가 변화하는 분기점에서 실
시된 이들 선거에서는 후보자들이 단지 홈페이지 개설이라는 초기
단계의 인터넷 정치를 시도하는 데 그쳤을 뿐 인터넷을 본격적으
로 활용한 선거운동은 그리 활발한 편이 못 됐다. 당시 정치 사회
적 쟁점 자체가 IMF외환위기라는 상황에 놓여 있었기 때문에 인
터넷이 선거매체로 부각될 겨를이 없었던 것이다.

이와 함께 이 시기에는 국회에서 정보통신 분야에 대한 관심이
높은 국회의원들을 중심으로 '국회전자민주주의 연구회'가 결성되
었는데, 이 연구회는 1997년 인터넷과 PC통신상에 '사이버파티
(www.cyberparty.or.kr)'라는 사이트를 개설하여 운영하기도 했다.
'사이버파티'는 정치인과 일반국민들 사이의 자발적인 정치적 커뮤
니케이션을 지향했는데, 콘텐츠의 빈약함으로 인해 성과를 내지는
못했고, 사이버 공동체에 기반 하지 않고 무작정 기획되어 돌출적인
형태를 취했다고 비판을 받기도 했다. 사이버 공간에서 정치적 행위
가 희화화되어 현실정치보다 더 못하거나 무능력한 정치의 모습을
보여 줌으로 인해 대안부재의 패배감을 확산시킨다는 비판을 받았
다.[363] 그러나 '사이버파티'는 한국정치에서 정치인들이 최초로 인
터넷 활용을 시도하는 계기를 마련했다는 점에서 평가받을 만하다.

---

362) 당시 이회창 후보 진영은 '깨끗한 정치와 튼튼한 경제의 만남'을 주제로, 김대중 후
　　보 진영은 새정치국민회의 DJ Cyber Camp, 이인제 후보 진영은 '젊은 일꾼이 되고
　　자 합니다'라는 제목으로 인터넷상에서 치열한 선거전을 전개했다. 1997년 12월 4
　　일 한 일간지는 대선후보 사이버 토론회를 개최, 사이버 정치의 새 장을 열었다.

363) 박동진(2002), p.180.

　1998년 여름부터는 사이버 공간에 현실국회와 유사한 '사이버
국회'가 만들어져 각종 상임위원회를 가상으로 운영하기도 했으며,
사이버 국회의원들을 선출하기도 했다. 당시 여당이었던 새정치국
민회의도 이 당시 자체적으로 '사이버 개혁국회' 운영을 시도했으
나 큰 실효를 거두지 못하고 흐지부지됐다.

　이처럼 2000년 이전 시기에는 네티즌들의 자발적 운동이 활발하
게 벌어졌던 것에 비하면, 시민단체나 정치권에 있어서는 인터넷의
활용이 거의 부재했던 시기라고 할 수 있다. 2000년 이전까지는
시민단체에 있어서도 사이버 시민운동의 부재라고 할 만큼 독자적
인 온라인 운동이 전개되거나 인터넷상의 공론장에 개입하는 구체
적인 실천들이 보이지 않았다. 이 당시 정치조직 등은 선거홍보나
급조된 인터넷 사이트 운영에 편중, 장기적인 동원전략을 구상하지
못했고 공간 활용에 있어서도 상호 작용적인 의견교환과 토론의
장으로서 활용되는 수준에는 이르지 못했다.[364]

　2000년 이전 시기에는 관료제적 조직구조와 일방적 동원의 활동
방식에 변화가 없었던 시민단체나 정치권은 온라인에서 쏟아지는
시민들의 수많은 의견표출과 참여확대 등을 준비 없이 맞았던 것
이다. 이렇게 볼 때 이 시기에 기존 정치조직이나 로비활동 등 제
한된 제도적 틀 내에서 주로 활동하는 이익집단의 경우, 시민참여
의 측면에 있어서 사이버 공간의 유용성은 그다지 크지 못했다.
그러나 진보적 사회단체들이 PC통신이나 인터넷 등에서 적극 활동
하고, 먼저 관심을 보임에 따라 한국의 인터넷은 이후 진보적인
세력에 주도권을 넘겨주는 기틀을 마련하게 된다.

---

364) 유석진, "정보화와 21세기 정치", 함께하는 시민행동 편, 『인터넷 한국의 10가지 쟁점』
　　(서울: 역사넷, 2002), p.167.

〈표 4-1〉 민주화 이후 한국의 주요선거와 미디어 영향력의 변화

구 분	주요쟁점과 미디어의 영향력	결 과
1987년 제13대 대선	대형 군중동원유세, 선거홍보물, 선거포스터 활용	노태우 대통령 당선
1992년 제14대 대선	조중동 등 거대신문이 여론주도	김영삼 대통령 당선
1997년 제15대 대선	방송3사의 TV토론 진행, 거대신문과 TV가 여론시장 놓고 한판대결, 인터넷 보다 PC통신활용	김대중 대통령 당선
1998년 지방자치선거	인터넷 선거운동의 본격도입, 언론, 시민단체, 후보자 등 웹 사이트 신설	인터넷의 정치적 효능감 입증
2000년 제16대 총선	총선시민연대의 인터넷을 활용한 낙천 낙선운동, 인터넷 웹 사이트 개설 후보자의 57.3%	낙선운동대상자의 68.6%가 낙선
2002년 제16대 대선	노사모, 창사랑 등 인터넷 팬클럽을 활용한 본격적인 선거운동, 사이버 논객, 인터넷 언론 등 웹 1.0활용 본격 활동, 인터넷과 조중동의 여론대결	노무현 대통령 당선
2004년 제17대 총선	대통령 탄핵에 따른 선거쟁점의 단일화, 인터넷 활용한 진보세력의 승리	진보세력 대거 국회진출
2007년 제17대 대선	인터넷 여론 진보와 보수의 균형, 웹 2.0을 활용한 인터넷 선거운동	이명박 대통령 당선
2008년 제18대 총선	네티즌 정치무관심, 투표율 사상최저	한나라당 압승

인터넷 등장기의 여러 가지 사회운동적 측면에서 인터넷 참여는 사이버 공간 내에서 사이버 행동주의의 양상을 띠고 전개되었으며, 인터넷 참여가 오프라인 공간으로 확대되지는 못했다. 아울러 이 시기 인터넷 참여는 주로 진보적 사회단체에 의해 주도되면서 향후 인터넷 참여에서 시민단체의 역할이 커지게 되는 기반을 마련했다.

사회운동적 측면에서 이 시기의 정치참여는 정부의 적극적인 IT 산업 육성으로 인한 인터넷의 대중적 확산 기반이 마련되면서 PC 통신 시대와는 비교할 수 없을 정도로 개인과 개인, 개인과 집단, 시민운동과 시민운동 간 연대의 형성과 동원화를 촉진하는 '동원 모델'의 기반을 확실히 마련하는 시기였다고 규정할 수 있겠다.

그러나 정치적 측면에서는 기존정당들이 인터넷을 통해 지지세력을 확대하고 공고히 하는 기제로 사용했다는 점에서 '강화모델' 이 적용되었다고 평가할 수 있다.

16대 총선은 인터넷을 매개로 한 시민단체의 활동과 네티즌들의 여론이 사회적으로 영향을 미친 최초의 선거였다. 시민단체가 적극적으로 참여, 정치권 내에서의 힘의 중심도 이동하고 전체적으로도 유권자 중심의 선거로 가는 과정의 전환점이 되었다.

특히 1990년대 이후 시민운동은 전형적인 시민운동의 범주에 한정됐으나 2000년대 총선에서 나타난 총선시민연대의 시민운동은 특정 정책 사안에 국한된 것이 아니라 정책결정 영역 전체 혹은 정치사회 전체에 대한 도전적 문제제기를 하고 나섰을 뿐 아니라, 광범위한 대중적 지지도 얻었다는 점에서 미친 충격이 컸다.

1. 시민단체의 급성장

1990년대 이전 시민운동은 민주화를 위한 제 집단의 연대조직이나 범계층적 조직이 대부분이었으며, 풀뿌리 조직이 없는 명망가 중심의 민주화 운동조직이었다고 할 수 있다.[365] 그러나 1990년대에는 민주화와 국제화의 진전에 따라 개인의 사회적 참여와 정치사회적 활동이 증가하였고, 그에 따라 다양한 시민단체나 이익집단

---

[365] 서이종(2002), p.57.

이 활성화됨과 동시에 민주주의는 개인의 성찰능력을 한층 고양시키면서 개인화 경향을 강화시키는 추세가 두드러졌다. 특히 정보통신기술의 발달은 개인의 소통적 능력을 향상시켜 개인이 자신의 개성과 관심에 따라 다양한 사회적 관계를 맺을 수 있는 가능성이 한층 높아지게 되었다.

1990년대에 들어 한국사회는 민주화와 세계화의 영향뿐만 아니라 사회경제적 조건의 향상으로 개인이 동원할 수 있는 자원이 늘어나고 합리적 선택폭이 커진다. 시민단체들은 민주화 이후 정치개혁의 초점을 국가로부터 의회와 정당으로 확대했다. 특히 김대중 정부에 들어 시민사회 단체들이 중점적인 개혁과제로 요구한 특별검사제와 부패방지법의 입법이 지연되자, 1999년 9월 40개 시민사회 단체들이 '국정감사모니터시민연대'를 결성하고, 국회와 정당의 국감활동을 감시하고 개혁입법을 강제하고자 했다. 아울러 국감시민연대는 15대 국회의 의정활동을 평가해 부적절한 인사는 16대 총선에서 공천을 받지 못하도록 하는 총선연대 투쟁을 추진키로 했다.366)

시민사회 단체들은 2000년 1월 총선시민연대를 결성하고, 낙천·낙선운동을 전개하기 시작했다. 총선시민연대는 1054개의 단체들이 참여해 87년 6월 항쟁 당시 국민운동본부를 넘어서는 역사상 최대 규모의 연합조직을 구축했다.

---

366) 정대화, "낙천 낙선운동의 전개과정과 정치적 의의", 한국정당연구소, 『4·3총선: 캠페인 사례연구와 쟁점 분석』(서울: 문형출판사, 2000).

2. 총선시민연대의 온·오프라인 연계전략

총선시민연대는 선거 전부터 후보자들의 자질문제를 공공의제 (public agenda)로 부각시켜 선거에 결정적 영향을 주는 이슈로 만들었다. 총선시민연대는 인터넷을 활용한 선전, 홍보, 조직 활동 등을 벌임으로써 유권자들의 이목을 잡았고, 시민운동의 새로운 접근방식의 가능성을 보여 주었다. 총선시민연대의 활동은 낙천운동, 지역감정 추방, 선거법 개폐운동, 낙선운동 등 단계를 거쳐 진행됐다. 총선연대 버스투어, 정치개혁 시민광장, 만민공동회, 후보자 정치개혁 서약운동, 유권자 약속운동 등 다채로운 퍼포먼스와 토론회 및 캠페인을 통해 전 국민적 선거운동을 주도했다.

이들은 자신들의 홈페이지(www.ngokorea.org)에 후보자의 도덕성과 능력을 검증할 수 있는 자료를 제시하고, 적극적인 유권자 참여운동을 전개했다. 총선시민연대는 인터넷을 통해 시민단체로서 감당하기 힘든 재정적, 인적 열세를 극복했고 이를 통해 기존언론의 의제설정에 영향을 미쳐 낙선·낙천운동을 사회적 의제로 승화시키는 데 성공했다. 특히 총선시민연대는 신속한 정보전달 기능을 수행하기 위해 시시각각 업데이트되는 인터넷 신문 형식의 홈페이지를 구성하기도 했다.[367] 총선시민연대는 유권자들에게 후보자 개인에 대한 정보를 자세히 검색할 수 있는 서비스를 인터넷상에 올렸고, 병역, 전과, 납세 등 후보자의 신상정보를 상세하게 전달해 유권자들의 의사결정을 도왔다.[368] 아울러 총선시민연대는 인터넷

---

367) 총선시민연대가 '벤치마킹'한 홈페이지는 미국의 워싱턴포스트지의 홈페이지였다.

368) 미국의 경우 project vote smart가 대표적이다. 이 단체는 비당파적, 비영리적 조직으로서 유권자에게 공직자에 관한 정보를 제공하고 정확한 판단을 돕기 위해 'Voter's Self‒Defense Manual'을 정기적으로 발간한다.

을 유권자의 낙선·낙천운동 지지서명과 투표참여를 독려하는 공간으로 활용하기 위해 '엠티즌(Mtizen: Mobile Citizen) 공동행동'을 통해 우호적인 시민단체들을 연계하고 낙천·낙선 실천운동을 전개했다. 여기서 인터넷의 링크(link) 방식이 활용되었고, 인터넷 게시판이나 토론방도 적극 활용했다.

총선시민연대의 온라인 전략은 전국적인 네트워킹, 쌍방향 커뮤니케이션, 정보전달의 신속성을 유감없이 활용하는 것이었다. 총선시민연대의 활동을 보면 홈페이지에는 약 3개월간 총 92만 5,000여 명의 방문객이 다녀갔고, 1만 5,000여 건의 글이 게시되는 등 성황을 이루었다. 그러나 막상 오프라인 집회에 참가한 인원은 매 행사마다 1,000명－3,000명 정도에 불과했다. 더욱이 그 대부분은 총선시민연대에서 조직적으로 동원된 사람들이었으며, 실제 일반대중들의 참여는 극히 저조했던 것으로 평가되었다.[369] 총선시민연대의 활발한 정치참여가 가능했던 이유는 전반적 차원에서 인터넷의 활성화와 사회적 분위기 때문으로 분석될 수 있다. 실제로 총선과정에서 선관위는 당초 후보자들의 재산, 납세실적, 병역사항만 각 지역 선관위 게시판에 공개하고 전과기록은 유권자가 원할 경우에 한해 관련 서류의 열람을 허용할 예정이었다.

하지만 이렇게 될 경우 유권자가 일일이 해당 선관위를 직접 찾아가거나 언론의 보도를 수동적으로 기다리면서 앉아 있어야 한다는 난점 때문에 유권자에게 관련정보를 전달하기에는 근본적인 한계가 존재했다. 이에 선관위는 인터넷에 전과기록을 포함한 모든 관련정보를 띄우기로 결정했고, 유권자들은 인터넷 이용만으로 후

---

369) 이시재, "사이버시대의 사회운동과 NGO", 아산사회복지재단 심포지엄, 『사이버 시대의 삶과 질』(서울: 아산사회복지재단, 2000) 참조.

보자들에 대한 모든 신상정보를 열람할 수 있는 길이 열렸다. 그 결과 총선연대가 선정한 86명의 낙선운동대상자 중 59명이 낙선하여 68.6%의 낙선율을 기록하였고, 집중 낙선대상자 22명 중 15명이 낙선하여 68.2%의 낙선율을 기록했다.[370] 특히 극심한 지역주의 투표형태를 보인 영호남 지역을 제외한 대부분의 지역에서는 거의 100%에 가까운 낙선율을 기록하는 등 상당한 정치적 성과를 달성했다.

〈표 4-2〉 총선시민연대의 16대 총선 낙선운동 결과

전국상황	후보자수(명)	백분율(%)
낙선자	59	95.5
당선자	27	31.4
총계	86	100

집중지역	낙선자/대상자(명)	백분율(%)
수도권	19/20	95.5
충청/강원권	18/23	78.3
영남권	16/35	45.7
호남권	6/8	45.7
총계	59/86	68.6

　　총선시민연대는 전국적인 연대조직을 하나로 결집하는 데 인터넷을 유용한 도구로 활용했다. 기존 언론이 보도하지 않더라도 일반 시민들에게 직접 정보를 제공하고 만날 수 있는 커뮤니케이션 채널이 형성되었기 때문에 가능한 일이었다. 총선시민연대의 활동은 선거라는 특정 정치과정에서 최초로 시민단체가 선거의제를 일정기간 동안 주도하고 이러한 의제를 공론화하는 중요한 도구로서

---

370) 총선시민연대, 『총선연대백서』(2001).

인터넷을 활용했다는 점에서 한국 시민운동의 역사에 새로운 전환점을 마련해 주는 것이라고 볼 수 있다.[371] 총선시민연대가 거둔 기대 이상의 성과는 바로 오프라인에서의 캠페인과 인터넷 홈페이지 활용전략을 적절히 병행함으로써 가능했다고 평가할 수 있다. 이 점에서 총선시민연대의 낙천·낙선운동을 온라인과 오프라인 정치참여가 융합된 첫 번째 사례로 꼽는다.

총선시민연대 등 시민단체는 정치개혁과 관련된 수많은 정책이슈를 제기함으로써 왕성한 저항활동을 보여 주었는가 하면 대규모 온·오프라인 연대운동을 시도함으로써 제도 정치권을 변화시키는 데 크게 기여했다. 더욱이 16대 총선의제에서 총선시민연대의 의제설정권력은 아주 높아졌다. 이들이 제기한 낙선·낙천운동이 가장 중요한 선거의제로 부각되면서 과거와는 다른 양상을 보였다. 신문을 포함한 오프라인 언론들이 인터넷에서 제기된 여론을 적극 기사화함으로써 인터넷상의 여론이 미디어 의제에 직접적으로 반영되는 현상이 나타났다.

3. 총선시민연대 활동의 성과와 한계

16대 총선에서 인터넷의 활용으로 새로운 정치의제들이 부각됐고, 전통적인 쟁점이나 정략적 쟁점의 비중이 크게 줄어들었다는 점은 한국정치에서 큰 변화가 시작됐음을 의미하는 것이었다.[372]

---

371) 정연정, "선거과정에서의 인터넷 활용에 관한 연구: 한국 16대 국회의원 선거를 중심으로", 『정보사회와 정치』, 한국정치학회, 김영래 엮음(서울: 도서출판 오름, 2001), p.121.

372) 그러나 황용석은 16대 총선에서는 여전히 선거의제에 정책적 내용이 적고, 정쟁이 많은 비중을 차지했으며 의제의 참여자 역시 정치인이 지배적이었다고 평가했다. 또

특히 인터넷을 통한 시민단체의 문제제기가 정치적 영역에서 엄청
난 대중적 반응을 획득했다는 사실은 인터넷의 등장으로 그만큼
한국 정당체제의 대중적 기반이 약화되기 시작했다는 사실을 반증
하는 것이었다.

그러나 흥미로운 것은 이 운동의 영향이 각 정당의 후보공천 과
정에서는 큰 영향을 미쳤지만, 정당체제의 구조 변화에는 그다지
큰 영향을 미치지 못했다는 사실이다.

특히 총선시민연대의 낙천·낙선운동은 각 당의 공천 이전인 1
월 말까지 집중적으로 부각되었다가, 공천 이후 선거전에는 급격한
쇠퇴현상을 초래했는데, 이는 낙천운동에 대한 기사가 집중 보도된
직후에 정치권에서 '낙천운동 음모론'이 주요 의제로 제기되었기
때문이다.[373]

이 같은 원인은 무엇보다도 총선시민연대의 활동방식과 목적이
정치성을 배제하고 도덕성을 중시하는 특징이 있었던 데 기인한
바 크다.[374] 본격적인 선거 국면에 들어가자 이들 시민운동의 영향
력은 갑자기 사라졌고, 정당체제 밖으로부터 운동의 개입이 가져온
변화는 제한적이었다. 특히 정당들은 현실적으로 인터넷을 장기적
인 안목에서라기보다는 단기적인 목적과 필요에 의해 급조되는 형
식으로 선거 운동과정에 도입했다.[375]

시민단체나 시민의 의제는 정당이나 후보자 등 정치권에 비해 상대적으로 매우 적
었다고 지적했다. 황용석 외, 『인터넷시대의 새로운 정치환경과 언론: 제16대 총선
에서 언론과 정치집단의 인터넷 활용분석』(서울: 한국언론재단, 2000), p.45.

[373] 총선시민연대의 낙선운동은 후에 사법부로부터 불법판정을 받았고, 당시 야당 등 반
대세력으로부터는 정치적 반대세력 제거를 위한 '문화혁명'이라는 비판을 초래해 여
야를 떠난 초당적인 지지를 받는 데는 한계를 보였다.

[374] 최장집·박찬표·박상훈, 『어떤 민주주의인가』(서울: 후마니타스, 2007), p.300.

[375] 황용석 외(2000), p.171.

유석진은 이 시기 한국 정당의 인터넷 활용은 주로 정보제공형에 머물러 있는 경우가 많고, 여론 수렴형과 같은 쌍방향성에 근거한 인터넷 활용의 사례는 별로 눈에 띄지 않았다고 분석했다.376) 또 정당들은 자신들의 정책적 입장을 선전하는 수준에서 보다 여론주도를 위한 차원에서 인터넷을 활용하는 등 빈약한 정보화 마인드를 드러냈다. 16대 총선에서 한나라당의 경우 전체 225명의 후보자 중 128명이 자신의 홈페이지를 만들었으며, 전체의 약 32%의 후보자들이 선거에서 인터넷 홈페이지를 이용했다. 또한 근소한 차이지만 새천년민주당의 경우 전체 225명의 약 30%에 달하는 후보자 중 122명이 홈페이지를 만들어 인터넷을 이용한 선거운동을 했다고 볼 수 있다.377)

그러나 16대 총선에서는 전반적으로 기존의 선거운동방식이 지배했다고 평가할 수 있다. 특히 홈페이지를 개설해 놓은 후보자는 모두 1038명으로 전체의 57.8%에 달했으나 현실공간에서의 선거운동이 90%를 차지하고 인터넷을 이용한 선거운동은 10%에 불과했다.378)

그러나 16대 총선에서는 선거라고 하는 특별한 정치과정에서 최초로 시민단체가 선거의제를 일정시기 동안 주도하고, 이러한 의제를 형성하고 공론화하는 중요한 기제로서 인터넷을 활용했다는 점에서 총선시민연대의 인터넷 활용은 한국 인터넷 정치참여의 역사에 있어 중요한 위치를 차지한다. 이때부터 한국정치가 본격적인 인터넷 정치참여의 시기로 접어드는 계기를 마련했고, e - politics라

---

376) 유석진, "정보화로 인한 정치과정의 변화와 우리의 과제", '지식정보사회의 철학과 비전에 관한 심포지엄' 발표 자료, 2001년 6월 29일.

377) 라도삼, "16대 총선에 나타난 네트워크 활용 및 운영에 관한 연구", 한국언론정보학회 봄철정기 학술대회 발표자료(2001).

378) 임혁백, "정보화 사회와 민주주의: 한국정치의 새로운 패러다임", 한국정치학회 편, 『정보화 사회와 정치: 새로운 패러다임의 모색』(서울: 오름, 2001), p.27.

는 용어가 등장하기 시작했다. 특히 시민단체 중심의 온라인 운동과 오프라인 운동의 연계가 시도되었다는 점에서 의미가 크다.

이상에서 살펴본 것처럼 16대 총선에서 나타난 인터넷 정치참여는 정당이나 후보자들이 인터넷 사이트를 개설하는 등 인터넷을 활용한 선거운동에 철저히 대비했지만, 총선시민연대가 낙천·낙선운동이라는 획기적인 정치적 의제를 먼저 설정함으로써 정치적 공론권을 시민단체가 주도해 16대 총선을 이끌었다는 점에서 동원모델과 시민단체강화모델로 분류할 수 있겠다.

그러나 이 시기 인터넷 정치참여가 네티즌의 자발적인 참여에 의해서 이루어졌다기보다는 총선시민연대의 동원화 전략에 근간한 것이어서 시민단체 중심의 공급자 중심모델의 한계를 벗어나지 못했다.

아울러 이 시기 인터넷 정치참여는 실질적 참여민주주의 단계에 이르기까지는 아직 많은 과제를 남겨 두었다. 첫째, 정치권력을 감시하기 위한 정보뿐만 아니라 정치참여에 요구되는 정보조차도 체계적으로 공유되지 못하고 있으며, 인터넷을 이용한 의제설정과 의사결정 역시 이때까지는 이루어지지 않았다. 둘째, 의제설정권한은 시민세력의 권력이 점차 형성되기 시작하고 있었으나 여전히 주요한 의제설정 권력은 정부나 정치인 혹은 언론 등 기존 권력집단의 몫으로 남아 있었다. 셋째, 사이버 공간에서의 토론과 여론수렴 역시 형식적 수준에 그칠 뿐이며, 그 결과가 정책결정에 실질적으로 반영되고 있다는 증거는 찾아보기 어려웠다. 넷째, 사이버 공간의 정책토론이나 여론조사 등 정치과정에서 아직까지 인터넷이 공식적인 파워를 나타내 보이지는 못했다.

2002년 16대 대선에서의 노사모 활동

2002년 월드컵은 한국사회에 큰 변화를 몰고 왔다. 길거리 응원이라는 집단체험은 집단적 의사표현 분출이라는 새로운 양태의 참여문화를 만들어 냈다. 특히 <붉은악마>, <미군 장갑차 사망 관련 반미 촛불시위>, <노사모>로 연결되는 일련의 과정은 시민사회의 정치참여가 가장 극적으로 분출되는 일련의 과정들이었다.

월드컵 거리응원이라는 참여의 열기와 체험은 SOFA(한미주둔군지휘협정) 개정을 요구하는 대규모 반미 촛불시위,[379] 인터넷 팬클럽 노사모(노무현을 사랑하는 사람들의 모임) 열풍을 만들어 내면서 20－30대 젊은 층의 사회적 참여를 이끌어 내는 계기가 됐다. 월드컵 '붉은악마' 열풍이 시민들에게 폐쇄된 공간으로부터 참여의 광장으로 나가게 되는 실천양식을 제공한 셈이다. 특히 20－30대의 사회참여는 거리응원과 함께 인터넷을 통한 네트워크 기능이 결합되면서 하나의 정치적 파워의 결사체를 이루었다.

이 같은 정치적 파워는 이후 <2003년 이라크 파병반대 촛불시위>, <2005년 대통령 탄핵 반대 촛불시위>, <2005년 평택미군기지 확장저지 촛불시위>, <2006년 한미FTA반대 및 군사작전권 환수 촛불시위> 등으로 연결된 참여의 흐름을 만들어 냈고, 이념적

---

379) 2002년 촛불시위는 2002년 6월 13일 미군 궤도차량에 미선, 효순 두 여중생이 사망하는 사건이 발생했다. 같은 해 11월 20일 주한 미8군 군사법원 배심원단이 과실치사혐의로 기소된 궤도차량 관제병에게 무죄평결을 내리자, <앙마>라는 네티즌이 올린 글이 도화선이 되어 시민단체와 네티즌들이 불평등 논란이 제기된 SOFA개정을 요구하는 시위를 벌였다.

진보라는 큰 틀을 형성하면서 격정적 인터넷 정치참여 운동을 이끌었다. 정치에 대한 냉소와 무관심, 자기중심적 세대로 평가되던 젊은 네티즌들이 휴대폰 등 IT와 결합한 뒤 사이버 공간을 뛰쳐나와 월드컵 거리운동의 주역, 광화문 촛불시위와 선거혁명의 주역으로 부상하면서 한국정치의 변화를 본격적으로 주도하기 시작했다.

1. 노사모의 등장과 명분

16대 대선에서 노무현 후보의 팬클럽인 노사모는 한국 정치참여 문화에 일대 전환을 불러일으켰다. 1987년 13대 대선과 1992년 14대 대선은 수십, 수백만 명을 동원해 대규모 군중집회를 통해 세를 과시하는 방식으로 진행됐다. 이러한 대규모 유세 방식은 수천억 원 이상의 선거자금이 소요됐고, 선거후유증과 정경유착이 반드시 뒤따랐다. 1997년 15대 대선에서는 역사상 처음으로 TV방송토론이 도입돼 미디어 선거의 원년을 열었지만, 아직까지는 대규모 군중집회가 선거운동의 주요한 도구로 자리 잡고 있었다.

그러나 2002년 16대 대선에서는 대규모 군중집회가 성사될 수 없었고, 선거의 단골메뉴인 돈 선거는 그 위력이 크게 약화되고 미디어, 인터넷 선거가 그 자리를 차지했다. 특히 인터넷 선거는 선거에 무관심했던 젊은 층을 정치의 장으로 끌어들이는 데 기여했고, 젊은 네티즌들은 자발적으로 정치과정에 적극 참여하면서 새로운 선거문화를 만들어 냈다.

노무현 후보의 제16대 대통령선거 승리는 인터넷의 확산, 이를 통해 정치적으로 무장한 젊은 세대의 정치참여,[380] 시민사회의 성숙 등이 복합적으로 작용한 것이었다. 이 중 무엇보다도 인터넷의 확산과 노사모의 출현은 노무현의 당선동력으로 작용했다. 2004년 16대 총선은 총선시민연대의 낙천·낙선운동이 인터넷과 연결되면서 정치권의 세대교체 열풍을 불러일으켰지만 결과적으로 기존의 지역주의 투표행위가 여전히 위력을 발휘, 영호남 지역에서는 싹쓸이 투표 현상이 재연됐다. 이 과정에서 민주당 공천으로 부산에서 출마한 노무현 후보는 낙선했다. 하지만 그가 내세운 동서화합, 지역주의 청산이라는 정치적 주장은 네티즌들에게 정치인 노무현에 대한 정당성 및 신뢰도를 강화시켰다.

2000년 총선에서 노무현의 낙선 이후 4월 15일 <늙은여우>라는 필명의 네티즌이 '노무현 팬클럽'을 제안했고, 이 제안 직후인 4월 17일 효율적인 회원모집을 위해 노무현 팬클럽의 임시 게시판이 개설됨으로써 한국 최초의 정치인 팬클럽인 노사모가 문을 열었다.[381] 노사모는 2000년 4월 출범 이후 한 달간 약 200여 명이 가입한 이후 지속적인 회원수 증가를 보였다. 2000년 12월 말 1,226명, 2001년 6월 2,717명으로 확대되었다. 총선 이후 본격적인 민주당 대권 경선 레이스가 시작되기 이전 약 1년간 회원수가 10배 이상 증가했다는 것은 상당한 의미가 있다. 일반적으로 정치인에게 있어 낙선은 정치공간의 협소로 이어져 의욕적인 정치활동이 제약받게 되어 일반

---

380) 한국인터넷정보센터의 여론조사에 따르면 1999년 6월 940만 명에 불과했던 인터넷 이용인구는 2002년 16대 대선을 전후해 3,000만 명을 돌파했고, 이들의 80% 이상이 월 급여 200만 원 이하의 서민층과 40대 이하의 젊은 층인 것으로 드러났다. 『주간조선』 제1740호(서울: 조선일보사, 2003).

381) 황의완은 노사모의 발전과정을 사이버 공동체의 발전과정의 차원에서 홍보용 사이트→내부 회원제 도입→사이버 보좌관이란 독자적 커뮤니티 개설→사이버 보좌관이 특정한 계기가 작동하면서 독자적 모임으로의 전환→독자적 모임이 원 관리자의 영역에 참여함→원 관리자와 이로부터 파생된 커뮤니티가 서로 선의의 경쟁적 관계를 가지고 독자적으로 발전하는 단계를 거쳤다고 설명했다. 황의완(2004), p.112.

시민의 관심권 영역에서 멀어진다. 그러나 노무현의 경우는 달랐다.

노사모의 지역감정 극복과 국민통합이라는 명분은 노무현의 팬클럽이라는 특수한 입지를 넘어서 정치참여의 새로운 형식을 만들어 낼 수 있는 근거로서 작용했을 뿐만 아니라 회원들 간의 유대감을 더욱 강화시켜 주는 매개체가 됐다.[382] 또 해양수산부 장관시절 노무현이 했던 '언론과의 전쟁불사' 선언은 '안티조선' 운동으로 분출된 언론개혁이라는 명분을 추가함으로써 회원들의 결속과 정치참여 욕구를 더욱 확산시켰다.

지역감정 극복과 언론개혁은 노사모 회원들에게 참여의 명분이 되었다. 출범 초기 노사모에 가입한 회원들의 가입 동기를 보면, 지역감정 극복과 동서화합을 명분으로 내걸고 1992년 국회의원 선거, 1995년 부산시장 선거에서 민주당 후보로 출마하여 낙선하였음에도 2000년 국회의원 선거에서 또다시 부산에서 출발하여 낙선한 정치인 노무현에 대한 믿음과 신뢰였다.

홍성태는 노사모 회원들에게 있어 노무현은 지역주의에 의한 피해자이면서 냉전반공주의에 기반을 둔 기득권 세력에 맞서는 저항자로서의 상징적 의미를 가졌다고 평가했다.[383] 이러한 사실이 노사모가 한 인물을 추종한다는 공통성에도 불구하고 연예인 팬클럽과 달리 사회 정치참여로 발전할 수 있게 된 것이다. 노사모가 갖고 있던 정치참여의 명분은 온·오프라인을 넘나들며 자발적 참여를 촉진시킴으로써 민주당의 국민참여경선을 전후해 노사모 활동이 사회적으로 큰 파장을 일으키는 바탕이 되었다.

---

382) 윤재관 "인터넷 정치참여의 활성화 조건에 관한 연구: 노사모 사례를 중심으로", 한국외대 석사논문(2003), p.31.
383) 홍성태, "노풍의 사회적 형성과 새로운 정치운동의 가능성", 『민주사회와 정책연구』 제2권 2호(2003) 참조.

2. 정치적 효능감의 극대화

국민참여경선은 노사모에 있어 참여에 따르는 비용을 감소시켜
온·오프라인상에서의 참여를 활성화시킨 외적요인이라 할 수 있다.

2002년 대선과정에서 민주당이 당내 후보를 선출하는 방식으로
채택한 국민참여경선제는 노사모의 정치적 성공에서 빼놓을 수 없
는 부분이다.[384] 국민경선제는 당의 공직후보자 선출권을 기존 당
원만이 아닌 일반시민을 50% 참여시키는 것을 주요 골자로 하는
것으로, 기존 당내 대의원 중심의 경선이 갖는 폐쇄성과 일반 국
민의 참여의 차단이라는 단점을 극복해 시민들의 인터넷 정치참여
를 유인하는 기제로 작용했다. 이처럼 노사모 사례에 있어서 회원
들이 스스로 '할 수 있다'는 확신을 가짐으로써 정치적 효능감을
갖게 한 계기는 무엇보다도 국민참여경선에서의 승리일 것이다.

당시 이인제-이회창 대세론이 급속하게 확산된 상황에서 '노무
현 대안론'은 노사모 회원들에게 정치적 효능감을 느끼게 한 동기
가 되었다. 노사모 회원들의 이러한 노력은 네티즌들로 하여금 '이
인제 대세론'이 지배적이었던 당시의 경선구도를 반전시키기 위해
서는 자신들의 참여가 필수적이라는 사실을 깨닫게 했다. 결국 이
는 노사모 회원수의 폭발적인 증가 및 젊은 세대의 국민참여경선
에 대한 관심과 공모당원으로서의 참여로 연결되게 된다.

민주당 국민경선에서 영남출신 후보가 1등을 차지한 광주지역

---

384) 정동규는 국민참여경선제는 정치사회 내부의 위기로부터 촉발된 것이라며, 국민경선
제의 도입으로 한국정당에서 전자투표와 인터넷 투표 등 정보통신기술을 본격적으
로 도입하는 계기가 되었고, 분권화 및 개방화의 강화, 참여의 확대와 대표성의 강
화라는 성과를 얻었다고 평가했다. 정동규, "인터넷과 참여민주주의: 한국의 제16대
대선을 중심으로", 성균관대 박사논문(2004), pp.144-159.

경선 이후 경선장을 찾은 노사모 회원이 급증했다. 온·오프라인의 유기적 연계는 정치적 효능감을 제고시켜 참여자의 비율을 더욱 확대시켰고, 확대된 참여자는 다시 정치적으로 더 큰 영향력을 발휘할 수 있는 기반이 되고, 이 기반은 다시 노사모 회원들로 하여금 참여에 따른 정치적 효능감을 극대화시키는 선순환적 상호작용을 하게 된 것이다. 노사모에서도 회원들이 자신이 올린 글이나, 어떤 제안에 대한 다른 회원들의 반응을 즉각 인식할 수 있을 뿐만 아니라 실제 정책에도 반영되기 때문에 그것에 일종의 보상감을 느끼고 더욱 활발한 많은 아이디어를 내게 됐다.[385]

노사모 회원들은 자신의 능력, 시간적, 경제적 여유, 참여의 의지 정도에 따라 다양한 참여방식이 제공되었고, 어떠한 방식의 참여도 질적 상하 혹은 우위에 의해 평가되지 않고 모두 소중한 참여로 인식되었다. 예를 들어 문장력과 분석력을 갖춘 회원이 보수언론에 대한 노무현의 보도에 대한 비판 글을 작성하고 이를 게시판에 올리면, 이러한 글을 쓸 수 있는 여유가 없는 일반회원들은 이러한 글을 여러 웹 사이트에 퍼 나르는 역할을 수행했다.[386] 친화력과 조직 구성의 경험이 있는 회원은 노사모 중앙 사무국을 통해 자신이 거주하는 지역 노사모의 회원정보를 제공받아 지역 모임을 구성하여 오프라인 활동의 중심이 되고, 정보통신 업종에 종사하는 사람은 프로그래밍이나 회원 데이터베이스(DB)작업 등을 자신의 일과가 끝난 후에 도와주는 방식으로 노사모 활동에 참여하게 된다.[387] 적극적인 참여가 어려운 회원들은 주요사항을 결정

---

385) 고영만, "노사모 연구: 사이버 공동체의 생성·발전과 정치참여에 대하여", 서강대 석사논문(2002), p.67.

386) 윤재관(2003), p.61.

387) 위의 글, p.70.

하는 온라인 투표를 통해 참여하게 된다. 결국 자신의 입장과 환경에 맞게 참여의 방식을 정할 수 있고, 이는 참여방식의 다양화로 연결되어 참여의 저변 확대에 기여하게 된 것이다.

노사모의 주요활동 중 '희망돼지 분양사업', 국민경선 참여 등은 인터넷의 내부토론을 통해 결정되고 실행됨으로써 내부동력을 극대화시키고, 극대화된 내부동력은 노무현 후보의 당선이라는 예상 밖의 결과를 낳는 데 기여함으로써 정치적 효능감을 극대화시키게 되었다.

〈표 4-3〉 **2002년 16대 대선 새천년민주당 후원금 현황**[388]

구분	건수	금액(원)	비 고
신용카드	31,899	1,329,876,426	-10월 25일 샐러리맨의 월급날을 맞아 8,656건 3억여 원 기록, 총누적 10억 원 돌파
휴대폰	20,165	347,045,283	
ARS	21,188	211,880,000	
계좌후원	101,635	4,320,633,678	
희망돼지	22,042	759,633,678	-11월 27일 후보등록일에는 7,000여 건으로 11억 5,000여만 원 기록, 총누적 40억 원 돌파
희망티켓	6,835	309,000,000	
합계	203,764	7,278,135,098	

특히 희망돼지 분양사업은 대선종료 후인 12월 22일까지 2만 2,042건에 모두 7억 6,000만 원이 모금되었고, 노사모에서 출발한 소액다수 정치후원금 모금은 일반시민의 정치자금 기부문화를 확산시켰다.

아울러 노사모의 활동은 오프라인과 온라인 정치참여의 연계를 통해 정치적 효능감을 크게 제고시켰다. 실제로 당시 민주당 국민경선장에서 활동한 회원들이 행사 종료 후 참여하면서 느낀 바를

---

388) 새천년민주당, 『제16대 대통령선거 백서』(2003), p.208.

실감나게 자유게시판을 통해 전달함으로써 온라인 참여자를 오프라인으로 유도시켰으며, 이러한 현상은 예상을 깨고 영남출신 노무현 후보가 1등을 차지한 광주지역 국민경선 이후 경선장을 찾은 노사모 회원이 급증한 것에서도 알 수 있다.[389]

3. 유희적 선거운동과 참여기제

2002년 민주당의 대통령 후보 선출을 위한 국민경선과 2002년 16대 대선 과정에서 노사모와 네티즌이 보여 주었던 유희적 방식의 선거운동은 선거가 더 이상 돈과 조직의 세력싸움을 넘어 지지층의 의지결집의 축제로 승화될 수 있다는 가능성을 현실로 보여 주었다. 노무현이 궁지로 몰릴수록 오히려 그의 지지층의 결집은 더욱 공공해지는 결과로 나타났다. 김민석의 탈당과 함께 분출된 온라인 모금이 그 예이다.[390]

노무현의 지지층들은 김민석의 탈당으로 초래된 절망과 분노를 새로운 힘으로 결집시켰다. 이 같은 일은 노무현의 지지층이 인터넷을 매개로 광범위한 사이버상의 커뮤니티를 형성하고 있었기 때문에 가능한 것이었다. 노사모의 성공은 자발적인 참여와 집중적인 동원기제가 결정적인 역할을 했다.[391] 대표적인 사례는 2002년 대선 과정의 마지막 분기점이었던 정몽준 국민통합21 대표의 공조파

---

389) 윤재관(2003), p.49.

390) 평소 하루 평균 1,000 − 2000명 내외에 그치던 온라인 모금이 김민석이 탈당하던 날인 10월 17일 2,082명이 모금에 참여했고, 그 다음 날인 18에는 8,025명으로 급격히 늘어났다.

391) 조정관, "인터넷 선거운동, 인터넷 정치헌금, 디지털 정당의 실태와 발전방향"(서울: 정보통신정책연구원, 2004) 참조.

기 선언 이후 보여 준 노사모 활동이다.

인터넷은 386세대의 정치적 지향성을 월드컵과 촛불시위를 통해 2030세대와 연결 지었다. 이를 통해 노무현의 당선에 결정적 영향을 미쳤다고 표현하는 소위 '마지막 몇 분의 디지털 투표촉구 운동(a last minute digital get－out－the－vote campaign)'을 수행하도록 만들었다.392) 범여권 후보단일화의 한 축이었던 정몽준 후보가 선거를 불과 몇 시간 남겨 두고 발표했던 후보단일화 철회선언은 엄청난 충격이었다. 기존의 언론구도에서라면 당연히 노무현 후보의 패배로 귀착되었을 가능성이 매우 컸다. 조선일보는 선거 당일자 사설을 통해 '정몽준이 노무현을 버렸다'는 자극적인 제목으로 선거판세에 영향을 미치려 했다.393)

그러나 2002년 12월 18일 저녁 10시경, 뉴스 '사각지대'에서 벌어진 이 사건에서 인터넷 신문은 선거의 승패를 갈라놓는 가장 결정적인 역할을 한다.394)

<오마이뉴스>는 이 사건이 벌어진 다음 날 새벽까지 무려 24시간에 걸쳐 상황을 현장 중개했으며, 이 기사는 <오마이뉴스> 창간 이후 단일 기사로는 최대 조회수를 기록했다. 이 기사는 <오마이뉴스>의 메인기사로 배치된 이후 다음 날 오전 11시까지 약 12시

---

392) 실제 2002년 16대 대선 투표일을 불과 1시간 30분 앞두고 일어난 정몽준의 공조파기 선언 이후 노사모 홈페이지, 인터넷 신문, 정치웹진 등의 사이트에서 진행된 네티즌들의 대화와 토론은 전자적 공론장의 기능을 보여 준 대표적 사례로 지적된다.

393) 장승권, 최종인, 홍길표는 조중동으로 대표되는 거대언론과 오마이뉴스, 프레시안 등 인터넷 언론과의 싸움에서 인터넷 매체가 승리한 것은 인터넷을 통해 뭉친 다수가 네트워크 경쟁에서 강력한 소수를 물리친 대표적인 사례라고 주장했다. 장승권·최종인·홍길표, 『디지털 권력』(서울: 삼성경제연구소, 2004), pp.97－98.

394) 조중동과 노사모, 인터넷 사이트들의 대결구도에서 인터넷이 승리를 거두었다는 점에서 선거 후 언론권력 교체론까지 제기되기도 했다. 오마이뉴스는 선거 다음 날 홈페이지 전면에 '한국의 언론권력 교체되다'라는 제목으로 대서특필하기도 했다.

간 동안에 무려 50만 명이 클릭했으며, 12월 24일 오후까지 70만 명이 조회했다.[395] 아울러 정몽준 의원이 노무현 후보에 대한 지지를 철회했던 날인 2002년 12월 18일 <오마이뉴스>의 페이지뷰는 1,910만 1,690쪽이었다. 이를 반복 접속자를 포함한 방문자수로 따지면 약 623만 명이다. 또 개별 접속채널(IP)로 따지면 72만 3,376개나 됐다. 동일인이 반복 접속하는 것을 1명으로 계산한 '순수방문자수'는 12월 18일 하루 동안 150만 명에 달한 것으로 보인다.

이 같은 현상은 인터넷 포털사이트에서도 마찬가지였다. 인터넷 포털사이트 <다음>(www.daum.net)이 운영한 '대선특집'코너에는 대선 전날인 18일 하루 방문자 횟수가 500만 회를 기록했다. 이 수치는 40장짜리 일간지 120만 부와 맞먹는 구독부수에 해당되는 것이었다.[396] 이 과정에서 노사모 회원들의 역할은 인터넷 정치참여의 결정판이라 할 만큼 돋보였다.

공식 선거종료 불과 1시간 30분을 남기고 발표된 노무현-정몽준 공조파기를 전해들은 노사모 회원들은 즉시 노사모 웹 사이트와 e-메일, 전화 등을 통해 행동강령을 전달하고, 이를 주변사람에게 전파시키게 된다. 투표일 당시 오후에 저조한 투표율로 노무현 후보의 당선이 힘들다는 분석이 언론을 통해 보도되자, 노사모 회원들은 주위사람들에게 전화와 문자메시지, e-메일 등을 통해 투표를 독려하였다. 이러한 노력으로 출구조사 결과 오후 2-3시까지 이회창 후보에게 근소한 차이로 뒤지던 노무현 후보는 이후 역전에 성공한 것으로 밝혀지게 된다.[397] 출구조사 결과 투표당일

---

395) 오마이뉴스, 2003년 1월 4일.

396) 한겨레, 2002년 12월 13일.

397) 김형준, "미디어와 인터넷 선거운동에 대한 평가", 한국정치학회 춘계학술대회 발표 논문(2003), p.14.

오후 2-3시까지 이회창 후보에게 뒤지던 노무현 후보는 이후 역전에 성공한 것으로 드러났다. 특히 노사모의 지역별 모임 등 세분화된 모임은 인터넷을 기반으로 상호 간의 의사교환 등을 통해 강력한 동원체계를 구축하게 된다.

노사모의 성공은 인터넷상의 숙의의 심화와 집중과 활동에 따른 '동원의 기제'로서의 적절한 활용 때문이었다.[398] 16대 대선은 과정과 결과 모두 극적인 내용을 보여 준 것으로 21세기 한국정치의 방향을 시사한 중대선거(critical election)였다. 조직, 지역연고, 자금 등에서 열세였던 진보성향의 후보가 보수인물과의 연대 없이 정책을 통해 연고가 없는 특정지역의 지지를 얻어 냈고, 인터넷이라는 새로운 매체를 통해 선거에 무관심했던 젊은 세대의 정치적 효능감을 증폭시키면서 자발적인 정치참여와 지지를 이끌어냈다. 한나라당은 전형적인 아날로그 선거운동으로 이들의 감성을 잡는 데 실패했기 때문에 패배했고, 민주당은 참신한 아이디어로 네티즌들의 자발적 참여를 이끌어 내 선거에서 승리했다고 평가할 수 있다.[399]

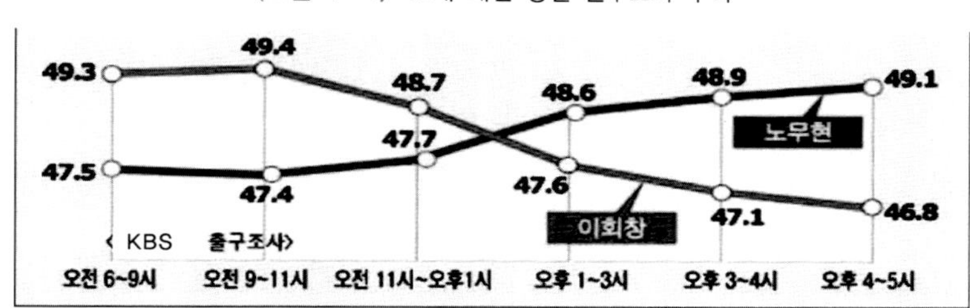

〈그림 4-1〉 16대 대선 당일 출구조사 추이

---

398) 황주성 외(2004), p.211. 정보통신정책연구원 연구팀은 이 연구를 통해 노사모와 창사랑 게시판에 대한 광범하고 심도 있는 콘텐츠 분석을 통해 한국 사이버정치공동체의 숙의성과 활동성 간의 관계에 대한 분석을 시도하였는데, 숙의성이 높을수록 커뮤니티의 영향력이 클 것이라는 가설을 부정하는 결과를 도출하였다.

399) 김형준, "16대 대선 심층분석", 『관훈저널』 2003년 봄호(서울: 관훈클럽, 2003).

아울러 인터넷을 통한 젊은 세대의 활발한 정치참여는 한국의 선
거에서 나타난 전통적인 균열구조의 변화를 가져오기도 했다. 즉
1987년 민주화 이후 한국의 선거결과를 결정짓는 가장 지배적인
요인이 지역주의였던 데 비해, 16대 대선에서는 세대와 이념요인이
부각된 반면, 지역주의는 변화되거나 약화되는 조짐을 보였다.[400]

4. 생활인들의 정치참여 장으로서 팬클럽

정치인 팬클럽에 참여하는 것은 정당에 참여하는 것에 비해 감
성적인 호감과 심리적인 편안함을 느낄 수 있다. 공식적인 정당조
직과 비교할 때 팬클럽은 그 특성상 보다 유연할 뿐 아니라 개인
적이고, 비공식적인 속성이 강하기 때문에 정치참여에 대한 심리적
부담이나 거부감도 상대적으로 적다고 할 수 있다. 즉 정치참여를
위한 심리적 진입장벽이 매우 낮아지게 되는 것이다. 정치권에 대
한 불신이 높은 상황에서 주변 사람에게 손가락질을 받을 수 있는
제도권 정치에 관여하겠다는 것이라 아니라 그저 내가 좋아하는
스타 정치인 개인과의 관계를 설정하겠다는 것이기 때문이다.

정치인 팬클럽에 가담하는 이들이 정치권 전반에 대해서는 커다
란 불만을 갖고 비판하지만, 자신들이 좋아하는 특정 정치인에 대
해서는 기존 정치권과 구분된 별개의 존재로 간주하기 때문이다.
김용호는 노사모 현상을 노사모의 다수 회원들이 정치를 권력투쟁
이라는 관점에서 보지 않고 놀이(play)로 보는 경향이 강하다고 분
석했다.[401] 장우영은 한국사회에서 노사모의 결성이 '바보 노무현'

---

400) 정동규(2004), p.239.

에 대한 네티즌들의 감성적 지지에서 비롯된 것과 같이 정치인 팬클럽의 등장과 확산은 팬덤(fandom)이라는 감성적 차원의 유대감과 같은 문화적, 정치적 측면의 맥락을 반영하고 있다고 보았다.[402]

그러나 인터넷이란 매체의 속성 자체가 쌍방향에 바탕을 두고 있기에 팬들의 의지는 차츰 의도된 기획을 극복하고 자생의 길로 들어서거나, 쌍방향을 소화하지 못하는 팬클럽은 정체와 몰락의 길을 걷게 된다. 노무현 인기의 파생이 노사모이기에, 노사모의 발전 여부는 노사모 스스로에게 달려 있기보다는 노무현의 인기에 더 크게 영향을 받게 된다는 점이다. 사실 이러한 경향은 팬클럽의 보편적 속성이기도 하다. 정치인 팬클럽은 단순한 응원부대가 아니라 스타와 함께 명멸을 같이하면서 그에 따르는 책임도 같이 져야만 하는 문제를 고려해야 한다.

노사모는 노무현이 대통령이 되면서 관계설정에 혼선이 생겼다. 노무현에 대한 단순 지원만을 생각했던 회원들은 이미 당선되어 버린 대통령에 대한 더 이상의 지원은 필요치 않을 것이라 생각했던 것이다. 노사모가 고유한 자기 독립적 단체라기보다는 노무현의 정치활동의 결과로 파생되는 거울과 같은 존재란 것을 증명해 주는 것이다.[403]

당시 선거법상 노사모를 포함한 모든 정치인 팬클럽은 다 불법의 위험에 처하게 됐다. 중앙선거관리위원회가 사조직이라며 폐쇄명령을 내렸기 때문이다. 이에 따라 노사모의 주력은 일시나마 민주당 내 기구였던 100만 서포터즈 사업단으로 편입되었다. 그러나

---

401) 김용호, "네티즌 포퓰리즘인가, 새로운 형태의 정치참여인가?: 노사모 사례연구", IT 정치연구회 월례발표회자료, 2004년 3월 13.

402) 장우영(2007), p.11.

403) 황의완(2004), p.115.

스스로의 활동성을 유지하기 위해 자발적인 활동의 틀을 버리고 민주당에 부속되는 커뮤니티의 길을 선택함으로써 심각한 자기 정체성의 위험에 빠지게 되었다.

선거가 끝나고 사조직 규정의 근거이던 노무현이 후보지위를 벗어남으로써 노사모가 사조직으로 규정되던 원인이 소멸하게 됐고, 노사모는 독자적인 팬클럽의 지위를 되찾게 된다.[404] 노사모 사무실과 사이트는 폐쇄된 채 12월 19일 선거는 치러졌다. 노사모는 사이버의 지지층들과 함께 사이버 공간 곳곳에 분출되어 활동하면서 노무현 대선 승리의 지원군이 되었다. 투표가 종료된 시점인 2002년 12월 19일 18시를 기해 선관위는 노사모를 더 이상 사조직으로 보지 않는다고 통보했고, 노사모는 선관위를 상대로 한 행정명령 취소 소송을 소의 이익이 없다고 판단해 취하했다. 이렇게 노사모의 합법성 여부는 위법의 소지를 안은 채 법원의 최종 판결이나 헌법 재판소의 판결을 받아 보지 못하고 묻히고 말았다. 연예인 팬클럽이 스타의 공연에서 열광적 힘을 분출하듯이 정치인 팬클럽도 평상시 씨앗처럼 존재하다가 선거의 시기가 되면 지지그룹이 모여드는 마당의 역할을 하며 급속히 팽창한다.

노사모의 성공 이후 2004년 대통령 선거를 앞두고 박사모(박근혜를 사랑하는 사람들의 모임), 명박사랑(이명박 서울시장의 팬클럽), 손&미소(손학규 전 지사의 팬클럽) 등 다양한 형태의 정치인 팬클럽이 인터넷 공간상에 생겨났다. 이들 정치인 팬클럽 회원들은 역시 '외부적 경계와 내부적 소통'을 추구했지만, 이들에게서 노사모에서 볼 수 있는 것과 같이 여기에 참여하는 이들이 공유하는 '저항적 하위문화'를 쉽게 찾아보기는 어려웠다.[405]

---

404) 앞의 책, p.120.

노사모는 이슈 중심적(issue – oriented) 정향을 띠었던 반면, 나머지 팬클럽은 리더의 퍼스낼리티 중심적(personality – oriented) 정향이 강하게 나타났다. 이는 노사모가 정치개혁과 지역주의 극복이라는 대의명분에서 출발하였던 것과는 달리 박사모와 명박사랑 등은 노사모 학습효과를 통해 빼앗긴 권력의 재탈환을 목표로 하고 있기 때문이다.[406]

5. 노사모 활동의 평가

2002년 16대 대선에서 노사모 활동은 한국정치에서 인터넷 정치참여의 신기원을 이룩한 일로 평가되고 있다.

인터넷을 통한 시민의 정치참여가 기존의 정치구도와 현실을 바꿀 수 있다는 동원모델의 가능성을 여실히 보여 주었다. 또 정치참여의 주체 측면에서도 각종 사회단체와 개별시민들이 인터넷 커뮤니티에 자발적으로 집결해 선거에 참여함으로써 불리한 선거 국면을 극적으로 바꾸면서 노무현의 승리에 결정적인 요인으로 작용하게 된다. 특히 그 중에서도 개별시민의 참여가 더욱 큰 영향력을 행사했으며, 인터넷 활동에 있어서도 공급자 중심모델에서 수요자 중심모델로 급격한 전환을 보여 주었다.

아울러 온라인과 오프라인의 유기적 결합을 통한 인터넷 참여는 인터넷 네트워크를 통한 정치참여의 효능감을 더욱 높이는 결정적 계기를 마련했다고 평가할 수 있다.

---

405) 강원택(2007), p.87.
406) 장우형(2007), p.12.

한상진은 노사모 활동을 운동으로 간주하면서 온라인 팬클럽으로 시작한 이 운동이 국민참여경선이라는 계기를 통해 폭발적인 대중의 관심과 동원을 가져왔다고 보았다.[407] 노사모는 인터넷 시대의 네트워크가 제공하는 기술공학적인 잠재력과 386세대를 중심으로 한 젊은 세대의 독특한 공통의 체험과 열망이라는 세대효과가 얽혀 있으며, 정치적, 사회 문화적 변수가 함께 발현된 것이라고 주장했다. 한상진은 인터넷과 민주주의 관계에 있어 낙관론과 비관론이 이론적 수준에서 맞서고 있으나 노사모 사례는 기술결정론을 피하면서도 양자의 긍정적 관계를 지지할 수 있다고 했다. 그는 인터넷이라는 새로운 미디어와 참여 지향적인 독특한 정체성을 유지하고 있는 386세대의 가치가 유기적으로 접목되면서 인터넷의 정치적 효과가 크고 온라인 활동이 폭발적인 오프라인 동원으로 연결되었다는 점을 꼽았다.

그러나 윤성이는 지난 2002년 대선에서 20대 투표율의 감소를 들면서 노무현 후보의 승리요인을 인터넷 선거운동으로 볼 수 없으며, 기존의 정치적 지지집단의 참여만을 강화했을 뿐, 인터넷이 새로운 정치참여를 만들어 내는 데 그다지 성공적이지 못했다고 평가했다.[408]

인터넷을 기반으로 한 노사모는 인터넷이 정치참여자 간의 정치토론, 의사소통의 수단을 넘어서 정치적 의견의 조직과 오프라인에서의 동원까지 가능하게 할 수 있다는 것을 실증적으로 증명해 준 사례이다. 정치에 있어 인터넷의 도입과 활용이 과연 어느 정도까

---

407) 한상진, "네티즌과 시민 – 인터넷이 민주정치에 미치는 영향", 『정책포럼』 통권 32호 (2002년 가을)(서울: 대통령자문기획위원회, 2002), pp.56 – 72.

408) 윤성이(2007), p.21.

지 현실정치에 영향력을 행사하게 되는지, 또한 그것을 어떻게 효과적으로 도입, 활용한 정치인이 확보할 수 있는 정치적 동원능력이 그렇지 못한 정치인에 비해 어느 정도 유리한 위치에 서게 되는지를 판단하는 데 노사모의 사례가 상당히 많은 시사점을 준다.

특히 국민의 정치참여가 제도화되고 훈련될 수 있었던 기회가 극소수의 활동가나 시민운동가 중심에 머물러 있었던 한국사회에서 다양한 계층, 연령대의 평범한 시민들에 의해 시작된 노사모라는 정치 후원모임이 온·오프라인을 넘나들며 보여 주었던 정치적 가능성은 의미가 크다. 이는 집단차원에서 인터넷 등 디지털 사용능력 여부가 새로운 집단권력 형성에 결정적 영향을 미치는 요인임을 잘 보여 준 것이며, 디지털을 기초로 한 정보능력이 곧바로 권력으로 연계되지는 않지만 네트워크 효과로서 권력의 결과를 가져온 것으로 해석할 수 있다.[409]

그러나 정치참여가 원칙과 이념을 토대로 하고 제도적으로 대표되는 정당이 아니라, 정치인 개인을 중심으로 한 비제도적인 팬클럽을 통해 확대됨으로써 대의민주주의의 기본원칙인 '대표와 책임'을 크게 훼손할 가능성도 그만큼 높아졌다는 점도 주목해야 할 부분이다.[410]

노사모는 팬클럽으로 시작되었지만 기능적으로 본다면 기존의 정당들이 수행했던 것과는 매우 유사한 역할을 수행하였고, 조직적으로도 실제 정당과 매우 유사한 특성이 발견된다.[411] 노사모는 또

---

409) 장승권·최종인·홍길표, 『디지털 권력: 디지털 기술, 조직 그리고 권력』(서울: 삼성 경제연구소, 2004), p.47.

410) 그러나 강원택은 온라인을 통한 새로운 대안 정치세력의 출현은 그로 인해 기존 정 당체계의 급격한 변혁이나 기존 정당의 붕괴를 초래하기보다는 기존 정치권의 유연 성과 포용력을 증대시키는 방향으로 영향을 미치고 있다고 주장했다.

411) 강원택, "인터넷 정치집단의 형성과 참여: 노사모를 중심으로", 『한국과 국제정치』

집단 형성의 초기단계에서는 정치성이 강한 동호회(social club)의 속성을 지니고 있었으나 대선후보 선출과정에서는 대규모의 정치적 결사체로 변모하였고, 대선운동 과정에서는 노무현 후보의 선거 머신(election machine)으로 기능하였고, 대통령 당선 후에는 시민운동형 정치단체의 특성을 지니고 있었다.[412] 노사모의 존재가 과거에 볼 수 없었던 정치인과 시민사회 간의 네트워킹이 가능하다는 것을 보여 주었다.

노사모는 인터넷에 기반을 둔 정치집단이며, 정치인 팬클럽이다. 그동안 한국정당 정치와 관련, 결성되었던 집단들은 모두 오프라인에서 기획되고 결성된 것이지만 노사모는 처음 결성부터 온라인을 통해 시작되었다. 노사모의 규약을 보면 인터넷 투표가 노사모 최고의사결정기구로 규정되어 있다.[413]

노사모는 온라인을 통한 정치활동이 기존의 정당조직, 특히 지구당 조직을 대체하거나 보완할 수 있는 가능성을 보여 주었다. 정치적 가치에 기반을 둔 결집이 정당이 아니라 노무현 개인을 중심으로 이뤄진 것은 한국의 정당들이 시민사회 내의 요구를 충분히 수용할 만큼 개방적이지 못했고, 지역주의에 의존해 있어 정치적 변혁의 요구를 수용할 수 없었다는 것을 반증하고 있다.[414]

노사모의 성공사례는 기존의 정당조직을 우회하여 인터넷 공간

제20권 제3호(2004), pp.167.

412) 김용호, "네티즌인가, 새로운 형태의 정치참여인가?: 노사모 사례연구." 『2004 IT정책연구 자료집: 정보기술과 정치, 사회의 변화』, 정보화 정책자료 2004 – 3(서울: 한국전산원, 2004), pp.76 – 77.

413) 정동규, "인터넷과 참여민주주의: 한국의 16대 대선을 중심으로", 성균관대 박사논문(2004), p.217.

414) 실제 노무현 후보는 새천년민주당의 대통령 후보로 선출되었으나 지지도가 급락하자 민주당 후보단일화협의회가 결성되어, 노 후보의 후보교체 움직임을 보이기도 하는 등 정당의 정체성이 극도로 약화되는 일이 벌어진다.

에서 자발적으로 형성된 집단이 정치과정, 특히 선거운동 과정에서 매우 효과적으로 기능할 수 있으며, 정치적으로도 커다란 영향력을 행사할 수 있다는 사실을 잘 보여 주고 있다.[415] 특히 팬클럽이 한국정당 정치의 고질적 문제라 할 수 있는 정당멤버십과 일체감의 약화, 유력 정치인과 후보를 중심으로 한 정당의 사인화(privation) 및 정당의 중개기능 약화 등을 더욱 가속화시킴으로써 정당의 쇠퇴를 촉진하고 있다[416]는 점은 한국 인터넷 정치의 주요한 문제점으로 부각되고 있다.

---

415) 강원택(2007), p.150.
416) 장우형(2007), p.21.

2004년 대통령 탄핵과 17대 총선

17대 총선은 한국 정치사에서 인터넷 정치참여의 중대한 전기를 마련한 사건이었다. 모든 정치세력들의 선거운동 전략이 역사상 유례없는 '탄핵'이라는 단일쟁점(single issue)과 맞물리면서 인터넷이 정치의 중요한 매개수단으로 격상됐다. 2003년 12월을 지나면서 네티즌이 3,000만 명을 넘어섰고, 인터넷은 TV 및 신문 등 기존의 주요 매체들을 누르고 네티즌 사이에서 선거관련 정보를 얻는 제1의 매체로 부상했다.417) 특히 2004년 3월 개정된 정당법 및 선거법은 선거자금에 대한 규제강화, 지구당 폐지, 정당연설회 및 합동연설회를 금지해 인터넷 등 각종 미디어를 활용한 선거전략을 적극 활용할 수밖에 없었다.

16대 대선에서 인터넷의 위력을 실감한 각 정당과 후보자는 인터넷 선거전략에 총력을 기울였고, 시민의 입장에서는 정치참여의 중요한 도구로서 인터넷을 적극 활용할 수 있는 기회가 제공됐다. 아울러 16대 총선에서 정치적 힘을 과시한 바 있는 시민단체도 총선사이트를 개설해 부패정치인 추방운동 등을 벌였다. 그러나 17대 총선에서 정당 및 후보자, 시민단체 등의 인터넷 선거전략은 크게 빛을 보지 못했고, 민간 측면에서 정치웹진과 정치 사이트가 크게 증가하면서 이들이 선거 국면을 좌우했다.

이 같은 원인은 탄핵이라는 정치적 맥락의 영향에 따른 결과이

---

417) 한겨레, 2004년 2월 4일.

기도 하겠지만, 기존의 정치집단이 제공하는 정치 사이트가 네티즌 수용자들의 자발성과 상호 작용성을 특징으로 하는 인터넷 문화의 특성을 간과한 채 사이트의 일방적 홍보에만 초점을 두고 사이트를 개설하고 운영했던 데서 그 원인을 찾을 수도 있다.

1. 공급자주도 정치참여: 각 정당의 인터넷 활용

17대 총선을 앞두고 대선에서 확인된 인터넷 여론시장을 선점하기 위해 각 정당은 앞다퉈 사이버 전략을 수립했다.

2002년 대선에서 인터넷의 정치적 위력을 실감한 각 정당들은 네티즌들의 '표심'을 잡기 위해 사이버 활동을 전개하는 동시에 인터넷을 활용한 디지털 정당으로 변모하기 위한 노력을 기울였다.[418] 특히 16대선에서는 인터넷 활용도가 매우 높은 15 - 35세의 국민이 인구구성의 약 50%를 차지하고, 네티즌이 전체 국민의 70%를 넘어섬에 따라 각 정당들은 정당 활동을 사이버 활동으로 전환해서 유권자의 요구를 충족해야 할 필요성에 직면했던 것이다. 이 같은 흐름을 배경으로 각 당은 '전자정당' 계획을 수립해 추진했는데, 특히 개혁당[419] 등의 움직임은 주목받는 것이었다.

먼저 각 정당은 사이버 선거운동이 선거의 승패를 좌우하는 중

---

[418] 한국정당의 전자정당화에 대해서는 김진욱, "한국 정당의 전자정당에 관한 연구", 경기대 정치전문대학원 박사논문(2004).

[419] 2002년 11월 창당된 개혁당은 인터넷을 통해 당원 3만 6,000여 명을 모집한 순수 온라인 정당으로, 당원들이 인터넷을 이용한 직접투표로 당의 주요정책을 결정하는 최초의 완전개방형 정당운영을 목표로 했다. 당의 의사결정에는 매달 1만 원을 내는 진성당원에게만 투표권이 부여됐다. 그러나 개혁당은 2003년 10월 27일부터 닷새간 당 인터넷 홈페이지와 핸드폰 및 자동응답전화(ARS)를 통해 신당참여 여부에 대해 전당원이 참여하는 '온라인'투표를 실시해 열린우리당 참여와 당 해산을 결의했다.

대변수로 작용함에 따라 당 운영 전반에 정보기술(IT)을 도입하려는 시도를 경쟁적으로 펼쳤다.[420] 물론 각 정당들은 '정권획득'을 목표로 하고 있는 만큼 인터넷 민주주의 이념 구현보다는 당무의 효율화 및 다양한 선거활동 기법이나 인터넷을 통한 당비 납부, 당원가입 등 전술적이고 기술적인 측면에서 효율적인 방안을 고안해 내려 했다. 또 인터넷을 통해 소액다수의 실명 정치자금을 모음으로써 정치자금의 투명화 진성당원 중심의 당 운영도 시도했다. 꼬박꼬박 당비를 내는 진성당원[421]은 고유의 당원 자격번호(ID)와 비밀번호를 받아 당내 각종 선거나 의사결정과정에서 온라인 투표권을 행사하고, 이렇게 해서 중앙당의 인력과 기구를 대폭 줄여 원내중심 정당화를 이룬다는 구상이었다.

한나라당은 16대 대선 패배의 결정적 요인 중 하나가 '인터넷에서의 패배'라고 보고 '정책·선거중심의 디지털 대중정당 추진계획(i - Hannara)'을 마련하고, 인터넷 정당화를 추진했다. 한나라당은 특히 지방당과 중앙당, 당원과 지도부가 유기적 네트워크로 연결되는 네트워크 정당을 실현하고 정책의 제안 및 입안, 홍보 등 각 분야별 전문 인력의 전문성 발휘기회를 최대한 보장하여 원내 정책 활동을 온라인으로 수행하는 온라인 정당을 지향한다는 목표를 세웠다. 한나라당은 유권자의 정보습득 수단이 신문, TV에서 인터넷으로 비중이 옮아가고 있는 매체환경에서 인터넷과 모바일을 이용한 유권자 접촉 및 설득의 방법을 연구하는 전문가를 양성

---

420) 17대 총선을 앞두고 여야 각 정당의 인터넷 전략과 전당정당 추진에 대해서는 조석장(2004)을 참조.

421) 진성당원화는 선거 때마다 득표차원에서 당원배가운동을 통해 '당원명부'에만 오르는 '가짜당원'의 거품을 걷어 내고 정당의 정강정책에 공감하고 당비납부 등 기본의무를 이행하면서 공직후보 출마와 선거 등 권리를 향유하는 당원체제를 말한다.

하고 그 연구 결과를 실제 당무 및 선거상황에서 시행하는 것을 목표로 했다. 한나라당의 '디지털 정당' 프로젝트에는 당원과 당 지도부, 중앙당과 지방당, 당원과 당원, 지방당과 지방당이 상호 유기적인 네트워크로 연결되어 전체 정보를 상호 공유하고, 실시간 정보전달 체계를 갖추는 것도 포함돼 있다.

열린우리당은 국내 정당사상 최초로 스마트카드(smart card) 당원증을 도입하는 등 전자정당 추진에 가장 적극적인 모습을 보였다.[422] 열린우리당은 특히 1단계로 인터넷 전자정당 시스템을 구축하고 2단계로 모바일 시스템까지 도입해 모바일 전자정당을 구현하겠다는 전략을 내놓았다. e-CRM(고객만족경영)을 구축해 당원과 지지자를 관리하고, 당원 명부를 디지털화해 온라인 당원의 참여를 보장한다는 것이다. 즉 당내외의 양 방향 커뮤니케이션을 확대하기 위해 e-메일 당보 발행, 온라인 투표, e-메일 여론조사, 온라인 정책위원회 설립, 온라인 정치후원금 모금 등을 실현하겠다며 창당 초 스마트카드 당원증을 도입하고 정치 포털사이트인 <아침이슬>도 개설했다.

하지만 이 같은 한국의 주요 정당들의 인터넷 전략은 세련된 정치마케팅 수단으로 전락하고 유권자들과의 상호작용에 따른 참여의 활성화에는 실패했다. 전자정당과 디지털 당 운영의 구호도 총선이 끝난 뒤 바로 사그라졌다. 정당운영과 당의 의사결정을 온라인화하겠다는 약속은 지켜지지 못했다. 정치권이 추진한 전자정당은 홈페이지의 발전 수준을 벗어나지 못했다.[423] 홈페이지와 이메

---

422) 열린우리당의 스마트카드 도입은 세계적으로도 유례를 찾아보기 힘든 실험적 전자
    정당 구현 사례로 평가받고 있다.

423) 한겨레, 2004년 8월 7일.

일을 통한 정책홍보, 게시판의 여론 수렴기능, 커뮤니티의 활성화, 일부 당에서 실시하는 제한적인 전자투표가 각 당이 추구하는 전자정당의 실상이었다. 전자정당의 청사진 가운데 온라인을 통한 당론 수렴과 결정, 온라인 정치자금 모금과 공개, 전자투표의 활성화, 전자당원증 등 정당운영의 온라인화를 위한 핵심내용은 실행계획조차 마련되지 못한 채 사장되었다. 이에 전자정당이 아니라 홈페이지 정당이란 비판도 제기되기도 했다.

2. 수요자주도 정치참여: 각종 정치 사이트·웹진의 부상

'탄핵 심판론'과 '거여 견제론'이라는 선거 대결 구도에도 불구하고 정당 및 후보자, 시민단체 사이트는 네티즌들의 시선을 붙잡고 동원하는 데 실패했다. 반면 수요자 중심의 웹 사이트 등 인터넷 이용자 중심의 참여는 시민들 간의 정치적 메시지 교환, 의제설정 등의 측면에서 높은 참여수준을 보여 주었다.

총선기간 중 인터넷 이용자들이 정치정보를 얻기 위해 어떤 사이트를 이용했는지를 조사한 결과, 정당 및 후보자 사이트 6.3%, 시민단체 사이트 1.3%, 포털 사이트 31.1%, 기존신문의 온라인 사이트 22.7%, 정치 웹진 16.2%, 인터넷 신문 13.7%로 나타났다.[424] 이 같은 결과는 탄핵이라는 전국적 이슈에도 불구하고 17대 총선기간 동안 대부분의 공급자 중심의 정치 사이트는 외면받고, 수요자 중심의 정치 사이트를 이용했다는 점을 보여 준다. 특히 탄핵 및 총선기간 동안 주요 정당 사이트들은 크게 외면받았다. 탄핵 직후인 3월 15일

---

424) 한겨레, 2004년 5월 8일.

100만 명의 방문자수를 기록한 <서프라이즈>에도 크게 못 미치는 수준인 50만 명의 방문자수를 기록한 반면, 디지털 카메라 전문 사이트인 <디시인사이드>는 400만 명에 육박하는 방문자가, <오마이뉴스>는 500-700만 명이 방문한 것으로 드러났다.

정당 사이트들은 선거기간 내내 정당 사이트 방문자 수에서 수위를 달린 열린우리당과 탄핵 이후 지속적으로 약진한 민주노동당 사이트를 제외한다면 대체로 정당 사이트들이 중앙선관위 사이트보다도 훨씬 더 저조했다. 그만큼 인터넷 정치참여에서 정당 및 정치엘리트와 시민 사이에 커다란 단절이 존재함을 보여 주고 있는 것이다. 이 같은 현상은 모든 총선의 쟁점과 의제가 총선을 한 달 앞두고 국회에서 가결된 '대통령 탄핵'에 몰렸기 때문으로 분석될 수 있다.

일반적으로 대통령 선거를 앞으로의 비전을 보고 투표하는 '전망투표', 총선을 과거에 대한 실적을 바탕으로 하는 '회고투표'라고 한다. 이에 따라 대통령 선거에서는 전국적 이슈가 형성되고 시선의 집중화 현상이 강하게 나타나는 반면에 총선은 시선의 분산효과가 나타난다. 일반적으로 총선에서는 전국적 이슈와 지역구의 후보자 개인의 이슈가 혼재되어 나타나 인터넷이 개입할 수 있는 강력한 기반을 형성하기가 어렵다. 총선은 지역적 분산의 경향이 강하게 작동되는 선거이기 때문에 글로벌한 전국적 네트워크가 장점인 인터넷의 힘은 대선 때보다는 분산될 가능성이 크다. 반면 대통령 선거에서는 선거운동이 활발하고 후보와 선거쟁점에 관한 많은 정보가 전달되므로 투표율이 높다. 선거에 따른 자극의 양에 초점을 둔 것으로 높은 자극의 선거(high-stimuls elections)인지, 낮은 자극의 선거(low-stimuls elections)인지에 따라 유권자의 참여율이 달라진다는 경험적 분석도 있다.[425]

그러나 17대 총선에서는 탄핵정국으로 인한 시선의 집중화현상
이 강하게 나타나고, 이것이 시민들의 인터넷 정치참여를 증대시키
는 강력한 요인으로 작용하였다.[426] 선거의 모든 이슈가 '탄핵 찬
성'과 '탄핵 반대'로 모아지고 '민주 대 반민주'라는 구도로 모아
지면서 인터넷 이용패턴도 지역구 중심의 후보자 홈페이지보다 탄
핵문제를 두고 논란을 벌이는 전국적인 정치 뉴스를 다루는 인터
넷 신문, 정치 웹진, 포털 사이트, 정치 패러디 사이트 등 비공식
적인 정치 사이트들로 이동했다. 그러나 이 같은 현상의 근저에는
공급자 사이트가 갖는 무기력과 수요자 사이트가 갖는 효능성이
갖는 차이점이 자리하고 있었다.

이원태는 17대 총선에서 인터넷 정치참여를 연구하면서 공급자
주도의 인터넷 정치참여 모델이 지니는 근본적인 한계점을 다음과
같이 설명하고 있다.[427]

첫째, 공급자 주도의 인터넷 참여 모델은 정치엘리트와 유권자
의 분리, 즉 정치정보의 생산자와 소비자 간의 역할 분리를 전제
로 한 일방향적 커뮤니케이션에 기반 한다.

둘째, 정치엘리트 주도의 공급모델은 의제설정의 권한이나 의제
전개과정에 대한 주도권이 정치엘리트에게 주어져 있고, 일반 시민
간의 수평적 대화보다는 주로 정치엘리트와 시민들 간의 수직적
커뮤니케이션에 초점이 맞추어져 있다.

셋째, 인터넷 정치참여가 발현되고 실행되는 영역을 통치나 제

---

425) 이현우, "인터넷 투표와 대표성의 문제: 2000년 미국 애리조나 민주당 예비선거", 『한
　　국정치학회보』 제35집 3호(2001), pp.379 - 396.

426) 정동규, "인터넷과 참여민주주의 - 한국의 16대선을 중심으로", 성균관대 박사논문
　　(2003). "인터넷과 정치참여", 한국정치학회 총선분석특별학술회의(2004. 4. 22) 발
　　표논문.

427) 이원태(2004), pp.56 - 82.

도와 같은 공식적인 정치과정에만 한정 짓고 인터넷 정치참여의 주요한 행위주체도 정부, 정당, 정치인 및 시민단체 등에만 국한시키고 있다는 점이다.

그러나 <서프라이즈>, <프레시안> 등과 같은 수요자 중심의 정치 웹진의 경우에는 80-90위권을 유지했고, <딴지일보> 등 패러디 사이트들도 거의 70-80위권의 상당히 높은 순위를 계속 유지했다. <오마이뉴스>는 탄핵 및 총선기간 내내 20-30위권을 지속적으로 유지함으로써 정치관련 사이트 중 인터넷 이용자들이 가장 많이 참여한 사이트로 남았다. 수요자 정치 사이트가 새로운 정치적 공론장으로서 네티즌들의 정치참여를 가능케 만들 수 있는 것은 인터넷의 분산적이고 탈중심적이고 수평적인 네트워크의 개방성을 이들 사이트들이 적극적으로 활용했기 때문이다. 수요자 정치 사이트들은 지배적인 의제설정과정에서 배제되어 온 다양한 이슈들을 개진하고, 선택과 배제를 결정했던 기존의 게이트키퍼(gatekeeper)를 우회하거나 뛰어넘을 수도 있는 잠재력을 갖는 새로운 정치적 공론장의 가능성을 담보하고 있었다. 그러나 이처럼 수요자 중심 사이트가 맹위를 떨쳤음에도 불구하고 시민단체들의 사이트는 지난 2000년 총선과는 달리 고전을 면치 못했다. 낙선운동은 탄핵철회 운동으로 변질되고 말았다. 시민단체들은 17대 총선 기간 동안 16대 총선의 낙선·낙천운동에서 보여 주었던 기존의 의제 설정과정에 대한 배타적인 권력을 가진 정부-언론-정치조직의 '철의 삼각동맹'을 약화시키면서, 공식화된 제도정치의 바깥에서 다양한 이슈들과 집단들을 정치적 행동으로 동일시하고 동원하는 과정을 촉진하지 못했던 것이다.

반면 수요자 정치 사이트가 새로운 공론장으로서 네티즌들의 정치참여를 가능케 만들 수 있는 것은 인터넷의 분산적이고 탈중심적이고 수평적인 네트워크의 개방성을 이들 사이트들이 적극적으로 활용하는 데 기인한다. 이처럼 인터넷 정치참여의 성패는 어떤 세력이 변화되는 시민의 정치의식과 정치환경에 적절히 대응하느냐에 달려 있다 하겠다.

　이 시기 인터넷 정치참여는 주체의 측면에서 개별시민과 시민단체의 온·오프라인 운동이 주축을 이루었다. 이런 차원에서 이 시기 인터넷 정치참여 모델은 시민단체강화모델과 민중주의적 모델의 혼합형이라고 규정할 수 있다. 아울러 2004년 17대 총선에서는 '탄핵심판론'이라는 거대한 흐름 속에서 인터넷이 동원과 참여의 기제로서 그 효능성을 유감없이 발휘했다는 점에서 수요자 모델로 분류할 수 있다.

2007년 17대 대선에서의 이념적 균형

2007년 대선에서 인터넷 정치는 2002년 16대 대선과는 사뭇 다른 양상을 보였다. 인터넷 정치참여가 전혀 효력을 나타내지 못했다. 인터넷 정치 현상이 2007년 대선에서 퇴조한 것은 강화된 온라인과 오프라인에서의 보수와 진보의 이념적 균형, 인터넷 사전선거 감시, 여야후보 대결구도의 미형성, 40대 이상 중장년층의 약진 등을 그 이유로 꼽을 수 있다.

17대 대선은 1997년 대선의 환란극복, 2002년 대선의 행정수도이전 등과 같은 대선 때마다 터져 나온 대형 이슈들을 찾아볼 수 없었다. 이와 함께 17대선에서는 세대, 이념대결이 약해졌다. 지역대결 구도와 지지의 견고성도 약화됐다. 또 1992년 이후 대두된 여야의 양강 구도가 깨졌다. 선거 초반부터 이명박 후보가 압도적으로 앞서 나가는 1강 2중 다약 구도가 계속되어 선거 열기가 예전과 같지 않았다. 이명박 후보의 한반도 대운하 공약도 정치쟁점으로 주목받지 못했고, 선거전은 온통 BBK의혹 등 네거티브 선거운동만 판을 쳤다.

이 같은 분위기 탓에 정치적 무관심은 더해 갔다. TV토론회도 그다지 위력을 발휘하지 못했다. 16대 대선의 TV토론 때는 시청률이 평균 35.3%였으나, 17대 대선에서는 평균 21.7%에 그쳤다. 그것도 횟수를 거듭할수록 관심도가 적어져 첫 번째 토론회 때는 시청률이 24%였으나 제2차 토론회 이후에는 21.9%, 19.2%로 떨어졌다.[428] 이처럼 17대 대선에서는 전반적인 선거열기가 고조되지 못했다. 선거를 며칠 앞둔 12월 9일 <네이버>의 가장 많이 본 뉴스 50개 중 대선 관련 기사는 단 한 건도 없었다.[429]

아울러 17대선은 대선을 앞두고 정당 간의 이합집산이 활발해지는 등 정당구도의 유동성이 커지면서 정당과 유권자의 연계가 약해졌고, 주요 정당의 후보자군의 확정이 지체되었다. 이것도 선거 열기를 냉각시키는 요인으로 작용했다.

1. 달라진 선거구도와 선거법

17대 대선에서는 여야 주요정당의 경선과정과 유력후보 간의 선거운동이 네거티브 공세로 일관되면서 정책 중심의 후보자 간 대립은 국민의 관심에서 멀어져 갔다. 이러한 정당구도에서 유권자들은 정치권에 대한 냉소와 무기력을 증가시켜 정당정치를 공동화시켰다.[430]

더욱이 2007년 상반기부터 각종 미디어 여론조사에서 이명박 후보가 줄곧 40% 이상의 압도적인 지지율을 보인 가운데 특별한 쟁점이 없이 대선구조가 흘러가 정치 무관심과 불신을 부채질했다.[431] 이 같은 정치적 무관심으로 17대 대선은 역대 대선 중 최저의 투표율을 기록했다.[432]

---

428) 한겨레, 2007년 12월 20일.

429) 일간스포츠, 2007년 12월 10일.

430) 손병권, "정당구도와 선거환경", 한국정치학회 '세계화시대 한국 정치학과 리더십' 세미나 발표자료, 2007년 12월 13일.

431) 제일기획이 2007년 11월 국내 5개 주요 도시 거주자 13 - 59세 국민 3,600명을 대상으로 조사한 결과에 따르면 정치에 대한 관심도는 2003년 23%에서 2007년 13.8%로 떨어졌다. 반면 주식, 부동산 같은 재테크에 대한 관심도는 4%대에서 9%대로 늘었다.

432) 이 같은 정치무관심은 지속되어 2008년 18대 총선까지 이어져, 18대 총선의 투표율은 46.0%로 역대 공직선거 중 최하위를 기록했다.

17대 대선 선거과정에서도 이 같은 지지도 흐름은 크게 변하지
않고, 결국 이명박 후보가 큰 표 차로 승리를 거두었다.[433]

각 정당들은 2002년 16대 대선을 교훈 삼아 사이버 선거전에 대비,
각종 대비책을 세웠다. 특히 17대 대선에서는 포털과 블로그, UCC가
대선판도를 판가름할 것이라고 전망했다.[434] 대선후보들이 너도나도
블로그를 개설하거나 유명 블로거 초청 간담회를 개최하고, 동영상
UCC채널을 얻기 위한 대선 캠프 간 추첨 이벤트까지 벌어졌다.

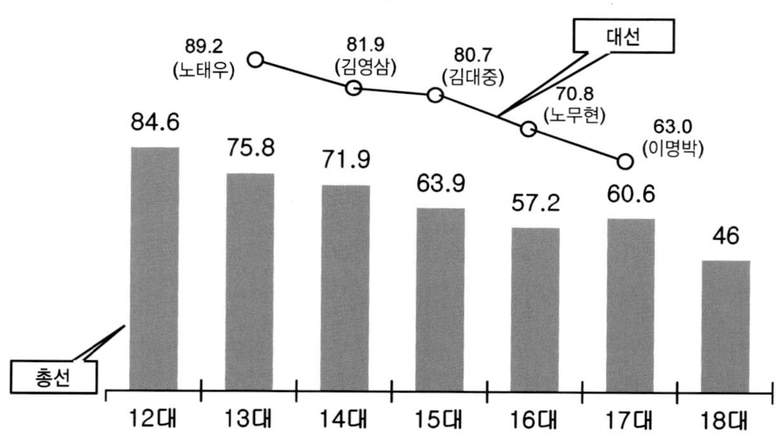

〈그림 4-2〉 한국의 역대 대선 및 총선 투표율 추이

---

433) 이명박 후보는 1,149만 2,398표(48.67%)로 617만 4,681표(26.14%)를 얻은 정동영
    대통합민주신당 후보를 531만 표차로 물리치고 대승을 거뒀다. 무소속 이회창 후보
    는 355만 9,963표(15.07%)를 얻었다.

434) 블로그와 게시판의 가장 큰 차이점의 하나는 블로그가 게시판에 비해 기술적으로 고유
    링크(permanet link)를 기반으로 한 마이크로 콘텐츠로서의 장점을 가지고 있다는 점이
    다. 블로그는 각각 하나의 엔트리(entry, 글)가 시스템을 수정하지 않는 이상 변하지 않
    는 고유한 영구적인 링크를 가지고 있고, 고유링크는 방문자를 위해서 블로그의 어느
    곳이나 전면에 표시되어 있다. 그 견고한 고유링크는 더욱 활발하게 웹의 이곳저곳에
    서 링크되고 교환되면서 하나의 엔트리 중심의 의사소통과 담론을 형성한다. 게시판의
    경우는 개별 게시물의 링크가 하부에 숨어 있다. 전면에 드러나 있는 것은 게시물의
    제목, 번호, 해당 게시판의 링크뿐인 경우가 대부분이다. 해당게시물의 속성 등을 추적
    해서 링크를 알아 낼 수는 있지만 이 링크는 사용자 중심의 링크 구조가 아니다.

그러나 당초 예상과 달리 치열한 사이버 선거전은 이뤄지지 않았다. 포털사이트가 마련해 놓은 대선 사이트도 관심을 끌지 못했다. 유명 블로거들을 향한 대선 후보들의 다양한 구애전략에도 불구하고 블로거들 사이에서 대선은 주요 이슈로 자리 잡지 못했다. 주요 대선 후보들의 동영상 UCC도 극히 저조한 조회수를 기록하는 데 그쳤다.

이처럼 인터넷 선거운동이 퇴조한 것은 달라진 선거구도 때문이기도 했으나 후보 진영의 인터넷 접근 자세에도 문제가 있었다. 후보 진영의 UCC나 블로그는 네티즌들의 직접 참여를 통한 소통이 아니라 대선 후보들의 일방적 홍보의 장, 이미지 홍보를 위한 수단으로만 활용되기 때문에 인터넷 여론 촉발에 별 영향력을 미치지 못했다. UCC라는 이름으로 존재하는 대부분의 동영상이 본질적 의미의 UCC가 아닌 CCC(Camp created Contents)의 형식이었고, 홍보를 주된 목적으로 하는 CCC의 특성상 이는 일반인에게 큰 호응을 얻기 어려워졌다.

대통령선거를 앞둔 2007년 12월 5일, <판도라TV>대선 채널을 중심으로 조사한 결과 대선 후보자의 전체 동영상의 숫자는 944개였지만, 그 중에서 UCC로 분류될 수 있는 동영상은 48개로서 전체 대비 5% 정도에 불과했다.[435]

또 각 정당 등 정치권은 변화하는 인터넷 환경에 적절히 대응하지도 못했다. 인터넷 언론, 정치웹진, 게시판, 논객, 팬클럽 커뮤니티 사이트와 같은 2002년 사이버대전을 장식했던 핵심 전략들이 2007년에는 레드오션(red ocean)으로 바뀌어 버렸는데, 각 정당들은

---

435) 배영, "UCC와 인터넷 권력", 김상배 엮음, 『인터넷 권력의 해부』(서울: 한울아카데미, 2008), p.104.

이에 적절히 대응하지 못하고 노무현식 인터넷 정치를 그대로 답습하려고 했다.[436)

　인터넷 정치참여가 17대 대선에서 거의 유력을 발휘하지 못한 것은 선관위의 UCC 가이드라인 제시 등 보다 엄격해진 인터넷 관련 선거법 규제로부터 찾을 수 있다. 선관위의 강력한 규제방침이 네티즌들에게 자기검열 효과를 불러일으켜 대선에 대해 침묵하게 만들었다.

　한국의 선거법은 선거운동의 방식과 선거운동의 주체를 극단적이라고 할 만큼 엄격하게 규정해 놓았다. 선거운동을 규정한 부분은 선거법 제84조부터 제110조까지 27개 조항인데 흥미롭게도 모두 금지, 제한의 내용을 담고 있다.[437) 인터넷을 통한 선거운동이나 정치활동이 늘면서 선거법이 규제 중심적으로 강화된 것이다. 공직선거법 93조에는 "누구든지 선거일 전 180일부터 선거일까지 선거에 영향을 미치게 하기 위해 이 법의 규정에 의하지 아니하고는 정당 또는 후보자를 지지, 추천하거나 반대하는 내용이 포함되어 있거나 정당의 명칭 또는 후보자의 성명을 나타내는 광고, 인사장, 벽보, 사진, 문서, 도화, 인쇄물이나 녹음, 녹화테이프 기타 이와 유사한 것을 배부, 첩부, 살포, 상영 또는 게시할 수 없다."고 명시돼 있다.

　이에 따라 포털 사이트들도 선거에 적극적인 모습을 보이지 않았다. <네이버>는 선거 직전 정치기사에 대한 댓글을 금지하고 특정 후보 이름을 앞세운 정치기사를 초기화면에 싣지 않았다.[438)

---

436) 민경배, "2007대선과 블로거", 민주노동당 기획토론회, 2007년 10월 9일 자료집.

437) 선거법과 인터넷의 관련된 연구는 강원택, "현행 선거법의 문제점과 바람직한 선거운동의 방향", 『선거관리』 52호(2006). 김영주·김춘식, 『미디어 정치시대의 미디와 선거법』(서울: 한국언론재단, 2005) 참조.

438) 중앙일보, 2007년 9월 10일.

포털 사이트들은 중앙선관위가 선거운동을 허락한 11월 27일 공식 선거운동이 시작된 뒤로는 정치기사의 댓글 작성이 가능했지만 네티즌들의 관심은 여전히 시들했고, 대선판도를 뒤흔들 만한 여론도 형성되지 않았다.

선거법도 인터넷 정치에 대한 시대적 흐름을 반영하지 못했다. 선거법 59조에는 법정 선거운동 기간을 후보자 등록 마감일 다음 날부터 선거일 전날까지로 규정하면서도, 2항에서는 "후보자, 후보자가 되고자 하는 자가 자신이 개설한 인터넷 홈페이지를 이용하여 선거운동을 하는 경우"에는 선거운동 기간의 규제를 받지 않고 선거운동을 할 수 있도록 했다. 인터넷 선거운동은 상시적으로 허용한 것이다.

그러나 이 조항은 기본적으로 웹 1.0시대의 한계를 내포하고 있다. 즉 후보자가 정보를 제공하고 유권자는 이를 수동적으로 받아가는 일방향성을 전제로 하고 있다. 이 법은 외관상 관대해 보이지만 선거운동의 주체를 후보자와 정당 등 정치권으로만 한정하고, 유권자는 이들이 제공한 정보를 소비하는 객체로만 상정하고 있다.[439]

선거운동 수단으로서 UCC도 엄격히 규제했다. 선관위는 선거 UCC를 '선거와 관련된 내용을 포함하고 있는 UCC'로 정의하고, 특정 정당이나 후보자의 당선 내지는 낙선을 유·불리하게 하려는 의도를 포함할 경우에는 처벌대상으로 보았다.[440] 인터넷에 게재된 선거관련 정보의 퍼가기 역시 마찬가지로 엄격히 금지했다. 실제로 2007년 대선을 앞두고 중앙선관위가 인터넷 포털 사이트에 특정

---

439) 강원택, 『한국정치 웹 2.0에 접속하다』(서울: 책세상, 2008), p.104.

440) 실제 17대 대선 기간 선관위는 유권자의 UCC도 법정 선거운동 기간까지만 올리도록 했다. 선관위가 전담팀을 구성해 6,900여 개의 인터넷 사이트를 샅샅이 뒤져 선거법 위반 행위를 매일 점검했다.

대선후보를 지지 또는 반대하는 글이나 댓글을 올리지 못하도록 결정함으로써 네티즌의 정치관련 활동이 크게 감소했다.[441] 선관위는 UCC물의 경우 선거권이 없는 19세 미만은 이를 퍼다 옮기기만 해도 불법으로 간주했다.

UCC를 포함한 웹 2.0시대의 특성은 단순히 정보를 이용하고 확산하는 데 있지 않고 지식정보 생산에 함께 참여하고 공유하는 데 있다. 그런데 유권자들의 참여를 막아 놓고 '주는 정보에만 의존하라'는 식의 방침을 고집한다면, 이는 지나치게 규제 중심적이고 아날로그적인 시각을 반영한다.[442]

대선기간 중 UCC사이트인 <판도라TV>와 <엠군> 등에 게시된 UCC는 80%가 각 후보 진영에서 제작한 것이었고, 일반 사용자들이 정치적인 견해를 피력한 것은 20% 정도에 불과했다. 그마저 선관위의 제재로 삭제 요청된 동영상이 <판도라 TV>의 경우 70여 개, <다음tv팟>의 경우 170여 건에 이르는 등 이용자들의 활동이 크게 위축됐다.[443]

이 같은 영향으로 중앙선관위가 선거가 끝난 뒤 발표한 17대 대선의 선거법 위반 행위는 급속히 줄어 2002년 16대 대선의 1,267건보다 51.9%가 줄어든 610건이었으며, 이 중 사이버 공간에서의 위법행위는 단 1건에 불과해 16대 대선 때의 25건에 비해 크게 줄었다.[444]

---

441) 여론조사 기관 (주)매트릭스가 포털사이트 다음의 정치게시판이 선관위의 단속 이전과 이후에 어떻게 운영되는지 살펴보니 '다음 아고라'의 정치게시판 게시글 수가 선관의 지침 발표 이전에는 1,136개에 달했으나 선관위 발표 이후에는 850개로 25.2% 감소했다고 한다. 또한 잠재 대선후보를 언급한 게시글은 227에서 58개로 일주일 전에 비해 74.4% 줄어든 것으로 나타났다. 중앙일보, 2007년 6월 28일자.

442) 강원택(2007), p.103.

443) 그러나 이명박 후보의 BBK연루 의혹과 관련, 통합민주당 박영선 의원이 기자시절 이명박 후보를 인터뷰한 동영상은 미국 동영상 사이트인 '유튜브'에서 90만 건이 넘는 조회수를 기록하며 동영상의 위력을 보여 주기도 했다.

2. 변화된 온·오프라인 이념지형

2002년에 비해 인터넷 지형이 많이 달라진 것도 인터넷 대선전을 시들하게 만든 원인이었다. 과거와 달리 보수와 진보세력이 사이버 공간을 균점하고 있는 상황에서는 인터넷 돌풍을 기대하기는 처음부터 어려웠다. 또 모든 후보 진영마다 사이버 대선전을 펼쳤기 때문에 인터넷을 활용한다는 점만으로는 더 이상 새로운 선거전략이 될 수 없었다.

아울러 중·장년 네티즌의 약진도 두드러졌다. 2002년 16대 대선에서는 인터넷 이용자가 20-30대로 진보적인 성격이 강하고 변화에 민감했던 반면, 2007년 17대 대선에서는 인터넷 사용자층이 전 계층으로 확산되면서 다양한 계층의 의견이 반영됐고 네티즌들의 의식도 그만큼 성숙해 이슈에 대해 일희일비하지 않았다.

한국 인터넷 진흥원에 따르면 2002년만 해도 40대 10명 중 4명 정도만 인터넷을 이용했으나 2007년에는 8명가량이 인터넷을 이용했다. 2002년 11.6%였던 40대 네티즌 비중은 2007년 18.8%로 커졌다. 30대는 23.1%로 현상을 유지했고, 20대 비중은 27.7%에서 21.1%로 도리어 줄었다.[445]

뉴라이트 운동으로 대표되는 보수진영의 결집도 이명박 후보에게 유리하게 작용했다. 2002년 대선 당시 53% 대 47% 정도로 진보진영이 승리한 반면, 이번에 36% 대 64% 정도로 보수진영이 압승했다.

2002년 제16대 대선에서 인터넷 공간은 사실상 진보 개혁세력이 독차지했으나 2007년 17대 대선을 앞두고는 인터넷 공간의 정

---

444) 연합뉴스, 2007년 12월 19일.
445) 중앙일보, 2007년 9월 10일.

치지형은 완전히 달라졌다. 보수 세력의 급팽창과 개혁세력의 분열 때문이었다.[446) 한나라당의 인터넷 공들이기가 상당한 성과를 거두었다. 한나라당은 제17대 총선을 앞두고 '사이버위원회'를 출범시키고 사이버 대변인단을 구성하는 등 인터넷 여론 잡기에 본격적으로 나섰다. 아울러 유명 인터넷 논객들을 영입하고 소속 의원들에게 홈페이지 운영을 독려하는 등 절대열세였던 인터넷 여론을 만회하는 데 심혈을 기울였다.

<월간중앙>과 <사이버문화연구소>가 2005년 4월 공동으로 실시한 '국회의원 의정활동 평가'에서 한나라당은 상위 10위권에 5명이 들어 열린우리당 4명, 민주노동당 1명을 앞질렀다. 블로그나 미니홈피 운영에서도 한나라당 소속 의원들의 평가가 열린우리당을 앞선 것으로 나타났다.

2006년 1월 <세계일보>가 조사한 바에 따르면 블로그나 미니홈피를 운영하고 있는 의원들의 정당별 분포에서 한나라당이 105명(53.8%)로 열린우리당 63명(35.0%)을 크게 앞섰다. 블로그와 미니홈피 누적 방문객 상위 10위 정치인 순위에서도 한나라당 소속 의원이 1－4위를 석권하는 등 총 6명이 차지해 열린우리당(3명)과 민주노동당(1명)보다 우세를 보였다.[447)

보수진영의 인터넷 진출은 특히 인터넷 매체부분에서 가장 왕성한 모습을 보여 주고 있다. 김선미가 2006년 8월을 기준으로 한 웹 사이트 분석 평가 기관인 <랭키닷컴>을 분석 조사한 결과에 따르면, 2001년 보수성향의 카페는 4개로 진보성향의 카페 145개의 2.7% 수준에 불과했다. 그러나 2006년에는 311개로 진보성향

---

446) 민경배(2007).
447) 세계일보, 2006년 1월 23일.

의 234개를 추월했다. 또 점유율 1－10위를 차지한 사이트를 분석
한 결과 진보성향 사이트는 2005년 66.46%에서 55.47%로 크게
감소했다.448)

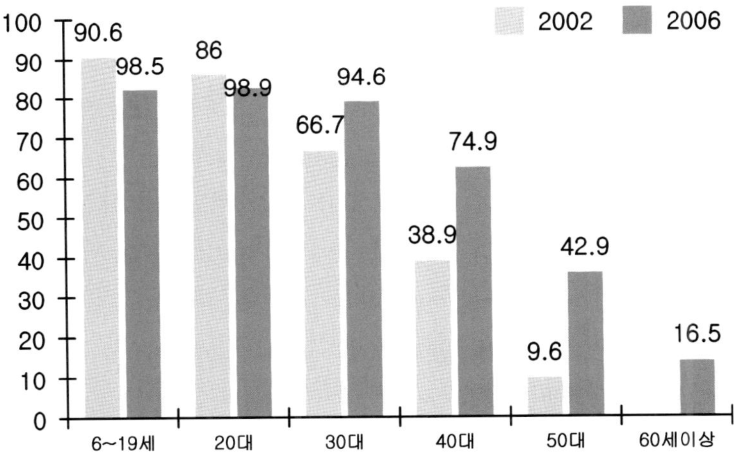

<그림 4－3> **2002**년과 **2006**년 연령별 인터넷 이용률[449]

　　인터넷정치연구회가 <다음> '아고라'의 국가보안법 토론방을
집중 분석한 결과도 현실공간의 이념적 변화를 그대로 드러내 보
여 주었다. 열린우리당이 국가보안법 폐지안을 국회에서 상정 처리
하려 했던 2004년 12월부터 2006년 4월 말까지 17개월 동안 이
토론방에 올라온 글 6,505개를 대상으로 조사했다. 그 결과 국보법
에 찬성하는 보수 네티즌들의 주장이 전체 글의 58.4%를 차지, 국

---

448) 한국일보, 2007년 8월 14일.

449) 정보통신부 한국인터넷 진흥원(2006), '2006년 상반기 정보화 실태조사'.

보법에 반대한 의견(41.6%)보다 16.8% 포인트 높았다.

매달 올라온 게시글의 빈도수에서도 2005년 4월과 6월에만 국보법 폐지를 주장하는 진보 네티즌들의 의견개시 숫자가 앞섰을 뿐 그 나머지 기간에는 보수 네티즌의 견해가 토론방을 줄곧 주도했다.450) 이런 보수 네티즌의 활동증가는 <다음>과 같은 포털 사이트에서 보수성향 카페 숫자의 약진으로 나타났다.

<다음>에서 보수카페는 2001년의 경우 진보카페(145개)의 2.7% 수준인 4개에 불과했으나 2006년에는 311개로 234개의 진보카페를 능가하게 됐다. 진보카페는 2002년 241개로 정점에 이른 뒤 퇴조를 보였으나 보수카페는 줄곧 증가세를 보였다.451) 진보그룹의 독점구조가 깨진 것이다. 진보매체인 <오마이뉴스>의 월 방문자는 탄핵정국이던 2004년 3월 273만 명으로 정점을 기록했으나 2006년 4월엔 138만 명에 그쳤다.

반면 보수매체인 <데일리안>은 2004년 3월엔 10만 명에 불과했지만 2007년 8월엔 80만 명으로 급신장했다. 정당 사이트에서도 2005년까지 열린우리당 방문자 수가 한나라당에 앞섰지만, 2006년부터는 한나라당 우세로 돌아섰다.452) 보수성향의 중장년층 네티즌들이 침묵하는 독자를 넘어 게시판 댓글을 통해 적극적으로 의사표현을 하는 '사이버 행동가'로 나서기 시작했다는 점이다.

2006년 4월 '인터넷정치연구회'가 실시한 온라인 여론조사에 따르면 정치사회적 이슈에 대하여 인터넷에 게시물을 올리거나 펌질하는 네티즌 연령층이 50대 38%, 20대 33.5%, 30대 28.4%, 40대

---

450) 조선일보, 2006년 5월 8일.
451) 조선일보, 2006년 5월 8일.
452) 조선일보, 2006년 5월 9일.

27%를 기록한 것으로 나타나 이러한 현상을 실증적으로 입증해 주고 있다.[453] 이처럼 인터넷 공간에서 보수진영의 약진은 한국 사회의 전반적인 보수화 현상의 반영이다. 동시에 인터넷 이용 층이 확산되면서 상대적으로 보수 성향이 강한 중장년층의 인터넷 인구가 급속히 늘어난 것과도 깊은 관계가 있다.

인터넷 권력구도의 변화로 진보와 보수매체 간 세력균형이 이뤄져 사이버 여론이 점차 중심을 잡아 가면서 사전에 논쟁거리가 걸러진 것도 인터넷 정치참여가 퇴조한 원인으로 평가할 수 있다. 오프라인에서 관심을 얻지 못한 이슈는 온라인상에서도 그다지 화제가 안 되는 경향이 뚜렷해졌다.

2002년 대통령 선거 이후 인터넷에서 보수와 진보는 각각 다른 발전 단계를 밟아 왔다. 2002년 대선 때 인터넷에 무기력했던 보수진영은 점차 조직화한 반면, 2002년 대선과 2004년 탄핵과 뒤이은 17대 총선 때 위력을 보여주었던 진보진영의 인터넷 활동은 급속히 분화되는 양상을 보였다.[454] 보수 인터넷 매체들은 2002년 6월 <뉴스엔 뉴스>의 창간을 기점으로 7월에는 <독립신문>이, 이듬해인 2003년에는 <업코리아>가 만들어졌다. 특히 2004년부터는 뉴라이트 단체들의 등장과 맞물리면서 우파성향을 표방하는 인터넷 신문과 인터넷 잡지 등이 급작스럽게 늘어나고, 이들 매체를 중심으로 우파논객들이 집결하여 인터넷 공간의 여론지형을 크게 바꾸어 놓았다.

인터넷에서 보수의 대반격이 가능했던 원인 중 하나는 수많은

___

453) 인터넷정치연구회 측은 이러한 현상을 인터넷은 진보진영의 독무대라는 통념이 잘 못됐다는 게 드러났다며 일종의 '좌파로부터의 감염(contagion from the left)' 현상이라고 분석했다.

454) 조선일보, 2006년 5월 9일.

보수 사이트들을 서로 연결시켜 주는 허브(hub)사이트들이 생겼기 때문이다. 허브 사이트에만 들어가면 다른 보수 사이트들의 인터넷 주소를 모르더라도 클릭(click) 한 번으로 원하는 사이트로 이동, 정보를 보다 쉽게 얻는 등 인터넷을 통한 보수주의의 본산 역할을 했다. 인터넷 공간에서 참여조직이란 다양한 행위자들을 통합하는 대표체의 기능을 수행하기보다는 다양한 주체들이 접속하고 네트워크를 통해 퍼져 나가는 일종의 서버 역할을 한다고 말할 수 있다. 이 조직은 끊임없이 구성되고 재구성된다. 이들은 분화와 분산을 두려워하지 않는다.

보수 사이트들의 중추적 허브 역할을 한 곳이 <자유넷>이다. <자유넷>은 'cyber terminal'이라는 배너를 통해 96개의 보수 사이트들을 링크(link)[455]하여 사실상 '보수 포털'로서의 역할을 수행했다. 김대중, 노무현 등 한국사회의 정치지형에서 상대적으로 진보적인 정치세력이 집권하면서 오랜 기간 동안 한국사회 주류였던 보수주의 세력들은 위기를 느끼게 되었고, 이에 따라 보수지향의 시민단체들도 속속 결성되었다.[456] 보수진영의 사이트는 2005년에 <폴리젠>, <프리존>, <뉴라이트 닷컴> 등이 등장하면서부터 조직화하게 된다.

보수 사이트에서 단련된 네티즌들은 정치적 이슈가 불거지면 <네이버>, <다음> 등 포털 사이트에서 진보 성향의 네티즌들과 치열한 논리적 대결을 펼쳤다. 2002년만 해도 인터넷상에서 보수를 표방한 사이트는 <독립신문>이 거의 유일했다. 그러나 그 뒤

---

455) 인터넷의 '링크' 시스템은 특정인이나 후보자의 공식 웹 사이트는 같은 정당의 후보나 같은 정치적 성향을 지닌 단체의 사이트들과만 '링크'하는 방식을 취하고 있다.
456) 김종길(2004), p.83.

<데일리안> 등이 가세했다.

보수사이트들에 반해 진보사이트들은 그 역사적 뿌리가 더욱 깊다. 진보사이트는 이미 90년대 말부터 PC통신 공간을 이용했고, 이때 <참우물> 등에 진보논객들이 자리 잡으면서 인터넷 토론을 주도하면서 인터넷을 장악했다.

그러나 2002년 대선은 진보사이트들이 분화되는 시발점이었다.[457] 2002년 대선과정에서 친노 성향을 띠었던 인터넷 논객들은 참여정부 출범 직후부터 나온 대북송금특검, 이라크 파병, 열린우리당 창당 등 주요한 정치적 현안을 놓고 각자의 입장에 따라 갈라져서 각기 독자적 정치웹진을 개설, 운영하면서 분화의 과정을 거듭하게 된다. <서프라이즈>에서 활동하던 논객 중 노무현 정부의 대북송금 특검 수용과 이라크 파병에 반대하는 입장의 논객들이 2003년 5월에 <동프라이즈>와 <시대소리>를 창간하여 분화하였다. 8월에는 '친민주당·친DJ'의 입장의 논객들이 다시 <남프라이즈>와 <씨알소리>로 분화되어 나갔다. 이어 <신데렐라>, <이노모스트> 같은 사이트가 생기면서 친노 사이트는 사분오열됐다. 인터넷 언론도 <오마이뉴스>의 노무현 지지성향에 대한 반발로 민주당 지지성향의 <브레이크 뉴스>가 만들어졌고, 2006년 들어선 민노당 성향의 <레디앙>이 등장했다.

이원태는 진보사이트의 분열을 약한 유대의 사이버 공동체의 허약한 조직기반을 웅변해 주는 일이라면서, 약한 유대의 공동체에 지나친 당파성이나 편향성이 개입될 경우 정치담론의 과잉생산과 구성원들 사이의 분열과 이합집산을 가져올 수도 있다고 분석했다.[458]

---

457) 조선일보, 2006년 5월 9일.

458) 이원태(2004).

2004년 이후 진보사이트는 퇴조현상을 겪었다. 정치사안과 쟁점에 열린 숙의와 절차적인 정당성 및 논리를 기반으로 한 설득 대신에 특정 노선이나 당파성을 맹목적으로 추수하는 정치담론이 과잉으로 생산되면서 정치웹진과 논객 사이트들이 편 가르기, 대립과 반목, 갈등과 이전투구의 난장으로 변질되었고, 개혁성향을 네티즌들은 대중들로부터 외면받게 되었다.

이 시기에는 동원과 참여기제로서 인터넷의 역할이 퇴조하고 진보와 보수의 현실적 이념구도가 인터넷에서도 그대로 반영됐다는 점에서 이 시기 인터넷 정치참여는 '이념적 정상화모델'이라고 규정할 수 있겠다. 정치주체 면에서는 정당이 주축이 되고 진보, 보수의 사회단체들이 보조적으로 온·오프 운동을 벌였다고 할 수 있다. 이런 점에서 이 시기 인터넷 정치참여는 참여열기의 퇴조와 함께 공급자중심모델로 회귀했다고 평가할 수 있다.

2008년 광우병 쇠고기 수입반대 촛불시위

2008년 광우병 촛불집회는 기존집회와 완전히 다른 새로운 시위문화를 창출해 냈다. 10대가 처음으로 시위의 주체가 되었다. 10대들은 인터넷 쌍방향 소통을 통해 급속히 결집돼 다른 세대들의 정치참여에 큰 영향을 주었다.

여중고생들이 '미친소 반대' 등을 외치면서 시위에 참여하면서 시작된 촛불집회는 <광우병 대책위 발족>, <정부 쇠고기 수입고시 강행>, <72시간 릴레이 국민행동>, <100만 촛불대행진> 등으로 비약적으로 사태가 전개되었다. 특정집단이나 소수의 개인들에 의해 주도된 것이 아니라, 네트워크로 연결된 개인들이 서로 소통하면서 자발적으로 참여하고, 함께 행동에 나선 것이다.

촛불집회는 또 어떤 정당의 주도나 대변이 허락되지 않는 탈집중적 성격을 보여 주었다. 시민·사회단체의 권위나 지휘도 인정되지 않았고, 무정형의 시민 모두가 지도부였다. 지도부 없는 빈자리에는 포털사이트 <다음> '아고라'가 시위의 총사령부 역할을 했다. 촛불시위에는 조직화된 일사 분란한 명령도 없었고, 시작과 끝을 강제하지도 않았다. 시위대의 자발적이고 유기적인 형태는 그동안의 고정관념으로는 해석할 수 없는 새로운 것이다. 시민들의 다양한 표현과 주장, 무정형의 행동방식은 과거에는 볼 수 없었던 것이다.

촛불시위는 인터넷 등에서 미국산 쇠고기에 대한 정보를 얻은 10대 여학생들이 촛불집회를 통해 광우병의 위험을 알리면서 시작됐다.

촛불시위가 길어지자 보수언론들은 '광우병 인터넷 괴담'을 대대적으로 보도했다. 이 과정에서 보수언론들은 철없는 학생들이 좌파 어른들에게 조종당했다는 논조를 유지했고, 이것이 인터넷여론과 대결구도를 형성하면서 촛불시위에 대한 국민적 관심이 모이기 시작했다.

그러나 촛불시위가 확산된 것은 미국산 쇠고기 수입을 중심에 둔 몇 가지 정책적 문제점과 결정과정, 사회적 문제제기에 대한 정부의 잘못된 대응과 오판 때문이었다. 위기의 근저에는 17대 대선과 18대 총선에서 연이어 승리한 이명박 정부가 국정운영의 기조를 단기간에 급격하게 전환한 조급함이 존재하고 있었으며, 그 반민주적 단절과정이 부메랑이 되었다.[459]

미국산 쇠고기의 광우병 위험이 점차 확산되면서 사태는 새로운 국면으로 접어들었다. <광우병 국민대책위 발족>, <5·22 대통령의 민심수습용 대국민담화>, <5·29장관고시 강행>, <6·5 72시간 릴레이 국민행동>, <6·10 전국 100만 촛불대행진>, <6·19 대통령의 두 번째 대국민사과>, <6·26 쇠고기 협정고시 강행>, <촛불집회 장기화> 등의 순으로 사태가 전개된다. 특히 <6·10 집회>에는 서울 70여만 명을 비롯해 전국 각지에서 100만 명에 이르는 사람들이 참여했고, 온라인 생중계 시청자 300여만 명, 집중항의 메일 발송자가 50만 명에 이르는 것으로 추산됐다.[460]

송경재는 광우병 촛불시위에서 인터넷의 여론형성 과정과 관련, 온·오프라인 미디어 간의 상호작용 효과와 '스노우 볼링(snow-bowling)' 효과가 나타났다고 분석했다. 그는 이미 쇠고기 수입반

---

459) 정대화, "촛불항쟁과 현단계 한국 민주주의의 과제", 『촛불이 민주주의다』(서울: 해피스토리, 2008), p.153.

460) 이병천, "이명박 정부와 촛불집회", 『촛불이 민주주의다』(서울: 해피스토리, 2008), p.117.

대에 관련해서는 인터넷상에서 오래된 토론과 논쟁이 있었다며 <2006년 인터넷 토론장 개설>, <2008년 4월 18일 협상타결>, <2008년 4월 말 인터넷 토론장 조직 활발>, <2008년 4월 29일 MBC PD수첩 방영>, <탄핵운동, 웹 토론회 등 조직화>, <각종 TV프로그램>, <5월 촛불문화제>, <인터넷 생중계> 등이 이뤄지면서 토론장이 활성화됐다고 분석했다.[461]

1. IT로 무장한 약한 연대의 새로운 시위방식

촛불시위에는 IT융합을 기반으로 한 새로운 소통과 합의방식이 등장했다. 다양한 목소리들이 저마다 의견을 내놓고 그 가운데 현장에 가장 적합하다고 하는 제안이 합의로 채택됐다. 사통팔달의 디지털 소통이 이뤄지고 상황에 따라 새로운 요구와 대응이 신속하게 결정됐다. 이전에는 주로 특정 게시판과 사이트를 중심으로 정보교환과 시민동원이 이루어졌던 데 비해 광우병 촛불시위에는 휴대폰과 무선인터넷 기술 및 동영상 생중계가 시위의 전면에 등장했다.

쌍방향 소통의 웹 2.0세대로 진화한 네티즌들은 휴대폰 문자메시지와 '싸이질'을 통해 수만 명을 서울 도심으로 불러 모았다.[462] '지휘부 없는 시위'에서 디지털 테크놀로지의 효과를 극대화시키는 세대가 출현한 것이다. 이런 점에서 2008년 광우병 쇠고기 수입반대 촛불시위는 IT로 무장한 '약한 연대'의 새로운 시위방식의 등장

---

461) 송경재, "광우병 여론: 인터넷 괴담, 표현의 자유, e - 공론장", 언론광장, 2008년 5월 포럼 발표문.
462) 김호기, "쌍방향 소통 '2.0세대'", 한겨레, 2008년 5월 14일.

을 가장 큰 특징으로 꼽을 수 있다.

2008년 촛불시위에 시민들은 과거의 경험을 발전시키되, 과거 집회 때 익숙했던 시민단체, 진보진영, 반미구호 등에 대해서는 끊임없이 의심하고 견제했다.[463] 약속된 집회 공지와 시위방식에서 벗어나 인터넷을 통한 온라인 토론과 연계해 시위형태가 결정됐고, 다양한 시위구조와 미리 준비되지 않은 자유발언은 과거 집회와는 매우 다른 모습을 보여 주었다. 또 '광우병 대책위'라는 조직체가 시위의 실무준비를 했으나 시위를 주도하지는 못했다. 광우병 대책위는 시위의 기획보다는 방송지원 수준에 그쳤고, 대중들은 스스로 상황을 파악하고 자신이 바라는 목표와 행동을 일치시켰다. 광우병 대책위에 참여한 단체는 모두 1,800여 개 정도로 추산됐는데, 기존 집회를 주도하던 시민사회 단체를 제외하면 생활협동조합 등 비정치적 단체나 지역 풀뿌리 단체들이 대부분이었다.[464]

촛불시위에는 심각한 표정 대신, 유머와 웃음으로 가득한 가벼운 진지함이 자리를 차지했다. 단일한 중심이 명령하면 일사분란하게 움직이는 근대적 조직 대신에 중심도, 지휘부도 없지만 서로에게 맞춰 가며 공동으로 행동하는 이질적 집단들의 네트워크가 있었다.[465] 촛불집회는 UCC, 블로그 등 쌍방향 소통이 가능한 웹 2.0으로 무장한 10대들이 스스로 자신들의 논리를 개발하고, 정부 대책의 허구성을 주장하면서 시작됐다.

웹 2.0으로 생활화된 블로거들은 개인적인 능력과 지식뿐만 아니라 집단지성(collective intelligence)을 통한 광우병 관련 콘텐츠를

---

463) 한겨레, 2008년 8월 11일.
464) 한겨레, 2008년 8월 11일.
465) 이진경, "촛불은 근대의 벽을 넘는 과정", 한겨레, 2008년 8월 8일.

개발하고 시위의 방향을 스스로 토론하는 등 탈관료적인 '아메바 조직'의 전형을 드러내 보였다. 특히 동영상 1인 미디어의 등장은 참여와 공유, 개방, 소통을 표방하는 웹 2.0 정신을 반영한 것이다.

이런 새로운 시위현상에 대해 박성호는 "웹 2.0은 아메바 같은 구조라서 어떤 놈이 머리인지, 어떤 놈이 팔, 다리인지 알 수 없으며, 그때그때 바뀌며 환경적인 요소에 따라 점점 더 확대되고 강해진다."며 "웹 2.0은 웹 1.0식으로 볼 때 실체라고 판단될 수 있는 것이 아예 존재하지 않아 그것에 통제를 가하는 방법이 거의 없거나 전혀 없으며, 오히려 그것에 영향을 받을 수밖에 없는 그런 힘"이라고 지적했다.[466] 그는 웹 2.0을 기반으로 한 새로운 사회현상에 대해 "웹 2.0에서는 집단지성이 구현된 힘이 작동해 아무런 이해관계가 없는 수많은 사람들이 모이고 결집되는 것으로, 여기서는 누구나 대통령이고, 누구나 옆집 아저씨인 하나의 수평적인 개체이며 또한 개체 중의 하나일 뿐"이라고 규정했다.[467]

촛불시위에 참여한 네티즌들은 광우병과 관련된 UCC를 만들고 블로그 트랙백(엮인 글)과 댓글, 지식 검색을 통해 스스로 광우병의 심각성을 깨달았다. 촛불집회에 결정적 도화선 역할을 한 <다음> '아고라' 토론방의 '이명박 대통령 탄핵서명'도 <안단테>라는 ID를 가진 10대가 제안했다.

촛불시위가 인터넷상에서 생중계되면서 온·오프라인 경계가 사라지고, 이를 통해 시민들이 단결하고 있다는 점도 새로운 시위문화의 양상이었다. 네티즌들은 웹 카메라와 휴대인터넷(WiBro)을 통

---

466) 박성호, "웹 1.0의 이명박과 웹 2.0의 노무현, 흥미로운 상상", 2008. 5 .21.
http://download.ebuzz.co.kr/
467) 박성호, 앞의 글.

해 인터넷에서 끊임없이 시위현장을 송출했으며, 인터넷 방송 사이트 <아프리카>에는 매일 수십 개의 집회 생중계 방이 개설돼 젊은 층의 폭발적인 인기를 끌었다. 책상 앞에서 집회 생중계를 지켜보는 사람들도 그저 수동적으로 방관자에 머무르지 않는다. 이들은 영상이나 문자메시지로 들어오는 청계광장 주변 집회 상황과 경찰 대응 현황 등의 정보를 문자메시지와 게시판을 통해 공유하고 그것을 집회 참가자들에게 바로 피드백(feedback) 해 주는 방식을 택했다. 현장에서 올린 게시물은 <싸이월드> 등에서 '일촌 파도타기'나 블로그 퍼가기를 통해 급속히 확산되었으며, 전파과정에서 그 내용도 옮기는 사람의 의도에 맞게 재구성되고 덧입혀지며 재해석되었다.468)

네티즌들은 오프라인에서 과천주부들을 중심으로 '광우병 현수막' 걸기 운동이 일어나자 사이버상에서 현수막을 공동 구매했을 뿐만 아니라 이를 직접 제작하기 위해 이미지 파일을 퍼 날랐으며, 리본과 배너를 만들어 사이버 공간에서도 현수막 걸기 운동을 전개하기도 했다.469)

이 같은 사례는 정치참여에서 온라인과 오프라인의 경계가 무너졌음을 다시 한 번 보여 주는 것이다. 특히 시민기자와 개인 블로거들의 인터넷 생중계는 광우병 쇠고기 수입반대 촛불집회에서 절정에 달했다. 일반 캠코더와 휴대폰 사진을 비롯해 전문가용 방송 카메라와 전송을 위한 노트북PC로 무장한 블로거들이 집회현장을 누비며, 현장의 소식을 실시간으로 전송, 인터넷으로 소통하는 모습을 여실히 보여 주었다.

---

468) 김종길(2008), p.269.
469) 연합뉴스, 2008년 5월 18일.

시위주제도 거대담론이 아닌 먹을거리 안전과 같은 생활정치(life politics)로 변화되었다. 촛불집회에 나선 시민들은 일상 속에서 자신과 가족의 생명권, 건강권을 확대해 나가기를 희망했다. 이런 점에서 촛불집회는 정치적 저항이라기보다는 새로운 패러다임에 입각한 시민연대적 성격이 짙다고 할 수 있다.[470]

촛불시위는 온라인 공간의 활동성을 오프라인에 화려하게 구현해 보임으로써 시민권 없는 가상공간에 영예로운 시민권을 부여해 주었다. 오프라인에 토대를 둔 온라인은 말할 것도 없고, <다음>의 아고라, 인터넷 방송 사이트인 <아프리카>와 컬러 TV, 가상공간의 수많은 인적 네트워크들이 촛불에 불을 붙이고, 전파하는 역할을 담당했다.[471]

2008년 광우병 쇠고기 수입반대 촛불시위에서 보여 준 네트워크화된 개인들의 노마드(nomad)적 시민참여는 앞으로 현안에 따라, 조직형태에 따라 더욱 복잡하고 다양한 형태로 전개될 가능성이 높아지고 있다.

2. 네트워크화된 개인주도형 정치참여

촛불시위는 온라인 커뮤니티의 힘이 오프라인 단체보다 더 세다는 것을 처음으로 보여 주었다. 패션, 요리, 사진, 성형, 연예인 등 관심사에 따라 커뮤니티를 만들고 그 안에서 비슷한 취향의 사람

---

470) 오창은, "지식인은 촛불과 함께 진화하고 있는가", 『촛불이 민주주의다』(서울: 해피스토리, 2008), p.39.

471) 정대화, "촛불항쟁과 현 단계 한국 민주주의의 과제", 『촛불이 민주주의다』(서울: 해피스토리, 2008), p.167.

들과 놀고 토론하던 '약한 연대'의 사람들이 오프라인으로 대거 밀려 나왔다. 이 새로운 군중이 2008년 촛불집회의 성격과 분위기를 근본적으로 규정지었다.

촛불시위에 참가한 인터넷 커뮤니티는 규모 면에서 오프라인 단체를 압도했다. 촛불집회에 참여했던 <소울 드레서>(국내외 패션 정보 전반에 관심 이 있는 2030여성들의 온라인 카페), <동방신기 팬클럽>(아이돌 그룹 동방신기의 팬클럽), <엠엘비 파크>(미국 야구 팬 사이트), <SLR클럽>(디지털 사진가를 위한 커뮤니티), <촛불소녀>(촛불집회에 참가하는 10대들의 커뮤니티), <DVD프라임>(DVD동호회), <디씨인사이드>(디지털 카메라 동호회) 등은 회원수가 수 천 명에서 수만 명에 이른다.[472]

촛불시위가 흘러가는 방식은 인터넷 커뮤니티가 작동하는 방식과 흡사했다. 아무데나 발언대가 차려지고 아무나 나와서 발언을 하는 식이었다. 군중은 게시판에 댓글을 달 듯 연사의 의견에 야유나 환호를 보냈다. 열렬한 지지를 받은 의견은 하나의 움직임으로 출현하고 여기에 다수가 가세하면서 흐름이 만들어졌다. 참가자들 사이의 토론과 반응이 수없이 오고가는 가운데 하나의 방향이 결정됐다. 촛불문화제가 가두시위로 전환되는 과정도 이 과정을 따랐다.

포털사이트 <다음>이 운영하는 토론방 '아고라'는 촛불집회의 실질적인 사령부라고 할 수 있다.[473] 수많은 커뮤니티와 개인들이 접속해 정보를 모으고 토론을 벌이고 방향을 결정한다. 이런 점에서 촛불집회 역시 개인과 커뮤니티, 오프라인 단체들의 네트워크로 해석 할 수 있다.

---

472) 쿠키뉴스, 2008년 6월 28일.
473) 쿠키뉴스, 2008년 6월 28일.

온라인 커뮤니티에서 오프라인으로 나온 새로운 군중들은 게시판과 댓글을 통해 웹 2.0의 특징인 '집단지성'을 창조하고 이를 바탕으로 종종 정부, 전문가, 언론 등과 맞섰다. 온라인에서 경험하고 훈련한 직접민주주의 방식을 현실에서 요구하기 시작했던 것이다.

촛불시위에서 인터넷 토론광장은 <82쿡>, <화장빨> 등 생활카페, <미친소닷넷>, <안티이명박> 등 정책카페, <디씨인사이드>, <웃긴대학> 등 풍자사이트, 향우회, 대학 동창회 등 동문카페, <유모차부대엄마들>, <예비군부대> 등 신생 카페를 비롯해 개인들의 미니 홈피와 블로그 등 다양한 온라인 주체들의 상호 작용 속에서 생겨났다. 이 중 가장 눈에 띄는 것은 생활카페이다. 생활카페 회원들은 짧게는 3－4년, 길게는 10년 이상 동고동락했기 때문에 소속감과 서로에 대한 신뢰가 강하다. <엠엘비파크> 회원들은 3일 만에 회원 160명의 사진을 모아 촛불을 든 학생의 모습을 만들어 신문에 광고를 냈다. 정책카페의 활약도 빼놓을 수 없다. <미친소닷넷>, <안티이명박>, <광우병 대책위>사이트 등은 이슈를 제기하고 오프라인 모임의 계획을 수립하는 데 비교적 주도적인 역할을 했다. 독특한 인터넷 문화를 주도해 온 <디씨인사이드> 등의 사이트들은 다양한 패러디물과 아이디어를 생산해 냈다.

여기서 주목해야 할 것은 이들 카페들 간의 상호작용이다. <마이클럽> 등 생활카페들은 <광우병 대책위>의 정보와 의견을 나누며 촛불집회의 방향을 정했다. <뽐뿌>, <디브이디 프라임>, <에스엘알(SLR) 클럽>등 동호회 회원들은 돈을 모아 문에 연합광고를 싣기도 했다.

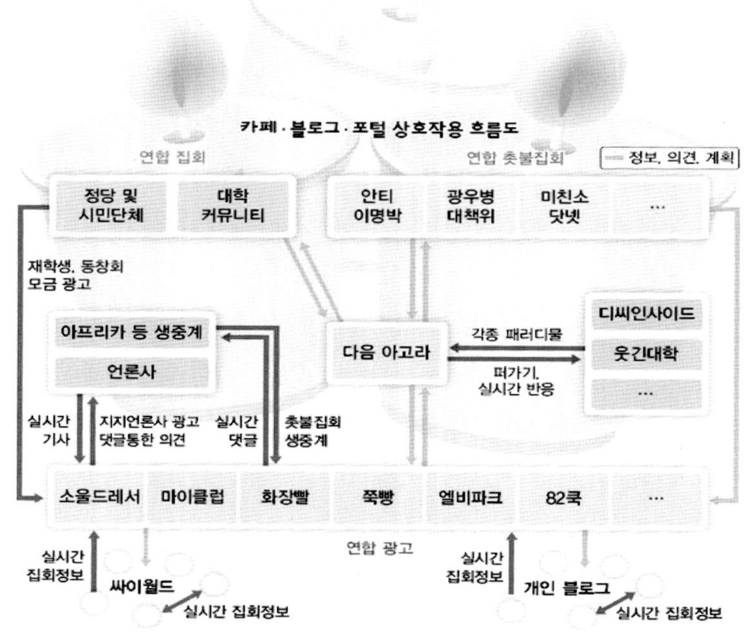

　＜디씨인사이드＞에서 만든 각종 패러디물은 실시간으로 펌질돼
카페와 누리꾼들의 블로그에 오르내렸고, 네티즌들의 실시간 반응
이 뒤따랐다. '촛불소녀' 캐릭터는 누리꾼들의 손을 거치면서 촛불
아줌마, 촛불 군인, 촛불 할아버지 등으로 재탄생했다.[475] 이런 상
호작용의 중심에는 다음의 '아고라'가 있었다. '아고라'는 각종 생
산물이 만들어지는 공장이었고, 그것들이 다른 카페로 퍼지는 유통
통로였다.

---

474) 한겨레, 2008년 8월 11일.

475) 한겨레, 2008년 8월 11일.

3. 분산화된 정보채널과 네트워크 소통

<미디어 오늘>이 인터넷 시장조사업체인 <코리안 클릭>과 함께 광우병과 촛불시위 관련 이슈가 온라인에서 생성 확산되는 과정을 분석한 결과 첫 집회가 열리기 2주 전인 4월 18일 무렵부터 광우병에 대한 이슈가 온라인에서 떠돌기 시작해 30일부터 폭발적으로 늘어나기 시작했다. 이슈가 절정을 이룬 때는 5월 10일이었다. 여기서 주목할 부분은 이슈가 된 콘텐츠들이 언론사 뉴스보다는 개인 블로그의 포스트나 커뮤니티 사이트의 게시물인 경우가 훨씬 많았다는 사실이다. 6만 4,000여 개에 이르는 광우병 관련 이슈 가운데 블로그 포스트가 42%, 커뮤니티 사이트 게시물이 44%로 나타났고, 뉴스 콘텐츠는 13%에 그쳤다. 또 하루 1개 이상의 이슈를 작성한 사람은 70명 이상이었는데, 이들 가운데 3분의 1 정도가 블로거인 것으로 나타났다. 또 전체 이슈의 절반 이상을 1,600명 정도가 작성한 것으로 나타났다.

광우병 촛불집회 한 달 동안 개인 블로그가 이슈를 선도하고 커뮤니티 사이트에서 이슈가 확산되고 뉴스가 이를 추종하는 경향을 보여 주었다.[476)]

10대 네티즌들은 오히려 블로그 포스트나 커뮤니티 사이트 게시물을 통해 주류 언론 못지않게 강력한 영향력을 행사하게 됐다. RSS나 트랙백 같은 새로운 인터넷 문화가 점과 점 사이의 소통을 가능하게 만들었고, 그 점들이 모이는 '허브 사이트'를 만들어 냈다.

촛불집회에서도 <다음> '아고라'나 실시간 동영상 중계 사이트인

---

476) 미디어 오늘, 2008년 6월 4일.

<아프리카>, 그리고 파워 블로거들이 그 네트워크 허브(network hub) 역할을 했다. 대통령 탄핵 청원운동을 비롯한 각종 이슈의 진 앙지로 떠오른 '아고라' 덕분에 <다음> 미디어의 페이지뷰가 <네이버> 뉴스를 앞질렀다.[477] 2008년 6월 5일 <코리안 클릭> 의 자료에 따르면 2008년 4월 마지막 주 7억 825건이었던 미디어 다음의 페이지뷰(PV)가 광우병 쇠고기 논란이 확산된 2008년 5월 첫째 주 7억 9,129만 건을 기록하고, 같은 기간 7억 8,296건을 기 록한 <네이버뉴스>를 앞질렀다. 더욱이 5월 마지막 주 <미디어

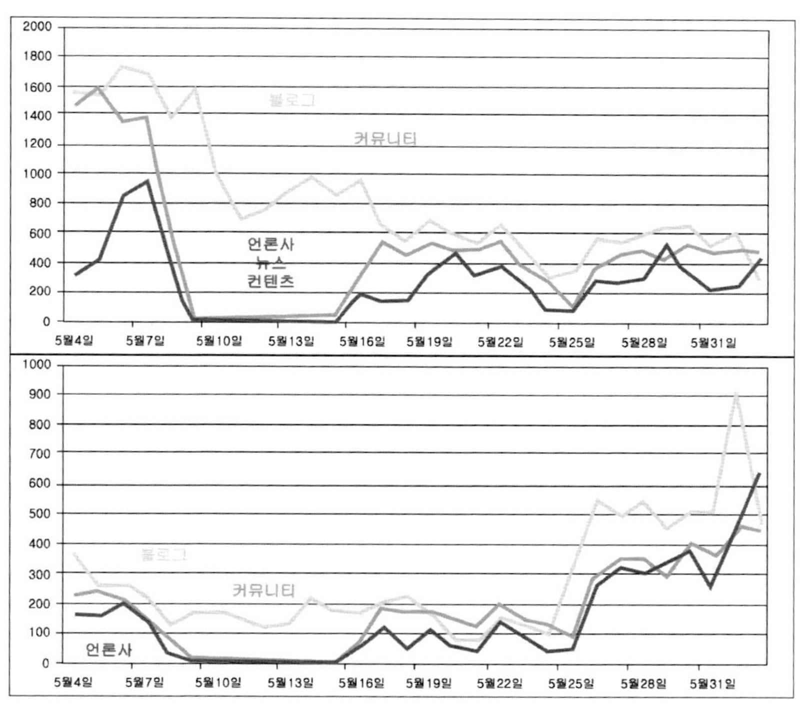

<그림 4-5> 광우병(위)과 촛불시위(아래) 관련 이슈의 일별추이[478]

477) 미디어 오늘, 2008년 6월 4일.

다음>의 페이지뷰는 10억 6,650만 건을 기록하며 7억 6,199만 건을 기록한 <네이버>와의 격차를 크게 벌려 놓았다.

<다음> '아고라'는 찬성·반대를 통한 정보선별과 댓글, 반론을 통한 상호 토론기능, 각종 서명과 청원기능 등에 기반 한 네티즌 여론조성 기능으로 상당한 폭발력을 일으켰다.

4. 새로운 정치 프로슈머, 10대와 여성의 등장

2008년 미국산 쇠고기 수입개방 조처에 반발하여, 촛불을 들고 거리로 쏟아져 나온 10대들은 지난 2002년 여중생 미군 장갑차 희생사건 추모 촛불시위에 나타났던 10대들과 큰 차이를 드러냈다.

2008년의 10대들은 정책이슈에 대해 가장 먼저 분노하고 촛불을 밝힌 주도세력이었다. 이들은 인터넷과 휴대전화를 통해 강력한 연대를 형성하고 거리로 나왔다. 인터넷 방송 사이트 <아프리카>는 하루 시청자만 백만 명을 넘어섰다.[479] 촛불집회의 주역이었던 10대는 2002년 월드컵을 겪으면서 광장의 문화를 경험했고 인터넷에 익숙해 자신의 의견을 표현하고 포털 뉴스 등을 자신의 미니홈피나 블로그로 퍼가거나 링크를 걸고 이를 다른 친구들과 공유하는 것이 자연스러운 세대이다.

이들은 기성세대와 뉴스를 소비하는 방식이 달랐다.

촛불시위에 참가한 10대들은 1990년대 이후 출생한 경우가 대부분이었다. 이들은 1987년 6월 항쟁 당시의 시위문화에 대한 기

---

478) 미디어 오늘, 2008년 6월 4일.
479) 쿠키뉴스, 2008년 6월 28일.

억은 거의 없었다. 대신 2002년 한일 월드컵 당시 '붉은악마'의 거리응원과 여중생 미군 장갑차 사망사건 추모 촛불시위가 집회의 원형으로 자리 잡고 있었다. 이 때문에 10대들에게 집회참여에 대한 거부감은 크지 않았고, 적극적으로 의사표현을 하는 참여양식이 자연스럽게 받아들여졌다. 이 같은 문화적 토양 속에서 발생한 2008년 촛불시위는 정치적 선동을 배제하면서 다양한 패러디와 풍자를 곁들인 거리축제와 문화의 장이 됐고, 시위 참여의 접근 문턱은 크게 낮아졌다.[480] 또 시위에 참여한 10대들의 성장배경도 촛불시위의 동력이 되었다. 10대들은 '386주니어'들이었다. 386세대의 2세들이 성장해 촛불시위에 다시 모여들었다. 부모세대가 돌과 화염병을 던졌다면, 386주니어들의 손에는 핸드폰과 촛불이 쥐어져 있었다. 더욱이 이들은 민주화 운동 세력의 집권 시기에 아동기와 청소년기를 보낸 사람들이기 때문에 권위주의 시절이란 것 자체를 모른다.[481]

10대들은 실제 인터넷에서 상당한 영향력을 행사했다. 이것이 촛불시위에서 10대들의 역할이 주목받는 계기로 작용하게 됐다. <랭키닷컴>이 국내 인터넷 이용 인구의 연령별 1인당 평균 인터넷 체류시간과 페이지뷰(PV)를 조사해 본 결과 13 – 19세 이용자의 이용시간이 2008년 4월 기준 평균 29시간으로 가장 길게 나타났다. 또 2008년 4월 10대 연령대의 1인당 평균 페이지뷰는 431만 페이지뷰로 가장 낮은 페이지 뷰를 보인 35 – 39세보다 2배 이상 많았다.[482]

---

480) 2008년 촛불집회는 6월 10일 '백만촛불대행진'을 계기로 시위참가자가 절정에 달하는 등 국민적 지지를 얻었으나 6월 25일 이후에는 정권퇴진 구호와 폭력시위 양상이 나오는 등 과격한 시위양상을 보이면서 초기 국면과 다른 양상을 보이기 시작했다.

481) 디지털 타임스, 2008년 5월 20일.

482) 연합뉴스, 2008년 5월 16일.

〈그림 4-6〉 2008년 5월 2일, 10대들이 얼굴에 가면을 쓰고
광우병 쇠고기 수입반대 촛불시위를 하고 있는 모습[483]

이용자수에 있어서는 20-30대의 인구가 10대보다 많지만, 1인
당 이용하는 페이지뷰에 있어서는 비교가 월등히 많게 나타난 것
이다. 13-19세 네티즌은 지난 2006년 1월부터 가장 많은 페이지
뷰를 기록해 왔고, 그 격차는 점차 증가하고 있다.[484]

인터넷 이용률 면에서도 10대의 영향력은 주목된다. 한국인터넷
진흥원의 2007년 말 인터넷 이용자 실태조사 결과, 인터넷 이용자
를 세대별로 나눠 보면 10대 이하가 27.4%로 가장 많은 비중을
차지하고 있다. 이에 반해 20대 20.5%, 30대 22.7%, 40대 18.5%,
50대 7.5%, 60대 이상 3.3%를 차지했다.[485] 아울러 10대 인터넷
이용률은 99.85%로 전 연령대 중 가장 높았다. 10대 인터넷 이용
자들은 동영상, 게임 등 즐거움을 위해 인터넷을 이용하지만 20대
이상 이용자들은 종합쇼핑몰, 은행, 종합일간지 등 실용정보를 위

---

483) 한겨레, 2008년 5월 5일.
484) 연합뉴스, 2008년 5월 16일.
485) 문화일보, 2008년 6월 9일.

한 사이트 이용 비중이 상대적으로 높은 것으로 나타났다.[486)

반면 30대 이상 연령대의 상위 20개 사이트에는 동영상이나 메신저 관련 사이트들이 빠져 있어 연령대별 사이트 이용패턴에 있어 차이를 보이는 것으로 나타났다. 2007년 같은 기간의 연령대별 상위 20위권 구성비와 비교해 보면 포털의 비중이 소폭 줄어든 대신 최근 각광받고 있는 동영상, TV방송 관련 사이트 등이 늘어났다.[487) 주요 인터넷 사이트나 카페의 이용자 비율에서도 세대차가 뚜렷하다. <랭키닷컴>에 따르면 2008년 4월 대표적인 커뮤니티 사이트인 <디씨인사이드>의 이용자 중 50.9%가 20대 이하였다. 30대는 32.6%, 40대 이상은 16.5%에 불과했다. 광우병 정보가 유포됐던 다음 카페 <진실 혹은 엽기>는 20대 이하가 72.6%를 차지한 반면, 40대 이상은 14.0%에 그쳤다.[488)

아울러 2008년 촛불시위에는 여성의 역할이 주목받았다. 생활정치에서 여성의 역할과 파워를 실감할 수 있는 계기가 2008년 촛불시위였다. 비교적 비정치적으로 여겨져 왔던 10대 여학생들이 촛불시위를 시작했고, 3040 엄마들이 거리에 유모차를 끌고 나와 비폭력 평화시위를 주도했기 때문이다. 특히 유모차부대의 등장은 여성단체라는 조직이 아닌 아기 엄마 '개인'들의 자발적인 참여라는 점에서 그동안 소수 엘리트 여성들만의 활동이라는 이미지가 강했던 여성운동의 지평을 넓히는 계기로 작용했다. 개인주의적이고 비

---

486) 인터넷 순위정보 사이트인 <랭키닷컴>이 2007년 1, 2월 연령대별 방문 상위 20개 사이트를 분석한 결과, 10대가 많이 방문하는 20개 사이트에는 10대를 제외한 전 연령대의 상위 20개 사이트에 모두 포함된 은행, 종합일간지 등의 방문율이 낮은 대신 메신저, 동영상, 아르바이트 관련 사이트들이 포함됐다. 특히 게임 포털의 비중이 약 16%로 전 연령대 중에 가장 높은 비율을 기록했다.

487) 전자신문, 2007년 3월 8일.

488) 문화일보, 2008년 6월 9일.

정치적 존재로 여겨지던 엄마들은 안전한 먹을거리에 대한 생활적 욕구를 미국산 쇠고기 수입반대라는 정치적 행동으로 표출해 개인적인 것이 가장 정치적인 것이라는 여성운동의 오랜 명제를 재확인시켜 주었다.[489]

5. 촛불시위의 정치참여적 의미

2008년 촛불시위는 인터넷은 물론 휴대전화, 카메라, 노트북 컴퓨터 등의 첨단기계와 접속된 대중의 능력이라는 형태로 나타났다. 촛불시위의 대중은 '대의'라는 근대적 정치를 넘어 자신의 사유와 행동으로 자신의 삶을 만들어 가는 정치의 장을 활짝 열었다. 신문과 텔레비전이라는 근대적 매체의 권력을 넘어 인터넷을 비롯한 네트워크 매체와 직접적으로 결합하여 행동하는 새로운 정치적 공간이 탄생했다. 반면 갈수록 저하하는 투표율과 갈수록 대중과 멀어지는 정당정치가 보여 주듯이 대의민주주의는 점점 무력화되고 있고, 대중은 근대정치의 바깥에서 직접 모이고 행동하기 시작했다.[490]

촛불시위는 대의민주주의의 가치와 필요성을 존중하되 그 한계를 보완하기 위한 논의가 활발하게 일어나고 있는 시점에서 직접민주주의와 참여민주주의의 가능성을 보여 주었다는 점에서 매우 중요하다.[491] 아울러 2008년의 촛불집회가 그동안의 다른 인터넷 정치참여 사례와 차별적인 것은 개인이 시민운동의 중심으로 도약

---

489) 권지희, "여성 새로운 정치주체로 떠오르다", 『촛불이 민주주의다』(서울: 해피스토리, 2008), p.61.

490) 한겨레, 2008년 8월 8일.

491) 정대화, 앞의 글, p.158.

했다는 것이다. 그동안의 인터넷 정치참여에서는 시민단체 중심의 시민운동이 전개되었으나 광우병 촛불집회에서는 IT를 기반으로 한 개인들이 무정형한 탈관료적 조직을 형성, 정치참여를 주도하는 새로운 형태의 정치참여 양상을 보여 주었다.

그러나 이 과정에서 정당, 시민, 언론 등 정치적 매개집단을 우회한 채 국가와 시민이 직접 대결하는 '민중주의적 양상'을 초래하기도 했다. 이에 따라 대의정치의 위기를 우려하는 목소리가 나오기도 했다. 촛불집회가 진행되는 동안 한나라당과 민주당 등 기존 정당들의 역할과 위상은 거의 찾아볼 수 없었다. 한나라당과 민주당의 경우 촛불집회가 열리는 동안 정국의 유의미한 세력으로서의 역할조차 찾지 못했다. 기존 정당들의 역할은 그저 논평하고 눈치 보는 수준에 머물고 말았다.

촛불시위는 또 인터넷으로 무장한 젊은 네티즌과 <조선일보>, <중앙일보>, <동아일보>로 상징되는 '조중동'과의 대결국면이 초래됐다는 점에서 17대 대선 이후 사라진 듯했던 '인터넷＝진보, 기성언론＝보수'라는 등식을 다시 한 번 확인하는 계기로 작용했다. 네티즌들은 조중동 반대운동과 조중동에 광고를 게재하는 기업에 대한 불매운동을 전개함으로써 이념적 대결구도를 분명히 했다. 광우병 촛불시위가 길어질 조짐을 보이자 조중동 등 보수언론들은 '인터넷 광우병 괴담' 등을 대대적으로 보도하면서 촛불시위 반대 입장을 분명히 했다.

촛불시위의 성격을 놓고도 진보와 보수진영은 각기 다른 해석을 내놓았다. 진보진영은 촛불시위는 국민모두가 참여하는 민생 민주주의적 축제문화 운동이자 민주주의 교육 학습장이 되었다며 직접민주주의의 새로운 실험이라고 평가한 반면, 보수진영은 촛불시위를 광우병 괴담을 중심으로 정권을 뒤흔들려는 포퓰리즘 정치로 규정했다.

김호기는 촛불집회에는 생활정치(life politics), 참여정치(participatory politics), 위험정치(politics of risk), 인정정치(politics of recognition), 가치의 정치(politics of value), 디지털정치(digital politics) 등 여섯 가지의 새로운 정치적 흐름이 반영되었다고 주장했다.[492] 여기서 중요한 것은 현대적 정치와 탈현대적 정치의 공존이 대의민주주의 위기 또는 정당정치의 위기와 긴밀히 연관되어 있다는 점이다. 서구의 신사회운동의 등장에서 볼 수 있듯이 탈현대적 정치의 등장은 대의민주주의의 위기를 반영하고 있으며, 이는 지구적 경향이라 할 수 있다.

한국의 경우 민주화 시대가 열린 지 20년이 지난 최근에 들어서도 정당정치의 제도화가 제대로 이루어지지 않음으로써 상황에 따라서 탈현대적 정치가 현대적 정치를 압도하는 상황이 벌어지고 있다. 그 중심에 인터넷 정치가 자리 잡고 있다.

특히 인터넷은 시민의 생활정치를 강화시켜 나가고 있다. 한국 사회에는 일상생활의 정치가 인터넷 정치참여를 매개로 활성화되고 있다. 이전의 거대 담론 중심의 정치참여 속에서 간과되기 쉬웠던 개별적이고 구체적인 사안들이 독자적인 참여의 대상으로 대두되면서, 일상생활의 사적인 영역의 문제들과 실용적인 문제들이 정치사회적 쟁점으로 떠오르고 있다.[493] 과거의 정치적 논의가 권

---

492) 김호기는 촛불정치에는 대의정치에 맞서는 생활정치, 권위정치에 맞서는 참여정치, 계급정치에 맞서는 위험정치, 권위정치에 맞서는 인정정치, 욕망의 정치와 맞서는 가치의 정치, 아날로그 정치와 맞서는 디지털 정치 등을 관통하는 탈현대적 정치를 보여 주었다고 주장했다. 김호기, "촛불집회, 거리의 정치, 제도의 정치", 2008년 6월 7일 성공회대 민주주의와 사회운동연구소, '촛불집회를 어떻게 볼 것인가' 토론회 발표문.

493) 기든스(Anthony Giddens)는 위로부터의 강제되는 억압과 착취의 조건들을 개선하기 위한 산업형 사회 운동이 '해방의 정치'였다면 '삶의 정치(life politics)'는 개개인의 삶의 안전과 자율성, 자유실현 등에 일차적인 목표를 둔 '탈산업사회형' 운동이라고 규정했다. Anthony Giddens, *The Consequence of Modernity*(Cambridge: Polity Press, 1990).

력, 국방, 안보와 같은 정치체제와 거대담론에 주로 치중했다면, 인터넷에서는 무겁고 거대한 주제뿐만 아니라 사소하고 가벼운 소재도 정치적인 의미를 지니면서 폭넓게 논의되고 있다. 즉 안보, 국방, 외교, 권력 등 고위정치(high politics)보다 주변의 실생활과 관련된 복지, 보건, 환경, 교육 등 하위정치(low politics)[494]의 중요성이 상대적으로 더욱 커졌다. 교육문제, 부동산정책, 환경이슈, 인권 및 성평등과 같은 주제는 인터넷에서 더욱 활발히 논의되는 사안이다.

박형준은 이 같은 '생활정치'를 삶의 양식의 결정에 관련된 정치이며, 자아의 성찰적 기획에서 유도되는 토론과 항의의 정치라고 규정했다.[495]

2008년 광우병 쇠고기 촛불시위는 시민 개인중심의 대중운동적 성격을 보였다는 점에서 다른 정치참여 사례와 구별될 수 있다. 특히 가장 민중주의적 모델에 치우친 사례라는 점에서 그렇다.

시민단체 등이 전혀 개입하지 않은 것은 아니지만 시민개인이 온·오프라인 운동을 통해 촛불시위를 주도했다는 점에서 다른 정치참여 사례와 큰 차이를 보이고 있다. 또 다른 사례와 달리 기존 정당들의 역할이 상대적으로 거의 드러나지 않았다. 이런 점에서 매개집단강화모델보다는 매개집단을 우회하는 민중주의적 정치참여 유형으로 평가할 수 있겠다. 또 의제설정의 측면에서 철저하게 수요자가 주도했다는 점에서 수요자중심모델적 성격이 강하다고 평가할 수 있다. 정치구도에 있어서도 기존에 정치적 참여에 소극적이었던 10대나 여성들의 참여가 두드러졌다는 점에서 동원모델형 사례로 구분할 수 있겠다.

---

494) 울리히 벡(Ulrich Beck)은 의회와 정당에서 이루어지는 정치는 퇴조하는 반면 다양한 시민, 사회단체들이 자발적으로 사회문제의 의제화에 나서는 현상을 하위정치(Subpolitik)라고 정의했다. 문승홍 역, 『정치의 재발견』(서울: 거름, 1998) 참조.

495) 박형준, 『성찰적 시민사회와 시민운동』(서울: 의암, 2001), p.140.

한국에서 인터넷의 힘은 사회적인 힘에서 점차 정치적인 힘으로 이동했다. 인터넷 도입기에 각종 온라인 정보민주화 운동 등 정책운동으로 시작되어, 사회운동으로 진화되었다. 또 선거 등 정치적 쟁점 중심에서 점차 생활정치 중심으로 인터넷 정치참여의 관심이 이동해 왔다.

한국의 인터넷 정치는 <시민단체 중심의 온라인 운동>에서 시작해 <시민단체 중심의 온·오프라인 운동>으로 확대되더니 <시민+시민단체 중심의 온·오프라인 운동>, <정당·시민단체의 온·오프라인 운동>, <개인중심의 대중운동차원의 온·오프라인 운동>순으로 전개되었다.

한국의 인터넷 정치참여는 온라인 공간의 사회운동에서 시작되어, 온·오프라인이 연계된 시민의 생활정치참여로 탈바꿈하고 있는 것이다. 주로 개인적인 억울함을 호소하거나 집단적 사회운동으로 활용되던 인터넷 참여는 2000년에 들어서서 총선시민연대의 낙천·낙선운동을 계기로 시민단체를 중심으로 한 집단적 정치운동의 기제로 발전하기 시작했다.

2002년 월드컵의 집단거리응원을 기점으로 미군 장갑차 여중생 사망 사건 및 촛불시위, 16대 대선에서 노사모 활동, 대통령 탄핵 반대 운동 등 네티즌들의 다양한 정치참여가 이뤄지면서 시민집단

중심의 정치운동으로 중심을 옮기게 된다.

그러나 이후 시민단체 중심의 인터넷 정치참여 양상은 시민단체가 다양한 시민의 정치참여의 동학을 이해하지 못하면서 조금씩 변화하게 된다. 심지어 2008년 광우병 촛불시위에서는 낙선운동과 탄핵 반대 운동을 주도하면서 2000년대의 한국사회를 좌지우지해 온 시민운동의 권위도 무너졌다.

이는 시민운동의 기본정신인 자발성의 논리가 중앙집권적인 거대조직에서 발생하는 관료제의 논리와 전면으로 배치되고, 이것이 인터넷의 정신과 부합되지 않았던 것으로 해석할 수 있다. 시민들의 자발적 참여의 원인과 양상을 잘 파악 못 한 시민단체가 운동의 중심에서 멀어졌다고 볼 수 있다. 특히 2004년 들어 인터넷 시민운동의 연대활동이 기존 시민운동단체나 사이버 운동조직이 주도하고 네티즌들이 동참하는 형태에서 네티즌이 선도하거나 주도하고, 기존 시민운동단체나 조직이 추후 이에 동참하는 방식으로 변화하게 된다.

김종길은 이 같은 원인을 시민단체의 운동방식 다양화와 연대형태의 분화에서 찾았다. 그는 2004년 총선을 앞두고 각 시민단체들이 각기 당선운동, 낙선운동, 후보자정보공개운동, 공명선거 운동 등으로 분화되면서 시민단체가 인터넷 참여에서 주도권을 잃었다고 분석했다.[496]

한국에서 인터넷 정치참여는 방법론상 온·오프라인 참여의 효과적인 결합 전략이 주요하게 사용됐다. 인터넷 정치참여의 미래 향방 및 성공 여부가 어떠할지는 정보통신기술의 발전, 이를 활용하는 시민들의 특성과 조건 및 능력, 이들에 의한 온라인 전략과

---

496) 김종길(2008), p.264.

오프라인 전략의 유기적 결합 여부 등에 달려 있다고 해도 과언이 아니다.[497]

이현우는 온·오프라인의 유기적 결합에 대해 과거와 같이 오프라인상의 정치참여로서의 투표참여만을 독려하는 방식에서 탈피해서 일상적인 과정 속에서 온라인상의 정치참여를 생활화함으로써 자신이 속한 커뮤니티와 결사체에서 '정치자본'이 형성, 축적될 수 있도록 지원 협력하는 것이 중요하다고 했다.[498] 온·오프라인 병행은 2000년 총선시민연대의 사례부터 현재까지 계속되고 있는 대표적인 인터넷 정치참여의 성공조건이라 할 수 있다.

정동규는 인터넷의 발달로 사이버 공간에서 토론과 정치참여, 그리고 현실공간에서의 참여와 결집이 상호 작용할 때 민주주의에 접근할 수 있다고 했다. 다시 말해 온·오프라인의 상호작용을 통한 정치참여가 확산될 때 참여민주주의의 핵심인 시민들에 의한 숙의, 대중토론, 대중참여 등이 가능해지며, 이것이 결국 참여민주주의 확대 가능성을 기대할 수 있다[499]고 진단했다.

인터넷 환경의 변화에 따라 정치참여 양상도 변해 왔다.

정보통신기술을 이용한 시민참여는 인터넷을 중심으로 이루어졌으나 점차 IT통합(intergration)과 융합(convergence)의 단계로 나아가고 있다. 인터넷과 텔레비전의 융합 등으로 쌍방향성이 강화됨에 따라 쌍방향의 인터넷 참여도 더욱 복잡한 양상으로 전개될 가능성이 많다.

PC통신시대와 인터넷 등장기에는 PC통신과 모뎀방식을 활용했

---

497) 황주성 외(2004), p.137.

498) 이현우(2005), p.115.

499) 정동규(2004), p.36.

고, 인터넷 등장기에는 ASDL, LAN 등에 맞춰 시민참여의 활동공
간을 확대해 나갔다. 인터넷 확산기로 불리는 2002년 이후에는 휴
대폰과 메신저 등이 주류를 이루었으며, 인터넷 성숙기에는 와이브
로(WiBro), 이동멀티미디어방송(DMB), 동영상 UCC 등이 결합되는
양상으로 진화되고 있다.

오는 2010년 이후 사람과 컴퓨터, 사물이 하나가 되어 언제
(anytime), 어디서나(anywhere), 누구든지(anyone) 컴퓨터에 접속하여
원하는 서비스(any service)를 누릴 수 있는 유비쿼터스(ubiquitous) 시
대가 도래하면 컴퓨터 센서(sensor), 무선인식태그(RFID – tag), 칩과
센서 네트워크기술, 웹 현실화(web – presence)와 같은 전자공간과 물
리공간과의 실시간 연계기술 등의 새로운 가상공간에서 인터넷 정
치참여 양상도 더욱 다양하고 복잡한 양상을 보일 것으로 예상된다.

인터넷 정치의 전개과정을 인터넷의 발전과정에 따라 분류할 수
있다.

인터넷 등장기(PC통신 시대의 실험), 인터넷 확산기(총선시민연
대 낙천·낙선운동, 노사모 활동), 인터넷 성숙기(17대 대선, 광우
병 쇠고기 수입반대 촛불시위)로 분류할 수 있다. 한국에서 인터넷
환경은 새로운 패러다임이 계속 등장함에 따라 약 2년을 주기로
진보를 계속하고 있다.

한국 인터넷 정치는 인터넷의 발전과정에 따라 PC통신 시기의
정치실험, 웹 1.0시대의 정치경험, 웹 2.0시대의 새로운 실험 등으
로 이어지고 있다. 웹 1.0시대에 시민들은 게시판 읽기, 댓글 달기
등의 평면적 활동을 벌였으나 웹 2.0시대에는 UCC, 블로그 등을
통해 입체적 활동을 펼치고 있다.

2000년대에는 인터넷 도입 초기로서 주로 정치인, 정부, 정당,

시민단체 등이 제공하는 홈페이지 게시판에 네티즌들이 주로 활동했다. 2002년 16대 대선의 경험에서 네티즌 참여의 방식은 각종 인터넷 언론과 정치웹진, 토론게시판 등에 써 올린 논객들과 노사모와 같은 정치커뮤니티 구성원들의 텍스트를 기반으로 전개되었다. 즉 16대 대선 과정에서 인터넷 정치를 선도했던 노무현 후보 진영의 인터넷 전략의 핵심은 노하우 홈페이지, 노사모, 서프라이즈, 논객 등이었다. 이는 곧 홈페이지나 정치웹진이라는 중앙집중형 공간을 무대로 펜클럽 회원이나 논객 등과 같은 적극적이고 선도적인 네티즌들이 칼럼과 댓글 등 텍스트를 기반으로 사이버 정치활동을 전개했던 것이라고 요약할 수 있다.

그러나 2004년의 경험에서는 이른바 '폐인'이라 불리는 사람들이 만들어 올린 패러디 합성 사진들을 중심으로 네티즌 여론이 표출되었다. 탄핵을 규탄하는 패러디 합성사진과 네티즌들의 투표 참가를 권유하는 이른바 '투표부대'의 패러디 포스터가 이 기간 동안 인터넷 공간에 흘러넘쳤다. 네티즌 여론을 주도하는 메시지의 표출수단이 텍스트에서 이미지 기반으로 옮겨 간 것이다.

2006년에는 또 다른 변화들이 나타났다. 인터넷 환경이 웹 1.0 시대에서 웹 2.0으로 급속히 변화하면서 네티즌들의 정치참여 방식도 시민단체나 정당의 홈페이지 게시판과 정치 사이트의 논객에서 UCC 이용자, 블로거로 이동했다.[500] 메시지의 표출수단은 이미지에서 동영상으로, 메시지의 생산자층은 UCC의 보급과 함께 네

---

500) 블로그와 미니홈피는 개인의 관심거리나 견해를 글이나 사진, 그림, 동영상 등 다양한 표현방식으로 인터넷에 올려 다른 사람과 공유하는 일종의 1인 미디어이다. 블로그와 미니홈피는 딱딱하고 공식적인 느낌을 주는 공식 홈페이지와 달리 가족사진이나 어린 시절의 사진 등 정치인의 사적인 모습과 감성적인 메시지를 부담 없이 제공할 수 있다는 점에서 보다 유용한 의사소통이 가능하다는 장점이 있다.

티즌 대중들로 한층 더 폭넓게 확장되고 있다. 또 2008촛불시위에는 네티즌들이 웹 카메라와 와이브로(WiBro)를 통해 인터넷 방송으로 끊임없이 시위현장을 생중계하기도 했다. 아울러 UCC를 만들고 블로그[501] 트랙백(엮인 글)과 댓글, 지식 검색을 통해 집단지성을 만들어 내고 있다.

이렇듯 네티즌 정치참여의 양상은 '행위주체'와 '메시지 표출수단'이라는 차원에서 대략 2년을 단위로 하여 계속해 변천하고 있음을 알 수 있다. 여기서 인터넷 환경의 변화에 따른 참여양상의 변화에서 주목해야 할 부분은 정치열기가 대단했던 2002년 대선에 비해 인터넷 이용자의 규모나 인프라 측면에서만 보면 2007년 대선에서는 인터넷 정치참여 열기가 더욱 뜨겁게 나타나야 했으나 그렇지 않았다는 점이다.

이를 어떻게 해석해야 할까. 이는 인터넷의 문제라기보다는 현실의 선거 국면이 어떤 상황으로 전개되고, 얼마나 극적이었느냐의 차이에서 비롯된 것이라고 이해해야 해석될 수 있는 문제이다.[502] 즉 17대 대선과 18대 총선이 이명박 후보와 한나라당의 대승으로 끝난 이후 잠잠할 것만 같던 인터넷 정치참여가 2008년에 들어서서 광우병 쇠고기 수입반대 촛불시위를 기점으로 다시 역동적으로 세상을 뜨겁게 달군 것을 보면 해석이 가능하다.

이상에서 살펴본 바와 같이 아울러 한국정치에 인터넷이 본격

---

501) 1인 미디어로서의 블로그는 다시 팀 블로그를 통해 자발적인 세력화를 확대하고 있다. 공통의 주제를 가진 파워 블로거들이 모여 운영하는 팀 블로그는 웬만한 전문 잡지보다 더 풍성하고 유익한 정보들을 제공하면서 방대한 고정 독자층을 확보하고 있다.

502) 김은미는 이 같은 상황을 설명하기 위해서는 인터넷이 사람들을 변화시키거나 사람들에게 어떤 행동을 하게끔 영향을 미친다는 측면에서 접근하기보다는 사람들이 특정한 환경과 상황에 처했을 때 인터넷을 어떻게 활용하는가에 주목해야 한다고 주장했다. 김은미, 2008, p.136 참조.

도입된 이후 지금까지 나타난 주요 정치참여 사례를 유형별로 살펴본 결과 인터넷 정치참여가 성공을 거두기 위해서는 다음과 같은 요건이 마련돼야 함을 알게 되었다.

첫째, 정치참여의 자발성을 견인할 수 있는 정치적 대의명분의 확보가 필요하다. 이는 후보자의 대의명분, 즉 시대정신의 장악이 필수적이다. 아무리 인터넷 환경이 발전하고 시민들의 정치참여 의욕도 넘쳐나도 현실정치에서의 정치적 대의명분이 분명해야 적극적인 참여를 이끌 수 있다.

16대 대선에서의 노사모의 사례에서도 알 수 있듯이 정치적 소수자였던 노무현이 대통령에 당선될 수 있었던 것은 노무현의 특이한 정치적 이력과 그가 내건 명분이 시대정신을 표방했기 때문으로 풀이할 수 있다. 즉 노사모의 지역감정 극복과 국민통합이라는 명분은 노무현의 팬클럽이라는 특수한 입지를 넘어서 정치참여의 새로운 형식을 만들어 낼 수 있었던 것이다.

또 2000년 16대 총선에서 총선시민연대의 낙천·낙선운동이 성공을 거둔 것도 시민단체가 내건 '정치권 물갈이'와 '깨끗한 정치실현'이라는 대의명분이 국민적 지지를 받았기 때문에 가능했다. 아무리 인터넷 활용전략이 뛰어나다 해도 정치인이 내건 대의명분이 시대정신과 맞지 않으면 인터넷 정치참여가 성공을 거둘 수 없다.

둘째, 인터넷 정치가 성공하기 위해서는 참여비용 감소와 다양한 참여방식의 제공이 필수적이다. 그동안에는 선거 등을 제외한 일상의 정치에 참여하는 것은 정당에 이해관계가 있는 사람들의 전유물 혹은 성공한 사람들의 지위 확대를 위한 것으로 인식되어 왔다. 그러나 인터넷은 이 같은 정치참여의 심리적 제약을 극복하는 데 일조했다. 일반시민들은 생업에 종사해야 하기 때문에 일반

시민이 정치에 참여한다고 하는 것은 거의 불가능하였고, 이들을 정치참여의 장으로 이끌기 위한 정당 혹은 정치인의 노력은 거의 이루어지지 않았다.

노사모의 사례에서 알 수 있듯이 노사모 회원들은 자신의 능력, 시간적, 경제적 여유, 참여의 의지 정도에 따라 다양한 참여방식을 제공했다. 예를 들어 문장력과 분석력을 갖춘 회원이 보수언론에 대한 노무현의 보도에 대한 비판 글을 작성하고 이를 게시판에 올리면, 이러한 글을 쓸 수 있는 여유가 없는 일반회원들은 이러한 글을 여러 웹 사이트에 퍼 나르는 역할을 수행했다.

또 17대 총선의 경우에도 정당이나 정치인들의 공급자 중심의 사이트보다 시민사회의 각종 인터넷 언론 등 수요와 중심 사이트는 패러디 등을 통해 젊은 유권자들을 정치현장으로 뛰어나오게 할 수 있는 다양한 참여기회를 제공했다. 이 같은 다양한 참여방식이 인터넷 정치를 성공하게 만든 요인이었다.

셋째, 정치참여를 촉진하는 제도적 장치의 도입이 보장되어야 한다. 온라인에 머물러 있던 회원들을 자발적으로 오프라인 참여로 이끌어 낸 결정적인 요인은 정치참여의 극대화를 유도하는 제도적 측면에서 찾아야 할 것이다. 노사모의 사례에서 보듯이 시민들의 정치참여 욕구를 분출하고 집결시키는 역할을 수행하면서 국민참여경선이라는 저비용 참여제도를 활용, 적극적으로 정치에 참여함으로써 당내 역학 구도상 경쟁자에 비해 조직, 자금, 세력 등에서 밀렸던 노무현이 당 공식후보로 선출되는 예상외의 결과를 도출할 수 있었다. 또 17대 대선의 경우에서 보듯 인터넷 선거운동이나 선거참여운동이 활발하지 못했던 것은 강력한 선거법 규제 등에도 그 원인이 있다. 이는 인터넷 정치참여를 활성화할 수 있는 제도적 장치가 마련되지 못하거나 규제 쪽으로 흐를 때 인터넷 정치참여는 퇴조했다는 것을 보여주는 사례다.

인터넷이 정치적인 영역에서 의미 있는 영향력을 발휘하기 위해서는 이성적인 정치활동에 참여할 수 있는 정치화된 시민과 사회의 정치화를 받아들일 수 있어야 한다. 참여가 민주주의의 본질적 요소임에도 불구하고 현실적으로 참여 수준이 저하되는 원인은 기본적으로는 본성적 참여의 욕구를 비본성적 관료적 세계가 제약하고 있기 때문이지만, 시민들로 하여금 이러한 상황을 자연스럽게 받아들이게 만드는 것은 '정치의 협애화', 즉 정치적 영역과 사회적 영역의 인위적 분리이다.[503] 이에 정치적 참여의 장벽을 없애기 위한 노력은 인터넷 등 정보기술을 정치적 의사소통채널을 적극적으로 이용하도록 유도하고 독려하는 정치 문화적 환경을 조성하는 생활세계의 정치화(politicization of daily life－world)가 필요함을 의미한다.[504]

넷째, 네티즌의 인터넷 정치참여가 대안적 정치참여 방식으로 확고하게 자리 잡느냐의 여부는 사이버 공간이 다양한 네티즌들의 하위문화(sub culture)적 차원을 민주주의의 학습장으로 어떻게 전환시킬 수 있는가에 달려 있다. 네티즌들은 정치참여 과정에서 정치나 공공사안에 많은 관심을 갖게 될 뿐만 아니라, 상호의견을 교환하고 공동의 행동을 통해 서로의 관점과 행동을 견주어 보고 조정하는 과정에서 자신을 성찰하게 된다. 네티즌들은 게시판에 글을 올리는 방식이나 토론과정 등을 통해 자신들이 지켜야 할 행동

---

503) 정원규, "민주주의의 두 얼굴: 참여민주주의와 숙의민주주의", 『사회와 철학』 제10호(서울: 사회와 철학연구회, 2005), pp.281－329.

504) 박선희(2000), p.109.

지침이나 규범 등을 스스로 만들어 나간다. 이것이 바로 민주주의의 학습과 훈련과정이다.[505]

앞에서 살펴보았듯이 총선시민연대, 노사모, 17대 총선에서의 수요자 사이트, 2008년 광우병 촛불시위 등 대부분의 성공적인 정치참여 사례들은 네티즌들의 고유한 정서에 부합하는 참신하면서도 독특한 참여방법론의 기획이 뒷받침되었다. 정치참여의 활성화는 바로 네티즌들의 감수성에 부응하는 새로운 방법론을 어떻게 개발하는가에 달려 있다 하겠다.

---

505) 2008년 광우병 우려 촛불시위에서 비폭력 구호나 주장이 인터넷상의 토론을 거쳐 실제 시위현장에서 적용된 것은 민주주의 학습장이라는 개념을 적용할 수 있는 사례이다.

제 V 장

인터넷 정치참여와 한국의 민주주의

인터넷 정치참여와 연구모델의 상관관계

이 장에서는 인터넷 정치참여가 앞에서 제시한 인터넷 정치참여의 모델과 관련하여 어떤 성격으로 규정될 수 있는지를 살펴 볼 것이다.

이 글에서는 한국의 인터넷 정치참여를 평가하기 위해 동원모델과 강화모델, 매개집단강화모델과 민중주의적 모델, 수요자중심모델과 공급자중심모델, 정보격차수렴모델과 계층화모델, 사회적 자본모델을 연구모델로 채택하고, 인터넷 정치참여 결과 한국정치가 어떤 세력의 정치적 영향력을 강화시켰는지를 살펴보았다.

앞에서 다룬 주요 인터넷 정치참여 사례 검토를 바탕으로 이 글에서 설정한 연구모델들과 참여민주주의 및 대의민주주의의 상관관계를 종합 검토해 보겠다.

1. 동원모델과 강화모델

인터넷이 한국정치에 도입된 이후 지난 10여 년의 경험에 비추어 볼 때 인터넷은 동원모델(mobilization model), 강화모델(reinforcement model)의 복합적인 이중구조를 뒷받침해 왔다고 정의할 수 있다. 한국정치에서 인터넷 정치참여는 그동안 소외되어 왔던 시민들을 정치의 주역으로 등장시켜 정치변화를 이끌었다는 점에서 동원모델의 주장을 뒷받침하고 있다.

그러나 정치참여 세력 중에서 기존의 정치참여에 적극적인 세력들이 새로운 정치참여를 이끌어 내는 등 온라인 정치가 오프라인 상의 정치적 자원분배 구조를 그대로 반영하고 있다는 점에서는 정상화 가설(normalization hypothesis)이나 강화모델의 주장을 뒷받침하고 있다고 할 수 있다.

앞장에서 살펴본 사례 중 <인터넷 등장기의 사이버 행동주의>에서는 두 가지 측면으로 나눠 설명할 수 있다. 우선 사회운동적 측면에서는 시민단체중심의 동원모델이, 정치적 측면에서는 정당중심의 강화모델이 적용된 것으로 판단된다.

<2000년 총선시민연대의 낙천·낙선운동>, <2002년 16대 대선에서 노사모 활동>, <2004년 대통령 탄핵과 17대 총선>, <2008년 광우병 쇠고기 수입반대 촛불시위> 사례에서는 인터넷 정치참여가 기존 정치구도를 변화시킨 동원모델이 작용한 것으로 분석되었다.

또 <2007년 17대 대선과 이념적 균형> 사례에서는 기존 정치질서를 강화하는 강화모델이 작용한 것으로 분석되었다.

정당의 경우에도 세계 여타 선진국가에서 나타나듯이 자원과 인력이 풍부한 거대정당이 소수정당보다 일반적으로 우세를 나타내고 있다. 소수 정당이나 소수 후보자가 인터넷을 통해 정치적 성공을 정말 달성했는가의 문제이다. 노무현 후보의 경우도 거대정당의 후보였다. 인터넷 정당을 표방한 개혁당도 일시적 성과에 만족한 뒤 기존 정당에 흡수되는 등 아직까지 한국에서는 체제변화를 초래할 수 있는 완전한 동원모델의 적용사례를 찾지 못했다.

〈표 5-1〉 연구모델 검토 결과 1

정치참여 사례	정치주체	동원모델/ 강화모델	매개집단강화모델/ 민중주의적 모델	수요자모델/ 공급자모델
인터넷 등장기의 사이버 행동주의	시민단체의 온라인 운동	동원모델 + 강화모델	시민단체강화모델	공급모델
2000년 총선시민연대 낙천·낙선운동	시민단체의 온+오프라인 운동	동원모델	시민단체강화모델	공급모델
2002년 16대 대선에서의 노사모활동	시민 + 시민단체의 온+오프라인 운동	동원모델	시민단체강화모델 + 민 중주의적 모델	수요모델
2004년 대통령 탄핵과 17대 총선	시민 + 시민단체의 온+오프라인 운동	동원모델	시민단체강화모델 + 민 중주의적 모델	수요모델
2007년 17대 대선과 정치참여의 퇴조	정당 + 시민단체의 온+오프 운동	강화모델	전통적 매개집단강화모델	공급모델
2008년 광우병 쇠고기 수입반대 촛불시위	시민개인의 대중운동적 온+오프라인 운동	동원모델	민중주의적 모델	수요모델

현대의 정보혁명이 자원이 부족한 일부 소수 정당에게 자신들의 메시지를 알리는 데 도움을 주었는지는 모르지만, 선거결과는 말할 것도 없고 전체 투표에도 여전히 영향을 미치지 못하고 있다. 자금이 풍부했던 선거 캠프가 가장 수준 높은 기술을 사용했다는 사실은, 새로운 정보환경이 반드시 약자에게 유리한 것만은 아니라는 점을 잘 보여 준다.[506] 그러나 자원이 별로 없는 소규모 조직의 경우, 정보기술 인프라는 자원을 풍부하게 소유하지 못한 단체가 마

---

[506] 19998년 미국 미네소타 주 주지사에 당선된 제시 벤추라(Jesse Ventura)의 경우처럼 거대정당의 조직적인 지원과 재정능력에 의존하는 전통적인 방식에 기대지 않고, 거의 전적으로 저렴한 정보기술에만 의존한 경우이다. 이는 새로운 정치커뮤니케이션 수단이 선거결과를 바꾼 최초의 사례이다. 전통적인 선거운동 인프라를 거의 갖지 않고도 성공적인 조직을 운영하는 것이 가능하다는 원칙을 증명했다고 할 수 있다. 그러나 벤추라의 선거에서도 인터넷의 영향력은 제한적이었을 수도 있다. 벤추라는 선거에 뛰어들 당시 이미 이름이 널리 알려져 있었으며, 전체 투표의 단지 39%만으로 3자대결에서 승리했으며 전통적이지 않은 후보자를 지지하는 역사를 가진 미네소타 주에서 출마했던 점이 강하게 작용했다는 것이다.

치 더 많은 자원을 가진 것처럼 행동할 수 있게 함으로써 어떤 경우에는 현실정치에서 돈과 조직, 세 등을 앞세우기도 했다.

<표 5-2> 연구모델 검토 결과 2

모 델	구 분	결 과	영 향
정보격차수렴모델/ 계층화모델	참여격차	계층화모델	시민적 관여 유지
	정보격차	정보격차수렴모델	시민적 관여 감소
사회적 자본모델	규범, 신뢰	부정적(현상유지)	심의의 약화
	네트워크, 효능감	긍정적(증가추세)	참여 및 동원의 강화

규모가 더 크고 조직적으로 더 잘 구축된 정치조직들이 전체적으로 업무비용을 높였지만, 과거보다 훨씬 더 많은 정치적 영향력을 행사할 수 있게 하는 정보시스템에 더 많이 투자하도록 한다는 것을 알 수 있다. 반면에 규모가 작고 재정적으로 열악한 조직들은 정치적 영향력을 행사할 새로운 기회를 제공하는 정보기술을 사용하려 노력하는 경향이 있다.

이 같은 경향은 한국에서도 나타났다. 한국 정당들의 디지털화 수준을 홈페이지에 대한 양적, 질적인 비교를 통해 분석한 결과, 홈페이지 자체의 수준에서는 세계 여타 선진국가에서 나타나듯이 자원과 인력이 풍부한 거대정당이 소수정당보다 일반적으로 우세한 것으로 나타났다.

김용철과 윤성이는 한국 정당의 홈페이지 분석을 통해 현실공간에서의 정당의 정치적 위상이 사이버 공간에서도 그대로 반영되고 있으며, 인터넷의 활용이 기존 선거정치의 판도를 변화시키기보다는 더욱 공고화시키는 역할을 할 것이라며 정상화 가설(normalization hypothesis)이 변화가설(change hypothesis)보다 더욱 적실성 있는 이론적 시각이라고 결론 내렸다.[507) 그러나 인터넷이 정당민주화에 기여하리라는 기대를 중심으로 관찰한 정당 홈페이지 내외의 상호 작용성의 측정에서는 진성당원을 구비하고 당내 분권화 및 민주화의 정도가 높은 소수 정당이 더욱 활발한 활동을 펼친 것으로 나타났다.[508)

인터넷 선거운동에 있어서도 비록 전체 네티즌의 참여를 유인하는 데는 크게 성공하지 못했으나 인터넷이 기존 지지자들의 이탈을 방지하거나 계속해서 지지자로 남아 있게 하는 '강한 효과'를 보유하고 있으며, 동시에 미약하나마 지지후보를 변경시키는 '전환 효과'도 지니고 있음을 보여 주었다.[509)

2. 매개집단강화모델과 민중주의적 모델

인터넷 정치참여가 매개집단강화모델을 뒷받침했는지, 아니면 민중주의적 모델을 뒷받침했는지의 여부다. 매개집단강화모델은 정당, 의회, 오프라인 언론, 이익집단 등 '전통적 매개집단강화모델'과 '시민단체강화모델'로 세분화될 수 있다.

한국에서 인터넷 정치는 시민단체가 정치적 중심에 서는 시민단체 강화모델이 지속되었다고 할 수 있다. 특히 인터넷 도입 이후 16대 총선까지는 정당, 시민단체, 언론 등 매개집단들이 인터넷을 조직 강화에 활용해 그들의 세력을 강화하는 데 성공했으나, 총선시민연대의 낙천·낙선운동이 벌어진 16대 총선 이후 인터넷 정치참여를 통해

---

507) 앞의 책, p.125.
508) 황주성 외(2004), p.211.
509) 김용철·윤성이(2005), p.162.

정치개혁의 효능감을 얻은 시민단체들의 입장이 강화되면서 시민단체강화모델의 모습을 보여 주고 있는 것으로 분석될 수 있다.

인터넷 등장기의 사이버 행동주의, 2000년 총선시민연대의 낙천·낙선운동 사례에서는 시민단체강화모델의 형태를 띠었고, 2002년 16대 대선과 2004년 17대 총선에서는 시민단체강화모델과 시민개인의 입장이 강화되는 민중주의적 모델의 혼합형 모델이 유지되었다고 평가할 수 있다. 그러나 2008년 광우병 촛불시위의 경우 서서히 시민의 정치적 힘이 강화되어, 정당, 의회, 언론, 시민단체 등 매개집단을 우회하여 국가와 직접 대항하는 민중주의적 모델로 전환하고 있음을 보여 주고 있다는 점에서 주목된다. 2008년 광우병 쇠고기 수입반대 촛불시위의 경우 기존 정당이나 시민들까지 정치참여의 주체에서 제외됨으로써 개인이 중심이 되는 대중운동적 민중주의적 모델을 보여 주었다.

이처럼 한국에서 인터넷 정치참여는 전통적 매개집단강화모델의 경우 정치적 참여와 동원의 유인이 적을 때 나타나는 경향을 보였으며, 시민단체강화모델과 민중주의적 모델은 정치쟁점이 분명하고 정치참여의 열기가 극대화될 때 나타나는 경향을 보여 주었다.

3. 공급자중심모델과 수요자중심모델

한국의 인터넷 정치참여의 방식은 정치사회 중심의 정치과정에서 시민사회 중심으로 급격히 전환됐다. 이는 공급자중심모델에서 수요자중심모델로 인터넷 정치참여 양상이 바뀌고 있음을 보여 주는 것이다.

초기에는 인터넷의 발달에 따른 '정치의 온라인화' 혹은 '정치의 사이버화'가 가속화되면서 인터넷이 정치참여의 중요한 수단으로 부각되어 왔지만 이것은 주로 다양한 형태의 전자민주화론(e-politics)에 입각해 정부, 정당 및 정치인 등 기득권을 지닌 정치엘리트가 주도한 것이었다. 그러나 인터넷 이용자들의 정치적 투입(input) 요구가 정치엘리트의 공급을 압도하면서 상황은 달라졌다.

인터넷 정치참여에 있어 2000년 총선시민연대의 인터넷을 이용한 낙천·낙선운동은 정치적 의제설정 권력을 시민단체로 급격히 전환시키는 계기를 만들었다. 그 후 시민들의 인터넷 정치참여가 왕성했던 거의 모든 사례에서는 수요자 중심모델이 나타났으며, 정치적 참여가 비교적 왕성하지 못한 경우에는 정치, 정당, 정부 등 정치공급자들이 그들의 전략을 홍보하기 위한 수단으로 인터넷을 활용하는 공급자중심모델이 주류를 이루었다.

앞에서 검토했던 인터넷 정치참여 연구 사례 중 <인터넷 등장기의 사이버 행동주의>, <2000년 총선시민연대의 낙천·낙선운동>, <2007년 17대 대선과 이념적 균형>의 경우는 공급자중심모델로, <2002년 16대 대선에서 노사모 활동>, <2004년 대통령 탄핵과 17대 대선>, <2008년 광우병 쇠고기 수입반대 촛불시위>의 경우는 수요자중심모델로 구분되었다.

특히 수요자중심모델은 인터넷 정치참여와 긍정적인(+) 관계를, 공급자중심모델은 인터넷 정치참여와 부정적인(-) 관계를 유지하고 있다. 즉 공급자 중심 정치 사이트를 이용하는 정도가 높을수록 인터넷 정치참여는 낮아지고, 수요자 중심 정치 사이트를 이용하는 정도가 높을수록 정치참여의 가능성이 높아지고 있다. 다시 말해 수요자 정치 사이트를 이용하는 네티즌들은 다양한 이슈와 쟁점을 중심으로 네트워크화된 집단행동을 수행함으로써 공급자 정치 사이트를 이용하는 네티즌들보다도 집단화된 정치참여를 더 많이 수행하는 경향이 있다.[510]

헤이그(Hague)와 엄승용은 시민사회의 폭발적인 요구를 기존 정치제도가 수용하지 못함에 따라 민주적 거버넌스(governance) 구축에 필요한 시민들의 이탈이 우려된다고 지적하며 수요자중심모델의 적극적인 개발 필요성을 역설했다.[511]

이현우는 한국정치에서는 공급자 중심의 수직적 – 위계적 정치참여 영역과 수요자 중심의 수평적 정치참여 영역 사이에는 여전히 서로를 연결시키지 못하는 공백이 존재하고 있다며 이러한 조건하에서 항상 수요와 공급의 불균형이 불연속적으로 초래될 수밖에 없다고 주장했다.[512] 인터넷 정치참여에서 공급자중심모델과 수요자중심모델 사이의 단절과 분리는 기존의 정치적 집단이 지배해 왔던 공론영역에서의 역할을 시민사회 영향력으로 대체할 수 있는 가능성을 제공한 것이지만, 다른 한편으로는 시민사회의 다양한 갈등을 조정할 수 있는 정치의 약화를 의미하는 것이므로 공론영역의 내부적 분절화와 파편화의 위험성을 경계하지 않을 수 없다. 그런 의미에서 공급자중심모델과 수요자중심모델을 서로 접합시킬 수 있는 통합적인 온라인 – 오프라인 정치참여 모델이 필요하다.

이현우는 두 모델의 통합적 모델을 구축하기 위해서는 정치적 재화와 수요를 매개 조정하면서 시민참여와 정책결정을 조화시키

---

510) 이원태(2004), p.79.

511) Hague, Rod, and Seung Yong Uhm, *Online groups and offline parties: Korean politics and the Internet, in Gibson, Rachel et al.(ets). Political Parties and the Internet: Net Gain?* (London and NewYork: Routledge, 2003), pp.195 – 217.

512) 이현우(2005), pp.103 – 109.

는 신디케이션(syndication)모델을 구축해야 한다며, 정치적 지식과 정치적 담론의 생산과 소비, 유통을 통해 시민들의 폭넓은 참여를 이끄는 소위, 정보중개상(informediary)들과 정부, 정당, 정치인들이 전략적으로 연계 결합하는 전략이 필요하다고 주장했다.

4. 정보격차수렴모델과 계층화모델

인터넷은 정치참여와 시민관여의 장벽을 무너뜨림으로써 공적생활에서 시민관여의 폭을 확대할 수 있다. 특히 현재 주류정치에서 소외되어 있는 집단에 많은 기회를 제공한다. 인터넷은 또 정당과 후보자의 경쟁조건을 활성화시키고 뉴스매체를 통해 공론장을 촉진했다. 아울러 인터넷은 시민사회를 동원하고, 의사결정 과정의 책임성과 투명성을 고양시켜 정부의 효과적인 대국민 서비스 전달 체계를 강화한다. 이 같은 인터넷의 특징은 대의제 민주주의를 강화할 수 있는 중요한 잠재적 기능으로 간주된다.[513]

그러나 회의론자들은 디지털 기술을 사용하더라도 기존의 민주적 참여유형을 바꾸지 못할 것이라고 주장한다. 즉 주요 정당, 전통적 이익집단, 거대 미디어 기업 등 기존의 이해세력들이 '일상의 정치(political as usual)' 세계에서도 자신의 지배력을 재확인하고 있다는 점에서 그렇다.[514]

한국의 인터넷 정치참여에서도 정보격차가 여전히 존재한다는 점에서 시민관여(civic involvement)가 여전히 유효한 것으로 판단된

---

513) 위의 글, pp.152 – 153.

514) Michaeal Margolis and David Resnick, *Politics as Usual: The Cyberspace Revolution* (Thousand Oaks, CA: sage, 2000).

다. 현실공간에서 시민의 정치적 관여 정도가 사이버 공간에서도 어느 정도 투영되고 있으며, 인터넷의 활용이 그동안 정치·사회적 의제설정에서 소외되었던 계층의 목소리를 증진시키고 있지만 기존에 정치참여에 적극적이었던 계층의 정치참여를 더욱 공고화시키는 역할을 하고 있는 것으로 규정할 수 있다.

정보격차수렴모델과 계층화모델은 정보접근 측면에서의 정보격차, 즉 보편적 서비스(universal service) 문제와 일단 인터넷에 접근 가능한 사람들 중 정치적 주도권의 문제인 참여격차의 문제로 구분해 측정할 필요가 있다. 노리스(Pippa Norris)는 전자를 '사회적 격차(social divide)'로, 후자를 '민주적 격차(democratic divide)'라고 규정했다.

먼저 정보접근 측면에서의 정보격차(digital divide)의 문제를 논의할 필요가 있다. 한국의 경우 인터넷 사용인구가 3,500만 명에 근접하는 등 인터넷 보급추세도 급격히 늘어나고 있어 뛰어난 접근도(access)를 보이고 있다고 평가할 수 있다.[515] 특히 시민들이 인터넷에서 정보를 획득하는 비중이 점차 늘어나고, 정당, 정치인들도 인터넷을 통해 정보를 얻고 전달하는 등 접근의 범위도 급속하게 빠르게 증가하고 있다. 특히 인터넷 이용 층이 20－30대 중심에서 급격히 전 계층으로 확산되는 등 인터넷 참여가 매우 활성화되고 있다.

사회적 쟁점이나 특정한 현안이 발생하는 경우 인터넷을 통한 네티즌들의 여론형성과 참여가 급속히 이루어지고 있는 등 도달률(reach)과 시민들이 인터넷 정치참여에 나설 수 있는 다양한 접근경로의 다양성(diversity of access paths)이 보장되고 있다.[516] 한국

---

515) 2007년 6월 현재 인터넷 이용자는 3,443만 명에 달하는 것으로 나타났다. 『2007년 상반기 정보화 실태조사』(서울: 정보통신부 한국인터넷 진흥원, 2007).

516) 아터튼(Christopher F. Arterton)은 시민의 인터넷 정치참여의 평가기준을 다음과 같이 선정, 인터넷 정치의 수준을 평가하는 기준으로 삼았다. ▲ 접근도(access): 시민

의 경우 인터넷 정치참여는 기존 언론과 일부 정치권이 독점해 오던 언로를 보완하며 새로운 언로를 열어 주고 있다. 특히 인터넷 매체의 경우 보수, 진보, 중도세력 등의 분화가 이루어질 정도로 다양해지고 있다. 또 휴대폰, 와이브로(WiBro) 등 새로운 IT기술의 발달로 정치·사회적 참여의 통로도 확대되고 있다.

그러나 인터넷 정치참여로 참여 비용이 감소된 것은 사실이지만 정보격차로 인해 참여비용이 문제가 되는 시민이 여전히 존재한다. 아울러 인터넷 등 정보통신 기술의 채택에 따른 비용도 만만치 않다. 1990년 이후 인터넷 이용인구 및 현황을 연구한 서이종은 한국의 인터넷 이용자들은 인구학적으로, 사회 계층적으로 매우 특수한 집단으로 성별, 연령별, 지역별, 학력별, 직업·소득별로 정보격차를 드러내고 있다고 결론지었다. 인구학적으로 도시지역에 거주하고 있는 10대−30대 등 젊은 층을 중심으로, 사회 계층적으로 상대적으로 학력이 높은 전문 관리직 및 화이트칼라, 학생층을 중심으로 인터넷 이용을 주도하고 있다는 것이다.

그러나 서이종은 중간소득집단의 이용률이 크게 향상되고 있고,

들이 전자민주주의에 참여할 수 있는 범위, ▲ 도달률(reach): 시민들이 실제로 전자민주주의에 참여한 비율, ▲ 효과(effectiveness): 시민의 정치참여가 공공정책에 직접적인 영향을 미친 정도, ▲ 의제설정(agenda setting): 전자민주주의를 결정해야 할 사안들, 고려되어야 할 대안들, 참여의 시기와 순서 등을 정하는 데 있어서 시민들이 행사할 수 있는 통제력의 수준, ▲ 접근경로의 다양성(diversity of access paths): 시민들이 전자민주주의에 대해 참여할 수 있는 방법의 수, ▲ 지속성(duration): 시민참여를 위한 전자공론장이 지속되는 기간의 반복횟수, ▲ 개인 또는 집단적 근거 (individual or group based): 시민들이 전자민주주의에 개인적으로 혹은 조직된 집단의 구성원으로 참여하는지 여부, ▲ 자발성(initiative): 시민들이 참여하게 할 수 있는 기회와 그런 참여를 이끌어 낼 수 있는 정보를 스스로 발견하고 만들어 낼 수 있는 정도, ▲ 비용(cost): 시민들이 참여와 관련해서 시민들에게 요구되는 노고나 재정적 비용, ▲ 교육적 가치(educative value): 다루고 있는 문제나 정책에 대해 시민들이 배울 수 있는 정도, ▲ 정치적 역량(political competence): 전자민주주의에 참여를 통해 정치적 능동성을 획득하는 시민들의 기량과 자신감. Areton, C. *Teledemocracy: Can technology project democracy?*(Newbury Park, Ca: Sage, 1987) 참조.

중간소득계층 이상에서는 더 높은 소득수준이라 하더라도 이용률에서 큰 차이를 보이지 않고 있다고 분석했다. 또 연령별로도 10－20대의 이용률이 여전히 높으나 30대 이상도 서서히 증가하고 있고, 자영업, 주부층 등에서 이용률과 구성비가 모두 증가세에 있다며 정보화가 확산되고 있음을 알 수 있다고 결론지었다.[517]

결론적으로 한국의 경우 빠른 인터넷 확산속도와 접근비용의 하락 추세로 그 정도는 낮아지고 있다. 또 장기적으로 보면 인터넷 사용이 광범위한 대중적 단계로까지 진입해 접근 면에서의 정보격차 현상은 점차 극복될 수 있을 것으로 판단된다. 즉 한국의 경우에도 20대 이하의 연령층에선 98%가 인터넷을 활용하고 있어 이미 포화 상태에 와 있고, 연도별 추이에서 40－50대 이상의 연령층 인터넷 사용자의 빈도가 급격히 증가하고 있음을 볼 때 세대 간 혹은 계층 간의 정보 불균등은 시간이 흐르면 자연히 해결될 수 있다.[518]

다음으로는 정치참여에 있어서 나타나는 참여격차의 문제이다.

이는 인터넷 정치참여에 있어서도 개인이 보유하고 있는 인터넷 관리능력 및 사전지식의 차이, 정치적 영향력의 차이 등에 대한 정치주도권의 문제라고도 할 수 있는데, 한국에서도 초기 진입장벽(threshold) 또는 문턱효과는 다른 나라들과 마찬가지로 적용되고

---

517) 서이종(2002), pp.62－75.

518) <다음>이 2008년 2월 한 달간 '미디어 다음'에 뉴스 댓글을 올린 112만 명을 분석한 결과, 19－30세가 가장 비중이 높았고 이어 10대로 볼 수 있는 18세 이하가 28.2%, 31－40세가 22.1%였다. 40세 이상도 12.8%로 적지 않았다. <네이버>가 2008년 1월 한 달간 네이버 뉴스에 댓글을 작성한 35만 명을 대상으로 조사한 결과도 비슷하다. 19－30세가 38.1%, 18세 이하가 29.8%, 31－40세가 18.8%, 40－50세가 10.4% 순으로 나타났다. 특히 51세 이상도 2.8%를 차지했다. 또 중앙일보가 정치관련 사이트 133곳을 분석한 결과 인터넷 여론을 주도하는 폴리티즌(politizen)의 평균 모습은 서울 경기지역 40대 남성으로 나타났다. 조사결과 지난 2005년 9월 사이트 방문자수는 30대가 39.2로 가장 많았다. 40대 24.9%, 20대 21.3%, 50대 9.8%의 순이었다. 그러나 2007년 8월엔 40대가 33.2%로 30대의 32.2%를 제쳤다.

있다고 보아야 할 것 같다.

한국에서도 인터넷 등장기서부터 인터넷을 주로 활용하고 사이버 여론을 주도한 사람들은 고학력의 30-40 젊은 층이었다. 또 총선시민연대의 낙천·낙선운동이나 노사모의 활동 등 활발한 정치참여를 보여 준 사례에서도 디지털 마인드로 무장한 시민단체 회원이나 사이버 논객 등 일부 네티즌들이 여론을 선도하며 참여를 주도하고 있다는 점에서 한국의 인터넷 정치에서도 시민적 관여 현상은 계속되고 있음을 알 수 있다. 또 2002년 SOFA개정 촛불시위, 2004년 대통령 탄핵 반대 촛불시위와 같은 사례에서도 알 수 있듯이 인터넷 참여를 중심으로 전국적인 규모의 시민참여가 이루어졌지만, 역시 인터넷 정치참여를 주도한 세력은 IT기술을 능수능란하게 다루고, 정치적 지식을 갖춘 시민그룹과 전문가 그룹이었다.

정당의 경우에도 여야의 거대정당을 중심으로 인터넷을 선거캠페인이나 당세확장에 활용해 왔고, 개혁당 등 군소정당의 경우에는 일부의 경우를 제외하고 분명한 한계를 보여 주었다는 점에서 한국의 경우 '시민적 관여'를 통한 참여의 격차는 계속되고 있는 것으로 규정할 수 있다.

박선희는 PC통신 하이텔 이용자들을 대상으로 한 온라인 설문조사 분석 결과를 통해 정치토론의 활성화 정도를 낮게 평가할수록, 그리고 컴퓨터 네트워크 공론장 기능을 긍정적으로 평가할수록, 컴퓨터 매개 정치커뮤니케이션(computer-mediated political communication)[519] 에 활발하게 참여하고 있는 것으로 나타났다고 결론지었다.[520] 그

---

519) CMC는 커뮤니케이션 행위에 있어서 전자우편이나 전자게시판, 비동시적(asynchronous) 커뮤니케이션이나 온라인 대화, 실시간 원격화상회의 등의 동시적(synchronous) 커뮤니케이션을 모두 포함하는 의미이다.

520) 박선희(1995), p.102.

는 정치적 태도 및 정치참여 정향 등을 분석한 결과 현실세계에서의 정치참여는 컴퓨터 매개 커뮤니케이션에서도 강력한 동기로 작용하고 있다고 결론 내렸다. 아울러 정치적 관심이나 정치적 효능감 역시 컴퓨터 매개 정치커뮤니케이션에 영향을 미치는 중요한 변인들로서 정치적 관심이 높고 정치과정에 영향을 미칠 수 있다는 자신감이 많은 사람들이 컴퓨터 네트워크를 통해 정치적 의견을 제시하고 교환하는 데 적극적이라는 것이다.

결론적으로 정치에 무관심하고 정치에 참여하지 않는 이용자는 컴퓨터 네트워크를 오락적으로 이용하며, 정치적 무력감이 크고 공동체뉴스를 접촉하지 않는 이용자는 사적 인간관계 유지 및 확대를 위해 컴퓨터 네트워크를 이용하는 것으로 나타났다. 요컨대 시민적 관여 정도가 낮을수록 오락적, 사회 정서적 이용이 많다는 결론을 이끌어 냈다. 이 밖에 많은 연구들이 한국의 경우 인터넷 활용에 적극적인 개인과 집단은 정치적 관심이 높고 사회적 자본에 충실한, 즉 시민적 관여도가 높은 시민이나 집단이 인터넷을 주도적으로 활용하고 있는 것으로 결론 내리고 있다.[521]

중앙일보는 온라인에 4가지 계층이 존재하는데 상위 5.4%의 사이버 엘리트층이 인터넷 여론을 선도하는 것으로 분석했다.[522] 중

---

[521] 윤성이는 16대 총선후보자 홈페이지 분석한 결과, 총선 후보자의 연령이 낮을수록, 학력이 높을수록, 국회의원 경력자가 비경력자보다 높은 홈페이지 운영률을 보였다는 결론을 내놓았다. 또 지역구의 특성이라는 측면에서 볼 때, 도시화의 수준이 높은 지역에서 홈페이지 운영률이 높은 것으로 나타났다고 분석했다. 윤성이, "전자민주주의 가능성과 한계", 국회가상정보가치연구회, 2000년 11월 21일 세미나 자료. 김형준도 16대 국회의원 홈페이지 분석결과 정치적 자원이 많은 여당출신이 야당출신보다 수도권 출신 의원들이 지방출신 의원들보다 홈페이지 개설 비율이 압도적으로 높았고, 도시화수준이 높은 대도시출신들이 농촌출신 의원들보다 홈페이지 개설에 적극적이었으며, 연령이 낮을수록, 대도시 출신일수록, 수도권 출신일수록 홈페이지 구성 평가에서 상위등급으로 평가받는 경향이 높았다고 결론 내렸다. 김형준, 앞의 책, pp.139－149 참조.

[522] 중앙일보 2004년 12월 한 달간 <다음>의 개인미디어(플래닛)를 이용한 1,200만 명을

앙일보는 한국의 온라인 계층 구조를 여론 파급력이 큰 엘리트
(5.4%)와 이 층에서 형성된 여론을 온라인 전반으로 확산시키는
역할을 하는 아날로그형 대중(18.6%), 이 주변에서 소모임을 통해
국지적인 여론을 형성하는 디지털형 대중(74.7%), 넓은 지형을 차
지하는 것은 아니지만 첨탑처럼 우뚝 솟아 엘리트보다 여론전파속
도가 더욱 빠른 대중스타(1.3%) 등으로 구분했다.

이 조사에 의하면 성별, 연령별로 개인미디어의 친구수와 방문
자수, 자료 스크랩 수를 종합 판단할 때 온라인 사회의 주역은 19
－24세의 남자였다. 네티즌의 관심도를 보여 주는 방문자 규모 면
에서 33－42세 여자가 10, 20대 여성을 누르고 2위를 차지했다.

〈그림 5－1〉 한국의 온라인 계층구조[523]

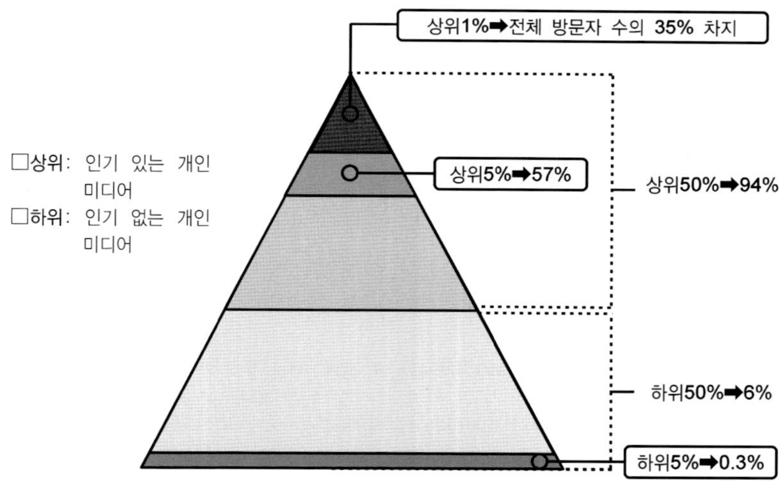

* 2004년 12월 기준 〈다음〉의 개인미디어 이용자 1,200만 명 분석

벤처기업 '사이람'과 서울대 사회학과 장덕진 교수가 분석한 세계최초의 온라인 사회의
　　지형도를 통해 온라인에 4가지 계층이 존재한다고 보도했다. 중앙일보, 2005년 5월 9일.
523) 중앙일보, 2005년 5월 10일.

아울러 중앙일보의 조사결과 <다음> 개인미디어 상위 15%가 전체 이용자의 35%를 끌어들이고 있으며, 상위 5%의 개인미디어에 네티즌의 57%가 몰리고 있는 것으로 나타나기도 했다.[524] 이는 온라인 정보소통과 이용이 수평적이기보다 수직적 구조를 통해 만들어지고 있다는 실증적인 사례가 발견된 것이다. 시민적 관여에 따른 '참여격차'가 존재함을 계량적으로 증명해 보인 것이다.

개인미디어를 가장 자주 이용하는 층은 전체 이용자의 46%를 차지한 학생이었다. 그 중 대학생이 20%로 가장 많고, 초등생 (15%), 중고생(11%)순이었다. 중앙일보는 중고생이 초등생보다 활동력이 떨어진 것은 다소 예상 밖의 결과로 과도한 입시경쟁 때문에 초등생보다 인터넷에 덜 접속하는 것으로 보인다고 분석했다. 개인미디어(블로그, 플래닛, 미니홈피)를 19－24세 남자가 주도하는 것과 달리 인터넷 카페의 활동주역은 13－18세의 여자였다.[525]

또 <네이버>의 조사에 따르면 하루 평균 120만 명이 <네이버>의 뉴스 서비스를 이용하고 있으며, 이 중에서 하루 평균 12만 건 정도에 달하는 댓글을 쓰는 네티즌은 전체 이용자의 2.5%인 3만 명에 불과한 것으로 나타났다. 특히 뉴스 서비스 이용자의 0.25%가 전체 댓글의 50%가량을 쓰고 있었으며, 전체 뉴스 이용자의 0.06%인 750명가량이 하루 평균 20건 이상의 댓글을 양산하면서 전체 댓글의 25% 이상을 생산하고 있는 것으로 드러났다. 이 조사는 인터넷 공간의 여론이 전체 뉴스 이용자의 0.25%라는 극소수에 의해 주도되고 있음을 보여 주고 있어, 특정세력에 의한 인터넷 공간의 여론몰이 가능성이 매우 우려되고 있음을 지적했다.[526]

---

524) 중앙일보, 2005년 5월 9일.
525) 중앙일보, 2005년 5월 10일.

5. 사회적자본 모델

한국의 인터넷 정치참여에서 온라인 사회자본(online social capital)은 정치참여 활성화에 기여했다고 할 수 있다. 온라인상의 토론장에 적극 참여해 다양한 소통을 통해 정치참여의 사회적 분위기를 만들어 갔다는 점에서 사회적 자본이 사이버 공동체의 발전과 온라인 및 오프라인 정치참여를 유인했다는 점에서 그렇다. 이런 점에서 사회적 자본과 정치참여의 상관성은 개인차원의 정치참여보다 집단차원의 정치참여에서 더욱 설명력을 지닌다고 할 수 있다.

사회적 자본은 인터넷 정치참여의 심의적 측면을 측정할 수 있는 '규범'과 '신뢰', 동원과 참여의 수준을 측정할 수 있는 '네트워크'와 '효능감'으로 구분해 설명할 수 있다.

첫째, '규범', '신뢰'의 측면이다.

한국에서 인터넷 공론장(e-public sphere)의 형성은 미미한 수준이며, 토론장에는 익명성, 욕설, 비방 등 부정적 요소가 아직 많다. 인터넷 정치가 숙의민주주의로 진행되기 위해서는 아직도 많은 문제점이 노정되고 있는 것이다. 사이버 공간의 익명성은 자유롭고 평등한 커뮤니케이션을 가능하게 하는 장점임과 동시에 사이버 공간의 신뢰성을 떨어뜨리는 단점으로 작용하고 있다.

한국에서 인터넷의 특성과 '규범'과 '신뢰'라는 사회적 자본과의 관련성을 살펴보면 선택성(filtering)의 강화는 심의민주주의가 지향하는 숙의의 가능성은 약화시켰으나 정파적 견해를 강화해 참여민주주의가 지향하는 시민참여를 강화하는 기제로 작용했으며, 인터

---

526) 프레시안, 2006년 1월 25일.

넷의 익명성(anonymity)의 경우도 사회적 작용을 촉진시키는 친밀성, 안정성 등을 저해해 참여민주주의나 심의민주주의에 부정적으로 작용했다고 할 수 있다. 아울러 사이버 공간에서의 빈번한 탈퇴와 가입(exit and voice)의 경우 사이버 공동체가 사회적 네트워크, 사회적 신뢰, 상호호혜를 창출할 수 있는 가능성을 더욱 줄어들게 만든다는 점에서 참여민주주의나 심의민주주의에 부정적 작용을 했다고 평가할 수 있다.

인터넷 이용자들의 정치정보 신뢰도 역시 최하위 수준을 벗어나지 못하고 있다. 정보통신부와 한국인터넷진흥원이 조사한 결과에 따르면 만 12세 이상 인터넷 이용자들의 정보신뢰도 중 쇼핑, 교통, 요리 등 생활정보나 여행, 레저, 건강, 의학 관련 정보 등은 비교적 신뢰도가 높았으나 정치, 정부, 법률 분야정보의 신뢰도는 최하위를 기록하고 있다.[527]

앞의 정치참여 사례 분석에서도 알 수 있듯이 비교적 성공한 인터넷 정치참여 사례로 분류되는 총선시민연대의 낙천·낙선운동, 노사모의 활동 등에서도 정치권으로부터 '음모론', '포퓰리즘(populism)', '사이버 홍위병(cyber red guard)', 기존질서에 대한 '분노와 배설의 정치(politics of anger and catharsis)' 등의 비난이 제기됐고, 광우병 쇠고기 수입반대 촛불집회에서도 '광우병 괴담'에 대한 진실 여부에 대한 공방이 심각하게 진행된 바 있다. 또 선거국면에서 인터넷을 통한 상대후보에 대한 비난 등 편 가르기 현상이 계속되고 있는 것은 규범과 신뢰 등 인터넷 민주주의의 심의기제가 작동하지 않고 있음을 반증하고 있다고 평가할 수 있다.

한국에서 인터넷은 정치의 신속성(speeding - up)을 가속화시켜

---

527) 정보통신부 · 한국인터넷 진흥원, "2007년 상반기 정보화 실태조사"(2007), p.39.

심의를 제약하는 부작용을 낳고 있다. 토론문화의 빈곤으로 인해 인터넷상에서도 서로 각자의 의견만을 내세우고 상대방에 대한 욕설과 과도한 논쟁만을 진행한다면 대의민주주의 발전을 방해하는 장애물이 된다.

한국정치에서 인터넷 공간은 사이버 공동체 구성원들의 익명성의 장막 아래 집단적 분노와 성토의 상승작용 속에서 나름대로 하위문화(sub culture)를 형성해 나가고 있다. 아직 한국정치에서 인터넷은 상호 작용성, 의견의 다양성, 논리적 근거, 상호 이해와 타협 등 심의적 조건을 갖추지는 못했다. 이는 '신뢰'나 '규범'의 사회적 자본형성이 저조한 수준에 머물러 있음을 반증하는 것이다.

한국정치에서 사이버 공론장은 민주적 담론을 생산해 내기 위한 새로운 대안적 공론권(alternative public sphere)이 제공될 가능성이 증가하고 있는 것이 사실이지만, 아직까지 사실 여부가 확인되지 않은 정보가 많으며, 개인적인 감정의 표출, 상호비방, 명예훼손 등의 문제와 관련해 신뢰와 규범의 형성에 큰 문제를 야기하고 있다. 특히 인터넷 도입 초기에는 일상생활에서 대화와 토론의 공간을 확보하지 못하고, 상호간의 정치커뮤니케이션을 경험하지 못한 상황에서 토론문화가 왜곡되었다. 이에 따라 웹 사이트 게시판이 욕설과 비방, 유언비어 등으로 채워져 신호(S) 대 잡음(N) 비가 낮은 왜곡된 토론문화가 형성되었다.528)

한국에서 인터넷상의 성숙한 정치문화가 존재하지 않은 까닭을 한국사회의 구조적 원인에서 찾는 경향도 있다.529) 박승관은 분단

---

528) 윤영민, 『전자정보공간론: 컴퓨터 네트워크의 사회학적 탐색』(서울: 전예원, 1996).

529) 박승관, "한국사회의 사회적 커뮤니케이션 세계의 붕괴", 『신문연구소학보』 제30호 (서울: 서울대 신문연구소, 1993), pp.85 - 122.

과 급격한 근대화 과정을 겪으면서 우리사회를 지배하게 된 전통적 연고주의와 사적 후견주의, 권위주의적 정치체제가 정치커뮤니케이션에 상당한 영향을 미쳤다고 주장했다. 분단과 지역감정은 공적 사안을 대화의제로 선택하는 것을 금기시하게 만들어 논쟁적인 대화를 꺼리는 위축적 커뮤니케이션, 정치적 맹신과 정치지식의 부족 등과 맞물려 정치커뮤니케이션이 협소하고 분절적인 네트워크 내에 국한되는 커뮤니케이션 폐쇄를 가져왔다는 것이다. 이 같은 인터넷의 규범, 신뢰성의 문제 때문에 국가와 시민사회가 인터넷 규제를 놓고 대결을 펼치기도 했다.[530]

둘째, '네트워크'와 '효능감'의 측면이다.

한국에서 인터넷은 정치에 참여하는 시민들에게 정치적 효능감(effectiveness)을 크게 높여 주었고, 이로 인한 정치사회의 반응성은 크게 높아졌다. '정치적 효능감'의 경우 2000년 이후 주요 정치사건 때마다 목도할 수 있었던 인터넷 정치참여 때마다 한국 정치변화에 결정적 역할을 했다. 특히 참여를 통해 정치현실을 변화시킬 수 있다는 자신감이 확인되면 참여자들은 더욱 효능감을 느끼고, 이 효능감이 또 정치참여를 유인하는 요인으로 작용했다.

<인터넷 등장기의 사이버 행동주의>는 온라인 정치 사회 운동의 자신감을 심어 주었으며, <2000년 총선시민연대의 낙천·낙선운동>의 경우 집중 낙선대상자 68.6%를 낙선시켰으며, <2002년 노사모의 활동>, <2004년 대통령 탄핵 반대 및 17대 총선>으로

---

530) 인터넷 규제에 있어 국가의 역할에 대해서는 Jack Goldsmith, Tim Wu, *Who Controls the Internet?: Illusion of a Borderless World*(New York: Oxford University Press, 2006), 송연석 옮김, 『사이버세계를 조정하는 인터넷 권력 전쟁』(서울: 뉴런, 2006)을 참조. 골드스미스는 국경 없는 인터넷은 사라지고 영토기반 정부의 역할은 사이버 공간에서도 전혀 약화되지 않는다고 주장했다.

이어지는 정치참여 열기는 한국의 정치지형을 크게 바꾸었다. 이는 인터넷이 아니었으면 상상도 못 할 일이다. 이 같은 정치적 효능감의 증진은 오프라인과 온라인의 유기적 결합에 힘입은 바 크다고 할 수 있다. 높은 오프라인 참여는 젊은 네티즌들에게 참여의 즐거움을 제공하고, 여기서 정치적 영향력을 확인한 네티즌들이 오프라인 참여를 유도하는 역할을 맡은 셈이다.

정치적 효능감과 시민참여의 위력은 앞으로도 더욱 확대될 것으로 보인다. 특히 시민들의 자율적 의제설정 능력의 향상으로 정부, 기존 언론, 정치 엘리트 등 기존의 의제설정 권력을 상당부분 잠식하고 있고, 특히 소외된 계층의 의제설정 능력도 급격하게 개선되고 있다. 또 선거에서의 인터넷의 영향력은 계속 증가할 것이고, 특정한 환경 아래에서는 인터넷의 활용 정도가 선거결과를 좌우하는 일이 많아질 것이다. 아울러 노사모와 같은 동원적 능력을 갖는 사이버 정치공동체의 형성이 계속될 가능성도 높다. 특히 젊은 네티즌들이 참여하는 시민적 공간의 형성은 온라인과 오프라인의 강력한 연결고리를 창출하며, 인터넷 정치 효능감을 극대화하는 데 매우 중요한 기제로 작동하고 있다.

'네트워크'의 경우 시민참여의 수평적 네트워크의 증진은 정치참여에서 효능감을 위해 꼭 필요한 요소로 작용했다. 한국에서 인터넷 정치참여는 온라인 활동과 오프라인 활동을 유기적으로 결합하고, 온라인 네트워크를 통해 폭넓은 연대를 이끌어 내며, 네티즌들의 정서에 부합하는 독창적인 프로그램을 기획해 낼 경우 오히려 오프라인 운동보다 훨씬 더 큰 위력을 발휘할 수 있음을 보여 주고 있다.

그러나 퍼트남(Putman)의 주장처럼 면대면 접촉이 이뤄지는 '강한 연대'의 사이버 공동체보다 사안적 네트워크(issue network)가 활성화된 '약한 연대'의 사이버 공동체를 중심으로 정치참여가 이뤄졌다는 점에서 특이점을 찾을 수 있겠다. 한국의 경우 인터넷 정치참여가 정치적 효능성을 아주 높인 가운데 사회적 신뢰는 낮은 수준이어서 저항적인 정치적 관심과 참여를 높일 여지가 높다고 하겠다.[531]

<싸이월드>의 미니홈피와 메신저의 이용을 통한 한국의 인맥 네트워크 조사에 따르면, 2,000만 <싸이월드> 회원 간의 평균 촌수를 집계한 결과 대부분 사람들은 4단계의 인맥을 거치면 아는 사람에 의해 연결되는 것으로 밝혀졌다.[532] 이 조사는 서로를 전혀 모르는 두 사람이 <싸이월드> 내에서 몇 단계의 인맥을 건너서 연결되느냐를 확률적으로 계산한 것으로 4단계 내에 있을 확률이 가장 높은 45.82%를 차지해 한국 내의 인맥구조가 매우 견고하고 가깝게 이어지고 있음을 입증했다. 5단계 내에 있을 확률은 34.95%, 3단계 내에 있을 확률은 4.94%였다.

송경재는 한국의 사이버 공동체를 취미형 공동체, 정보형 공동체, 친목형 공동체, 사회·정치형 공동체 4가지로 나눠 계량적 분석을 실시한 결과, 신뢰·연대감, 규범 및 규칙, 정치참여 등 사회적 자본의 측면에서 사회·정치형 사이버 공동체와 정보형 사이버 공동체가 취미형 사이버 공동체나 친목형 사이버 공동체보다 사회적 자본 축적이 높다고 결론지었다. 즉 사이버 공동체의 온라인 영역과 오프라인 영역에서의 사회적 자본과 정치참여는 비슷한 경향을 보인다는 것이다.[533] 그러면서 그는 사이버 공동체를 공동사회

---

531) 정치적 신뢰와 정치적 효능성의 관계는 박선희(1998), p.35 참조.

532) 한국의 인적 네트워크가 평균 4단계라는 것은 미국에서 시작된 6단계(Six degree)이론과 비교해 볼 때 1인 미디어가 더 발전된 한국의 인적 네트워크가 더욱 촘촘하다는 것을 알 수 있다. 할리우드 배우들의 인간관계가 여섯 단계만 거치면 서로 연결된다는 케빈 베이컨의 '6단계 법칙'은 사람들과의 관계 혹은 네트워크가 대략 6단계 이내에서 얽혀 있다고 보는 가설이다.

(Gemeinshaft)적 요소와 이익사회(Gesellshaft)적 요소가 동시에 작용하는 공간으로 이해할 때 비로소 공동체성과 개인성의 조화와 균형이 실현되는 사이버 공동체의 가능성을 모색할 수 있다고 주장했다.

이상에서 살펴본 바와 같이 이 연구의 연구모델 5개에 대한 검토결과는 다음과 같다.

첫째, 동원모델과 강화모델의 이론적 검토결과, 인터넷 정치참여는 동원모델, 강화모델의 복합적인 이중구조를 뒷받침해 왔다고 정의할 수 있다.

한국정치에서 인터넷 정치참여는 그동안 소외되어 왔던 시민들을 정치의 주역으로 등장시켜 정치변화를 이끌어 시민권력 강화에 기여했다는 점에서 일단 동원모델의 주장을 뒷받침하고 있다. 그러나 정치참여 세력 중에서 기존의 정치참여에 적극적인 세력들이 정치참여를 강화하는 등 온라인 정치가 오프라인상의 정치적 자원 분배 구조를 그대로 반영하고 있다는 점에서는 강화모델의 주장을 뒷받침하고 있다고 할 수 있다. 이런 점에서 한국정치에서 인터넷은 시민들의 정치참여를 촉진시켜 기존 정치구도를 변화시켰는가, 아니면 기존 정치구도를 강화시켰는가라는 이 연구의 첫 번째 질문에 대한 답변은 기존 정치구도를 변화시켰지만 아직은 기존 정치구도의 유지력이 강력하다고 결론 내릴 수 있다.

둘째, 매개집단강화모델과 민중주의적 모델의 검토결과, 인터넷 정치참여는 정당, 의회, 오프라인 언론, 이익집단 등 전통적인 매개집단강화모델에서 점차 시민단체강화모델로 이동 중이며, 특히 개별시민들이 대중운동방식을 동원, 정치적 매개집단을 배제하고 국가와 직접 정치를 추구한다는 점에서 민중주의적 모델도 등장했

---

533) 송경재(2004), 참조.

던 것으로 결론 내릴 수 있겠다. 이런 점에서 한국정치에서 인터넷은 정당, 의회, 언론 등 전통적인 매개집단의 권력을 강화했는가, 시민단체나 잘 정보화된(well-informed) 시민의 권력을 강화했는가, 아니면 개별시민의 대중운동적 권력을 강화시켰는가 하는 이 연구의 두 번째 질문에 대한 답변은 인터넷이 시민과 시민단체 등 시민권력 강화에 기여했다고 할 수 있겠다.

셋째, 수요자중심모델과 공급자중심모델의 검토결과, 인터넷 정치참여는 네티즌 스스로의 자발적인 정치적 요구에 의해 형성한 수요자중심모델에서 활발한 정치참여를 전개했다는 점에서 한국의 인터넷 정치가 그동안 소외되었던 시민들의 참여를 통해 의제설정권력에 변화를 초래했는지, 아니면 엘리트(elites)의 의제설정권력을 강화했는가라는 이 연구의 세 번째 질문에 대한 답변은 그동안 소외되었던 시민들의 의제설정권력을 강화했다고 할 수 있겠다. 즉 인터넷 정치참여가 정치엘리트 중심의 공급자 사이트에서보다 시민중심의 수요자 사이트에서 활발히 이루어졌고, 그 효능감도 수요자 중심 사이트가 훨씬 큰 것으로 결론 내릴 수 있다.

넷째, 시민적 관여를 통한 정보격차수렴모델과 계층화모델의 검토결과, 인터넷은 인터넷 접근도 측면의 정보격차(social divide)는 인터넷의 대중적 확산에 따라 점차 수렴되는 정보격차수렴모델의 유형을 따르고 있고, 정치참여에 있어서 주도권을 나타내는 참여격차(democratic divide)에서도 여전히 격차가 유지되는 계층화모델의 유형을 나타내고 있다. 이에 이 연구의 네 번째 질문인 '인터넷의 정보격차는 어떤 현상을 초래하고 있는가'에 답할 수 있다. 또 인터넷의 대중적 확산에 따라 정보접근 측면에서 정보격차는 줄어들고 있으나 정당, 정치인, 시민, 시민단체 등 정치주체별 기득권과 정보마인드에 따라 참여격차가 여전히 존재하고 있다.

다섯째, 사회적 자본모델을 검토한 결과, 인터넷은 '사회적 신뢰'와 '규범'과 같은 사회적 자본에 대해서는 긍정적 자본을 축적하는 데 어려움을 겪고 있고, 네트워크와 정치적 효능감의 측면에서 긍정적 자본을 확대하고 있는 것으로 나타났다. 이에 따라 이 연구의 다섯 번째 질문인 '한국에서 인터넷 정치참여는 사회적 자본을 강화시켰는지, 아니면 약화시켰는지, 또 이것이 한국의 참여민주주의와 대의민주주의에 어떤 영향을 미쳤는가'에 대한 답변은 인터넷 정치참여는 신뢰와 규범과 같이 심의적 요소를 강화하는 사회적 자본 축적에는 별다른 성과를 거두지 못한 반면, 네트워크와 정치적 효능감도 참여(participation)와 동원(mobilization)적 기제를 강화하는 사회적 자본축적에 커다란 성과를 거둔 것으로 평가된다고 할 수 있다. 즉 사회적 자본모델 검토결과 참여민주주의를 강화하는 참여와 동원의 기제인 네트워크와 정치적 효능감은 크게 증대하고 있으나, 심의민주주의를 실현하기 위한 신뢰와 규범의 경우 아직도 미비한 수준에 그치는 불균형을 초래하고 있다.

인터넷 정치참여 과정에서 유통되는 메시지의 질은 욕설과 비방, 음해성 루머와 유언비어, 집단적 여론조작, 편파적 선택성에 따른 메시지의 동질화현상(homogeneity)에 이르기까지 잡음(noise)을 증가시켰고, 정치주체로서 시민과 네티즌들은 숙의민주주의나 공동체민주주의에서 핵심으로 전제하고 있는 식견 있는 시민(informed citizen)들의 덕성은 아직 마련되지 못했다고 할 수 있다.

인터넷 정치참여가 참여민주주의에 미친 영향

불과 10여 년의 기간 동안 인터넷은 한국의 정치사회 전반에 걸쳐 변혁의 커다란 한 축을 차지할 만큼 빠른 속도로 성장해 왔다. 인터넷은 정치참여 방식을 정당, 시민단체, 언론, 이익집단 등 기존의 정치집단이 주도하는 '간접적, 대의적' 정치참여에서 유권자, 네티즌 등 정치적 수요자가 주도하는 '직접적, 자발적' 정치참여로 변화시켰다. 이 과정에서 한국의 시민사회는 조직화 및 정치동원 전략에서 다양한 가능성을 열게 되었다. 특히 지역별, 부문별 자율성에 기반 한 수평적 네트워크 조직의 등장은 젊은 세대들을 정치참여의 중심으로 자리 잡게 했다. 젊은 세대에 의해 새롭게 시작된 정치·사회참여는 인터넷을 통해 다양한 형태로 표출되면서 시민들에게 정치적 주인의식을 확산시키는 참여민주주의를 도모하는 형태로 나타났다.

인터넷 정치실험을 통해 참여민주주의 측면에서 거둔 정치적 성공과 효과는 상당한 함의를 안고 있다. 인터넷 정치참여가 참여민주주의에 미친 영향을 살펴보면 다음과 같다.

1. 시민사회의 정치개혁 추진의 기제

민주주의 공고화의 지체 국면에서 인터넷을 활용한 한국 시민사회의 정치참여는 매우 강렬한 함의와 전망을 남겼다.

인터넷은 민주화 이후에도 개혁과제를 이루어 내지 못한 정치사회의 정치지체가 계속되고 있는 상황에서 시민사회가 밑으로부터의 참여확산을 통해 정치개혁을 추동해 내는 강력한 기제(mechanism)로 활용됐다. 인터넷의 정치적 실험은 위로부터의 동원정치에서 아래로부터의 자발적 참여정치로 전환하게 하는 과정으로 설명할 수 있다.

인터넷이 한국정치에 도입된 이후 시민사회는 민주화 이후에도 남아 있던 정치적 비민주성을 개혁하는 수단으로 인터넷을 활용해 왔다. 2000년 총선시민연대의 낙천·낙선운동은 깨끗한 정치실현과 고비용 저효율 정치의 개선을 요구하는 시민운동이었으며, 2002년 노사모의 활동, 2004년 대통령 탄핵 철회 촛불시위 등은 참여민주주의를 통한 시민주도의 새로운 정치권력의 출현을 요구하는 운동으로 전개됐다고 평가할 수 있다. 아울러 2008년 광우병 쇠고기 수입반대 촛불시위의 경우에도 생활정치를 실현하려는 시민들의 민주적 요구가 반영된 것으로 해석할 수 있다.

인터넷의 정치도입은 새로운 유권자층을 정치적으로 교육하고 다양하고 풍부한 정치정보를 제공하면서 사람들 사이의 상호 연결성을 증진시켜 20세기 민주주의에서 경험해야 했던 국가와 시민사회 사이의 상호작용의 실패를 극복할 수 있는 계기를 마련했다. 한국사회에서 인터넷은 무엇보다 시민의 참여정치를 통해 다원주의적 정치문화를 광범위하게 확산시켰다. 기존의 정치에서는 시민들이 정치참여로부터 배제되어 있었기 때문에 정치는 부정적인 의미로 작동해 왔으나 인터넷을 통한 시민의 정치참여는 정치를 긍정의 정치로 바꿔 놓고 있다.

우선 인터넷의 등장으로 한국정치는 현대의 다양한 기술들이 여러 가지 상이한 방식으로 연결되면서 의사소통 집약적인(communication

－intensive) 정치체제를 형성했다. 인터넷 정치참여를 통해 정치영역과 시민영역 간을 이어 주는 정보소통의 관문이 넓어졌고, 정치정보 접근에 있어 범위와 속도를 증가시켜 정치과정의 즉각적인 피드백(feedback) 기능을 촉진시켰다. 시민들은 인터넷과 휴대전화 등 IT로 무장해 있다가 정치정보를 상시 습득하고, 인터넷 네트워크를 통해 현안이 생기면 곧바로 인터넷과 오프라인으로 집결할 태세를 항상 갖추고 있다. 정부, 정당, 정치인, 각종 이익집단 등도 정보통신매체로 각종 정보를 파악하고 현안에 대해 즉각적인 대응 방안을 마련하고 있다. 아울러 인터넷에서 매일매일 수많은 사람들이 몰려들어 즉각적인 정치현안의 토론들이 이루어지고 있다.

이런 점에서 인터넷은 정치참여의 즉시화 및 일상화를 실현시켰다고 할 수 있다. 현안이 발생하고 여기에 이해관계나 가치의 공유가 이루어진 사람들만 결합된 현안집단(issue group)이 결성되면 언제든지 즉각적으로 참여가 가능해졌다. 사회적 이슈가 전국적 의제의 일부로, 특히 이전에 전국적인 담론으로부터 배제된 국민들 사이로 전파되고, 여론을 형성하는 데 필요한 시간을 단축했다.

인터넷은 또 세대 간 정치사회화(political socialization)의 기간을 단축시켰다. 예를 들어 386세대는 2000년 총선시민연대의 낙천·낙선운동으로 시작된 인터넷의 효능감을 2002년의 월드컵 붉은악마의 집단거리응원→SOFA개정 촛불시위→노사모 활동→탄핵 반대 촛불시위 등으로 2030세대에 전수했으며, 2030세대들의 정치참여 경험은 2008년 광우병 쇠고기 수입반대 촛불시위에서 10대들에게 전달되었다.

아울러 한국에서 인터넷 정치참여는 주로 시민 주도적 정치접촉(citizen－initiated contact)을 이끌어 오면서 정치체계에 대한 시민들로부터의 투입(input)을 증가시켜 시민권력을 강화하는 수단으로 기능해 왔다. 시민들은 상대적으로 저렴한 정보기술을 이용, 자원의 취약성을 극복하려는 정치적 기업가(political entrepreneur)[534]로서의 능력을 증진시키며, 정치적 역량을 제고해 왔다.

한국정치에 인터넷이 본격 도입된 지난 1997년의 15대 대통령 선거와 1998년의 지방선거 이후 인터넷 정치참여는 물리적 동원과 자발적 참여의 기제로서 역할을 해 오면서 정치적 성공과 정치사회의 반응성(responsiveness)을 높여 왔다. 인터넷은 참여의 비용 중 가장 큰 부분인 운동조직과 지지자, 또는 잠재적 지지자 간의 커뮤니케이션 비용을 대폭 낮춤으로써 극히 적은 자원의 투입(input)만으로 정치활동을 가능하게 해 주었다.

또 활동적 시민들의 참여밀도(participation intensity)를 높이기도 하고, 그들의 자원을 여러 가지 활동에 효율적으로 투입할 수 있게 하는 동원기제로 작용했다. 참여밀도의 증가란 동일한 시간을 훨씬 효율적으로 정치참여에 사용할 수 있다는 의미이다.

자원동원이론에 의하면 참여의 요인만 존재한다고 참여가 자연적으로 이루어지지는 않는다. 참여는 누군가가 의도적으로 조직하고 동원해야만 한다. 참여의 성패는 투입되는 자원의 양과 질에 달려 있다. 동원하는 쪽에서 보면 참여자의 시간과 수고를 훨씬 여러 가지 활동에 투입할 수 있음을 의미한다.[535]

그러나 인터넷은 도입 초기에 공론화, 연대 등 온라인 공간 내의 동원에는 유용하게 사용되었으나, 전통적인 오프라인 정치참여

---

534) Boncheck은 정치과정에서 발생하는 커뮤니케이션 비용을 절감하는 역할을 맡고 있는 프로젝트 매니저를 정치적 기업가의 개념으로 정의하고 있다.
535) 임희섭, 『집합행동과 사회운동의 이론』(서울: 고려대출판부, 1999) 참조.

에서 중시되는 물리적 동원에는 별반 효과를 보이지 못했다. 그러다가 인터넷이 대중화되고 성숙화되는 단계에서 인터넷은 대중동원의 기제로서 훌륭한 역할을 수행하게 된다. 특히 2002년의 월드컵 붉은악마의 집단거리 응원, 노사모, 탄핵 반대 촛불집회, 2008년 광우병 쇠고기 수입반대 촛불시위 등의 사례에서 보듯 인터넷은 성공적인 물리적 동원 기제로 작동하고 있다.

2. 시민권력과 민주적 대표성의 강화

인터넷은 정치의 주인인 시민과 대리인인 대표 간에 거리를 일정 정도 좁히는 데 성공했다. 인터넷이 등장하기 전 시민들에게 정치는 선거 때나 투표하는 것쯤으로 여겨졌다. 즉 정치는 정치인, 선거전문가, 여론조사 전문가, 언론과 같은 정치전문가들의 영역이고 시민들은 정치와 상관없는 것으로 여겨졌으나 인터넷의 쌍방향적, 분권적, 개방적 특성과 정보비용의 획기적 감소로 시민들은 평상시에도 인터넷을 통해 그들의 대표들을 감시하고, 항의메일을 보내는 등 대표에 대한 감독권을 크게 강화할 수 있게 되었다.

대의제 민주주의하에 시민과 대표 간의 거리는 좁혀지지 않고 확대되는 경향을 보여 소위 '대표의 실패'라는 고질적인 약점을 극복하지 못하고 있다. 대의제 민주주의는 선거라는 장치를 통해 주권자인 시민의 대리인인 대표에게 권력을 위임하고, 권력을 위임받은 대표들로 하여금 시민들의 이익을 극대화하도록 책임지게 한다는 원리이다. 그러나 민주적으로 선출된 대표가 시민의 완벽한 대리인으로 행동하지 않고 사익을 추구할 가능성이 있으며, 선거가 시민과의 약속을 위반한 대표를 처벌하기에 미흡한 장치라는 것이 드러나고 있다.[536] 다시 말하면 그동안 대의제 민주주의는 선출된 국민의 대표가 완벽한 대리인으로 행동하지 못하면 이 대표를 퇴출할 수 있는 소위 민주적 대표성(democratic accountability)의 확보가 어려웠으나 인터넷이 이런 문제를 다소 해결해 주고 있다.

인터넷은 시민의 직접 참여를 저비용으로 이끌어 시민들의 요구나 이익이 정책결정과정에 반영될 수 있는 가능성을 크게 높였다. 또 시민들이 정책결정과정에 직접 참여함으로써 사회갈등을 해소하거나 완화시킬 수 있는 기회를 제공했으며, 시민들이 공동체의 의사결정에 직접 참여함으로써 다른 집단에 대한 이해심을 높이고, 공동체에 대한 관심과 책임감을 높여 주는 데 기여했다.

아울러 대의민주주의는 국민이 직접 선출하는 후보 결정권이 유력 정당에게 독점되어 있어 특정 사회집단에 속하는 국민들은 자신이 지지할 만한 대안을 가지지 못하는 경우가 대부분이었으나[537] 인터넷 정치참여는 소수 정파의 의견을 표출할 수 있는 기회를 가져다주었다. 대의민주주의는 다수결을 기반으로 공동체의 의사를 결정하기 때문에 소수가 배제되고, 강력하게 조직화된 특수 집단이 민주적 의사결정 구조를 지배할 가능성이 크나 인터넷 정치참여는 다품종 소량생산체제의 여론 형성에 결정적 기여를 해 이러한 문제를 극복할 가능성을 높여 주었다. 인터넷은 새로운 대안세력의 창출 가능성을 열어 주어 대의제 민주주의의 단점을 효과적으로 보완해 줄 수 있는 가능성을 높여 주고 있다.[538] 광우병

---

536) 임혁백, "21세기 한국 대의제 민주주의의 대안: 심의민주주의, 결사체 민주주의, 전자민주주의", 한국정치학회, "Post - IMF Governance", 하계학술회의 발표논문(2000. 7).

537) 임혁백, 위의 글.

538) 정치적 생명력이 짧았으나 최초의 인터넷 정당인 개혁당의 사례와 17대 대선에서

쇠고기 수입반대 촛불시위 사례에서 보듯 최근에는 오프라인 세계의 물리적 조직 없이 순수한 인터넷 기반의 시민운동이 활성화되는 양상으로 시민사회의 조직화 및 정치동원의 다양성이 엿보이기도 한다. 대의제 민주주의는 비정치영역의 민주주의 문제의 중요성을 과소평가하거나 배제함으로써 절차적 민주주의 자체를 왜곡할 가능성이 크나 인터넷은 시민사회나 비정치영역의 문제를 정치영역으로 끌어들여 대의제 민주주의의 단점을 보완할 가능성을 높이고 있다.

3. 정치적 권위구조의 민주적 변화

인터넷의 등장은 정치사회의 권위뿐만 아니라 기존 한국사회 권위구조를 민주적으로 변화시킨 혁명적 사건이었다. 인터넷의 속성인 '비동성의 동시성'처럼 다차원적인 비동시성이 동시적으로 사회의 권위구조의 변화를 가져오고 있다. 기존의 권위는 정보에 대한 접근과 해석을 독점했던 언론매체들에 의해 유지되었다. 기성 정치권에 대한 일반대중들의 비판과 냉소에도 불구하고 정치권은 보수 언론과의 유착을 통해서 전통적 권위를 지속적으로 행사하고자 하였다. 그러나 인터넷 매체의 등장은 기존 매체에 대한 정보 의존성을 크게 약화시켜, 기존 매체를 무기력하게 만드는 효과를 가져왔다.[539]

인터넷의 등장으로 대표되는 변화 중 정치사회에서 두드러진 변화는 권위구조의 변화이다. 인터넷의 등장으로 자신의 관심사를 자유롭게 표출하게 되었고, 관용적 태도가 확산되었다. 한국사회는 정치적

인터넷 선거에 주력했던 창조한국당 문국현 후보 등이 이 같은 사례에 속한다.

539) 신광영, "정치사회와 권위구조의 변화", 『한국사회 어디로 가나: 권위주의 이후의 권위구조, 그 대안의 모색』(서울: 굿인포메이션, 2005), p.150.

인 민주화가 완성되고 경제적인 안정이 유지되면서 '거대 서사'를 중심으로 하는 기존의 사회적 담론이 인터넷의 등장으로 각자의 관심과 필요에 따라 다양한 담론의 장으로 미분화되는 양상을 보여 왔다.

인터넷과 노사모의 공헌으로 대통령에 당선된 노무현의 등장은 전통적인 정치엘리트 시대의 종언을 알리는 변화의 서막이었다. 2004년 17대 총선은 보다 근본적으로 정치사회의 권위구조를 변화시킨 역사적 의미를 지녔다. 당선자들의 연령이 크게 낮아졌고 여성 비율도 높아졌다. 더욱이 진보적인 정당 후보자들이 당선되면서 한국정치가 질적으로 변화를 보일 수 있는 계기가 마련되었다.

또 하나의 변화는 엘리트주의적 정치관을 가지고 있는 세대에 대한 비판의식이 젊은 세대에서 크게 확산되었다는 점이다. 이 같은 가치관의 변화는 시민이 주도하는 개혁으로 압축될 수 있는 대안적인 권력과 권위를 만들었고, 이는 구체적으로 참여민주주의를 도모하는 시민운동의 형태로 등장했다. 정치인들이 정치의 주체이고 시민은 객체였던 과거와는 달리 시민이 주체가 되어 정치의 주체로 나서고 있다. 기성세대가 만들었던 위계적 권력은 급속한 와해과정에 처해 있으며, 사회의 주요 연령층으로 성장한 젊은 세대는 그것을 교체하는 새로운 권력, 즉 설득적 권력(persuasive power)을 창출하고자 한다. 위계적, 억압적 권력이 기본질서로 고착돼 온 상황에서 젊은 세대의 저항심리는 어떤 형태로든 폭발의 계기를 찾고 있었다. 붉은악마와 같은 거리의 축제, 촛불시위, 탄핵 반대 시위 등은 사회의 운영원리, 특히 위계적 권력과 경직된 습속에 대한 저항심리의 표현이었다.

정보화의 과정은 새로운 문화적 경향을 가진 인터넷 세대를 광범한 사회변동을 주도하는 새로운 세대로 등장시켰다. 인터넷은 문화 패러다임을 공유하고 있는 새로운 세대들에게는 투쟁의 물질적 수단이었고, 도처에 흩어진 익명의 세대원들을 아무런 조건 없이 받아들이는 상호인정(mutual acceptance)의 무기였다. 여기서 흥미로운 점은 인터넷 소통망이 사회적 차이를 넘어 세대원들을 조직하는 상호인정의 메커니즘이었을 뿐 아니라, 공유한 가치관의 경계를 확장하면서 새로운 것들을 도덕적 자원으로 편입시키는 동원의 수단이었다는 사실이다.[540]

이처럼 한국사회는 정보통신기술의 발달에 따라 통치와 통치능력의 패러다임의 근본적인 변화를 야기하는 환경들이 창출되고 있다. 사회를 지배하기 위한 체제와 조건의 변화가 통치주체와 통치방식의 변화를 추동하고 있는 것이다. 온라인과 오프라인의 장애 없이 소통하고 결집하며 흩어졌다 또 모이는 유연성 높은 네티즌의 집단화 방식은 온라인 공간에서 전자적 집단을 구성해 효율적인 정치행동에 나설 수 있게 되었다. 저항의 목적이 뚜렷한 조건에서 새로운 세대로 형성된 '전자적 대중'이 저항의 저변을 형성함으로써 정치세력의 교체를 성공시켰다. 소통의 능력이 정당성을 보장해 준 것이라 할 수 있다.[541]

4. 의제설정 권력의 변화

인터넷은 한국사회의 의제설정 권력의 변화를 초래했다. 대의민주주의는 다수결의 의사에 의거해 집단의 의사를 결정하기 때문에

---

540) 송호근, 위의 글, p.288.
541) 조대엽, "시민사회와 권위", 『한국사회 어디로 가나?』(서울: 굿인포메이션, 2005), p.226.

소수의 배제를 초래하고 강력하게 조직화된 특수이익 집단이 민주적 토론과정을 지배할 가능성이 크나 인터넷은 소수의 소외된 세력에게도 정치적 의제설정권력을 부여해 이러한 문제를 극복할 수 있는 기회를 제공해 주고 있다.

대의민주주의 체제에서는 국민이 직접 선출하는 후보 결정권이 정당에게 독점되어 있어 특정 사회집단에 속하는 국민들은 자신이 지지할 만한 대안을 가지지 못하는 경우가 대부분이다. 그러나 인터넷은 새로운 대안세력의 창출 가능성을 열어 주었다.

인터넷이 등장하면서 이전에는 힘을 갖지 못했던 여러 집단의 목소리가 정책 의제설정(agenda-setting)이나 정책결정에 영향을 미치는 사례가 늘어나고 있다. 이전에는 이슈를 제기하던 집단이 매우 제한되어 있었다. 1970-1980년대에는 대학생 중심의 학생운동을 중심으로 문제제기가 이루어졌다. 그러나 1990년대 들어와서는 노동조합이 합법화되면서 대행자였던 대학생들의 시위는 사라졌고, 자신들의 문제를 직접 거론하는 당사자 집단이 나타나기 시작했다.

2000년대에 들어서는 월드컵과 촛불집회 등을 거치면서 인터넷에 의한 2세대 시위문화로 문제제기 방식이 바뀌었다. 인터넷 정치참여는 인터넷상에서 발생하는 일상적인 일부터 국가적 현안까지 네티즌의 생활상의 요구를 중심으로 전개되는 운동으로 바뀌고 있다. 특히 이러한 운동들은 개인 생활에서 제기되는 문제들을 익명성이 보장되는 공간에서 제기할 수 있도록 하고, 비슷한 이해관계를 갖거나 동일한 경험을 한 불특정 다수의 개인들이 자발적으로 조직될 수 있도록 하는 힘을 갖고 있다.

인터넷은 어떤 사항을 논의하고 논의하지 않을 것인지를 결정하는, 다시 말해 사안의 선택과 배제를 결정할 수 있는 의제설정 권력의 변화를 가져왔다. 다수지배, 여론 대중매체, 대중정당 등 정치에서 다수는 이제까지 정치적 힘의 기반이었다. 그런데 최근에는 인터넷이 등장하면서 다수보다 오히려 소수가 주목받는 일이 생겨나고 있다.

인터넷이 등장한 뒤부터는 거대자본, 탁월성이나 전문성을 가진 소수만이 사회적으로 중요한 정보를 생성하거나 사회적으로 주목받는 의제를 설정하는 독점권을 유지하지 못하게 되었다. 상대적으로 영향력은 작지만 다수의 참여를 통한 정보생산과 유통이 소수의 거대자본이나 기관의 활동보다 더 중요해졌다.

2002년 미군 장갑차 여중생 사망사건과 관련해 SOFA개정을 촉구한 촛불시위도 인터넷상에서 이름 없는 한 개인이 문제를 제기했고, 노사모의 결성에도 이름 없는 한 사람의 네티즌에 의해 이루어졌다. 2008년에 일어난 광우병 촛불시위도 네티즌의 제안에 의해 시작됐다.[542]

오프라인 공간의 의제설정 과정에서는 언론이 의제를 선택하고 배제하는 게이트키퍼(gatekeeper)들의 영향력이 강하게 작용하고, 일상적 수준에서 제기되는 현안들이 쉽게 의제로 설정되기 힘들었다. 그러나 사이버 공간에서는 게이트키퍼들을 자유롭게 통과하거나 우회하여 얼마든지 공론화할 수 있다.

예컨대 군대 내 성희롱이나 폭력문제는 오프라인상의 의제설정 구조에서는 쉽게 제기될 수 없는 것들이다. 그러나 온라인에서는 상황이 달라진다. 문제를 제기하는 당사자가 개인적인 부담이나 고통 없이 자신의 경험과 문제를 제기하고, 이에 대해 동일한 이해

---

542) 2009년 '인터넷 경제대통령'으로 불리던 미네르바 사건도 이름 없는 네티즌이 전문가 이상의 영향력을 발휘한 대표적인 사건이다.

를 갖는 개인들은 자연스럽게 불러 모을 수 있는 것이다.543)

인터넷의 등장으로 이러한 소수의 목소리가 이제는 효과적으로 결집되고 전달될 수 있는 환경이 마련된 것이다. 이전에 정치적으로 대표되지 않았거나 무시되었던 소수의 정치적 요구가 인터넷의 정치적 활용과 함께 증대되는 현상을 롱테일(long‒tail)544) 정치라고 부를 수 있다.545) 또 인터넷은 정치적으로 대표되지 못했거나 표출이 억압되었던 동성연애자나 외국인 노동자 등 소수집단들이 집단으로 결집하고 자신들의 관심이슈를 의제화할 수 있는 상황을 만들어 주었다.546) 그동안 신문이 누렸던 정치적 영향력이 인터넷의 비약적 발전에 따라 축소되었다. 신문의 해석적 권위가 손상된 이유는 전반적으로 보수적인 논조의 신문이 지배적인 환경에서 이념적 편향성과 보도의 공정성에 대한 논란이 이어지면서 신문의 정치적 해석 자체에 대해 도전하거나, 비판적 해석을 하고자 하는 사회적 계층이 형성되었음을 의미한다. 인터넷 언론은 주류언론이 형성하는 여론의 왜곡이나 조작을 바로잡을 수 있는 완충 및 교정 역할을 수행하였다.

한국에서도 인터넷 미디어가 사회변화를 촉발시킨 사건을 열거하자면 수도 없이 많다. 인터넷 미디어는 이제 한국 현실의 축소판으로 항상 역사 현장의 중심에 서 있다.

---

543) 정연정, "인터넷과 시민운동", 『인터넷시대, 미디어와 시민사회』, 언론개혁시민연대 토론회 자료집(2001).

544) '긴꼬리'라는 이름이 붙은 이 현상을 주목하게 된 것은 미국 온라인 책방인 아마존 (amazon)처럼 상품을 직접 보유하고 있지 않으면서도 출판사 등과 연계를 통해 상품 을 판매할 수 있게 된 인터넷 쇼핑몰의 영업방식에 유래됐다.

545) 강원택(2007), p.102.

546) 그러나 인터넷은 과소대표 집단의 대표성을 강화하기는 했으나 그동안 과대 대표되 었던 집단의 입장이 상대적으로 더 강하게 대표되는 대표성의 이중적 성격을 드러 내기도 한다.

쇼트트랙 김동성 선수의 솔트레이크 동계올림픽 금메달 박탈사건, 월드컵 4강 신화의 '붉은악마'의 거리응원, 의정부 여중생 사건을 추모하기 위한 광화문 '촛불시위', 한미FTA와 군사작전통제권 환수, 새만큼 간척논란, 안면도, 굴업도, 부안 핵폐기장 건설 논란, 황우석 사태, 평택미군기지 확정저지 반대, 독도를 둘러싼 한일관계 악화, 광우병 논란까지 한국사회 핫이슈의 거의 모든 사안이 인터넷이 아니었다면 그처럼 크게 보도되지 못했을 사건이었으나 인터넷 때문에 뉴스의 중심으로 자리 잡은 사건들이다.

그동안 한국에 있어 정치정보는 일차적으로 언론사의 논조, 기자의 선호관계나 정치적 신념 등에 따라 의도적이건 아니건 간에 불가피하게 사실(fact) 자체가 어느 정도 왜곡될 소지를 지니고 있었다. 그러나 뉴스 수용자들은 인터넷을 통해 기자들이나 기존언론의 '게이트 키핑'을 거치지 않고 있는 사실(fact)을 있는 그대로 알아차릴 수 있게 되었다.

김상배는 인터넷 문화동호회를 중심으로 부상하고 있는 대항적인 문화 권력의 가능성을 예로 들면서, 이들은 단순한 동호회 차원의 교감을 넘어 문화콘텐츠의 가치나 정체성에 대한 나름대로의 견해를 개진하고 있다면서, 이 같은 현상을 전문비평가의 권력에 대항하는 사용자 '평판권력(reputation power)' 또는 전문 비평가를 비평하는 '메타비평 권력'이라고 규정 할 수 있다고 주장했다.[547]

아울러 기존 저널리즘 소비자와 달리 인터넷에서 네티즌들은 자신들을 표현하고 드러낸다. 이를 표출적 공론장이라고 할 수 있다.[548] 한 신문의 보도, 한 방송의 보도는 전문적 식견을 갖춘 기

---

547) 김상배(2008), p.30.
548) 강명구, "촛불시위와 인터넷, 그 난장의 정치", 한겨레, 2008년 6월 4일.

자에 의해 보장되는 것이지만, 인터넷의 진실은 집단지성과 집단적 참여에 의해 확보된다. 그러나 인터넷에서는 심층보도나 전문지식을 필요로 하지 않는다. 오히려 정보를 만들고 퍼뜨리면서 노는 사람들의 놀이터에 가깝다.[549]

5. 저비용 정치로의 전환

인터넷은 저비용 정치(low cost politics)의 가능성을 열어 주었다. 인터넷과 정치의 접목은 돈의 정치를 메시지의 정치로 전환시킬 수 있는 가능성을 제시해 주었다.

실제 한국정치에는 1997년 15대 대선에서 TV토론의 등장, 2002년 16대 대선에서 인터넷의 역할, 2007년 17대 대선에서 신문, TV, 인터넷 등 종합미디어의 역할로 수백만 인파를 동원해서 천문학적 선거자금이 사용되었던 정치풍토를 개선해 냈다.

팁 오닐(Tip O'Neill)은 정치에서 돈은 모유와 같은 것이라고 주장한 바 있다. 그러나 인터넷과 정치를 결합시키면서 돈이 정치의 모든 것으로 군림하는 시대는 지나갔다. 메시지가 정치를 규정하는 요소로 전환됐다.[550] 메시지의 본질은 정보이다. 이 정보는 지식사회를 기반으로 오늘날 작동되는 새롭고 보편화된 양식을 의미한다. 다시 말해 기존의 폐쇄적이고 은밀한 형태를 지니던 정보를 중심으로 형성된 정치과정이 돈에 의해 종속되었다면, 오늘날의 정보는 개방적이고 보편적인 형태를 취하고 있기 때문에 정치가 여기에

---

549) 강명구, 앞의 글.

550) Dick Morris(New Prince, LA: Renaissance Books, 1999), p.27.

의존하게 되면 돈에 의한 종속에서 벗어나 메시지에 의존하는 비중을 높일 수 있다.

인터넷을 통한 정치비용 감축은 단순한 비용절감이라는 차원을 넘어서 투명한 선거, 투명한 정치, 열린 선거, 열린 정치로의 전환이라는 패러다임 전환의 의미가 강하다.[551] 기존의 정치과정이 돈을 중심으로 폐쇄적이고 은밀하게 진행되었다면, 오늘날은 정보가 개방적인 성격을 띠고 있기 때문에 돈에 의한 정치의 종속에서 메시지의 정치로 바꿀 수 있는 가능성이 열린 셈이다.

인터넷은 특히 한국에서 선거양상을 획기적으로 바꾸어 놓았다. 인터넷 등장 이전에 한국정치는 세 과시를 통한 대규모의 대중동원 및 '질주의 정치'였다고 할 수 있는데 인터넷은 이를 사회발전을 위한 '전략의 정치'로 변화시키는 데 기여했다. 인터넷이 전략의 정치를 가능케 한다는 것은 바로 설득, 동기유발과 반응이 있는 대화를 성립시킬 수 있는 테크놀로지이기 때문이다. 감성을 자극하거나 일차원적 조건을 통해서 설득을 하는 것이 아니라, 지성과 사회적 가치를 통해서 설득할 수 있는 기반이 조성될 수 있는 가능성을 열어 주었다.[552]

이상에서 살펴본 것과 같이 한국에서 인터넷 정치참여는 참여민주주의에 상당한 긍정적 가능성을 열어 주었다.

인터넷은 시민들의 요구나 이익이 정치과정에 반영될 수 있는

---

551) 그러나 인터넷 정치에 대비하기 위해 각 정당이나 정치인들이 IT시스템 구축에 투자한 비용은 만만치 않다. 한국의 인터넷 정치에서도 시민 및 언론인과의 커뮤니케이션 수단으로서 정보기술을 효과적으로 이용하는 데 드는 비용이 결코 저렴하지 않았다는 사실에 주목하는 연구자들도 있다. 효과적인 인터넷 기반의 선거운동을 하는 것은 방송광고를 통해 선거운동을 하는 것보다 훨씬 비용이 적게 들지만, 여전히 상당한 투자가 요구된다.

552) 황주성 외(2001), p.130.

가능성을 크게 높였으며, 시민들이 인터넷을 통해 직접 정치정보를 얻고, 정치적 현안에 대해 논의하고, 때로는 정책결정과정에 참여할 수 있는 길을 열어 정치적 소외감을 해소할 수 있는 가능성을 보여 주는 데 성공했다. 즉 시민들이 공동체의 의사결정에 참여함으로써 공동체에 대한 관심과 책임감을 높이는 데 성공했다.

그러나 인터넷을 통한 정치참여는 대표성의 등가성을 보장하기 어렵다는 단점도 있다. 현대의 민주주의는 일인일표제(one person, one vote)라고 하는 대표성을 보장하는 선거라고 하는 제도적 참여를 거쳐 대표자의 정당성을 확보하게 되나, 인터넷을 통한 정치참여는 대중선거권과 같이 모든 이들의 참여를 법적으로 보장해 줄 수 있는 장치의 마련이 쉽지 않기 때문에 참여자와 참여하지 않는 사람들 간에 정치적 영향력의 차이가 생겨날 수 있다.[553]

아울러 한국에서 인터넷 정치참여는 참여의 심의성과 책임성 부족을 극복하지 못하고 있다. 인터넷을 통해 시민의 참여확대는 충분히 이루어졌고, 참여 장벽을 제거하려는 제도개혁은 앞으로 상당 수준 이루어질 전망이다. 그러나 심의와 책임정치를 보완하려는 제도적 장치와 사회적 분위기는 아직 마련되지 못하고 있다.

인터넷 정치는 향후 정치사회와 시민사회에서 시민의 정치참여를 적극적으로 확대하는 동시에 정치참여에 따르는 책임성을 강화할 수 있는 방향으로 진행되어야 한다. 시민의 참여기회를 확대하는 동시에 시민참여의 질을 높이기 위해서는 무엇보다 심의민주주의가 추구하는 심의성을 강화하는 문제에 전력을 기울여야 한다.

---

553) 강원택(2007), p.105.

제3절

인터넷 정치참여가 대의민주주의에 미친 영향

　인터넷은 기존의 정치과정에서는 중요하지만 실현되기 어려웠던 정책과정의 투명성 확보와 시민참여 증대라는 새로운 정치환경을 만들어 내는 데 성공했다.

　아울러 인터넷 정치참여는 과거 소외된 집단이나 정치적 약자들이 자신들의 견해나 입장을 주장하는 정치적 창구로 활용되었고, 일방적이었던 정치과정을 상호 작용적(interactive)으로 바꾸어 놓았다. 이처럼 인터넷은 한국정치에 도입된 이후 지난 10여 년간 시민의 정치참여의 기회를 획기적으로 늘리는 수단으로 작용했다. 또 인터넷은 그동안 정치과정에서 소외되어 왔던 세력들의 입지를 크게 강화해 왔다.

　그러나 인터넷 정치참여를 통해 정치참여의 양적인 면을 확대할 수 있으나, 참여의 빈도와 규모가 확대되었다고 해서 곧바로 정치의 질적인 변화가 초래되는 것은 아니다. 인터넷 정치참여의 활성화는 '중간매개과정의 생략(disintermediation)'을 통해 시민의 직접·참여민주주의를 활성화시키기도 했지만 대의민주주의의 근간인 정당과 의회제도를 우회하고, 탈정치적인 현안집단의 등장을 통해 대의정치의 안정성을 흔드는 부정적 결과를 낳기도 했다.

　아울러 참여와 토론을 통한 심의성의 증진이 대의민주주의를 더욱 강화시킨다고 볼 때 인터넷 토론에서 계속되고 있는 플레이밍(flaming)의 문제와 특정한 정보나 의견만을 받아들이는 정보소비의 개인화(personalization)와 맞춤화(customization)의 확산은 정보접근 범위를 한정해 정치적 정파성을 더욱 증진시켜 심의 기능 증진의 장애물이 되어 왔다고 평가할 수 있겠다.

1. 정당정치의 약화 및 우회

인터넷은 다양한 집단들에게 자신들의 목소리를 낼 수 있는 공간을 제공함으로써 그동안 정치적 매개집단의 역할을 주로 담당했던 정당과 대중매체의 역할을 약화시켜 왔다. 시민사회의 인터넷 정치 활용과 정치동원 및 참여는 정당정치체제 변화를 불가피하게 했다. 기존의 대중정당 조직은 계급과 같이 대다수의 지지자들을 하나로 묶어 내는 패키지에 의존한다는 점을 고려할 때, 다품종 소량판매라는 인터넷 시대의 정치와 잘 어울리지 않는다.

의제설정 과정에 배타적 권력을 지녔던 정부 – 언론 – 정치조직의 이른바 '철의 삼각 동맹'이 갖는 제도적 확고함은 흔들리기 시작했다.554) 이는 기존 정치체계에서 상대적으로 안정된 위치와 영향력을 확보하고 있었던 전통적인 정치적 매개집단들의 영향력과 기존 제도적 경계 내에 안심하고 머물러 있던 이익집단 정치의 기반이 상대적으로 약화되고 있음을 의미한다.

그러나 정당의 약화나 쇠퇴가 건강한 민주주의를 위해서 결코 바람직한 현상이 아니다. 인터넷의 등장으로 인한 시민주도형 정치 과정의 등장은 대표와 책임이라는 대의제 정치의 제도적 근간을 본의 아니게 흔들리게 했다. 특히 인터넷은 그동안 한국정치에서

---

554) Bobcheck(1997), Bimber(1998).

신뢰받지 못한 정당과 의회의 기능을 더욱 약화시켰다.[555]

정당과 의회는 한국 사회에서 가장 신뢰받지 못하고 있는 집단이다. 2001년 6월 실시한 <신뢰에 대한 국민의식조사>에 따르면 가장 높은 불신을 보인 것은 국회로 불신도가 91.3%였고, 다음은 정당으로 89.4%가 불신하고 있는 것으로 나타났다. 신뢰도는 국회가 8.75%, 정당이 10.6%에 머물렀다.[556]

민주화 이후 한국 사회에서는 정당이 제 기능을 하지 못하고 잘 제도화되지도 못했다. 그 결과 사회적 갈등과 균열은 존재하지만 정치적으로 대표되거나 제대로 다뤄지지 못했다.[557] 민주화 이후 한국의 정치개혁은 부패를 조장한다는 이유로 정당과 일반 시민 사이의 관계를 차단했다. 지구당을 폐지하고, 사회의 집단들이 조직의 이름으로 헌금하는 것도 금지했다. 특히 정치개혁의 핵심의제로 등장한 부패척결, 돈 안 드는 정치, 정치과정의 투명성은 구체적 방안으로 중앙당 축소, 지구당 폐지, 정당·합동연설회 폐지 등의 개혁으로 나타났다. 그 결과 정당과 선출된 대표들이 그들의 지역구민과 의사소통하고 민원을 수렴하여 이를 의정에 반영할 수 있는 지역기초 단위의 접점은 약화되었고, 정당이 정치참여의 통로가 되지 못했다.

감성적 매체인 인터넷은 선거 등에서 정치의 중심축을 정당조직에서 개인의 역할로 이동시켰으며, 인터넷의 선택성 등은 정당의 정강정책이나 이슈보다도 한 개인의 정치적 이미지가 정치과정에

---

555) 최장집은 민주화 이후 한국정치와 권력구조의 특징을 강력한 대통령-허약한 의회
 -제도화하지 못한 정당으로 특징지을 수 있다고 했다.

556) 김인영, "정부부분의 신뢰와 불신", 『한국사회 신뢰와 불신의 구조: 거시적 접근』(서
 울: 소화, 2001).

557) 최장집·박상훈·박찬표, 『어떤 민주주의인가』(서울: 후마나타스, 2007), p.13.

서 결정요인으로 크게 작용하도록 유인함으로써 정당의 권위를 더욱 약화시켰다.558) 이처럼 정당은 대표자를 선출하는 과정에서 중요한 역할을 해 왔지만 미디어의 기능이 확대되면서 유권자의 투표결정요인이 후보자의 이미지나 개인적 요인으로 집중되면서 정당의 기능이 축소되어 가고 있다.559)

체드윅(Chadwick)은 대중매체가 선거에 적극 활용되면서 선거운동방식은 후보의 개인적 특성이 강조되는 경쟁(personality contest), 대중영합 방식의 메시지(dumbed-down massages)나 패키지화한 정치메시지(packaged message), 스핀닥터(spin doctors),560) 유희적 정보(infotainment) 등의 현상이 등장하면서 선거는 중요한 사회적 이슈를 다루는 정치행사라기보다는 흥미진진한 게임으로 변화하고 있다고 주장했다.561)

인터넷은 또 정당을 선거정당 중심에서 후보자 중심의 선거(candidate centered election)로 전환시킨 결과를 초래했다. 16대 대선에서 노무현 후보와 17대 대선에서 이명박 후보 등도 당에 의존한 선거보다는 후보자 캠프 중심의 선거를 치렀다. 노무현 후보의 경우 새천년민주당과의 불화에 인터넷과 노사모를 중심으로 사실상의 선거운동을 전개했으며, 이명박 후보도 박근혜 후보와 치열한 당내경선을 거치면서 후보캠프 위주의 선거운동을 전개했다.

---

558) 지난 2002년 16대 대선 때 맹위를 떨쳤던 '노무현의 눈물'도 처음 노사모 등의 인터넷 홈페이지에서 전파되기 시작했다.

559) 오관석(2007), pp.146-176.

560) 정당이나 기업 등의 미디어 담당 전문인을 가리키는 말로 홍보전문가를 뜻한다. 주로 미디어의 생리를 잘 아는 언론인 출신이 기용된다. 스핀닥터는 언론인들의 취재 관행과 권력성향에 상당한 영향을 미친다.

561) Chadwick, Andrew, *Internet Politics: States, Citizen, and New Communication Technology* (Oxford: Oxford University Press. 2006), p.147.

아울러 인터넷은 정당의 정치적 책임성(accountability)의 약화를 초래하기도 했다. 대의제 민주주의 체제하에서 공공사안에 대해 내려진 정책결정은 그 결과에 대해서 그것을 추진한 정치세력이 정치적인 책임을 지도록 제도적으로 강요하고 있다. 정당이나 후보자는 권력을 추구하지만 당선 이후 내려진 정책결정이 정치 공동체에 의도한 대로 효과적이고 바람직한 결과를 낳지 못하게 되면 그 결과에 책임을 진다. 그러나 인터넷을 통한 정치참여의 경우에는 집단적으로 중요한 결정이 내려질 때, 설사 그 결정과정이 이성적, 합리적이었다고 하더라도 추진한 정책이 예기치 않은 결과를 낳거나 실패로 돌아갈 때 그에 대한 책임 소재를 묻기 어렵다.562)

인터넷이 정당정치에 미치는 영향은 정당정치의 제도화 수준에 따라 달라진다. 한국의 경우 자발적인 형태의 정치참여를 기반으로 하는 정치적 의사소통 구조에 정당이 위치해 있지 못했던 상황에서 인터넷의 등장과 함께 갑작스럽게 정치참여의 기회가 크게 확대되고 개방되는 상황을 맞아 정당체제에 미치는 영향과 충격이 큰 편이다. 그러나 정당정치가 안정적이고 제도화의 수준이 높은 곳에서라면 인터넷이 몰고 온 충격에 대한 정당정치의 대응성이나 저항력이 클 것인 만큼 그로 인한 변화를 살펴보기가 힘들 수 있다.

이에 인터넷 환경에서 정당이 그렇게 불리할 것만도 없다는 주장도 제기되고 있다. 기존 정당이 설정한 제도적, 물질적 진입장벽이 인터넷이라는 값싸고 손쉬운 의사소통과 결집의 공간이 생겨남에 따라 사실상 매우 낮아지게 되었고, 이로 인해 새로운 정당이 인터넷을 기반으로 생겨나고 힘을 늘려갈 수 있는 가능성 역시 커

---

562) 강원택, "인터넷과 정치참여: 정당정치에 대한 영향을 중심으로", 『정보화정책』 제14권 제2호(2007년 여름), p.106.

지게 되었다는 것이다.

강원택은 인터넷이 정당정치에 미치는 궁극적인 영향을 다음과 같이 3가지로 정리했다.[563]

첫째, 인터넷을 통한 정치참여는 개인화, 세분화, 다양화의 특성을 지님으로써 집단적 정체성과 공유된 정체성에 기반을 두어 온 대중정당의 대응을 어렵게 하고 있다. 둘째, 인터넷은 정당조직보다 인물중심의 결집을 더욱 강화시킴으로써 전반적으로 정치적 요구 결집의 주체로서 정당의 기능약화를 이끌고 있다. 셋째, 인터넷은 연성정치, 생활정치를 이끌어 이슈나 정책에 대한 정당의 대응이나 반응을 어렵게 하고 있다. 특히 이념적, 정책적 차이를 넘어 유권자 다수로부터 지지를 이끌어 낸다는 '포괄정당(catch all party)'의 대응을 어렵게 하고 있다. 이 같은 인터넷 정치환경 때문에 정당정치가 조직적인 대응을 하기가 어려워지고, 중앙당 수준보다는 하위 현장단위의 접근이 효과적이라는 것이다.

그러나 강원택은 한국의 경우 인터넷을 통해 제기되고 있는 많은 지지를 받는 이슈는 기존 정당이 흡수, 수용하면서 인터넷상의 새로운 정치결사체의 출현 혹은 출현 가능성이 기존 정당체계에 대한 실질적인 위협이 될 것으로 보이지는 않는다고 평가하고 있다.[564] 그는 한국의 경우 노사모와 개혁당 등 온라인상에서 형성된 정치적 결사체 혹은 정당이 얼마 지나지 않아 기존 정치권에 흡수된 것은 이들 집단이 성공적으로 등장하였지만 여전히 독자적으로 정당체계의 변혁을 이끌 만한 역량을 갖추지 못했다며, 기존 정당의 붕괴를 초래하기보다는 기존 정치권의 유연성과 포용력을 증대

---

563) 강원택(2007), pp.69 - 70.
564) 앞의 책, pp.160 - 162.

시키는 방향으로 영향을 미치고 있다고 주장한다. 한국의 경우 정당의 대응력이나 적응력을 고려할 때 오히려 실질적으로 정당에 참여하는 자발적인 당원수가 증대하는 경향도 있고, 인터넷을 통한 새로운 정치대안 세력의 등장 가능성이 정당정치 활성화에 도움을 주고 있다는 것이다.

하지만 한국의 경우 2002년 대선에서 새천년민주당은 인터넷으로 무장한 노사모에 그 역할을 내주었고, 17대 총선에서도 정당의 사이트는 수요자 중심의 인터넷 사이트에 그 위상을 다 빼앗겼다. 2008년 촛불집회에서 여야 정당은 아무런 역할을 하지 못했다는 점을 고려할 때 정당의 약화는 대세가 되어 가고 있다고 하겠다.

문제는 과연 대중정당적인 구조에 익숙해져 온 정당이 정보의 다양성과 협소성, 개인성에 기초한 분권화된 정보의 취향을 모두 만족시키는 협송전달(narrow casting)의 기능을 제공할 수 있느냐 하는 점이다. 인터넷이라는 직접참여와 쌍방향 통신이라는 매체적 속성, 인터넷을 통해 논의되는 정치적 이슈나 사안의 속성이 정당의 구조적 체계와 잘 조화되지 않는다는 점을 들 수 있다.

2. 인터넷 포퓰리즘의 우려

한국에서 인터넷은 참여의 자유롭고 획기적인 확대를 통해 대의민주주의를 극복하려 시도했으나 이 과정에서 포퓰리즘(populism)[565]

---

565) 포퓰리즘은 다양한 사회·정치운동이나 국가 이데올로기를 설명하는 개념이다. 첫 번째로 19세기 말 미국 남서부에서 일어난 집산주의(Collectivism)지향의 농민운동을 가리킨다. 두 번째는 19세기 말 제정 러시아 혁명사상으로서 비자본주의적 발전을 지향하는 '나로드크주의'운동의 다른 표현이다. 세 번째는 2차 대전 후 남미, 특히 아르헨티나에서 반특권계층의 지지로 다른 한계 정적을 통제하기 위해 지도자 개인

의 우려를 초래했다. 대의제 민주주의의 한계를 극복하려는 두 방향의 시도 중 참여민주주의가 좀 더 긍정적인 방향에서 그것을 개선하려는 시도라면, 포퓰리즘은 상대적으로 부정적인 방향에서의 교정노력이라고 할 수 있다.

인터넷 포퓰리즘의 가장 큰 문제점은 정부와 일반시민 사이를 매개하던 정당, 국회의원, 주요언론 등 기존의 정치적 매개집단의 역할을 아예 소멸시키거나 약화시킴으로써 직접민주주의와 대의민주주의를 화해 불가능한 것으로 대립시킨다는 점이다. 이는 직접민주주의론자들의 주장이기도 한데, 결국 인터넷 정치참여가 기존의 정당, 국회 및 주요언론 매체가 수행하던 대의제적 참여기제를 붕괴시킬 수 있다는 것을 의미한다. 더욱이 인터넷 포퓰리즘은 정치과정을 여론조사, 다수결게임, 혹은 극단적인 찬반투표로 몰고 갈 수 있기 때문에 정치를 극히 편협하게 흐르게 할 위험성도 있다.

로버트(Robert)는 포퓰리즘의 핵심적 특징을 다음의 5가지로 규정했다.[566] 첫째, 정치지도자 개인의 퍼스낼리티(personality)에 의존하는 동시에 가부장적이거나 온정주의적(paternalistic)인 리더십을 보여 준다. 둘째, 이질적이면서도 다양한 중하위 계급 간의 정치적 연합에 의존하는 경우가 많다. 셋째, 정치지도자가 기존의 정치적 대의제도를 우회하거나 자신의 밑에 종속시킨 상태에서 대중과 직접적인 관계를 맺으려 하며, 그 결과 정치적 동원이 위에서부터 아래로(top-down) 이루어진다. 넷째, 여러 가지 이념이 혼합되어 있는데 반엘리트적(anti-elitist)이고 기존질서에 대해 공격적(anti-

---

의 호소력, 후원집단의 교묘한 지지를 업고 정권을 장악한 '페론주의'를 가리키기도 한다. 한국에서 포퓰리즘은 대중인기영합주의를 의미하는 개념으로 주로 사용되었다.

566) Robert, M. K., "Neoliberalism and the Transformation of Populism in Latin American: The Peruvian Case", pp.88-89. 김일영(2004), p.196 재인용.

establishment)이면서 중하위층에 영합하는 담론이 지배적이다. 다섯째, 민중부문의 지지를 끌어내기 위한 물질적 토대를 마련하기 위해 광범위한 재분배 정책을 주로 동원한다.

인터넷은 또 한국정치에서 여론의 집중화 현상과 패션화 현상을 초래해 정치적 불안정을 초래하기도 했다.[567] 사이버상의 권력은 자신이 정보를 독점했을 때보다 자신의 콘텐츠를 타인과 공유했을 때 더 큰 효과를 얻을 수 있다.

인터넷에서는 일회적인 콘텐츠의 제공이 아니라 반복되는 활동을 통해 얻게 되는 '평판권력(reputational power)'이 정치 콘텐츠가 지속적으로 창출되고 유통될 수 있도록 떠받치는 중요한 기반으로 작용한다.[568] 이 같은 구조 때문에 사이버상의 여론은 '패션화' 경향을 보인다. 인터넷은 순식간에 폭발과 집중현상을 보인다. 네티즌들은 무슨 '신드롬'에 한 번 빠지면 한참 동안 다른 테마는 보이지 않는다. 하나가 인기를 끌면 다른 것들은 무시된다. 이것은 인터넷 네트워크가 갖는 속도(speed)에 기인한다. 인터넷의 속도는 하나의 빠른 문화현상을 만들어 내며, 여론의 집중화 현상을 빠른 속도로 전파시킨다.

이 같은 집중화된 사이버상의 여론은 궁극적으로 작용할 경우에는 대의민주주의의 한계를 극복할 수 있는 참여의 수단으로 위력을 발휘하지만, 부정적으로 나타날 경우에는 인터넷 포퓰리즘 현상을 초래할 수도 있다.

인터넷을 둘러싼 이러한 부정적 논점은 인터넷이 갖는 '직접접

---

567) 한국에서 인터넷 여론의 집중화 현상과 패션화 현상의 대표적인 사례는 황우석 교수의 줄기세포 진위논란에 따른 인터넷 여론의 편 가르기 현상을 들 수 있다.

568) 김상배(2008), p.30.

근(propensity to communication)'의 특성에 근거하기도 한다. 인터넷은 기존 매스미디어의 '노출'의 개념에서 '접근'의 개념으로 바꾸는 중대한 패러다임의 전환을 전제로 하고 있다. 인터넷에서 메시지의 성격이나 내용을 결정하는 것은 미디어가 아니고, 바로 이용자의 기호와 취향이다.

사이버 공간에서 무한정 제공되는 정보과부화(information overload) 현상은 정치적 쟁점이나 사안에 대한 심의(deliberation)나 정책결정 과정을 지연시킬 수도 있다. 엄청난 사이버 공간의 정보를 검토하고 분석한 다음 어떤 최종적인 결정으로까지 가는 과정이 효율적으로 이뤄질 확률은 그리 높지 않다.

정보의 과부화 현상은 작고 주변적인 문제부터 시작, 크고 중대한 국가적 사안에 이르기까지 그 검토의 단계마다 제기될 수 있기 때문에 원만한 심의에 능률적 정책결정의 발목을 잡을 가능성이 도처에 깔려 있다.569) 동시성과 신속성을 특징으로 하는 인터넷은 기득권 세력의 부정과 강자의 약자에 대한 학대를 폭로하거나 약자들에 대한 연민을 자아내는 억울한 사연들, 혹은 국수주의적 감정을 유발하거나 정치인에 선정주의적 소재들에 대해 형성되는 여론은 집단적인 분노와 성토의 상승작용을 일으키면서 많은 네티즌들의 참여를 유발시킬 수 있다.

인터넷을 통해 확산되는 이런 유형의 여론들은 오프라인에서 침묵을 지키거나 왜곡할 경우 더욱 큰 폭발력을 지닌다. 온라인을 통해 전파되는 여론의 경우 유통되는 정보의 신뢰도를 확인할 방법이 없는 상태에서 그것이 항상 사실과 진실에 기초한 것이라고 보기는 어렵다. 또 추후에 오프라인의 매스미디어나 수사기관의 확

---

569) 오명호(2004), p.692.

인과정을 거쳐 사실이 아닌 것으로 입증됐다고 하더라도 그러한 결과가 수용되지 못하는 속성마저 지니고 있다.[570]

이처럼 인터넷을 통한 집단적 의견표출은 인터넷 의견 제공자들이 얼마나 대표성을 지니고 있는지, 혹은 조직적이고 의도적인 선전의 목적으로 온라인 토론에 참여하는 것인지 등에 관한 객관적인 평가 없이 무비판적으로 온라인에서 유행하는 의견을 여론으로 간주할 경우 여론 조작의 위험이나 다수횡포의 위험이 뒤따른다.

2008년 미국산 쇠고기의 광우병 위험성에 관한 인터넷 여론은 그 진실성을 놓고 촛불시위가 끝난 후에도 논쟁거리가 되었다. 정부 당국과 오프라인 언론은 인터넷을 통해 조직적인 '광우병 괴담'이 유포되어 사태를 확산시켰다고 주장한 반면, 촛불시위를 주도한 시민단체들은 정부가 인터넷 여론을 왜곡하고 정부의 정책실패를 국민에게 전가하고 있다고 비난했다.

인터넷은 또 정치적 무력감을 증대시키고, 시민의 방관자 의식을 강화할 우려도 있다. 첨단 정보통신기술의 발달과 활용이 시민들의 정치적 지식과 의식을 상승시키고 민주주의의 발전에 기여할 가능성도 있지만 '결정이 수반되지 않은 방관적 참여(observer - participation)'나 소극적 참여에 그칠 우려가 있다는 점이다. 정보과부하 현상은 오히려 일반시민들의 정치적 무력감과 방관자 의식을 심화시킬 수 있을 것이다.[571]

과다민주주의(hyper - democracy)의 등장 가능성에 대한 우려도 있다. 일반적으로 대의민주주의의 위기를 논할 때 정치인들의 민의에 대한 대응성이 부족하다는 것을 지적하지만 오히려 실제로 정

---

570) 황주성 외(2001), p.68.
571) 양승목 · 김수아(2002), 참조.

치인들은 대중매체의 보도, 여론조사 등에 지나치게 민감하게 반응하고 있어 상황이 더욱 악화될 수 있을 것이라는 지적이다. 이런 의미에서 인터넷 여론이 꼭 정당하고 합리적일 수는 없다.

여론은 우선 흑백을 나누는 것처럼 분명히 나눠지지 않는 회색지대가 존재하는 등 불명확성이 상존한다. 여론은 또 정치, 사회문제 등의 문제가 제기되면 즉각적으로 일어나는데 만일에 잇따라 다른 더 큰 문제가 일어나면 이로부터 오는 충격 때문에 먼저의 문제가 침잠해 버리는 경우가 많다.572) 여론은 특수한 상황에서 감정적인 요소, 편견, 조작성 등이 배합됨으로써 독단성을 나타내기도 한다. 이런 점에서 카리스마(chairsma)가 출현하고 포퓰리즘 정치가 가능해진다. 인터넷 포퓰리즘의 위험성은 정부정책이 인터넷상에서 강력한 힘을 발휘하는 특정여론에 의해 포획될 수 있다는 점이다. 이는 국민들의 합리적 판단과 선택을 어렵게 만들 뿐만 아니라 인터넷상의 '다수의견에 의한 전제', '여론에 의한 폭정'의 가능성도 가져올 수 있다.573)

한국에서 인터넷 포퓰리즘 논쟁은 노무현 정부의 참여정치를 놓고 벌어졌다. 참여정부가 인터넷 포퓰리즘에 빠져 있다고 주장했던 사람들의 논거는 다음과 같았다. 흔히 사회 제 집단의 이해관계가 첨예하게 대립되어 정책결정이 쉽지 않은 경우, 더욱이 이 문제가 기술적, 사회·경제적으로 큰 파급효과를 가져올 사안이 발생했을 때 정책결정자는 냉철하고 합리적인 입장에서 사회적 손익을 계산하여 정책결정을 하기보다는 오히려 다수대중의 의견이라는 편리

---

572) 이영호 외, 『현대정치과정론』(서울: 법문사, 1983), pp.120 - 125.
573) 이원태, "인터넷 정치참여, 그 가능성과 한계: 직접민주주의의 광장인가, 포퓰리즘의 도구인가", 『월간중앙』 2003년 3월호, p.102.

한 수단에 의존하는 경향이 생길 수 있는데 참여정부가 이 같은 위험성을 보였다는 주장이었다.[574]

　김일영은 노무현 정권은 열세인 대의제도를 우회하여 대중과 무매개적 관계를 맺는 수단으로 사이버 공간을 적극 활용함으로써 일류 역사상 처음으로 '디지털 포퓰리즘(digital populism)'의 가능성을 보여 주었다고 주장했다. 그는 '국민참여'라는 구호와는 달리 참여가 국민 전체보다 네티즌을 중심으로 이루어지는 경우가 많았고, 그 결과 젊은 층의 의견이 상대적으로 과대 대표되는 수가 많았으며, 그 중에서도 친노무현 성향의 네티즌의 의견이 더 많이 반영되는 편향이 발생했다고 지적했다.[575] 그는 이 같은 이유 때문에 노무현 정부의 인터넷 전략은 '디지털 참여(digital participation)'보다는 '디지털 포퓰리즘'의 가능성을 더 많이 보여 주었다고 규정하고, 노무현 정권과 코드가 맞는 네티즌들이 사이버 홍위병(cyber red guard)으로 동원되어 사이버 공간의 익명성에 기대어 기성질서를 공격하는 작업을 꾸준히 벌였다고 주장했다.

　그러나 강원택은 대의민주주의의 약화 여부와 관련해서도 시민사회 내에서 자발적으로 생성된 정치 결사체와 그들이 제기한 이슈가 기존 정당정치를 통해 수용되거나 흡수되고 있는 모습을 보이고 있다는 점에서 기존 대의제를 우회하거나 배제한 것은 아니며, 그런 점에서 직접민주주의의 특성이 강화되었다거나 혹은 인터넷 포퓰리즘이 부상하고 있다고 보기는 어렵다고 주장했다.[576]

　홍윤기도 한국사회는 이미 민주주의 제도가 공고화되고 시민사

---

574) 참여정부의 인터넷 포퓰리즘 논쟁은 철학연구회 편, 『디지털 시대의 민주주의와 포퓰리즘』(서울: 철학과 현실사, 2004) 참조.

575) 김일영(2004), pp.220 – 221.

576) 강원택(2007), p.159.

회에서 분화된 이익단체 및 시민단체의 조직성이 어느 정도 기능적, 전문적으로 체계화되고 있기 때문에 이 모든 분화상태를 민중이나 인민으로 통일적으로 융화시키기는 힘들다며, 한국사회는 적어도 제도적으로는 이미 '탈포퓰리즘(post – populist society)' 단계로 접어들었다고 평가했다.577) 그는 민주화와 사회분화가 급속히 진행되는 21세기 초에는 민중의 개념 안에 융합되어 있던 다양한 요구들이 시민적 요구들로 개별적으로 자립화함으로써 시민적 합리성 및 사회적 다원화의 추동력으로 급속히 전이되는 국면에 접어들어 있다고 포퓰리즘의 논란을 비판했다.

다시 말해 노무현 집권기에 나타난 포퓰리즘 공세는 단순히 수구적 이익에 반하는 정권에 대한 정치적 비방이 아니라, 시민차원에서 연대적 진보를 추구하는 시민사회의 모든 움직임을 사상적으로 규정하면서 실천적으로 봉쇄하는 이데올로기적 담론으로 작동했다는 것이다.578)

3. 단일현안운동과 정치적 유동성의 증가

인터넷 등 IT 기반의 새로운 정치참여 활성화는 개인의 자유와 소통능력을 급격히 강화시켜 민주적 참여의 수준을 고양시키고 있지만, 개인주의화된 정치참여로 인해 사회·정치적 통합력 저하라는 정치 불안정성을 초래하기도 했다.

---

577) 홍윤기, "포퓰리즘과 민주주의: 한국사회의 포퓰리즘 담론과 민주주의 내실화 과정을 중심으로", 『디지털 시대의 민주주의와 포퓰리즘』, 철학연구회 편(서울: 철학과 현실사, 2004), p.333.
578) 위의 글, pp.314 – 315.

탈관료조직들의 단일현안 운동(single-issue movement)은 정치체제의 유동성을 증가시켜 대의민주주의를 약화시킬 수 있는 소지를 안고 있다. 인터넷에서는 오프라인 세계의 통상적인 참여와 운동과 달리 대부분 특정이슈에 관심을 갖는 단일현안운동의 형태를 띤다. 즉 현안집단의 잦은 등장과 해체는 인터넷이 가져다준 정치의 신속성(speeding-up)이 남긴 부작용과 상승작용을 일으키면서 제도적, 절차적 정치과정을 중시하는 대의민주주의에 충격을 가하기도 했다.

빔버(Bimber)는 일반적인 시민운동단체뿐만 아니라 특정한 현안문제에만 관심을 갖는 단일현안운동이 활성화될 것이라고 예측했다.579) 이들은 시민·사회단체들보다 훨씬 수명이 짧은 단체라는 점 때문에 현안집단(issue groups)이라고 부른다. 개별현안에 따라 즉각적으로 운동이 만들어지고 현안이 해소되면 운동도 사라지는 '단일현안운동'은 그동안 정치적으로 소외돼 있던 집단들의 정치적 영향을 확대시켜 주는 순기능도 있다. 그러나 이들의 발달은 전통적인 이익집단 등 정치적 매개집단의 역할을 축소시키고 전반적으로 정치체계를 훨씬 유동적으로 만들고 있다.

아울러 단일현안운동은 조직이 더 민첩해지고 조직의 시민동원 능력도 선택적으로 향상되는 긍정적 측면도 있으나 정치의 속도를 가속화시켜 심의적 의사결정을 방해하게 된다.580) 집단중심의 정치를 격화시키는 '가속화된 다원주의(accelerated pluralism)'를 조장할 수 있다. 가속화된 다원주의가 만연되면 정치적 일관성과 안정성을

---

579) Bimber, Bruce, "The Internet and Political transformation: Populism, Community, and Acclerated Pluralism", *Polity* Vol.31(Fall, 1998), pp.60-133.

580) 브루스 빔버는 제도화된 이익집단들의 집단정치가 이슈중심으로 적극적으로 조직화되면 원자화된 다원주의로 변모하는 '가속화된 다원주의(accelerated pluralism)'로 변해 정치발전을 저해한다고 보았다.

감소시키며, 분절화를 격화시키며 일회성 압력에 그치는 극히 근시안적인 쟁점정치(issue politics)가 판을 칠 수도 있다.[581] 또 정보와 커뮤니케이션의 한계비용이 제로에 가까워짐에 따라 정치적 결사체는 자유롭게 만들어질 수도 있고 해체될 수도 있다.

최장집도 단일현안운동의 활성화가 오히려 대의민주정치를 약화시킬 수 있다고 주장하고 있다. 최장집은 향후 한국정치에서 정당의 약화와 포퓰리즘적 분위기가 강해지는 직접민주주의의 확대는 하나의 지배적 추세가 될 가능성이 커지고 있다면서 직접 민주주의 제도들이 포퓰리즘적 경향을 가지면서도 일반대중의 이익에 부응하거나 이를 대표하여 단일이슈중심운동의 활성화를 촉발할 수도 있다고 주장했다. 그는 그러나 이 같은 단일이슈중심의 운동이 오히려 사회의 상층이익, 엘리트주의, 강력하게 조직된 이익집단의 이익과 더 잘 융합함으로써 사회적 약자와 일반대중의 이익과는 상충할 가능성이 커질 수 있다고 지적했다.[582]

인터넷 등 정보기술은 정치조직 내부의 정보흐름이 사람들의 공식적인 기능이나 역할을 점차 독립적으로 만듦에 따라 단일현안운동의 특성을 강화시킨다. 아울러 인터넷 등 정보기술은 비용을 절감해 줌에 따라 전국적 이슈 또는 지방적 이슈 어느 하나에 고정되지 않는 좀 더 유연하고 탄력적인 네트워크 형태의 조직구조를 가능하게 한다.

또 네트워크를 통해 광범위한 연대의 틀을 형성할 수 있다. 네티즌들은 기존 정치세력이나 이익집단, 또는 시민운동단체에 의존과 청원만으로는 문제해결이 어렵다는 것을 인식하고 자기 세력화를

---

581) Bimber, Bruce(1998), pp.60 - 133.
582) 최장집 · 박찬표 · 박상훈(2007), p.134.

통해 스스로 압력집단화한다. 누군가 자신을 대변해 줄 것을 기다리지 않고, 오히려 스스로 조직화하는 것을 선택한다.[583] 이 같은 단일현안운동은 탈관료조직의 등장과 밀접한 연관성을 가지고 있다.

인터넷은 과거에 소외되었던 주변조직을 정치적 권익주창자로 새롭게 부각시키며, 정치사회 및 시민사회의 조직들의 관료제적 토대를 약화시키고 있다. 정치적 개인으로서 시민과 다양한 정치참여 양태로 인해 생겨난 탈관료적 조직은 인터넷의 탄생과 같은 정보통신 혁명 없이는 등장하기 어려운 현상이었다.

브루스 빔버(Bruce Bimber)는 미국 정치에서 정보통신기술을 이용한 새로운 정치체제의 출현을 정보기술혁명의 중대한 전화점이라고 분석했다. 그는 그 이유를 이른바 주변조직(peripheral organization)과 임의조직(ad hoc group)들이 과거와 달리 정보 인프라를 이용하여 정치적 권익주창(political advocacy)을 적극 수행했기 때문이라고 주장했다.[584]

과거에는 연고중심의 구성, 정당 및 결사체 등의 폐쇄적, 위계적 멤버십 중심의 집단화된 정치참여가 지배적이었다. 그러나 최근에는 다원적이고 분산적인 네트워크에 기반 한 자율적 개인들이나, 권능화된 네티즌 등 유동적이고 임의적인 가상조직들이 주도하는 정치참여가 점차 부각되고 있다. 네티즌과 가상조직들은 고도의 연결성과 분산화를 특징으로 하는 인터넷을 적극 활용하면서 중요한 정치·사회적 의제설정 및 정책결정과정에서 강력한 영향을 미치고 있는 것이다.

기존 제도와 매체에서 별다른 관심을 끌지 못했던 소규모 집단

---

583) 고동현(2003), p.164.

584) Bimber, Bruce(2003), 이원태 옮김, p.20.

과 개인들의 문제 영역이 적은 비용으로도 쉽게 구성되며, 사회적으로 민감한 주제에 대한 자발적 담론들이 온라인 네트워크를 통해 하나의 조직 형태로 집중될 수 있다는 점에서 크게 부각될 수 있다. 인터넷상의 탈관료적 조직들은 온라인과 오프라인을 연계하며 현안이 불거지면 대중동원의 필요시 '아메바형'의 거대조직으로 탈바꿈하고, 평상시에는 핵심 구성원들의 일상적 활동에 국한되는 최소조직으로 변했다.

김종길은 붉은악마의 사례를 들며 전등이 켜지고 꺼지듯 국가대표팀 경기의 개최시점을 중심으로 온-오프라인이 교차되는 이른바 '점멸등' 조직의 양상을 보였다고 평가했다.[585] 즉 이들은 핵심 구성원과 정규회원, 즉시적 동조자로 구분되는 개방적이고 유연한 성원권을 갖고 있어서 구성원의 규모와 활동 강도가 자유자재로 변하는 '카멜레온 조직'의 특성을 보여 주고 있다는 것이다.[586]

현안집단(issue group)은 현안 자체의 명멸과 함께하기 때문에 기존의 일반적인 운동단체보다 훨씬 더 유동적이고 수명이 짧으며, 따라서 운동의 전개양상도 우발적이며 예측하기 어렵다.[587]

---

585) 민경배는 온라인 사회운동의 유형을 행위주체와 운동의 성격으로 나눠 4가지로 분류했다. 행위주체의 경우 행위자가 조직인가 아니면 개인들의 비정형적 네트워크인가로 구분했고, 운동의 성격을 장기 지속적인가 아니면 임시 현안적인가에 따라 가로등 모델, 네온사인등 모델, 손전등 모델, 점멸등 모델 등 4가지로 분류했다. 즉 가로등 모델은 가로등이 밤새 불을 밝혀 온 거리를 비추듯 집중형 조직운동이다. 손전등 모델은 임시형 조직운동 모델이다. 네온사인형 모델은 거점형 네트워크형 운동으로 특정 운동의 이념이나 목표를 공유한 상태에서 이를 매개로 비정기적인 상호작용을 하는 느슨한 연결망을 유지하고 있다. 네온사인등 운동모델은 상점에서 내건 네온사인등의 역할이 밤새 불빛을 반짝거리며 자신의 위치 지점을 거리의 행인들에게 알려 주듯이 인터넷 홈페이지등이 온라인운동의 지점이 된다는 것이다. 점멸등 운동모델은 참여자들이 직접적인 이해관계를 가진 현안을 중심으로 단기적, 임시적으로 전개되는 분산형 네트워크 운동모델을 말한다. 민경배(2002), 참조.

586) 김종길(2008), pp.94-95.

587) 2004년 5월 한 네티즌이 포털 사이트에 '국민연금의 비밀'이란 글을 쓰면서 시작된 국민연금제도개선운동이 대표적인 현안운동이다.

그러나 단일현안(single issue)운동의 경우 현안의 소멸이 곧 운동의 소멸을 의미할 것인가의 문제는 여전히 쟁점으로 남는다. 현안집단은 현안 자체와 명멸을 함께하기 때문에 기존의 일반적인 운동단체보다 훨씬 더 유동적이고 수명이 짧아 운동의 전개양상도 우발적이며 예측하기 어렵다.

현안운동의 증가는 인터넷 참여가 일시적이고 단순한 '저항사건'에 그칠 수 있다는 우려를 제기하고 있다. 그러나 사이버 공간의 참여와 운동은 이슈의 소멸과 새로운 이슈의 발생 등을 끊임없이 반복하면서 새로운 정치적 주체들을 형성하는 새로운 방식으로 전개될 수 있다.

한국의 경우에도 군가산점 폐지, 국민연금의 불평등 문제, 한미FTA, SOFA개정, 광우병대책 등 사회적 현안이 생길 때 현안 사이트들이 생겨났고, 현안이 소멸되면 현안 사이트들도 사라지는 현상이 계속되고 있다.[588] 현안운동 사이트에서 콘텐츠는 특정집단이 제공해 주는 것이 아니라 네티즌의 적극적인 참여로 구성된다. 즉 현안운동의 활동은 참여자들의 자발적이고 적극적인 행동으로 이루어진다. 이런 과정을 통해 이전에 정당, 시민단체, 이익집단, 언론 등을 통해 문제를 제기하고, 이들 단체들이 대변하거나 대항했던 것과는 전혀 다른 양상이다.

인터넷을 중심으로 펼쳐지고 있는 단일현안운동은 시민들에게 국가권력이나 자본의 영향에서 벗어나기 어려운 대중매체를 부분적으로 대체할 수 있는 언로를 제공하는 등 긍정적 기능을 하기도 했으나, 정당, 의회, 시민단체, 이익집단 등 대의정치 조직들을 약화시켜 정치체제의 유동성을 증가시키는 부작용도 초래하고 있다.

---

588) 한국의 현안운동에 대해서는 윤영민(2000), pp.81 - 83.

4. 참여와 심의의 불균형에 따른 책임정치 약화

한국정치에서 인터넷은 시민참여를 획기적으로 늘려 시민권력을 강화하고 정치사회의 반응성을 높이는 등 참여(participation)와 효율성의 측면에서 성공을 거두었으나 심의(deliberation)의 제도화와 책임정치의 강화라는 측면에서는 성공을 거두지 못했다. 이렇게 되면 국민 참여의 증진이 이견 해소를 통한 사회 안정으로 연결되지 못하고 갈등의 증폭과 사회불안으로 귀결될 수도 있다.

한국의 인터넷 정치경험은 시민사회의 참여의 폭을 크게 확대해 비판과 감시의 확대라는 참여민주주의의 가능성을 크게 증진시켰으나, 시민참여의 질과 책임성, 심의성을 강화하는 제도적 장치는 아직까지 마련되지 않고 있는 게 현실이다. 한국에서는 인터넷 정치참여의 활성화에도 불구하고 특정형태의 참여와 동원만 불균형적으로 발전되고, 이성적 다원주의의 핵심요소들이 결여되어 있다는 점에서 문제가 제기되기도 한다.[589]

인터넷이 정치참여를 양적 측면에서 확대하는 데는 성공했을 수도 있으나 참여의 빈도와 규모가 확대되었다는 것이 곧바로 질적인 변화를 의미하지는 않는다.

사이버 공간을 통해서 정치참여를 양적인 면으로 확대하는 데는 성공적일 수 있으나, 참여의 빈도와 규모가 확대되었다는 것이 곧바로 질적인 변화를 의미하지는 않는다. 이는 아무리 참여민주주의를 구현할 기술적, 기능적 환경이 조성되어 시민참여가 증가한다 하더라도 합리적인 토론과정을 거치지 않는다면 현대의 대의민주

---

589) 모종린, "정치사회와 시민사회 관계의 변화: 시민참여 거버넌스 모색", 『IT의 사회문화적 영향연구: 21세기 한국의 메가트렌드 시리즈』(서울: 정보통신정책연구원, 2004), p.12.

주의 한계를 해결하기에는 부족하다는 것을 보여 준다.[590]

인터넷 민주주의를 발전시키고 심화시키려면 참여를 조직화하고 서로의 입장을 이해하고 토의할 수 있는 일정한 과정의 모색이 꼭 필요하다. 참여를 만들어 가는 과정 그 자체가 일종의 사회적 자본이다. 단기적으로 자기주장을 강화하고 집단이익을 챙기려고 하는 것이 오히려 갈등의 증폭요인이 될 수도 있다.

사회구성원의 참여가 필요하다면 사회적 신뢰구축을 위한 사회적 자본에 투자해야 한다. 사회적 신뢰구축이 없는 참여는 실행되기 어렵다는 것이 서구의 역사적 경험이다. 역설적으로 보면 한국사회는 내재해 있는 갈등이 너무나 오랜 기간 억제되어 온 반면 사회적 자본 구축에 소홀했기 때문에 갈등 표출에 너무 민감하게 대응하는지도 모른다.[591] 현실을 무시한 참여는 천박한 대중주의로 흐르기 싶고 민주주의나 시장경제를 발전시키기보다는 참여를 가장한 파시즘(fascism)이나 사회주의 모습을 띠기도 했다.

사이버 공간의 '심의'를 가로막는 근본적 원인은 온라인이 아니라 오프라인에서 찾아야 한다. 일부 논자는 사이버 공간의 이러한 분열과 갈등, 대립과 비방의 원인을 익명성과 개방성을 특징으로 하는 인터넷의 기술적인 특성에서 연유하는 것으로 보기도 하나, 그 뿌리는 온라인보다 폐쇄적 커뮤니케이션 관행과 숙성되지 못한 토론문화가 존재하는 현실공간에서 찾는 것이 바람직하다.

언어폭력, 비방, 인격침해 등 사이버 공간에서 빈번하게 발생하는 여러 역기능들은 인터넷 공간만의 문제가 아니라 우리 현실사

---

590) 정동규(2004), p.35.

591) 장현준, "참여자본주의에 대하여", Kelly, Gavin 외, 장현준 옮김, 『참여자본주의』(서울: 미래 M&B, 2003), pp.10 – 11.

회의 문제, 즉 생활민주주의의 문제이기 때문이다.

5. 시민사회와 정치사회의 불균형 발전

인터넷이 현실 정치에 도입된 지난 10년간 한국정치는 혁명적 변화를 겪었다. 인터넷은 시민의 정치참여를 획기적으로 늘려 엘리트 위주의 정치적 권위구조를 크게 변화시키는 등 정치발전을 이룩했다. 그러나 이 같은 참여의 활성화는 시민사회 사이드(side)의 발전과 정치사회의 사이드(side)의 지체라는 불균형 발전으로 인해 정치의 새로운 불안구조를 생산하는 부작용도 초래했다.[592]

인터넷은 한국정치에서 자율결사체 등을 통해 시민사회를 활성화하는 데 몰두한 반면 제도정치 내에서 정당이나 의회정치를 강화하는 데 추동력을 발휘하지 못했다.[593] 직접민주주의적 정치참여 능력은 인터넷의 활용으로 급격히 확충된 데 비해 정당과 의회정치는 빈사 상태에 빠진 불균형을 그대로 노출하고 있다. 더욱이 인터넷 도입 초기에는 시민단체의 활성화를 기했으나 점차 시민단체나 이익단체의 영향력이 쇠퇴하고 시민 개인들의 영향력이 급속도로 확산되고 있다.[594]

---

592) 정치사회와 시민사회의 관계는 다양하나 여기서는 인터넷이 정치과정에 나타내는 양상을 보다 선명하게 나타내기 위해 정치사회를 국가와 시민을 매개하는 가장 중요한 집단인 정당을 중심으로 한 정치권으로, 시민사회를 국가와 대립하는 시민이나 시민단체의 정치사회 운동의 개념을 의미함을 밝혀 둔다. 정치사회와 시민사회의 개념에 대해서는 임혁백, 『세계화시대의 민주주의』(서울: 나남, 2000). 김의영 외, '대의제민주주의 공고화를 위한 시민사회의 바람직한 정치참여 방안', 2003년도 국회 연구용역과제 연구보고서. Gramsci, Antonio, *Selections from Prison Notebooks*(London Lawerence and Wishart, 1982)를 참조.

593) 최장집, 성공회대 민주주의와 사회운동연구소, '촛불집회를 어떻게 볼 것인가' 토론회 발표문, 2008년 6월 7일.

594) 김성수는 정보통신의 발전과 정치과정에 대한 정치적 입장과 사회적 입장에서 기본적으로 상이한 입장의 차이를 보인다고 주장했다. 즉 정치사회는 인터넷을 대의민주

　　한국의 인터넷 정치참여는 시민의 참여와 정당의 대표성이라는 대의제 민주주의 두 축(two track)이 서로 상보적인 결합을 택했다기보다는 제로섬(zero sum game)의 차원에서 진행되어 왔다고 할 수 있다. 한국에서 인터넷은 정치 도입 초기에는 개인과 시민단체뿐만 아니라, 정당, 의회, 이익집단들도 정보기술의 이점을 활용해 그들의 정치적 입지를 강화해 왔다. 그러나 점차 시민의 힘과 영향력은 커졌으나 정당, 의회, 이익집단, 등 정치적 매개집단의 힘과 영향력은 줄어들고 시민들의 영향력이 급격히 성장했다.[595]

　　아울러 인터넷 정치참여는 정치적 효율성(efficiency)과 반응성(responsiveness)을 획득했지만, 책임성(accountability)과 대표성(representation)을 훼손했다. 다시 말해 인터넷은 시민들에게 정치참여와 동원, 정치정보의 습득과 확산 등을 용이하게 하고, 정치권에게도 캠페인을 신속하게 전개하는 등 정치적 효율성을 획득했다. 또 부당하거나 긴급한 현안이 발생했을 경우 정치인이나 정치권에 즉각적인 압력을 행사해 반응성을 높여 정치변화를 초래했다.

　　그러나 시민사회의 과대한 팽창과 정치사회의 위축은 대의민주주의에 바람직하지 않은 결과를 가져올 수 있다. 시민사회가 정치사회 발전에 영향을 미치듯이, 정치사회도 시민사회 발전의 중요한 변수가 된다. 시민사회와 정치사회의 관계는 일방향이 아니다. 시민사회와 정치사회 모두 성숙한 수준으로 발전한 사회가 이성적 다원주의라 할 수 있다.[596] 인터넷이 시민사회의 기반을 강화하고

　　　주의 한계성을 극복할 수 있는 보완 또는 참여민주주의의의 진작으로서, 정치세력화를 확대시킬 수 있는 영역으로 간주하는 반면, 시민사회는 인터넷을 국가와 정치사회로부터 자율성과 독자성을 고수할 수 있는 직접민주주의 수단으로 시민사회 운동의 자원동원 측면에서 접근하고 있다고 주장했다. 김성수(2008), p.5.

595) 인터넷을 둘러싼 정치사회와 시민사회의 헤게모니 쟁탈전에 관해서는 김성수(2008) 참조.

596) 모종린은 정치참여 영역 간의 경쟁 및 균형과 이성적 정치참여를 원칙으로 하는 이

시민권력을 증진시켜 왔지만, 이는 정치사회의 약화 및 정당발달 지체현상의 기반하에 이룩한 성과로 '대표와 책임'을 원칙으로 하는 대의민주주의에 또 다른 균열을 던져 준 것으로 해석할 수 있다.[597]

운동적 시민사회와 미성숙한 정치사회가 불안정하게 공존하는 상황이 지속된다면 대의제 민주주의를 약화시키고 대중주의를 부추기는 부정적인 결과를 가져올 수도 있다. 다시 말해 운동적 시민사회와 미성숙한 정치사회가 불안정하게 공존하는 현재 상황이 지속된다면 시민사회가 대의제 민주주의를 약화시키고 대중주의를 부추기는 부정적인 결과를 가져올 수 있다.[598] 인터넷이 시민사회의 성장과 정치사회의 지체라는 불균형을 극복해 내지 못한다면 시민사회와 정치사회를 상호 충돌, 대립시키는 역할을 할 수도 있다. 대의제 민주주의의 한계로 인해 운동적 시민사회와 직접민주주의에 대한 수요만 존재한다면 대의민주주의의 위축은 시민사회의 과대한 팽창이란 바람직하지 못한 결과를 가져올 수 있다.[599]

성적 다원주의 모델이라고 정의했다. 모종린(2004), p.15; 최장집은 심의민주주의와 결사체 민주주의를 시민사회의 중심으로 정리한 개념을 이성적 다원주의라고 정의했다. 최장집, 『민주화 이후의 민주주의』(서울: 후마니타스, 2002) 참조.

597) 조희연, 이병화, 정대화 등은 인터넷의 발달이 시민사회의 성장과 정치사회의 역할 축소를 토대로 진행되고 있다는 점에는 공감하면서도, 이 같은 이유는 인터넷과 시민사회에 있는 것이 아니라 현실적 변화에 대응력을 상실한 국가와 의회, 정당 등 정치사회의 책임이라는 입장에 서 있다.

598) Kim, Sunhyuk. "Civil Society and Political Change in South Korea: The Origins, Contributions, and Legacies of an Oppositional Civil Society." *In Challenge of Political Change in Asia: The Role of Civil Society*, ed.(Muthiah Alagappa, 2002), p.41.

599) 모종린(2004), p.16.

〈표 5-3〉 인터넷 규제에 관한 국가와 시민사회의 대결 사례

사례	내용
2002년 대선	인터넷 신문의 선거보도와 정치인 팬클럽 활동에 대한 선관위 단속에 대한 네티즌의 반발
2004년 총선	정치 패러디물 규제를 두고 선관위와 네티즌 간 갈등
2006년 지방선거	인터넷 실명제 논란
2007년 대선	참여연대 등 6개 시민단체의 공직선거법 93조(대선 180일 전부터 특정후보에 대한 지지 혹은 반대 글을 인터넷에 올릴 수 없다는 조항)에 대한 헌법소원 제기
2008년 광우병 촛불시위	광우병괴담 논란에 따른 정부의 '사이버 모욕죄 신설' 추진에 네티즌 반발
2009년 인터넷 미네르바 구속	표현의 자유에 반한다며 미네르바 구속에 네티즌 반발

인터넷은 시민에게는 민주주의를 위한 훌륭한 수단이자 활동공간에 해당하지만, 국가와 자본에게도 각각 시민의 통제와 경제적 이익 획득을 위한 수단이자 활동공간에 해당된다. 따라서 인터넷이 민주주의를 위해 긍정적으로 활용되기 위해서는 시민의 비판적 현실인식과 주체적인 의식, 그리고 인터넷을 통해 역량을 결집해야 한다. 시민의 민주주의적 지향이 뚜렷하고, 추진역량이 강할 경우 시민의 입장에 기반을 둔 정부가 선출되고, 그러한 정부에 의해서 운영되는 국가는 자본의 역할을 민주주의 지향 내지는 적어도 반민주주의 경향에 대한 견제와 억제로 이끌 것이다. 이렇게 되면 인터넷은 민주주의적 매체로 자리 잡을 것이다. 주요 사회의제를 국가와 시장의 일방적 흐름에 내맡기지 않고 민주주의적 잠재력의 실현을 위해 노력하는 시민사회 영역이 더욱 중요한 의미를 부여받는 까닭도 여기에 있다. 인터넷 정치참여의 성장이 정치사회의 영역을 축소해서는 안 된다. 오히려 인터넷의 성장이 시민사회의 성장과 함께 정치사회의 성장을 촉진하는 제도적 장치마련에 노력을 기울여야 한다. 그래야 인터넷이 현실정치 영역에서 정치를 성장시키는 참여민주주의적 또는 대의민주주의적 함의를 달성할 수 있다.

제 **VI** 장

인터넷 정치참여의 대안:
시민참여책임정치 거버넌스의 모색

정치변화와 시민참여 거버넌스의 필요성

정보기술 혁명에 수반되는 현대정치의 특징은 정치의 핵심요소가 기존의 통치(government)라는 개념에서 거버넌스(governance)[600]의 개념으로 점차 대체되고 있다는 것이다. 이는 전통적인 국가 중심의 정치와 정책결정 체계의 근본적 변화를 의미한다.

공공정책 결정 영역은 전통적으로 정부의 독점적 영역으로 간주되어 왔지만, 이제는 시민사회의 구성원들도 참여하는 거버넌스의 영역이 되고 있다. 정보기술 혁명은 산업화시대와는 다른 새로운 거버넌스를 요구한다.

아울러 정보화 또한 디지털 정보의 무제한적 소통과 가상공간에서의 개인 정체성의 재구성에서 비롯되는 각종 도전들이 근대국가 이래 관료적 학습효과에 의존하고 있는 국가의 전통적인 통치를 무색케 만들고 있다.[601]

국가는 이제 명령보다는 조타(steer)에 의해 다스려져야 하고, 국가를 대신해 줄 수 있는 사회적 행위자들과의 다양한 관계망(web of relations)에 의해 의존해야 한다.

정치과정에서도 국가의 위계적 통치가 후퇴하는 대신 다양한 이

---

600) 일본에서는 거버넌스를 협치(協治) 혹은 공치(公治)라는 용어로 번역해 사용하고 있으나, 한국에서는 IT를 통한 새로운 형태의 거버넌스에 대한 논의는 다양하게 이뤄지고 있으나 아직 통일된 개념은 아직 부재하다. 이 때문에 '거버넌스'라는 용어를 그대로 사용하고 있다.

601) R. A. W. Rhodes. *Understanding Governance, Policy Networks, Governance, Reflexivity and Accountability*(Buckingham: Open University Press, 1997). 장우영, 『인터넷 규제와 거버넌스의 정치』(서울: 한국학술정보), pp.49 – 50에서 재인용.

해들이 표출되는 시민사회의 성장과 분권화를 촉진했다.

이처럼 국가중심의 통치능력이 약화되고 통치요구는 높아지는 상황에서 기존의 국민국가 중심의 단일 행위자 통치체계의 대안적 개념으로 거버넌스(governance)가 제시되고 있다.

〈표 6-1〉 거버먼트와 거버넌스의 차이점[602]

구분	거버먼트(government)	거버넌스(governance)
집행방식	통치	협치
권력의 원천	경성권력(강제력)	연성권력(공유된 목표)
권력배분	국가의 독점적, 배타적, 절대적 지위	다중적 권력공유(정부,NGO,기업)
조직형태	관료적, 위계적, 중앙집권적, 거대정부 중심	유연적 수평적 분권적, 공적-사적 부문간 균형, 정부혁신
관계의 방식	종단적, 단절적	다자적, 횡단적
출현의 시대	산업화 시대	정보화 시대
영역	국가공권력이 미치는 공식적 영역	국가, 시장, 시민사회, 글로벌

거버넌스는 전통적인 통치 패러다임의 변화와 변화된 환경에 대한 국가의 제도적인 대응을 의미한다. 즉 인터넷과 정부, 정부와 민주주의, 시민사회와 정치사회, 민주주의와 의사소통의 관계를 포괄적인 의미에서 전 국민의 적극적인 참여로 민주주의가 달성되는 인터넷 민주주의(e-democracy)의 전 단계로 간주할 수 있다.[603] 전통적 통치기반이 권위라면 거버넌스는 공유된 목표에 기반을 둔다. 전통적 통치가 중앙집권적이며 위계적, 배타적 통치를 의미하는 반면 거버넌스는 분권화와 수평적인 네트워크 그리고 분담과

---

602) 임혁백, "IT와 공공거버넌스의 새로운 패러다임", 『IT와 미래국가 발전전략 연구』 (서울: 정보통신정책연구원, 2005)에서 일부 수정 인용. 이형구·조형제·정준영 외 지음, 『정보사회의 이해』(서울: 미래 M&B, 2005), p.109에서 재인용.

603) Chadwick, Andrew. *Internet Politics: States, Citizen, and New Communication Technology* (Oxford: Oxford University Press, 2006), pp.229-256.

협력의 파트너십을 의미한다.

거버넌스 이론의 등장은 국가중심이론의 쇠퇴를 반영한 이론적 조류로 인식할 수 있다. 국가와 사회관계를 수직적이고 위계적인 형태로 유지하는 것보다는 양자를 수평적인 파트너 관계 또는 네트워크 관계로 운영하는 것이 보다 효율적이라는 점을 역설하는 것으로 이해할 수 있다.[604] 정치과정론의 시각에서 볼 때 거버넌스는 각기 다른 이해를 가지고 있는 광범위한 정치 행위자들이 특정의 공유된 정책목표가 있을 때 수평적 네트워크를 통한 응집적이고 자율적인 조정을 거쳐 결정에 이르는 방식으로 정의할 수 있다. 거버넌스 주체들 간에 이루어지는 새로운 형태의 상호작용과 협력 및 갈등에 기반한 특정집단이나 공동체 운영을 위한 조정방식으로 이해될 때 거버넌스 논의가 활발하게 진행되고 있는 분야가 사이버 공간이다. 인터넷은 점차 기술과 가상공간의 사회·정치적 의미가 재발견되고 통제구조가 정초되는 단계에 있기 때문에 거버넌스의 필요성이 더욱 큰 영역이다.[605]

거버넌스는 공동체 운영과 관련된 제도, 메커니즘, 운영방식을 다루는 것으로 기존의 통치나 정부를 대체하는 것으로 등장하여 그 개념이 확대되었다.[606] 정치학에서는 주체들 간의 다원적인 협

---

[604] 서창록·이연호·곽진영 지음, 『거버넌스의 정치학』(서울: 법문사, 2002), p.4.

[605] 곽진영, "뉴거버넌스와 주요이슈, 행위주체", 김석준 외, 『뉴거버넌스 연구』(서울: 대영문화사, 2000), p.226.

[606] 거버넌스는 법학, 사회학, 정치학, 행정학 등 여러 관점에서 논의가 가능하다. 학문 분야별 특성과 관심에 따라 다양하게 이해되고 있다. 행정학에서는 정부 중심의 시각에서 사회부문이나 시장을 관리하고 통치하는 새로운 국정관리 방식으로 해석된다. 반면 경제학에서는 시장중심적인 시각에서 자율관리체제로 해석되며, 사회학에서는 사회중심적인 시각에서 시민사회의 조절 양식이나 협력체계로 정의된다. 배영자, "사이버 공간의 거버넌스와 국제정치", 한국정치학회·김영래 엮음, 『정보사회와 정치』(서울: 도서출판 오름, 2001, p.251. Loder, Brian, ed. 1997. *The Governance of Cyberspace: Politics, Technology and Global Restructuring. Routledge* 참조.

력적 통치방식으로 이해된다. 기존의 정부와 같은 위계적이고 획일적인 관리방식을 통하여 통치하는 것이 아니라, 다양한 정치세력들과의 협의와 숙의(deliberation)를 거쳐 수평적으로 통치하는 것을 거버넌스라고 지칭한다. 정보기술의 발전에 따른 참여의 촉진, 참여범위의 확대, 참여의 질적 확대 등 사이버상에서 자율적 참여와 상호작용성의 강화를 배경으로 하고 있으며, 다수결의 한계, 정치로부터 국민배제, 정치과정의 회복과 새로운 통치체계의 형성 필요 등 대의민주주의의 한계를 극복하려는 노력이라고 해석할 수 있다.

민주적 거버넌스의 실현체계에 대해서는 다양한 방안이 제시되고 있으나 대의제와 정치연합, 자유롭고 공정한 선거를 보장하는 선거제도, 사법부의 독립, 정치과정에 적극적으로 참여하고 정부와 사적인 영역의 이익관계를 감시하는 시민사회, 자유롭고 독립된 언론의 존재를 들고 있다.[607]

거버넌스는 아울러 정부와 시장의 실패에 대한 극복방안으로 제시된 개념이기도 하다. 정부의 비독점적 공공재 공급, 비효율적 관료제 만연, 국가와 민간을 연결하는 협의적 정책과정의 부재 등 정부실패(government failure)와 시장조절장치의 부재, 시장의 감시자 역할의 필요 등 시장실패(market failure)의 극복방안으로 대두한 개념이다.[608]

김호기는 거버넌스는 민주화 시대에서 세계화 시대로 변화하는 과정에서 발생해 온 오래된 갈등과 새로운 갈등을 해결할 수 있는 대안이자, 생활정치, 참여정치, 위헌정치, 인정정치, 가치정치의 등

---

607) 안드라짓 바네지, "인터넷과 아시아민주주의에 관한 비판적 고찰", 황용석 옮김, 『아시아의 인터넷, 정치, 커뮤니케이션』(서울: 커뮤니케이션북스, 2005), p.10.

608) 송경재·조화순, "디지털 거버넌스: 정보사회의 국가·시장·시민의 미래", 『사회적 자본: 정부의 역할과 IT』, KDI, KISDI 컨퍼런스 자료집(2007). p.12.

장에 대처할 수 있는 새로운 의사결정 및 소통방식으로 평가되어야 한다고 지적했다.609)

이 밖에 제도론적 입장에서 보면 인터넷의 작동과 사용을 조정하고 관리하는 제도적 기제와 구조를 지칭하는 말로 메인네임체계(DNS) 문제를 둘러싼 새로운 제도와 절차의 형성이나 개인정보보호 문제, 전자상거래, 콘텐츠 규제, 지적재산권, 정보불평등 등 인터넷 관련 제반 문제를 다루는 것을 의미한다.610)

현재 인터넷 거버넌스의 주요 행위자들로 각국 정부, 세계저작권기구(WIPO)를 비롯한 국제적 조직들, ICANN(Internet Corporation for Assigned Names and Numbers) 등을 들 수 있다. 미국과 EU는 2005년에 인터넷 거버넌스 포럼(Internet Governance Forum)이라는 협의체를 만들어 각국 정부가 이곳에서 인터넷 정책 이슈들에 관해 토론과 권고를 하되 권한을 행사하지는 않는다는 원칙에 합의하기도 했다.

---

609) 김호기, "촛불집회, 거리의 정치, 제도의 정치", 2008년 6월 7일 성공회대 민주주의와 사회운동연구소, '촛불집회를 어떻게 볼 것인가' 토론회 발표문.
610) 김유향, "인터넷 거버넌스의 국제체제", 한국정치학회·김영래 엮음, 『정보사회와 정치』(서울: 도서출판 오름, 2001), p.228.

사회적 숙의 시스템의 모색

인터넷의 도입과 더불어 시민의 참여 및 표현 욕구가 많아지면서 정치·사회적 갈등은 전혀 새로운 국면으로 접어들고 있다. 수많은 사회적 갈등이 오프라인에서 정치·사회적 합의가 잘 이루어지지 않는 상태에서 온라인을 통해 여과 없이 갈등이 표출되고 있다. 오프라인의 사회적 갈등이 정화되지 못하고, 인터넷의 익명성, 선택성 등에 따른 분절화 등으로 온라인을 거치면서 더욱 갈등의 골이 깊어 가고, 이에 인터넷은 현실공간의 전자적 싸움터로 변질되기도 한다.

인터넷은 정치·사회적 갈등의 표출 사이에서 시민들에게 이러한 갈등 현안들에 활발하고도 적극적으로 개입할 수 있도록 해 주었지만, 때로는 집단 간 갈등을 증폭시키거나 새로운 사회적 긴장을 낳기도 하고 있다. 이로 인해 사회갈등이 이해당사자뿐 아니라 전반적인 사회적 관심사가 되어 결과적으로 관전자가 많아지는 결과를 낳았지만 이 과정에서 갈등이 해소되지 못한 채 갈등의 확산 및 재생산을 유발하는 역기능이 발생하기도 한다.[611]

더욱이 한국사회는 여러 가지 정치·사회적 갈등으로 사회 전체를 분열상태로 몰아가고 있으며, 조정역할을 수행해야 할 정치부문이 그러한 갈등현상을 제어하여 사회적 통합으로 이끌어 가지 못하고 있는 게 현실이다. 이 같은 배경에는 해방 이후 50년 동안

---

611) 서문기, "사회적 합의수준 제고를 위한 IT정책", 『사회적 자본: 정부의 역할과 IT』, KDI, KISDI 컨퍼런스, 2007년 9월 자료집, pp.58-73.

지속된 권위주의 문화, 냉전의 흑백논리, 대화보다는 투쟁이 지배
적인 정치문화, 직·간접적인 언론통제와 대항언론의 전투성, 토론
문화의 부재와 민주적 토론학습 기회의 부족 등에 기인하는 측면
이 강하다.[612] 이로 인해 한국사회는 공적인 규칙이나 제도화는 아
직까지 취약하며 수평적 네트워크보다는 수직적 권위에 의존하고
이를 동원하고자 하는 문화가 잉태되었다. 더욱이 2000년 이후 한
국사회의 집단 간 갈등은 그 이전시기에 비해 상당히 빈번하고도
광범위하게 표출되고 있다. 한미 FTA와 군사작전 통제권 환수, 의
약분업, 새만금 간척, 안면도, 굴업도, 부안 핵 폐기장 건설, 대통
령 탄핵, 행정수도 이전, 이라크 파병, 미군 장갑차 사망 사건, 황
우석 교수사태, 미국산 쇠고기 수입, 남북문제, 한미동맹 등에 이
르기까지 이념 간·세대 간·지역 간 갈등의 표출 등 적지 않은
사회적 긴장과 충돌을 수반하였다.

따라서 산업화 이후 정보화 사회의 새로운 틀을 기초로 정치·사회
적 갈등을 완화하고 합의수준을 제고할 수 있는 방안을 모색해야 한다.

갈등을 해소하고 합의를 형성하기 위해서는 정보의 역할이 중요
한데, 합의형성과정에서는 양질의 정보를 상호 공유해야 하며 합의
결과를 공론화할 수 있는 제반 사회적 조건을 데이터베이스(DB)화
함으로써 정보화 시대에 적절한 새로운 사회적 규범을 형성하는
것이 필요하다. 즉 시민참여책임정치 거버넌스의 구축의 전제조건
으로 사회적 합의형성을 위한 사회적 숙의시스템의 모색이 필요하
다 하겠다. 이를 위해서는 인터넷을 통해 국민들의 직접 정치참여
를 계속 확대해 나가야 한다는 입장과 참여의 양적 확대보다는 쌍
방향 토론과 심의(deliberation)의 활성화가 중요하다는 시각이 잘

---

612) 김종길·김문조, 『디지털 한국사회의 이해』(서울: 집문당, 2006), p.59.

조화돼야 한다. 다시 말해 사회적 합의 수준을 높이기 위해서는 숙의 민주주의 모델을 정책결정 과정에 적극적으로 수용할 필요가 있다. 숙의 모델은 모든 사람들의 이익을 동등하게 고려해야 한다는 원리가 시민들의 숙의과정 바로 그 자체에서 실현된다고 본다. 따라서 공공정책의 내용과 방향을 정하는 데 정치적 대표자뿐 아니라 일반 시민들의 참여도 중요한 것으로 간주한다.

'사회적 합의형성'이라는 개념이 갈등적 사안에 대한 이해당사자와 국가기관, 관여적 시민을 포함한 상호이해 및 조정 과정이라는 관점이 제기되면서, 개별적인 갈등적 사안에 대한 특수한 해결 방식의 모색을 넘어서, 효과적이고 효율적인 방식으로 사회적 합의형성을 이루기 위한 일종의 '사회적 숙의 시스템'의 구성이 필요하다는 인식이 대두되고 있다. 특히 사이버 공간에는 갈등과 대립은 있되 이를 합리적으로 조정할 수 있는 풍토가 마련되어 있지 못하기 때문이다.

서문기는 사회적 합의형성을 위해서 사이버 공간에 필요한 것은 일종의 사회적 숙의체계로서 인터넷 숙의 시스템의 형성이라고 주장했다.[613] 사회적 숙의시스템이란 예컨대 '새만금 간척개발 사업' 등과 같은 구체적인 갈등적 사안에 대해 당사자, 정부당국, 시민 등이 함께 참여하는 의견 교환 및 의사결정 체계를 의미한다. 발전된 정보통신 기반은 사회적 숙의 체계로서의 인터넷 토론공간을 제시하는 데 유리한 조건을 제공한다. 사회적 숙의 체계로서 인터넷 토론 공간은 현실적인 토론과정과는 달리 토론의 구조적, 규제적 조건을 통제할 수 있다는 특성을 갖고 있다. 한국에서 인터넷은 단순한 정보습득 매체가 아닌 정치적 토론의 매체로 자리 잡고

---

613) 서문기, 2007, p.67.

있기 때문이다.

그러나 한국사회는 공적사안에 대해 인터넷상에서 활발한 정치적 대화가 진행됨에도 불구하고, 아직까지는 이것이 사회적 합의와 상호이해의 단계로까지 발전되지 못하고, 현실의 갈등확인과 확산의 단계에 머물러 있다. 아무리 매체이용이 양적으로 확대되며, 커뮤니케이션이 활성화된다 하더라도 중대한 사회갈등 국면에서 상호성, 관용, 절차성, 합리성 등과 같은 규범이 확립되지 못한 채 수행되는 토론, 대화, 협상 등이 지배적인 사회적 커뮤니케이션 양태로 나타난다면 결국 끝없는 반목과 갈등을 겪을 수밖에 없다. 따라서 인터넷 매체가 현실적인 사회적 갈등의 통제를 위한 도구로 사용되기 어렵다. 다만 인터넷 기술의 통제가 사회갈등과 관련된 문제를 자동적으로 해결해 줄 수는 없지만 해결을 위한 대안의 검증과 검토, 대화 규범의 구성과 채택, 합의조건의 창출 등을 통해 사회갈등을 사회적 합의로 전환하는 데 기여할 수 있을 것으로 기대할 수 있다.

인터넷 숙의시스템 실현을 위해서는 <정보공유>, <공공토론>, <의사결정에 직접 참여>라는 3가지 단계를 통하여 실현될 수 있다.[614]

바커(Ernest Barker)는 민주주의를 공통의 문제에 대해 모든 사람들이 참여하여 토론하는 정치적 결정의 방법, 즉 토론에 의한 통치(government by discussion)라고 정의하였다.[615] 국민들의 정치참여가 단순히 공공문제에 대한 의사표현이나 여론형성에 그치지 않고 정책결정의 범위까지로 확대되게 된다. 결국 인터넷 숙의 시스

---

614) 김용철·윤성이, 2005, p.298.

615) 이극찬, 『정치학』(서울: 법문사, 1999), p.503.

템은 인터넷을 매개로 정치적 읽기와 쓰기 능력을 단련하고, 이의
정치적 효능감을 경험한 비판적 담론 공중들이 어떻게 상호성, 관
용, 절차성, 합리성 등과 같은 시민적 덕성을 개발할 수 있겠는가
하는 문제로 연결된다.[616]

빌헬름(Anthony Wilhelm)은 하나의 대안으로 분쟁해결 기술에 도
입되는 제3자에 의한 중재(mediation) 방식의 도입을 권장한다.[617] 둘
또는 그 이상의 당사자들이 의견의 차이를 논하고 있을 때 독립적인
제3자가 중재자(mederator) 또는 촉진자(faciliator)의 역할을 담당하면
서 당사자들이 핵심 쟁점에 초점을 두게 하고 합리적이고 서로 수용
가능한 해결이나 타협에 이르도록 도와주는 방식이다. 이 과정은
<쟁점의 확산>, <논쟁>, <우선순위화>, <증유(distillation)>의 4
단계를 밟는데 분쟁과 관련한 반론의 권리가 중요하다. 웹 관련 프
로그램을 포함하여 널리 이용 가능한 소프트웨어 자원의 이용을 통
하여 능력 있고, 신뢰성 있는 '촉진자'는 분쟁해결의 적절한 광장을
마련해 줌으로써 잠재적인 혼돈상태에서 질서를 마련해 줄 수 있다
는 것이다.[618]

그러나 현대사회에서 엘리트에 가장 부합하는 사람들은 바로 전

---

616) 오프라인과 온라인을 통해 사안에 대한 숙의 후 투표를 하는 방식으로 실험을 진행
한 스탠포드 대학의 피시킨과 러스킨 등의 숙의 여론조사(Deliberative Polling)연구,
펜실베이니아 대학의 카펠라와 프라이스의 전자대화 프로젝트(the electronic dialogue
project), 콜람과 괴츠의 시민연결망의 훼손 극복을 위한 연구가 숙의민주주의를 현
실화할 수 있는가에 대한 연구이다. 이 연구들은 인터넷 커뮤니케이션이 정치커뮤니
케이션에 긍정적인 효과를 유발한다는 점을 경험적으로 확인하고자 한 연구들로, 인
터넷 토론이 숙의민주주의이상을 실현할 수 있는 유용한 도구가 될 수 있다는 가능
성을 제시하고 있다.

617) Anthony G. Wilhim, *Democracy in the Digital Age: Challenges to Political Life in Cyberspace*
(New York and London: Routledge, 2000), pp.87 - 102.

618) 사이버 공간의 토론을 원활히 하기 위해 편집인과 사회자에게 많은 권한을 부여하
는 시스템에 관해서는 슬래쉬닷(Slashdot.org)홈페이지를 들 수 있다. 김용철·윤성
이, 2005, pp.292 - 293 참조.

문가라고 할 수 있는데, 이러한 전문가들은 특정한 분야에서는 전문적인 능력을 발휘할지 모르지만 사안의 중층적이고 종합적인 의미를 파악하는 데 있어서는 일반인들에 못 미치는 경우도 많고, 그들의 이익과 연결시키는 경우도 많아 숙의를 방해하는 요인으로 작용할 수도 있다.

황종성은 다차원적 전자정부의 발전단계 모형을 근거로 e - 거버넌스의 모델을 설명한다.[619] <정보제공 단계>, <상호작용 단계>, <전자거래 단계>, <질적변환 단계>를 거치는 유비쿼터스(ubiquitious) 시스템이 구축된다는 것인데, 질적변환 단계에서는 정부와 민간의 이분법적 경계가 사라지고, 정부와 민간의 정보네트워크가 상호 유기적으로 결합되는 거대한 국가신경망 체제가 구축될 수 있다는 것이다. 이렇게 되면 시민들은 통치의 객체가 아닌 주체로서 자신의 문제를 직접 토론하고 결정할 수 있는 책임과 권한을 지닌 행위자로 등장하게 되며, 이를 실질적으로 뒷받침하는 e - 거버넌스의 네트워크가 구축된다. 그 결과 위계적 관료제형 정부구조는 유연한 네트워크 조직으로 전환되며, 정부의 기능은 네트워크의 조정자로서 역할이 전환된다는 것이다.

모종린은 참여정부 시절 심의민주주의 실험의 대표적인 사례로 시도되었던 서울외곽순환고속도로 사패산 통과문제를 해결하기 위한 공론조사[620]에 주목한 뒤, 인터넷 시대의 시민참여 장치로서 선진국에서 실험 중인 심의투표(deliberative polling)제도를 중심으로

---

619) 황종성, "전자정부의 쟁점과 연구동향", 『정보화 정책』 제10권 3호(2003년 가을).

620) 노무현의 참여정부는 사패산 터널 문제가 환경단체 불교계 등 이해관계자들의 이견으로 문제해결이 어렵게 되자 표본추출을 통해 이해관계자와 종교계, 환경단체 등 대표성 있는 시민들을 뽑아 관련 정보를 제공, 토론을 벌인 뒤 1차 여론조사를 하고 다시 이들을 상대로 토론을 한 뒤 2차로 공론조사를 실시했다.

사회적 숙의 시스템을 구축할 것을 제의했다. 그는 심의투표를 모든 시민들이 의사결정과정에 직접 참여하여, 합리적으로 사회적 갈등을 해소한다는 민주주의의 고전적 이상을 현대의 과학기술을 통해 실현하려는 시도라고 지적했다. 정보와 지식이 부족한 상태에서 투표하는 대부분의 일반 유권자들과 달리 심의투표에 참가한 유권자는 사회 쟁점에 대해 후보자와 전문가와 장시간 토론한 다음 자신이 선호하는 후보자와 정책대안을 선택하는 방법으로 참가자들을 무작위로 추출하여, 참가자의 대표성을 확보하고 TV 및 인터넷 중계를 통해 심의의 효과를 전국적으로 확산시키는 것이다.[621]

피시킨(Fishkin)과 러스킨(Luskin)은 시민 누구나 샘플링(sampling)에 의해 심의투표에 참여해서 서로 충분한 토의를 할 수 있기 때문에 심의투표가 정치적 평등과 심사숙고를 동시에 만족시켜 주는 민주적 참여제도라고 강조했다.[622] 한국에서는 2005년 처음으로 재정경제부가 부동산 정책 입안을 위해 심의투표를 실시한 적이 있다.

박동진은 국민의 의견을 효과적으로 수렴하기 위한 정부기관의 의견수렴 체제 정비의 필요성을 강조하면서 소위 '정보중개 계층'의 중요성을 역설했다. 그는 인터넷의 숙의적 조건을 마련하기 위해서는 정보중개 계층의 활동과 정책 과정 사이의 연계를 강화해야 한다. 정보 중개 계층은 정보의 양이 급증하는 인터넷 시대에 복잡한 정책 문제를 조명하고 이해하기 쉽게 설명하여 정부와 일반 국민을 연결시켜 주는 고리 역할을 수행해야 한다고 주장했다.[623]

이현우는 호주의 e-consultation 기반의 시민사회모델을 숙의시

---

621) 모종린(2004), pp.73-80.

622) J. Fishkin and R. Luskin, *Experimenting with a Democratic Ideal: Deliberative polling and public opinion, presented at the swiss chairs's conference on Deliberation*(2004), p.6.

623) 박동진(2002), p.190.

스템의 사례로 제시했다.624) 이는 호주 빅토리아 주 의원들의 제안에 의해 시작된 것으로 정치논쟁의 질을 높이기 위한 온라인 시민참여 프로젝트로 강건하고 자율적인 호주 시민사회 조성을 목표로한 것이다.

임혁백은 민주적 정책공론장을 통한 심의적 결정방식에 대해서는 3가지 방식을 제시했다.625) 첫째, 선거에서 공약을 통해 위임받은 정책사안의 경우 구체적 정책대안을 수립한 뒤 정책토론회, 정책세미나, 정책 공청회를 통해 국민적 동의의 기반을 확대하면서추진할 수 있다. 둘째, 집단 간의 첨예한 이익갈등을 야기할 수 있는 정책사안의 경우 민주적 조합주의(coporatism)의 모델을 통해 이해당사자들이 갈등의 비용을 분담하는 타협에 의해 문제 해결을 시도할 수 있을 것이다. 셋째, 정책의 소비자가 쉽게 동의하기 어려운사안의 경우 사전에 관련 정책의 소비자와 공급자를 참여시켜 충분히 논의한 뒤, 정책 공론장을 열어 심의를 통해 자발적 공동결정에도달하는 심의민주주의 방식을 통해 문제를 해결해야 한다.

노벡(Beth Simone Noveck)은 인터넷 숙의시스템 형성의 조건을접근성, 무검열성, 자율성, 책임성, 투명성, 평등성, 다원성, 포괄성,사전정보력, 공공성, 용이성 등 11가지로 설명하고 있다.626)

이상과 같은 학자들의 연구결과들을 종합할 때 인터넷 정치의대안으로서 중심적 대안으로 제시된 사회적 합의형성을 위한 숙의

---

624) 이현우(2004), p.74 - 86.

625) 임혁백, "민주주의와 권위구조: 탈권위주의에서 민주적 권위의 구축으로", 정치사회와 권위구조의 변화", 『한국사회 어디로 가나: 권위주의 이후의 권위구조, 그 대안의 모색』(서울: 굿인포메이션), 2005, p.137.

626) Beth Simone, Noveck. 2004. "Unchat: Democratic Solution for a Wired World." in Peter M. Shane(Ed.). *Democracy Online: The Prospects for Political Renewal Through Internet*(New York, NY: Routledge) pp.21 - 24.

시스템의 구축을 위해서는 다음과 같은 과제들이 적극 추진되어야 한다.[627]

첫째, 예방적 갈등관리 시스템이 구축되어야 한다. 사회 갈등의 사전 조율을 위해서는 먼저 정부-민간전문가-시민단체 간의 정책 네트워크를 구축하고, 이를 통해 시민단체를 포함한 시민사회의 적극적인 참여와 의제형성을 반영할 수 있는 논의구조를 마련해야 한다.

둘째, 갈등조정 기구에 실질적 권한이 부여되어야 한다. 다수의 이해당사자가 관련된 복잡한 갈등을 해결하기 위해서 무엇보다 중요한 것 중 하나는 권한 있는 조정자의 역할이다. 이들에게 실질적 권한을 부여함으로써 시민사회와 정부, 그리고 정부 내 다양한 입장과 이해관계의 통합, 조정 기능을 수행하게 해야 한다. 복잡한 갈등 사안의 효과적 해결을 위해서는 전문가로 하여금 정교한 문제해결 프로세스(Process)를 설계하고, 이에 따라 생산적인 방향으로 논의를 진행하도록 운영과정을 유도하는 것이 바람직하다. 더불어 정책평가 시스템을 통해 기존 정책 추진 및 추진방식에 대한 검토 작업을 수행하고, 향후 갈등조정 과정에 이를 적극적으로 반영할 필요가 있다.

셋째, 사회적 합의 형성을 위한 구체적인 제도가 마련되어야 한다. 시민참여와 합의 형성의 적극적인 제도화는 단순한 갈등해소의 차원이 아니라, 아래로부터의 여론의 반영을 제도적으로 보장하고 반영함으로써 새로운 가치, 주체, 상호작용이 정책과정에 포함되는 계기를 부여할 수 있다. 시민사회 참여와 합의 형성의 제도화를 위해 무엇보다 중요한 것은 이해당자들의 폭넓고 개방적인 참여가 보장되어야 하고, 참가자들이 실질적 권한과 책임을 공유해야 한다.

---

627) 김호기, "거버넌스의 4가지 과제", 2008년 6월 7일 성공회대 민주주의와 사회운동연구소, '촛불집회를 어떻게 볼 것인가' 토론회 발표문, 보론(1).

시민참여책임정치 거버넌스의 모색

이상과 같은 문제의식을 바탕으로 할 때 한국에서 강화되어야 할 인터넷 민주주의모델은 시민사회와 정치사회 간의 균형과 정치참여 영역 간의 이성적 정치참여를 구현하는 모델이라 할 수 있다. 이성적 정치참여 모델의 조건은 시민참여 기회와 통로를 최대한 확보하는 것이며, 시민의 정치참여를 적극적으로 확대하는 동시에 정치참여에 따르는 책임을 강화할 수 있는 새로운 시민참여 책임정치의 모델개발이 시급한 과제이다.

인터넷을 한국 민주주의의 훌륭한 도구로 사용하기 위해서는 하버마스의 복수적 공론장(multiple public spheres) 개념을 원용한 '이원적 심의정치(two tracks deliberative politics)' 모델이 제시될 필요가 있다. 이원적 심의정치란 하버마스의 '복수의 공론장' 개념을 현실정치에 확장한 것으로 의회 안의 '내부 공론장'과 의회 밖의 '외부 공론장'이 활발한 의사소통을 통해 생산적인 긴장과 협력관계를 유지하는 정치를 말한다. 한국사회에서 이원적 심의정치가 활성화되기 위해서는 무엇보다 정당과 시민사회가 균형과 현대화를 토대로 제도화되어야 한다. 정당과 시민단체가 국가와 시민사회 사이의 생산적인 매개자로서의 역할을 담당하게 될 때 민주주의의 공고화는 빠른 시일 내에 성취될 수 있을 것이다. 이원적 심의정치를 활성화하기 위해서는 시민참여 책임정치 거버넌스(governance)를 형성하는 일이다.

오늘날에는 시민사회 동의를 구하지 않은 정책이 실효를 거두기가 결코 쉽지 않다. 특히 정보사회의 진전은 시민사회의 참여를 비약적으로 증대시켰으며, 그 결과 오프라인 공론장 및 온라인 공론장이 정책결정에 직·간접적으로 큰 영향을 미치고 있다. 이런 상황은 시간이 다소 걸리더라도 국가와 시민사회가 함께 협의하고 결정하는 거버넌스를 요청하고 있다. 그러나 거버넌스 모색 시 시민사회 활성화와 프로젝트는 운동주의 경향을, 정당정치 활성화 프로젝트는 정치주의 경향을 갖는 것이며 양자는 실천과정에서 충돌할수 있다는 점에 주목해야 한다. 양자가 충돌하지 않게 하기 위해서는 학문적 진단은 구체적이고 치밀해야 하며, 정치적 사회적 실천과정에서는 세심한 배려와 정교한 프로그램이 필요하다.[628] 그것은 대의민주주의적 수렴을 통해 안정적으로 제도화되는 것이어야 한다.

따라서 한국 민주주의 현 단계에서 책임정치 거버넌스를 실현하기 위해서는 다음과 같은 책임정치 구상이 필수적이라고 생각한다.

첫째, 시민사회와 정치사회의 상보적 결합이 필요하다. 이를 위해서는 시민사회와 정치사회 모두 질적 전환과 책임성 제고를 통한 긍정적 혁신이 필요하다. 시민사회와 정치사회, 그리고 중간 매개집단이 관계가 일방적이지 않고 상호 보완적 협조관계를 모색하면서 성숙한 수준의 정치로 발전하는 사회가 이성적 다원주의 사회이다. 인터넷 민주주의를 달성하기 위해서는 정당, 언론, 의회 등 정치적 매개집단의 성숙함과 역할 제고가 필수적이다.

먼저 시민사회의 측면을 살펴보자. 2008년 촛불시위에서 볼 수 있듯이 개인주도의 대중운동방식의 인터넷 정치참여가 표출되었다

---

628) 정대화, "촛불항쟁과 현단계 한국 민주주의의 과제", 『촛불이 민주주의다』(서울: 해피스토리, 2008), p.163.

는 것은 시민단체들이 시민들의 신뢰를 잃었다는 증거이다. 이는 시민사회가 변신이 필요함을 시사하는 것이다. 시민단체들은 그간 오프라인 방식의 관행에서 과감하게 벗어나야 한다. 이를 위해서는 시민사회의 대표성 제고와 공공성 강화가 이루어져야 한다. 거버넌스가 활성화되고 제도화되기 위해서는 시민사회 주체들의 성찰성과 자기관리 능력이 제고되어야 한다. 이를 위해 시민단체의 대표성과 공공성 강화가 필요하다. 또 거버넌스가 원활히 운영되기 위해서는 대표성을 가진 시민단체가 권한과 책임을 공유하고 공공이익을 고려한 생산적인 타협방안을 제시할 필요가 있다.[629]

정당을 중심으로 한 정치사회도 그 역할 제고와 변화가 필연적으로 요구된다. 인터넷을 통한 '전자적 방법'에 의한 국민적 요구에 냉담한 정치인과 정당은 국민적 지지를 받지 못할 것이라는 시민사회의 강력한 반응성이 요구된다. 여전히 한국정치에 막강한 영향력을 지닌 정당, 국회, 국회의원, 오프라인 언론 등 기존 정치매개 집단의 건전한 역할이 필요하다. 이들이 정치정보 흐름에 있어 토론과 심의의 건전한 제도적 매개집단 역할을 할 수 있도록 할 필요가 있다.

특히 정당의 변화가 필수적이다. 웹 2.0시대의 특성을 제대로 이해하면서 이런 변화에 적응하는 새로운 모델을 찾는 것이 더욱 적절하다. 새로운 정당조직 모델에서 가장 중요한 점은 웹 2.0시대의 취지에 맞게 정당이 자발적 참여의 중심이 되는 일종의 개방된 플랫폼으로 기능하도록 변모하는 일이다. 웹 2.0시대에 맞는 새로운 정당 모델로는 일사 분란한 위계적인 조직보다 일종의 정치적 연대, 연합의 중심체로 기능하는 조직을 생각해 볼 수 있겠다. 정당

---

629) 김호기(2008).

이 고유한 이념적, 정책적 정체성을 지니더라도 이를 느슨하게 정의함으로써 사회의 다양한 목소리를 담아내는 개방적인 정치적 네트워크의 허브(hub)로 자리 잡도록 하자는 것이다.[630]

네트워크형 정당조직은 자발적인 참여자가 많지 않다는 현실의 문제를 해결하면서도, 정당이 조직체로서 유지되고 시민사회와 국가를 잇는 채널로서 수행해 온 전통적인 기능도 계속해 나갈 수 있을 것이다. 그동안 정당은 집합적 행동을 보장하는 '시민권적 개념'에서 그 존재의 근거가 부여되었다. 그렇기 때문에 정당은 대중정당으로 전환할 수 있었으며, 작게는 이익집단의 동원에 기반 해 그 존재영역을 확산해 왔다.

그러나 인터넷은 계급과 이익의 그 집합적 규모에 큰 변화를 초래하고 있으며, 이러한 사회적 기반 위에 서 있는 정당은 새로운 자기조직화 과정의 방향 및 비전을 발견하지 않으면 안 되는 기로에 놓여 있다. 정당이 인터넷 시대에 한국정치의 새로운 영역으로 자리 잡기 위해서는 우선 온라인의 자유스러움, 자발성이 보장돼야 한다. 다양한 커뮤니케이션 욕구를 충족시켜야 하며 정치관심은 있으나 정당은 꺼리는 다양한 계층의 참여를 보장해야 한다. 또 새로운 정치 활동 영역이 확장돼야 한다. 정당 내 의사소통에의 참여, 자발적인 개인적·집단적 온라인 홍보활동 및 조직활동이 가능해야 한다. 이를 위해서는 쌍방향성으로 인한 정당, 정치의 민주화가 선행돼야 함은 두말할 필요가 없다. 정당 내의 의사소통이 쌍방향성을 통해 지시에 의해서가 아닌 자발적인 정치 활동이 가능해야 하고, 국민들과 정당 간의 직접적이고 능동적인 의사소통이 필수적이다. 아무리 훌륭한 시스템을 구축한다고 해도 이를 운영하

---

630) 강원택(2008), p.135.

는 당원들의 디지털 마인드가 구축되지 못하고 있다면 실효를 거둘 수 없다. 특히 한국 정당들은 유동성이 아주 높아진 유목형 조직으로 변해 가고 있는 만큼, 서로 타협하고 조정하는 설득적 권력을 중시하는 마인드의 전환이 필요하다.

시민사회와 정치사회의 균형도 필수적이다. 시민사회가 정치사회 발전에 영향을 미치듯이, 정치사회도 시민사회 발전의 중요한 변수가 된다. 시민사회와 정치사회 모두 성숙한 수준으로 발전한 사회가 이성적 다원주의 사회이다. 정당의 역할도 중요하다. 정당의 매개 없는 이익의 표출은 강자의 이익을 과대 대표하는 결과를 낳는다.[631] 정당민주주의가 기초를 튼튼히 하면서 대중 참여의 기반을 넓히는 방법으로 시민사회가 직접민주주의의 요소를 활용하는 것은 좋겠지만, 그렇고 않고 반정당, 반정치의 이데올로기를 동반한 직접민주주의나 반대의적 민주주의를 무비판적으로 불러오는 것은 바람직하지 않다.[632]

둘째, 참여민주주의와 심의민주주의, 대의민주주의 모델의 상보적 결합의 모색이 필수적이다. 심의민주주의는 대화, 토의, 토론, 심의를 통해서 자신의 선호를 교정하여 합의된 결정에 도달하는 직접적이고 참여적인 민주주의이다. 대화, 토의, 심의에 의한 시민적 합의를 통해 집단적 의사를 형성하는 심의민주주의 방식은 결정된 의사의 정당성과 권위를 높여 주고, 대표는 과단성 있게 시민적 합의에 기초한 결정을 추진할 수 있는 권위를 갖는다.

그러나 문제는 개별 시민들이 심의자원(deliberative resource)의 희소성의 문제를 안고 있기 때문에 심의적 결정은 현실적으로 항

---

631) 최장집 · 박찬표 · 박상훈(2007), p.31.
632) 위의 글, p.33.

상 가능한 것이 아니라는 점이다. 많은 개별 시민들은 심의에 참가할 수 있는 시간이 충분치 않거나, 심의에 참가할 수 있는 전문성이 부족하거나, 정치적 문제에 대한 관심도가 약하거나, 심의참여에 대한 심리적 안전도가 낮다는 문제를 안고 있다. 이럴 때 시민의 심의능력이 낮을 경우 대의제 민주주주의 틀 내에서 민주적 권위를 확립할 수 있는 방안을 찾아야 한다. 심의민주주의와 대의제 민주주의 간의 적절한 분업을 통해서 민주적 권위를 증대시켜 나가야 한다.

이에 한국정치에서 시민참여 거버넌스를 모색하기 위해서는 대부분의 일상적인 정치적·정책적 사안들은 대의기구에서 처리하는 대의민주주의 방식을, 사회적으로 첨예한 갈등을 야기하는 사안에 대해서는 이해당사자, 시민단체, 지식인 사회가 참여하는 공론장을 열어 결정하는 심의민주주의 방식을 적용해야 한다. 임혁백은 민주적이고 권위적인 결정을 내릴 수 있는 권위구조는 대의민주주의와 심의민주주의라며 대의민주주의와 심의민주주의의 결합이 필요함을 주장했다.[633] 대부분의 일상적인 문제, 즉 비논쟁적이고, 법과 원칙에 따라 일상적으로 결정되고 처리될 수 있는 문제에 관해서는 민주적 선거를 통해 권력을 위임받은 대표와 정부 당국자의 손에 맡기고, 사회적으로 첨예한 갈등을 야기하는 사안에 대해서는 이해당사자, 시민단체, 지식인 사회가 참여하는 공론장을 열어 정책을 결정하는 심의민주주의적 방식을 적용해야 할 것이다. 이것이 대의민주주의와 심의민주주의의 상보적 결합이다.

바버(Barber)와 같은 강력한 민주주의 옹호자들은 국민투표와 국민발안의 적극적인 활용, 지역조직으로서의 분권화, 지역문제 해결

---

633) 임혁백(2005), p.117.

을 위한 풀뿌리 조직의 동원 등을 통해, 좀 더 풍부한 시민토론과 직접적 의사결정의 기회를 허용하는 방향으로 국가의 거버넌스 형태가 진화할 필요가 있다고 지적한다.[634]

아울러 인터넷 정치참여에 있어 참여민주주의와 심의민주주의의 조화도 절실히 요구된다. 참여에 치우칠 경우 심의의 미숙으로 인해 참여의 질이 떨어질 가능성이 있고, 심의에 치우칠 경우 참여의 개방성을 가로막을 수 있기 때문에 참여와 심의의 적절한 조화가 필요하다. 참여가 의사결정 체계에 있어 국민의 요구에 보다 반응적이고 개방적인 역할을 함으로써 의사결정 과정의 폭을 확장시킨다고 한다면 심의는 보다 깊은 논의 과정을 통해 의사결정의 깊이를 심화시킬 수 있다.

셋째, '제도의 정치'와 '행동의 정치'의 상보적 결합이 요구된다. 정치를 제도권 정치로만 등치시키는 건 문제가 있다. 한국사회는 반드시 제도 민주주의와 광장의 민주주의를 포괄하는 이중의 전망을 가져야 한다.

인터넷과 거리의 정치는 이미 한국의 정치변화에서 커다란 역할을 수행하고 있다. 1987년의 6월 항쟁, 2002년 월드컵 붉은악마의 집단적 거리응원 후 여중생 장갑차 사망사건, 2004년 대통령 탄핵반대 운동, 2008년 광우병 소고기 수입반대가 그것이다. '광장의 정치'를 일탈적 현상으로 보기보다는 일상적 정치현상의 하나로 보고 정치발전에 건강한 역할을 할 수 있는 방안에 대한 모색이 필요하다.[635] 민주화 이후 20주년이 지났음에도 불구하고 한국정

---

634) Benjamin R. Barber(1999), pp.573 - 590.

635) 이병천, '촛불집회와 한국 민주주의' 토론회, 세교연구소, 참여사회연구소, 경향신문 공동주최, 2008년 6월 16일, 오마이뉴스, 2008년 6월 16일.

치에서 정당정치는 여전히 미성숙되어 있으며, 이에 비례하여 '거리의 정치'가 분출해 왔다. 정당은 시민사회의 다양한 의사들이 결집되는 지점이며, 의회는 바로 이 정당들이 활동하는 제도적 공간이다. 정당이 물론 시민사회의 의사를 모두 반영할 필요는 없다.

하버마스도 지적했듯이 의회 밖의 공론장에서는 하나의 이슈에 대해 복수의 공론장이 존재할 수 있기 때문이다. 하지만 이런 복수의 견해들이 의회 내의 공론장을 경유하면서 정당성을 갖는 법안으로 법제화된다는 점에서 시민사회와 정당정치, 다시 말해 거리의 정치와 제도의 정치는 생산적인 긴장 및 협력을 유지할 필요가 있다. 현재의 제도정치의 불안정은 사회가 급변하는 속에서 제도정치가 이를 충분히 반영하는 식으로 구조화되어 있지 않기 때문이다. 제도정치와 직접정치의 상응성이 중요하다. 이런 점에서 제도화된 정치는 언제나 자신과 괴리되어 있는 사회의 요구와 이해에 상응하도록 스스로 혁신하고 재구성되어야 한다. 직접행동정치와 제도정치의 상호의존적이면서 긴장 갈등관계가 지속되는 '투 트랙(two track)'의 민주주의 틀 속에서 바라보고 발전시켜 가기 위한 고민이 필요하다.

넷째, 디지털 시민성의 확립이 필수적이다. 디지털 시민성(digital citizenship)은 근대적 인간이 자신만을 위한 협애하고 이기적인 이익을 자제하고 공동의 이익에 우선권을 부여하고자 하는 자발적인 의지, 즉 공공선과 포용적 집단성을 획득하기 위해 개인의 이익을 희생하려는 자발적인 태도를 의미한다.636) 인터넷의 참여적, 민주적 잠재성을 극대화할 수 있게 하기 위해서는 사이버 공간상에 공공 건

---

636) E. Shills, *The Virtue of Civility: Selected Essays on Liberalism*(Indianapolis, IN; Liberty Fund, 1997). 김용철·윤성이(2005), p.287에서 재인용.

축물(cyber public architecture)을 만들어야 한다. 인터넷 민주주의를 실현하기 위해서는 정치의 정보화를 민주주의 이념 틀과 연계시켜 보려는 이해와 접근태도가 중요하다. 인터넷 민주주의는 정치적 절차와 효율성의 증진만으로 민주주의를 유지하려는 '얄팍한 민주주의(thin democracy)'의 성공만으로는 안 된다. 인터넷 민주주의가 성공하기 위해서는 심의를 기반으로 한 정치적 안정성을 통해 정의를 실현하는 '깊이 있는 민주주의(deep democracy)'가 필요하다.

정보기술이 아무리 발달하더라도 그것이 미치는 영향은 그 기술을 사용하는 주체에 달려 있다. 정보통신 기술은 그 자체로서는 중립적이라는 말이다. 정보가 없어서 민주주의가 제대로 돌아가지 않는 것은 아니다. 문제는 정보가 아니라 정치 그 자체이다. 정치가 잘되고 잘못되는 것을 인터넷과 같은 미디어에서 찾으려는 태도는 미디어 중심주의적 사고의 함정에서 벗어날 수 없게 한다. 인터넷 정치의 연구는 인터넷이 민주주의에 기여할 수 있는가 하는 문제는 현실정치의 문제이지, 인터넷의 문제가 아님을 분명하게 하는 데서 출발해야 한다.

제 VII 장

결 론

인터넷이 한국정치에 도입된 지 10여 년이 지난 지금 인터넷은 한국의 정치, 특히 민주주의에 어떤 영향을 미쳤을까?

한국에서 인터넷은 시민참여의 위기를 극복하는 데 상당한 역할을 해 왔다. 인터넷은 또 시민과 정치인이 정치적 의사결정과정에 깊숙이 관여하는 정치커뮤니케이션 체제에 변화를 가져오기도 했다. 인터넷은 한국정치에서 수많은 개인들이 상호 교류하고 연대해 하나의 거대한 정치의 주체로 나설 수 있는 의사소통의 기제로서 훌륭한 역할을 담당했다.

정치적 담론과 이행에 있어 인터넷의 역할은 대중들로 하여금 더 많은 정치정보를 소비하게 하고 참여를 촉진시켰다. 기존의 미디어보다 인터넷은 기존 정치구도를 상당히 바꾸어 내면서 민주화를 위한 발전 가능한 도구로 작용한 것이다. 인터넷의 확산은 기성권력의 강화보다는 새로운 세력의 부상과 대항세력이 효과적으로 정치투쟁을 전개할 수 있는 길을 열어 주었다. 대의민주주의하에서 무기력하게 여겨졌던 개별시민들이 인터넷 정치참여의 직접적 참여자가 되어 자유롭게 정치정보를 주고받고, 토론하며 의제를 설정하는 등 적극적 정치주체로서 역할을 재정립할 수 있었다.

본문에서 살펴본 바와 같이 한국에서 인터넷 정치참여는 시민사회의 정치개혁 추진의 강력한 기제로 작용했고, 정치적 권위구조를 민주적으로 변화시켰으며, 의제설정 권력을 변화시켜 정치적 소외를 극복할 수 있는 가능성을 제시했다. 다시 말해 한국에서 인터넷은 시민의 공적인 삶을 뒷받침하는 공동체적 사회적 관계의 재정립에 성공했다고 평가할 수 있다.

이런 관점에서 이 책은 인터넷이 한국의 민주주의에 어떤 영향을 미쳤는지 이론적 분석틀을 동원해 살펴보았다. 특히 인터넷 정치참여가 참여민주주의(participatory democracy)와 대의민주주의(representative democracy)에 미친 영향에 대해 연구의 초점을 맞췄다.

아울러 이 연구는 인터넷이 한국정치에 미친 종합적인 영향력과 효과를 측정해 보는 데 초점을 두었다.

본 연구는 인터넷이 한국정치에 도입된 1990년대 후반부터 현재까지 10여 년 동안 이뤄진 주요 인터넷 정치사례를 분석대상으로 했다. 인터넷 도입 이후부터 현재까지 한국의 PC통신망과 인터넷 등 사이버 공간을 매개하거나 또는 활용하여 이루어졌던 인터넷 정치과정을 분석했다. 이를 통해 인터넷이 참여민주주의와 대의민주주의에 미친 영향을 구체적으로 분석해 보았다.

〈그림 7-1〉 논문의 연구결과 개념도

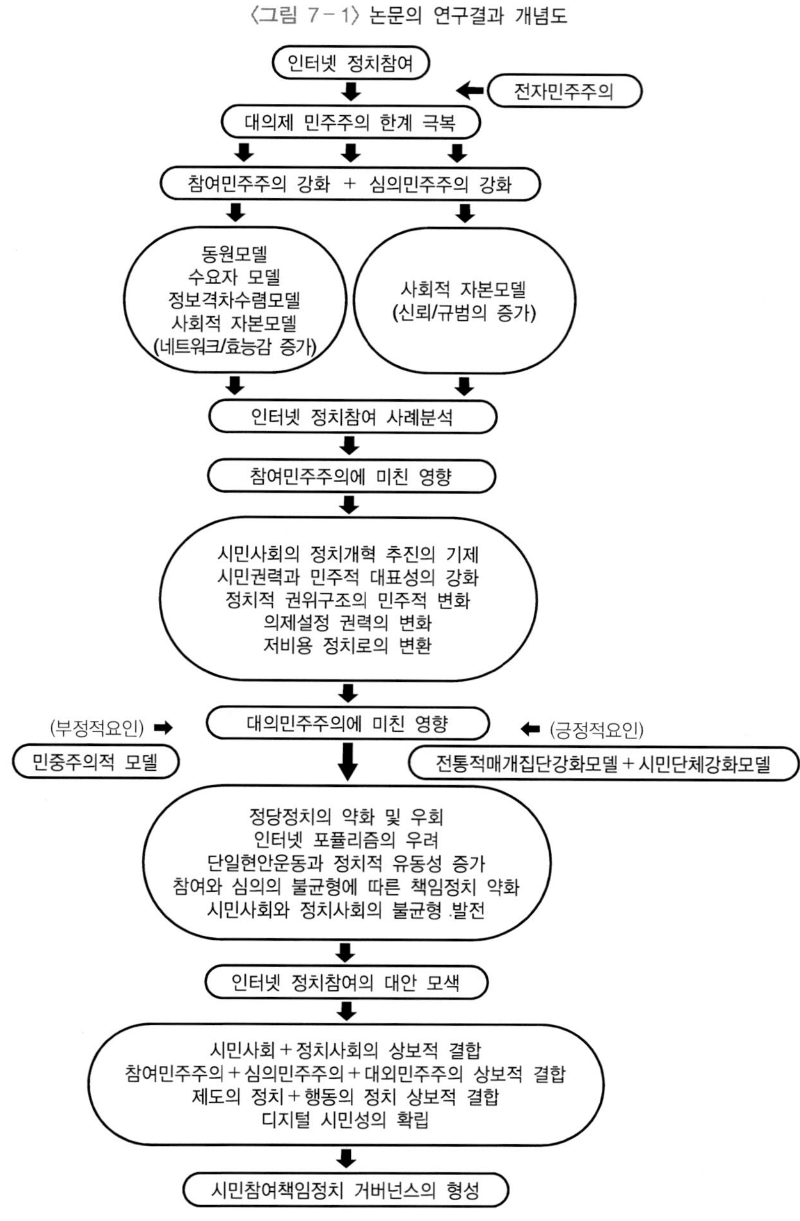

　이 연구는 대의민주주의 문제점을 해결하기 위해 정보화 시대의
도래와 함께 민주주의의 새로운 패러다임으로 등장한 전자민주주
의, 참여민주주의, 심의민주주의 등 3가지 민주주의 이론의 상관성
을 통해 인터넷 정치참여의 다양한 민주주의 양상을 검토한 뒤 참
여민주주의와 대의민주주의에 어떤 상관관계를 지니고 있는지를 살
펴보았다. 이 같은 문제의식을 바탕으로 이 연구에서는 인터넷 민
주주의의 주요 연구모델로 활용되고 있는 동원모델과 강화모델, 매
개집단 강화모델과 민중주의적 모델, 수요자중심모델과 공급자중심
모델, 정보격차수렴모델과 계층화모델, 사회적 자본모델 등을 종합
적으로 살펴본 후, 이를 한국의 인터넷 정치참여의 분석틀로 활용
했다. 지금까지의 연구들은 인터넷 민주주의 연구모델을 개별적 연
구차원의 분석틀로만 활용해 왔다.

　또 인터넷 정치참여의 현실적 유형에 대한 이론화 작업을 거쳐
사례분석의 현실적 분석토대를 마련했으며, 이를 통해 사례분석에
서 설명할 수 없는 인터넷 정치참여의 유형별 특징을 개관할 수
있도록 했다. 사례분석에서는 6개의 주요 정치사례를 선별해 다양
하고 구체적인 분석을 실시했으며, 여기에 이론적 분석틀에 대한
연계성도 관찰했다.

　<그림 7-1>에 나타난 것처럼 본 연구는 인터넷 정치참여가
실제 한국의 참여민주주의와 대의민주주의에 미친 영향을 고찰하
기 위해 인터넷 정치참여 분석 방법론으로 활용되고 있는 5개의
개별적 분석모델을 상호 유기적으로 통합해 새로운 분석틀로 활용
하는 '통합형 분석모델'을 통해 지난 10여 년간의 주요 정치사례
를 고찰해 보았다. 이 같은 분석방법은 기존연구방법에 비해 한국
에서 인터넷정치를 총체적으로 고찰 할 수 있다는 점에서 나무보

다 숲을 보는데 유리한 분석모델이 된다.

이 연구가 기존 연구와 분명한 차별성을 갖는 점은 인터넷이 한국의 현실정치를 구체적으로 어떻게 변화시켰는지에 연구초점을 맞추고 있다는 것이며, 그 결과를 가지고 참여민주주의와 대의민주주의 문제로까지 평가의 수준을 끌어올려 보려고 했다는 점이다. 이 같은 작업은 앞으로 인터넷 정치가 어떻게 나아가야 하는 것인지 그 좌표를 설정하는 작업과 맥락을 같이한다고 할 수 있다.

인터넷 정치참여의 확대는 민주주의 이념과 내용을 획기적으로 확장시켜 정치과정이나 민주주의 체제의 성격 변화에 많은 영향을 미치고 있다.

그러나 인터넷을 통해서 기술적으로 정보전달이나 정보습득이 편리해진다고 해도 이것이 반드시 시민들의 높은 관심이나 활발한 정치참여로 직접 이어져 정치발전으로 연결되는 경우도 많지 않다.

이 같은 관점을 바탕으로 이 연구에서는 심의민주주의가 참여민주주의를 보완할 수 있는 유효한 시각이 될 수 있다는 점에도 주목해 한국의 인터넷 정치참여를 분석해 보았다.

이 연구에서 선정한 6가지 사례를 검토한 결과 한국에서 인터넷의 힘은 사회적인 힘에서 점차 정치적인 힘으로 이동했다. 인터넷 도입기에 각종 온라인 정보민주화 운동 등 정책운동으로 시작되어, 사회운동으로 진화되었다.

한국에서 인터넷 정치참여는 방법론상 온·오프라인 참여의 효과적인 결합 전략이 주요하게 사용됐다. 인터넷 정치참여의 미래 향방 및 성공 여부가 어떠할지는 정보통신기술의 발전, 이를 활용하는 시민들의 특성과 조건 및 능력, 이들에 의한 온라인 전략과 오프라인 전략의 유기적 결합 여부 등 참여와 동원의 효과적 융합에 달려 있다고 해도 과언이 아니다.

이 연구에서 채택한 '통합형 분석모델'에 입각한 결과 한국에서 인터넷 정치참여는 다음과 같은 함의를 지니고 있다고 규정할 수 있다. 첫째, 동원모델과 강화모델의 이론적 모델의 검토결과, 인터넷 정치참여는 동원모델, 강화모델의 복합적인 이중구조를 뒷받침해 왔다고 정의할 수 있다. 둘째, 매개집단강화모델과 민중주의적 모델의 검토결과, 인터넷 정치참여는 정당, 의회, 오프라인 언론, 이익집단(interest group) 등 '전통적 매개집단강화모델'에서 점차 '시민단체강화모델'로 이동 중이며, 특히 개별시민들이 대중운동방식을 동원, 정치적 매개집단을 배제하고 국가와 직접 정치를 추구한다는 점에서 민중주의적 모델도 등장하고 있는 것으로 결론 내릴 수 있다. 셋째, 수요자중심모델과 공급자중심모델의 검토결과, 수요자중심모델을 중심으로 그동안 소외되었던 시민들의 의제설정 권력을 강화시켰다. 넷째, 정보격차수렴모델과 계층화모델의 검토결과, 인터넷은 인터넷 접근도 측면의 정보격차(social divide)는 정보격차수렴모델의 유형을 따르고 있고, 정치참여에 있어서 주도권을 나타내는 참여격차(democratic divide)에서는 정보격차가 유지되는 계층화모델의 유형을 나타내고 있다. 다섯째, 사회적 자본모델을 검토한 결과, 인터넷은 '신뢰(trust)'와 '규범(norms)'과 같은 사회적 자본에 대해서는 긍정적 자본을 축적하는 데 어려움을 겪고 있는 반면, '네트워크(network)'와 '효능감(political efficacy)'의 측면에서 긍정적 자본을 확대하고 있는 것으로 나타났다. 즉 사회적 자본의 경우도 참여민주주의 특성과 친화력을 갖는 네트워크와 효능감은 인터넷을 통해 크게 증진되는 추세이나, 심의민주주의(deliberation democracy) 특성과 친화력을 갖는 신뢰와 규범의 경우 아직도 낮은 수준에 불과하다고 할 수 있겠다.

분석결과 한국에서 인터넷 정치참여가 참여민주주의에 미친 영향은 다음과 같았다.

첫째, 한국에서 인터넷은 민주화 이후에도 개혁과제를 이루어 내지 못한 정치사회의 정치지체에 대해 시민사회가 밑으로부터의 참여의 확산을 통해 정치개혁을 추동해 내는 강력한 기제(mechanism)로 활용됐다. 인터넷의 정치적 실험은 위로부터의 동원정치에서 아래로부터의 자발적 참여정치로 전환하게 하는 과정으로 설명할 수 있다.

둘째, 한국에서 인터넷 정치참여는 시민권력과 민주적 대표성의 강화를 초래해 대의민주주의 한계 극복에 일익을 담당하고 있다. 인터넷은 정치의 주인인 시민과 대리인인 대표 간에 거리를 일정 정도 좁히는 데 성공했다. 인터넷이 등장하기 전 시민들에게 정치는 선거 때나 투표하는 것쯤으로 여겨졌으나 인터넷의 쌍방향적, 분권적, 개방적 특성과 정보비용의 획기적 감소로 시민들은 평상시에도 인터넷을 통해 그들의 대표들을 감시하고 정치에 참여할 수 있게 되었다.

셋째, 인터넷의 등장은 정치사회의 권위뿐만 아니라 기존 한국사회 권위구조를 민주적으로 변화시킨 혁명적 사건이었다. 기존의 권위는 정보에 대한 접근과 해석을 독점했던 언론매체들에 의해 유지되었다. 인터넷의 등장으로 대표되는 변화 중 정치사회에서 두드러진 변화는 권위구조의 변화이다. 인터넷의 등장으로 자신의 관심사를 자유롭게 표출하게 되었고, 관용적 태도가 확산되었다.

넷째, 인터넷은 한국사회의 의제설정(agenda-setting) 권력의 변화를 초래했다. 대의민주주의는 다수결의 의사에 의거해 집단의 의사를 결정하기 때문에 소수의 배제를 초래하고 강력하게 조직화된 특수이익 집단이 민주적 토론과정을 지배할 가능성이 크나, 인터넷 정치참여는 소수의 소외된 세력에게도 정치적 의제설정권력을 부여해 이러한 문제를 극복하고 있다. 이런 점에서 인터넷 정치참여는 새로운 대안세력의 창출 가능성을 열어 주었다고 할 수 있다.

다섯째, 인터넷은 저비용 정치(low cost politics)의 가능성을 열어 주었다. 인터넷과 정치의 접목은 돈의 정치를 메시지의 정치로 전환시킬 수 있는 가능성을 제시해 주었다. 인터넷을 통한 정치비용 감축은 단순한 비용절감이라는 차원을 넘어서 투명한 선거, 투명한 정치, 열린 선거, 열린 정치로의 전환이라는 패러다임 전환의 의미가 강하다. 기존의 정치과정이 돈을 중심으로 폐쇄적이고 은밀하게 진행되었다면, 오늘날은 정보가 개방적인 성격을 띠고 있기 때문에 돈에 의한 정치의 종속에서 메시지의 정치로 바꿀 수 있는 가능성이 열린 셈이다.

다음으로 한국에서 인터넷 정치참여가 대의민주주의에 미친 영향은 다음과 같았다.

첫째, 한국에서 인터넷은 그동안 정치적 매개집단(political intermediary groups)의 역할을 주로 담당했던 정당과 대중매체의 역할을 지속적으로 약화시켜 왔다. 시민사회의 인터넷 정치 활용과 정치동원 및 참여는 정당정치 체제 변화를 불가피하게 했다. 기존의 대중정당 조직은 계급과 같이 대다수의 지지자들을 하나로 묶어 내는 패키지에 의존한다는 점을 고려할 때, 다품종 소량판매라는 인터넷 시대 정치의 특징과 잘 어울리지 않는다.

둘째, 한국에서 인터넷은 포퓰리즘(populism)의 우려를 초래했다. 인터넷 포퓰리즘의 가장 큰 문제점은 정부와 일반시민 사이를 매개하던 정당, 국회의원, 주요언론 등 기존의 정치적 매개집단의 역할을 아예 소멸시키거나 약화시킴으로써 직접민주주의와 대의민주주의를 화해 불가능한 것으로 대립시킨다는 점이다. 이는 인터넷 정치참여가 기존의 정당, 국회 및 주요언론 매체가 수행하던 대의제적 참여기제를 붕괴시킬 수 있다는 것을 의미한다.

셋째, 인터넷 등 IT 기반의 새로운 정치참여 활성화는 개인의 자유와 소통능력을 급격히 강화시켜 민주적 참여의 수준을 고양시키고 있지만, 개인주의화된 정치참여로 인해 사회·정치적 통합력 저하라는 정치 불안정성을 초래하기도 했다. 탈관료조직(post-bureaucratic organizations)들의 단일현안 운동(single-issue movement)은 정치체제의 유동성을 증가시켜 대의민주주의를 약화시킬 수 있는 소지를 안고 있다.

넷째, 한국에서 인터넷은 시민참여를 획기적으로 늘려 시민권력을 강화하고 정치사회의 반응성을 높이는 등 참여와 효율성의 측면에서 성공을 거두었으나, 심의의 제도화와 책임정치의 강화라는 측면에서는 성공을 거두지 못했다. 이렇게 되면 국민참여의 증진이 이견 해소를 통한 사회안정으로 연결되지 못하고 갈등의 증폭과 사회불안으로 귀결될 수도 있다.

다섯째, 한국에서 인터넷 정치참여는 시민의 정치참여를 획기적으로 늘려 엘리트 위주의 정치적 권위구조를 크게 변화시키는 등 정치발전을 이룩했으나, 이 같은 참여의 활성화에는 시민사회 측면(side)의 발전과 정치사회 측면(side)의 지체라는 불균형 발전으로 인해 정치의 불안구조를 생산하는 부작용을 초래하기도 했다.

이상에서 살펴본 바와 같이 한국에서 인터넷 정치참여는 시민사회의 정치개혁 추진의 강력한 기제로 작용했고, 정치적 권위구조를 민주적으로 변화시켰으며, 의제설정(agenda-setting)권력을 변화시켜 정치적 소외를 극복할 수 있는 가능성을 제시했다.

그러나 이 같은 성과는 정당에 의한 대표성을 상당부분 잠식하면서 달성한 성과였다. 정당, 의회와 같은 정치과정 영역에서의 지체와 시민들의 정치참여 영역에서의 급성장이라는 불균형으로 인해 정치적 대표성과 책임성을 결과적으로 약화시켰다. 결국 인터넷은 한국의 민주주의에 긍정과 부정의 현상을 동시에 초래하는 '반쪽의 성공'을 거두었다고 할 수 있다.

이처럼 한국에서 인터넷은 대의민주주의를 보완할 수 있는 방안으로 등장했으나, 그것이 오히려 대의민주주의 정체성에 부분적으로 충격을 가하는 역설현상을 초래했다는 데 주목해야 한다. 또 인터넷을 통해 시민의 정치과정에 대한 투입(input)요소가 크게 늘어났으나, 이를 제도화할 수 있는 제도적 장치는 아직까지 마련되지 못하고 있다.

한국에서 인터넷은 시민의 정치참여의 통로를 획기적으로 늘리고, 그동안 소외되어 왔던 사람들의 의제설정권력을 크게 증대하는 등 참여민주주의적 이상을 상당부분 성취했다. 아울러 시민권 권력과 정치적 책임성 강화, 저비용 정치로의 전환, 생활정치의 강화 등 대의민주주의적 차원에서도 나름의 긍정적 역할이 있었다. 그러나 이 같은 성과는 정당에 의한 대표성을 상당부분 잠식하면서 달성한 성과였다. 정당, 의회와 같은 정치과정 영역에서의 지체와 시민들의 정치참여 영역에서의 급성장이라는 불균형으로 인해 정치적 대표성과 책임성을 결과적으로 약화시켰다. 아울러 정치적 유동성의 증가, 숙의와 책임정치의 약화 등 대의민주주의 한계인 정치적 대표성의 위기를 극복하지 못하고 오히려 더욱 초래했다. 결론적으로 한국에서의 인터넷 정치참여는 많은 성과에도 불구하고 민

주주의 차원에서는 참여민주주의와 대의민주주의의 균열을 초래하
는 등 절반의 성공을 거둔 데 그치고 있다고 평가할 수 있다.

이에 한국의 인터넷 민주주의가 성공하려면 참여민주주의와 대
의민주주의 조합이 필요하며, 여기에 심의민주주의가 완충작용을
할 수 있으며, 이를 실현하기 위한 구상이 바로 '시민참여책임정치
거버넌스'의 모색이라 할 수 있다. 이런 점에서 제도화가 따르지
않는 참여는 정치적 퇴행을 가져올 수 있다[637]는 헌팅턴(Samuel
Huntington)의 고전적 명제를 다시 짚어 볼 필요가 있다는 점이다.
한국에서 인터넷 정치참여는 동원기제의 강화와 심의기제의 약화
로 인한 책임정치의 약화 현상을 초래했다. 시민들의 인터넷을 통
한 다양하고 즉각적인 요구(input)가 제도화되지 못함에 따라 헌팅
턴이 지적한 제도화에 못 미치는 참여의 증가를 가져올 소지를 남
기게 된 것이다.

인터넷 정치참여의 장점을 살리고 단점은 보완하기 위해서 인터
넷 정치참여가 참여의 양적 확대에만 치우쳐 무분별한 여론 정치
의 혼란에 빠지지 않게 하기 위한 토론과 심의의 제도적 매개 장
치, 즉 다양한 형태의 심의적 참여채널을 확산시키는 작업이 필요
하다. 인터넷 기반의 네트워크화된 정치참여가 사회·정치적 통합
력의 약화를 가져오지 않고 민주적으로 제도화되기 위해서는 개방
적 소통, 높은 사회적 신뢰를 바탕으로 한 '시민참여 책임정치 거
버넌스'가 구축되는 것이 무엇보다 중요하다 하겠다.

---

637) Huntington, Samuel, *Order in Changing Societies*(New haven: Yale University Press,
1968), Ch.1.

참고문헌

〈국문〉

강근복, "전자민주주주의 상: 유형과 가능성", 충남대 지역개발논총 제
　　15편(2003).
강내원, "인터넷과 대중매체 이용이 참여에 미치는 영향에 관한 연구:
　　세대 집단간 비교", 『한국언론학보』 제48권 3호(2006).
강미은, 『인터넷 속의 정치』(서울: 한울 아카데미, 2005)
강상현, "사이버스페이스와 정치변동", 『언론사회문화』 제5호(서울: 연
　　세대학교 언론연구소, 1996)
＿＿＿, "전자민주주의와 시민참여: 사이버스페이스의 참여 민주적 공
　　간화를 위하여", 크리스찬 아카데미 편, 『시민이 열어가는 지식
　　정보사회』(서울: 대화출판사, 1999).
＿＿＿, "전자민주주의에 관한 이론적 논의의 지형", 『한국언론학보』
　　제4603호(2002년 여름).
강원택, "한국의 선거정치: 이념, 지역, 세대와 미디어"(서울, 푸른길, 2003).
＿＿＿, "인터넷 정치집단의 형성과 참여: 노사모를 중심으로", 『한국과
　　국제정치』 제20권 제3호(2004).
＿＿＿, 『인터넷과 한국정치: 정당정치에 대한 도전과 변화』(서울: 집문
　　당, 2007).
＿＿＿, "인터넷과 정치참여: 정당정치에 대한 영향을 중심으로", 『정보
　　화정책』 제14권 제2호(2007).
＿＿＿, 『한국정치 웹 2.0에 접속하다』(서울: 책세상, 2008).
강원택·이원태, "인터넷과 정치참여: 한국의 경험", 대한상의, 『디지털
　　과 한국사회의 새로운 기회』 토론회, 디지털2 컨퍼런스(2005).
강정인, "민주주의이론과 전자민주주의 미래상"(서울: 전자민주주의연구
　　원), 1997년 세미나 자료(1997).

______, 『세계화, 정보화, 그리고 민주주의』(서울: 문학과 지성사, 1999).

강홍렬 외, 『메가트렌드 코리아』(서울: 한길사, 2006).

고경민, 『인터넷은 민주주의를 이끄는가』(서울: 삼성경제연구소, 2006).

고동현, "정보사회의 도전과 사회운동의 새로운 전개: 한국 사이버 사회운동의 유형과 동학을 중심으로", 연세대 박사논문(2003).

고영만, "노사모 연구: 사이버 공동체의 생성·발전과 정치참여에 대하여", 서강대 석사논문(2002).

공성진, "정보사회의 삶과 민주주의", 『텔레데모크라시』(서울: 거름, 1994).

곽진영, "뉴거버넌스와 주요이슈, 행위주체", 김석준 외, 『뉴거버넌스 연구』(서울: 대영문화사, 2000).

구본권, "인터넷 담론의 현실 메커니즘", 디지털과 한국사회의 새로운 지평, 디지털2 컨퍼런스 자료집(2005).

권기현·박승관·윤영민 공저, 『정보의 신화, 개혁의 논리』(서울: 나남, 1998).

권수미, 『디지털 언론, 디지털 포토그래피』(서울: 나남신서, 2000).

권영설, "대의민주주의와 직접민주주의: 그 긴장과 조화의 과제", 『의회민주주의의 위기와 직접민주주의의 도전』, 한국공법학회 제118회 학술발표회 자료집(2004).

권태환·조형제 편, 『정보사회의 이해』(서울: 미래미디어, 1997).

김관규, "전자민주주의와 17대 총선", 『단국대 사회과학논집』 제11호 1권(2004).

김대환, "참여의 철학과 참여민주주의", 참여사회연구회(편) 『참여민주주의와 한국사회』(서울: 창작과 비평사, 1997).

김상배, "인터넷 권력을 해부한다", 김상배 엮음, 『인터넷 권력의 해부』(서울: 한울, 2008).

김성수, "정당과 시민사회운동의 헤게모니 경쟁에 대한 분석", 『제3섹터 연구』(서울: 한양대 출판부, 2008).

김용철·윤성이 공저, 『전자민주주의 새로운 정치패러다임의 모색』(서울: 도서출판 오름, 2005).

김용호, "네티즌이냐, 새로운 형태의 정치참여인가?: 노사모 사례연구", 『2004 IT정책연구 자료집: 정보기술과 정치, 사회의 변화』(서울: 한국전산원, 2003).

김윤환, "한국 시민단체의 심의적 전자적 시민참여에 관한 연구: 2000
년 총선시민연대를 중심으로", 전남대 박사논문(2003).

김인영, "정부부분의 신뢰와 불신", 『한국사회 신뢰와 불신의 구조: 거
시적 접근』(서울: 소화, 2001).

김일영, "민주화, 신자유주의적 포퓰리즘, 그리고 한국: 김대중 정권과
노무현 정권을 중심으로", 철학연구회 편, 『디지털시대의 민주주
의와 포퓰리즘』(서울: 철학과 현실사, 2004).

김종길, "인터넷 시민운동의 특성과 전망", 『IT의 사회문화적 영향연구:
21세기 한국 메가트렌드 시리즈』(서울: 정보통신정책연구원, 2004).

______, "사이버 행동주의, 새로운 정치권력인가", 김상배 엮음, 『인터
넷 권력의 해부』(서울: 한울, 2008)

김종길·김문조, 『디지털 한국사회의 이해』(서울: 집문당, 2006).

김진욱, "한국 정당의 전자정당에 관한 연구", 경기대 정치전문대학원
박사논문(2004).

김철규, "사이버공간의 사회적 세계와 사화과학의 과제", 한국사회연구
소, 『한국사회』 제1집(1998).

김태종, "사회신뢰의 수준 및 추이에 관한 실증분석", KDI KISDI 컨퍼런
스, '사회적 자본과 정부의 역할과 IT' 세미나, 2007년 9월 5일.

김현희·윤영민, "정보사회의 정치양식: 대화민주주의 가능성", 『한국
사회과학』 제21권 제2·3호(서울대 사회과학연구원, 1999).

김형준, "미디어와 인터넷 선거운동에 대한 평가", 한국정치학회 춘계
학술대회 발표논문(2003).

김호기, "거버넌스의 4가지 과제", 2008년 6월 7일 성공회대 민주주의
와 사회운동연구소, '촛불집회를 어떻게 볼 것인가' 토론회 발표
문, 보론(1).

______, "촛불집회, 거리의 정치, 제도의 정치", 2008년 6월 7일 성공회
대 민주주의와 사회운동연구소 '촛불집회를 어떻게 볼 것인가'
토론회 발표문.

김환석, "정보기술과 정보사회를 어떤 관점에서 볼 것인가", 크리스찬
아카데미 시민사회 정보포럼 편, 『시민이 열어가는 지식정보사
회』(서울: 대화출판사, 1999).

라도삼, "16대 총선에 나타난 네트워크 활용 및 운영에 관한 연구", 한

국언론정보학회 2001년 봄철 정기 학술대회 발표자료.

모종린, "정치사회와 시민사회 관계의 변화: 시민참여 거버넌스 모색", 『IT의 사회문화적 영향연구: 21세기 한국 메가트렌드 시리즈』(서울: 정보통신정책연구원, 2004).

민경배, "사이버현상과 새로운 문화형성의 과제", 『인터넷 한국의 10가지 쟁점』, 함께하는 시민행동 엮음(서울: 역사넷, 2002).

______, "정보사회에서의 온라인 사회운동연구: 한국의 사례를 중심으로", 고려대 박사논문(2002).

______, "2007대선과 블로거", 민주노동당 기획토론회 2007년 10월 9일 자료집.

박길성, "N세대의 문화와 세대경험", 임희섭 외, 『한국의 문화변동과 가치관』(서울: 나남출판, 2002).

박동진, 『전자민주주의가 오고 있다』(서울: 책세상, 2003).

______, "인터넷과 선거: 한국선거에서 인터넷의 도입과 그 충돌", 인터넷 선거보도 토론회, 오마이뉴스, 2002년 2월 21일.

______, "인터넷과 참여민주주의", 『인터넷 한국의 10가지 쟁점』, 함께하는 시민행동 편(서울: 역사넷, 2000).

______, "정보양식과 공론의 민주주의에 관한 연구: 비판적 정보양식론의 관점을 중심으로", 인하대 박사 논문(2000).

박병옥, "시민단체의 신뢰도 제고를 위한 방안 모색", 『정보사회의 신뢰와 사회적 자본』, 대한상공회의소 2007년 사회적 자본 특별 심포지엄 자료집(2007).

박상철, 『정치법학의 임무』(서울: 도서출판 지정, 1992).

박선희, "시민적관여가 컴퓨터 매개 정치커뮤니케이션에 미친 영향", 서울대 박사논문(1995).

______, "컴퓨터 매개 정치의 패러독스 – 전자민주주의와 한국사회 현실에 대한 비판적 검토", 『한국언론학회보』 제44 – 4호(2000).

______, "인터넷 정치뉴스의 이용: 이용패턴과 이용자 특성", 『한국언론학보』 제48권 3호(2004).

박성호, "웹 1.0의 이명박과 웹 2.0의 노무현, 흥미로운 상상", http://download.ebuzz.co.kr/, 2008. 5. 21.

박재창, 『정보사회와 정치과정』(서울: 비봉, 1993).

______, 『한국전자의회론』(서울: 한울 아카데미, 2003).

박주원, "현대민주주의론의 이론적 동향과 정치적 지형", 『정치지평』(서울: 푸른숲, 1999).

박형준, 『성찰적 시민사회와 시민운동』(서울: 의암, 2001).

백욱인, 『디지털이 세상을 바꾼다』(서울: 문학과 지성사, 1998).

______, "네트와 새로운 사회운동", 『동향과 전망』 제40호(1999).

______, "인터넷과 전자민주주의 – 네트의 힘", 인티즌/한국정당정치연구소 주최, '인터넷과 정치' 세미나 자료집(2000).

서문기, "사회적 합의수준 제고를 위한 IT정책", 『사회적 자본: 정부의 역할과 IT』, KDI, KISDI 컨퍼런스 자료집(2007).

서보윤, "디지털 사회의 위험 커뮤니케이션"(서울: KT문화재단, 2006).

서이종, 『인터넷 커뮤니티와 한국사회』(서울: 한울 아카데미, 2002).

서진완·박희봉, "인터넷 활용과 사회자본: 사이버공동체의 사회자본 형성 가능성을 중심으로", 『한국정책학회』 제12권 1호(서울: 한국정책학회, 2001).

서창록·이연호·곽진영 지음, 『거버넌스의 정치학』(서울: 법문사, 2002).

성동규·라도삼, 『인터넷과 커뮤니케이션』(서울: 한울 아카데미, 2000).

손병권, "정당구도와 선거환경", 한국정치학회 '세계화시대 한국 정치학과 리더십' 세미나 발표자료, 2007년 12월 13일.

송경재, "광우병 여론: 인터넷 괴담, 표현의 자유, e – 공론장", 언론광장, 2008년 5월 포럼 발표문.

______, "한국 사이버공동체와 정치참여에 관한 연구", 경희대 박사논문(2004).

송경재·조화순, "디지털 거버넌스: 정보사회의 국가·시장, 시민의 미래", 『사회적 자본: 정부의 역할과 IT』, KDI, KISDI 컨퍼런스 자료집(2007).

송호근, 『한국, 무슨 일이 일어나고 있나』(서울: 삼성경제연구소, 2003).

______, "세대와 권위", 『한국사회 어디로 가나: 권위주의 이후의 권위구조, 그 대안의 모색』(서울: 굿인포메이션, 2005).

신광영, "정치사회와 권위구조의 변화", 『한국사회 어디로 가나: 권위주의 이후의 권위구조, 그 대안의 모색』(서울: 굿인포메이션, 2005).

양소연, "사이버스페이스의 저항문화", 고려대 석사학위 논문(2001).

오관석, 『정보사회와 미디어정치』(서울: 인간사랑, 2007).

오명호, "정보사회와 사이버 공간의 정치", 『현대정치학이론2』(서울: 박영사, 2004).

오철호, "정보통신 기술, 사회자본 그리고 전자민주주의: 하나의 설계", 한국행정학회 2001년도 하계학술대회 논문집.

오현철, "시민참여 유형의 변화와 의미", 『시민사회와 NGO』(서울: 한양대, 2003).

유광수 외, 『정보화시대의 민주주의』(서울: 나노미디어, 2000).

유석진, "정보화로 인한 정치과정의 변화와 우리의 과제", '지식정보사회의 철학과 비전에 관한 심포지엄' 자료, 2000년 6월 29일.

______, "정보화와 21세기 정치", 함께하는 시민행동 편, 『인터넷 한국의 10가지 쟁점』(서울: 역사넷, 2002).

유팔무 · 김호기 편, 『시민사회와 시민운동』(서울: 한울, 1995).

윤성이, "16대 대통령선거와 인터넷의 영향력", 『한국정치학회보』 제37집 3호(2003).

______, "한국의 사이버 정치활동", 『정책포럼』 통권 32호(서울: 대통령자문정책기획위원회, 2002).

______, "정보와 한국민주주의: 인터넷과 시민사회", 『국회도서관보』 제44권 제1호 통권 제322호(2007).

윤영민, 『전자적 시민사회의 형성: 정보운동을 중심으로 본 전망』, 한국언론학회 편(서울: 세계사, 1998).

______, 『사이버 공간의 정치』(서울: 한양대 출판부, 2000).

______, 『사이버공간의 사회』(서울: 한양대 출판부, 2002).

윤영철, "뉴미디어 정치학과 민주적 참여: 가상공간에서 대항적 공론권 창조", 한국방송학회 주최, '정보하부구조와 공공이익' 국제심포지엄 발표 논문(1995).

______, "사이버스페이스와 정치변동", 『언론사회 문화』 제5호(1996).

______, "온라인 게시판과 숙의민주주의 – 총선연대 게시판 분석", 『한국방송학보』 제14 – 2호(2000).

______, "대안적 매체로서의 PC통신: 한총련에 관한 토론실 분석을 중심으로", 『한국언론학보』, 1998년 가을호.

윤재관, "인터넷 정치참여의 활성화 조건에 관한 연구: 노사모 사례를 중심으로", 한국외대 석사논문(2004).

윤준수, 『인터넷과 커뮤니케이션 패러다임의 대전환』(서울: 커뮤니케이션북스, 1998).

윤평중, "디지털 시대의 정치동학: 21세기 한국의 진보와 보수", 『디지털시대의 민주주의와 포퓰리즘』, 철학연구회 편(서울: 철학과 현실사, 2004).

은혜정, 『전자민주주의 시대의 인터넷 활용』(서울: 한국방송진흥원, 2002).

이기형, 『온라인 정치콘텐츠 연구』(서울: 한국언론재단, 2003).

이병천, "이명박 정부와 촛불집회", 『촛불이 민주주의다』(서울: 해피스토리, 2008).

이수법·권영수, "온라인 토론장의 여론표출 양상에 관한 연구: 황우석 박사와 MBC PD수첩의 갈등 사례를 중심으로", 『커뮤니케이션학연구』15(1)(2007).

이순영, "인터넷이 정치참여에 미치는 영향", 전남대 박사학위 논문(2002).

이시재, "사이버시대의 사회운동과 NGO", 『사이버 시대의 삶과 질』(서울: 아산사회복지재단, 2000).

이영호 외, 『현대정치과정론』(서울: 법문사, 1983).

이원태, "인터넷 정치참여, 그 가능과 한계 – 직접민주주의의 광장인가? 포퓰리즘의 도구인가", 『월간중앙』, 2003년 3월호.

______, "인터넷과 정치참여 연구: 한국의 17대 총선정국을 중심으로", 서강대 박사논문(2004).

이유진, "PC통신, 인터네트와 한국의 전자민주주의 가능성에 대한 고찰", 전자민주주의 연구원, '정보화시대 한국의 정치과정: 인터네트와 정치커뮤니케이션' 세미나 발표문, 1997년 7월.

이재현, 『인터넷과 사이버사회』(서울: 커뮤니케이션북스, 2000).

이종구·조형제·정준영 외 지음, 『정보사회의 이해』(서울: 미래 M&B, 2005).

이진경, "촛불은 근대의 벽을 넘는 과정", 한겨레, 2008년 8월 8일.

이청수, 『테모크라시: 신민주정치시대가 온다』(서울: 중앙M&B, 2000).

이현우, "인터넷 투표와 대표성의 문제: 2000년 미국 애리조나 민주당 예비선거", 『한국정치학회보』 제35집 3호(서울: 한국정치학회, 2001).

______, "인터넷투표의 기술적 사회적 평가", 국회사이버정보문화연구

회, 제36회 수요포럼, 2002년 2월 23일.

＿＿＿, "토론해 봅시다: 인터넷 정치", 『주간조선』 제1740호, 2003년 2월 6일.

＿＿＿, "2030세대의 참여정치 거버넌스", 『21세기 한국 메가트렌드 시리즈2』(서울: 정보통신정책연구원, 2005).

임영재, "사회적 자본과 관련된 주요 정책이슈", "정보사회의 신뢰와 사회적 자본", 대한상공회의소, 2007년 사회적 자본 특별 심포지엄 자료집(2007).

임혁백, "정보화 사회와 민주주의: 한국정치의 새로운 패러다임", 한국정치학회 편, 『정보화 사회와 정치: 새로운 패러다임의 모색』(서울: 오름, 2001).

＿＿＿, "민주주의와 권위구조: 탈권위주의에서 민주적 권위의 구축으로", "정치사회와 권위구조의 변화", 『한국사회 어디로 가나: 권위주의 이후의 권위구조, 그 대안의 모색』(서울: 굿인포메이션, 2005).

장승권·최종인·홍길표, 『디지털 권력』(서울: 삼성경제연구소, 2004).

장우영, "인터넷 정치참여와 시민 임파워먼트", 한양대 제3섹터연구소, 『시민사회와 NGO』 제1권 제2호(2003).

＿＿＿, 『인터넷 규제와 거버넌스의 정치』(서울: 한국학술정보, 2005).

＿＿＿, "인터넷 정치참여 현황 및 활성화 방안 연구", 2007년 국회법제사법위원회 정책개발 용역과제, 서강대 산학협력단(2007).

장훈, "정보민주주의론", 전석호 외, 『정보정책론』(서울: 나남, 1997).

정대화, "낙천 낙선운동의 전개과정과 정치적 의의," 한국정당연구소, 『4·3총선: 캠페인 사례연구와 쟁점 분석』(서울: 문형출판사, 2000).

＿＿＿, "촛불항쟁과 현단계 한국 민주주의의 과제", 『촛불이 민주주의다』(서울: 해피스토리, 2008).

정동규, "인터넷과 정치참여", 한국정치학회 총선분석특별학술회의 발표논문, 2004년 4월 22일.

＿＿＿, "인터넷과 참여민주주의: 한국의 16대 대선을 중심으로", 성균관대 박사논문(2004).

정미정, "한국 정치 사이버 공간의 구성와 공론장으로서 가능성", 서울대 석사논문(2001).

정연정, "선거과정에서의 인터넷 활용에 관한 연구: 한국 16대 국회의

원 선거를 중심으로", 『정보사회와 정치』, 한국정치학회 김영래 엮음(서울: 도서출판 오름, 2001).

______, "인터넷과 시민운동", 『인터넷시대, 미디어와 시민사회』, 언론 개혁시민연대 토론회 자료집(2001).

______, "인터넷과 집단행동의 논리: 올슨의 집단행동 논리를 중심으로", 『한국정치학회보』 제36집 제1호(2002).

______, "한국 선거환경의 변화와 유권자 투표참여 증대방안: 인터넷을 통한 유권자 참여증대를 중심으로", 『17대 총선과 정치개혁』, 한국정치학회 춘계학술회의 논문집(2004).

정연정·조성대, "한국 네티즌의 주요 구성과 정치적 특성: 17대 총선을 중심으로", 『국가전략』 제3호(2004).

정원규, "민주주의의 두 얼굴: 참여민주주의와 숙의민주주의", 『사회와 철학』 제10호(서울: 사회와 철학연구회, 2005).

조대엽, "시민사회와 권위", 『한국사회 어디로 가나?』(서울: 굿인포메이션, 2005).

조석장, 『한국의 e-폴리틱스: 인터넷이 정치를 바꾼다』(서울: 향연, 2004).

조정관, "인터넷 선거운동, 인터넷 정치헌금, 디지털 정당의 실태와 발전방향"(서울: 정보통신정책연구원, 2004).

조희연, 『한국민주주의와 사회운동의 동학』(서울: 나눔의 집, 2001).

______, "촛불시위, 제도정치와 직접행동정치", 『촛불이 민주주의다』(서울: 해피스토리, 2008).

총선시민연대, 『총선연대백서』(2001).

최문휴, 『인터넷과 TV시대의 선거전략』(서울: 도서출판 예응, 2002).

최장집, 『민주화이후의 민주주의』(서울: 후마니타스, 2002).

______, 『어떤 민주주의인가』(서울: 후마니타스, 2007).

최항섭, "정보사회의 신뢰와 사회적 자본", 대한상공회의소 주최 '2007년 사회적 자본 특별 심포지엄' 자료집(2007).

한국정보보호센터, 『지역차, 세대차 등 갈등이론 측면의 정보화 역기능 및 예측분석』(2000).

한상진, "네티즌과 시민-인터넷이 민주정치에 미치는 영향", 대통령자문기획위원회 편, 『정책포럼』 통권 32호(2002).

한상희, "국가감시, 민주주의, 그리고 헌법", 『인터넷 한국의 10가지 쟁점』(서울: 역사넷, 2002).

홍성태, 『사이버사회의 문화와 정치』(서울: 문화과학사, 2000).

______, "노풍의 사회적 형성과 새로운 정치운동의 가능성", 『민주사회
와 정책연구』(2003).

홍송구, "인터넷과 정치적 공론영역의 복원: 숙의민주주의를 중심으로",
고려대 박사논문(2001).

황용석 외, "제16대 총선에서 언론과 정치집단의 인터넷 활용분석", 『인
터넷 시대의 새로운 정치환경과 언론』(서울: 한국언론재단, 2000).

황의완, 『정치백신 e – 폴리틱스』(서울: 가교출판, 2004).

황종성, 『전자민주주의의 이상과 전자정부의 발전방향』(서울: 한국전산
원, 1996).

황주성 외, 『인터넷이 정치과정에 미치는 영향과 대응방안 연구』(서울:
정보통신정책연구원, 2001).

______, 『IT의 사회문화적 영향 연구: 21세기 한국의 메가트렌드 시리
즈』(서울: 정보통신정책연구원, 2004).

〈영문〉

Albert O. Hirschman, *Exit, Voice, and Loyalty: Responses to Decline in Firms, Organizations, and States*(Cambridge, MA: Harvard University Press, 1970).

Almond, G. A., & Verba. S., *The Civic Culture: Political Attitude and Democracy in Five Nations*(Princeton, NJ: Princeton University Press, 1963).

Andrew L. Shapiro, *The Control Revolution*(NY: A Century Foundation Books, 1999).

Areton, F. C., *Teledemocracy: Can technology project democracy?*(Newbury Park, Ca: Sage. 1987). 한백연구재단 편역, 『텔레데모크라시 – 21세기 정보화시대의 정치혁명』(서울: 거름, 1994).

Barney, D. *Prometheus Wired: The Hope For Democracy in the Age of Network Technology*(Chicago: University of Chicago Press, 2000). 인드라짓 바네지 편저, 황용석 옮김, 『아시아의 인터넷, 정치, 커뮤니케이션』(서울: 커뮤니케이션북스, 2005).

Barber, Benjamin, "Three Scenarios for the Future of Technology and Strong Democracy", *Political Science* Quarterly 113(1999).

_______________, *Strong Democracy*(Berkely, CA: University of California Press, 1984).

Beck, Paul Allen, "Voters Intermediation Environments in the 1899 Presidential Contest", *Public Opinion* Quarterly 55(1991).

Becker, Ted, "Teledemocracy: Bringing Power back to the People", *The Futurist*(December, 1981).

Beck, U., *Risk Society: Toward a New Modernity*(London: Sage, 1986), 홍성태 역 『위험사회 – 새로운 근대성을 향하여』(서울: 새물결, 1997).

Beck, U. Giddens, A. & Lash, S., *Reflex Modernization*. 1994. 임현진·정일준 역, 『성찰적 근대화』(서울: 한울, 1997).

Beth Simone, Noveck. "Unchat: Democratic Solution for a Wired World", in Peter M. Shane(Ed.). *Democracy Online: The Prospects for*

Political Renewal Through Internet(New York, NY: Routledge, 2004).

Bimber, Bruce, "Toward an Empirical Map of Political Participation on the Internet", paper presented on the Annual Meeting of the American Political Science Associations(Boston, 1998).

________, "The Internet and Political transformation: Populism, Community, and Acclerated Pluralism", *Polity* Vol.31(1998).

________, *Information and American Democracy: Technology in the Evolution of Political Power*(2003), 이원태 옮김, 『미국 민주주의의 역사적 진화 - 인터넷시대의 정치권력의 변동』(서울: 삼인, 2007).

Boncheck, M. S. *From Broadcast to Netcast*(1997). 원성묵 옮김, 『브로드캐스트에서 넷캐스트로』(서울: 커뮤니케이션북스, 1997).

Buckler, Steve and Dolowitz, David, *Politics on the Internet*(London and New York: Routledge, 2005).

Anthony and Fierstone, Charles, eds., *Elections in Cyberspace: Toward a New in American Politics*(New Hampshire, NW: The Aspen Institute, 1996).

Chadwick, Andrew, *Internet Politics: States, Citizen, and New Communication Technology*(Oxford: oxford University Press. 2006).

Clift, Steven, "E − Govetrnance to E − Democracy: Progress in Australia and New Zealand toward Information − Age − Democracy", *A Paper Prepared for the Commonwealth center for Eletronic Goverance*, http://www.pulics.net(2002).

Cohen, Joshua & Joel Rogers, *Secondary Associations and Democratic Goverance: The Real Utopia Project*(London: Verso. 1995).

Dahlberg, Lincoln, "Democracy Via Cyberspace: Mapping the Rhetoric and Practices of Three Prominent Camps", *NewMedia & Society*(2001).

Dan Thu Nguyen & John Alexander, "The Comming of Cyberspacetime and the End of the Polity", in Rob Shields(ed.), *Cultures of Internet: Virtual Spaces, Real Histories, Living Bodies*(Sage Publication, 1996).

David Resnick, "Politics on the Internet: The Normalization of Cyberspace", in Chris Toulouse and Timothy W. Luke, eds., *The Politics of Cyberspace: A New Political Science Reader*(New York, NY: Routledge, 1998).

Davis, Richard and Owen, Diana, *New Media and American Politics*(New York: Oxford University Press, 1998).

Davis, Richard, "The web of politics: The American Experience", in Gibson and Ward, eds. *Reinvigorating Democracy*(2000).

Dick Morris, *New Prince*(LA: Renaissance Books, 1999).

Downs, Anthony, *An Economy theory of Democracy*(New York: HaperCollins, 1957).

Fishkin, James S., *Democracy and Deliberation: New Directions for Democratic Reform*(New Haven: Yale University Press, 1991).

Grossman, Lawrence K. *The Electronic Republic: Reshaping Democracy in the Information Age*(New York: Viking, 1995).

Held, David, *Models of Democracy*(Stanford University Press, 1987). 이정식 역, 『민주주의의 모델』(서울: 인간사랑, 1988).

Hirschman, Albert, *Exit, Voice, and Loyalty: Responses to Decline in Firms, Organizations, and States*(Cambridge, MA: Harvard University Press, 1970).

Hirst, Paul and Bader, Viet, *Associative Democracy: The Real Third Way*(London: Frank Cass, 2001).

Huntington, Samuel, *Order in Changing Societies*(New haven: Yale University Press, 1968).

Jack Goldsmith, Tim Wu, *Who Controls the Internet?: Illusion of a Borderless World*(New York: Oxford University Press, 2006). 송연석 옮김, 『사이버세계를 조정하는 인터넷 권력 전쟁』(서울: 뉴런, 2006).

Jurgen Habermas, *The Structural Transformation of the Public Sphere: An Inquiry into a Category of Bourgeois Society*, trs. T. Burger and F. Lawrence(Cambridge: The MIT Press, 1989).

Keohane, Robert and Nye, Jr, Joseph, "Power and Interdependence In the Information Age", *Foreign Affairs*, 77.5(September/October, 1998).

Kim, Sunhyuk. "Civil Society and Political Change in South Korea: The Origins, Contributions, and Legacies of an Oppositional Civil Society", In *Challenge of Political Change in Asia: The Role of Civil Society*, ed.(Muthiah Alagappa, 2002).

Levine, Peter, "The Internet and Civil Society", *Philosophy and Public Policy*. Vol.20, No.4.(2000).

Lippmann, Walter, *Public Opinion*, 김규환 옮김, 『여론』(서울: 현대사상사, 1987).

Loder, Brian, ed., *The Governance of Cyberspace: Politics, Technology and Global Restructuring*(Routledge. 1997).

London, S., "Teledemocracy vs. Deliberative Democracy: a Comparative Look at Two Models of Public Talk", *Journal of Interpersonal Computing and Technology*, Vol.3 No.2(1995).

Macpherson, C. B., *The Life and Times of Liberal Democratic Participation*(New York: Praeger, 1977).

Margolis, Michaeal and Resnick, David, *Politics as Usual: The Cyberspace Revolution*(Thousand Oaks, CA: sage, 2000).

McCaughey, M., and Michael D. Ayers(eds), *Cyberactivism: Online Activism in Theory and Practice*(New York & London: Roultledge, 2003).

Negt, O. & A. Kluge, *Public Sphere and Experience: Toward an Analysis of the Bourgeois and Proletarian Public Sphere*(University of Minnesota Press, 1993).

Neuman, W. Russel, *The Paradox of Mass Politics*(Cambridge, MA: Harvard University Press, 1986).

Neuman, W. Russel, Marion R. Just, and Ann N. Crigler, Common Knowledge: News and the Construction of Political Meaning (Chicago:University of Chicago Press, 1992).

Negroponte, Nicholas, *Being Digital*(NY: Alfred A. knopf, 1995), 백욱인 역, 『디지털이다』(서울: 박영률 출판사, 1995).

Norris, Pippa, "Young People and Political Activism: From the Politics of Loyalties to the Politics of Choice?", "Report for the Council of Europe Symposium: Young People and Democratic Institutions; from Disillusionment to Participation", Strassburg, 27 – 28th November (2003).

———, *Digital Divide: Civic Engagement, Information Poverty, and the Internet Worldwide*(Cambridge University Press, 2001). 이원태 옮

김, 『디지털 시대의 민주주의』(서울: 도서출판 후마니타스, 2007).

Norris, Pippa & Jones, Pippa, *Virtual Democracy*(Harvard international journal of Press/Politics, 3(2), 1998).

Pateman, Carol, *Participation and Democratic Democracy Theory*(New York: Cambridge University, 1980). 권오진 · 김민석 역, 『참여와 민주주의』(서울: 서당, 1986).

Peter M. Shane(Ed.). *Democracy Online: The Prospects for Political Renewal Through Internet*(New York, NY: Routledge, 2001).

Poster, Mark, "Cyberdemocracy: Internet and Public Sphere", David Porter(ed.), *Internet Culture*(London: Routlede, 1997).

Putnam, Robert, *Bowling Alone*(New York; Simon & Schuster, 2000).

Putnam, Robert, *Making Democracy Work*(Princeton University Press, 1994).

R. A. W. Rhodes, *Understanding Governance, Policy Networks, Governance, Reflectivity and Accountability*(Buckingham: Open University Press, 1997).

Reingold, Howard, *The Virtual Community*(New York: Harper Collins, 1993).

Resnick, David. "The Normalization of Cyberspace", in C. Toulouse and T. Luke(eds.), *The Politics of cyberspace*(London, 1999).

_______________. "Politics on the Internet: The Normalization of Cyberspace", In *The Politics of Cyberspace*, eds., Chris Toulouse and Timothy W. Luke(New York: Routledge, 1998).

Rheingold, Howard, *The Great Equalizer*, Whole Earth Review, Summer (1991).

Richard Davis and Diana Owen, *New Media and American Politics*(New York: Oxford University Press, 1998).

Poster, Mark, "Cyberdemocracy: Internet and Public Sphere", David Porter(ed.), *Internet Culture*(London: Routlede, 1997).

Samuel P. Huntington, *Order in Changing Societies*(New haven: Yale University Press, 1968).

Scott London, "Teledemocracy vs Deliberative Democracy: A Comparative Look at Two Models of Public Talk", *Journal of Interpersonal Computing and Technology*, Vol2, No2, April(1995).

Shapiro, Andrew, *The Control Revolution*(NY: A Century Foundation Books, 1999).

Shane, P. M., "The Electronic Federalist: The Internet and the Electronic Institutionalization of Democratic Legitimacy", Shane, P. M.(ed), *Democracy Online*(Routledge, 2004).

Tapscott, Don, *Growing up Digital: Net Generation*(MacGraw − Hill Companies, Inc., 1998). 허운나·유영만 역, 『N세대의 무서운 아이들』(서울: 도서출판 풀무레, 2000).

Toffler, Alvin, *The Third Wave*, 이규행 감역, 『제3의 물결』(서울: 한국경제신문사, 1997).

Van Dijk, Jan., "Models of Democracy and Concepts of Communication", in hacker, Kenneth L & Jan van Dijk(eds.), *Digital Democracy: Issues of Theory and Practice*(*London*: Sage Publications, 2000).

Verba & Nie, N., *Participation in American*(New York: Harper & Row, 1972).

Verba, Sidney, *Small Groups and Political Behavior*: *A Study of Leadership* (Princeton University Press, 1961).

Wilhelm, G. Anthony, *Democracy in the Digital Age: Challenges to Political Life in Cyberspace*(New York and London: Routledge, 2000)

색 인

조석장 ──────────────────────────────────────

▌약 력

한양대학교 정치외교학과를 졸업하고 동대학원에서 석사와 박사학위를 취득했다. 언론인으로서 청와대, 정당 출입 등 정치부 기자로 다년간 활동했다. 파이낸셜뉴스에서 국제부장을 거쳐 현재 사회부 부장으로 일하고 있다.

▌주요 논저

『한국의 e - 폴리틱스: 인터넷이 정치를 바꾼다』
(2004년 3월 한국간행물윤리위원회 '이 달의 읽을 만한 책' 선정)
「북한의 UN정책에 관한 소고: 정책의 정향과 이념을 중심으로」

인터넷과 한국의 민주주의

초판인쇄 | 2009년 9월 20일
초판발행 | 2009년 9월 20일

지은이 | 조석장
펴낸이 | 채종준
펴낸곳 | 한국학술정보㈜
주   소 | 경기도 파주시 교하읍 문발리 파주출판문화정보산업단지 513 - 5
전   화 | 031) 908 - 3181(대표)
팩   스 | 031) 908 - 3189
홈페이지 | http://www.kstudy.com
E - mail | 출판사업부 publish@kstudy.com

등   록 | 제일산 - 115호(2000. 6. 19)
가   격 | 28,000원

ISBN   978-89-268-0327-1 93340 (Paper Book)
       978-89-268-0328-8 98340 (e - Book)

내일을여는지식 ▮ 은 시대와 시대의 지식을 이어 갑니다.